毛泽东同志"发展体育运动，增强人民体质"的题词为新中国体育工作奠定了重要的思想基础

发展體育運動

增強人民體質

毛澤東

1982年，邓小平
同志会见国际
奥委会主席萨
马兰奇

2001年8月，
江泽民同志会
见国际奥委会
主席罗格

2004年9月，胡锦涛同志亲切接见雅典奥运会中国体育代表团

1963年，第一任国家体委主任贺龙元帅和乒乓球运动员在一起

1983年，长期领导体育工作的荣高棠同志获得国际奥委会颁发的奥林匹克勋章

1979年9月，国家体委主任王猛在第4届全运会上致辞

1986年4月，国家体委主任李梦华同志与国际奥委会主席萨马兰奇一起为"中国体育金杯展"剪彩

1993年，国家体委主任伍绍祖在第7
届全运会开幕式上致辞

2002年，国家体育总局局长袁伟民在
釜山亚运会上接受中外记者采访

2007年8月8日晚，国家体
育总局局长刘鹏在北京奥运
会倒计时一周年庆典上致辞

1979年，国际奥委会执委会在日本通过了恢复中国合法权利的决议，国际奥委会主席基拉宁向中国奥委会秘书长宋中表示祝贺

1981年，第36届世界乒乓球锦标赛中国队包揽7座奖杯

1981年，邹振先创造了17.34米的三级跳远全国纪录

1983—1984年，
朱建华3次打破
男子跳高世界
纪录

1983—1989年李玲蔚
13次夺得羽毛球女子
单打世界冠军

1984年洛杉矶奥运会
上，许海峰为我国实现
奥运金牌"零"的突破

1981—1986年，中国女排实现"五连冠"的伟业

李宁在1984年洛杉矶奥运会上夺得3枚体操项目金牌

楼云夺得1984年洛杉矶和1988年汉城两届奥运会体操跳马金牌

高敏夺得1988年汉城和1992年
巴塞罗那两届奥运会10米跳台
跳水金牌

1990年北京亚运会开幕式

中日围棋擂台赛

1991年和1993年谢军两次夺得
国际象棋女子世界冠军

王义夫参加6届奥运会
夺得两枚射击项目金牌

李永波、田秉毅
1987年在第5届世
界羽毛球锦标赛
上为我国夺得首
枚男子双打金牌

邓亚萍在1992年巴塞罗那和
1996年亚特兰大两届奥运会上
夺得4枚乒乓球项目金牌

第一个获得奥运会、世锦赛、
世界杯大满贯的中国男子乒
乓球运动员刘国梁

伏明霞在1992年巴塞罗那、
1996年亚特兰大和2000年
悉尼三届奥运会上夺得4枚
跳水项目金牌

陈跃玲在 1992 年巴塞罗那奥
运会上为中国夺得首枚奥运田
径金牌

庄晓岩在 1992 年巴塞罗那奥
运会上夺得女子柔道金牌

王军霞夺得
1996 年亚特兰
大奥运会女子
5000 米金牌

李小双在1992年巴
塞罗那和1996年亚
特兰大奥运会上分
别夺得自由体操和
个人全能项目金牌

"体坛尖兵"叶乔波

占旭刚在1996年亚
特兰大奥运会上夺
得男子70公斤级举
重金牌，在2000年
悉尼奥运会上夺得
男子77公斤级举重
金牌

刘璇夺得2000年悉尼奥运会平衡木金牌

熊倪在1996年亚特兰大和
2000年悉尼两届奥运会上
夺得两枚跳水项目金牌

1999年，中国女足夺得第3届女足世界杯赛亚军

刘翔夺得2004年
雅典奥运会男子
110米栏金牌

陈中夺得2000年悉尼和
2004年雅典两届奥运会
跆拳道金牌

姚明在NBA赛场上

罗雪娟夺得2004年雅典奥运会
女子100米蛙泳金牌

杜丽在2004年雅典和2008年北京两届
奥运会夺得两枚射击项目金牌

孟关良、杨文军夺得2004雅典
和2008年北京两届奥运会男
子双人划艇500米金牌

李婷、孙甜甜在
2004年雅典奥运会
上为中国夺得首枚
奥运会网球金牌

杨扬在2002年盐湖城冬奥会上为中国
实现冬奥会金牌"零"的突破

韩晓鹏在2006年都灵冬奥会上为
中国获得首枚雪上项目金牌

2005年第10届全国
运动会开幕式

第6届全国城市运动
会开幕式运动员入场

北京申奥标志　　　　北京奥运会会徽

为申奥成功而欢呼雀跃

航天英雄杨利伟高举火炬开始北
京奥运圣火在北京市的传递

2008年北京奥运会火炬在珠穆朗玛峰上传递

北京奥运会奥运村
正式开村

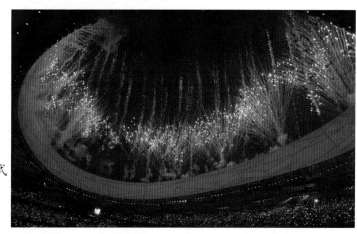

北京奥运会开幕式
焰火表演

中国体育代表团参加北京奥运会开幕式

各国残疾运动健儿相聚在北京

陈燮霞为中国体育代表团夺得
北京奥运会首枚金牌

中国女子体操队在北京
奥运会上夺得团体冠
军，取得历史性突破

中国男子体操队在北京奥运会上夺得
包括团体在内的7枚金牌，图为个人
全能冠军杨威参加吊环比赛

郭晶晶、吴敏霞在北京
奥运会上蝉联跳水女子
双人 3 米跳板冠军

北京奥运会女子 RS-X 级
帆板金牌获得者殷剑

北京奥运会射箭
女子个人赛金牌
获得者张娟娟

马琳夺得北京奥运会
乒乓球男子单打冠军

中国女子乒乓球队在北京
奥运会上夺得团体冠军

中国女子曲棍球队在北京奥运会上夺得银牌

冼东妹夺得2004年雅典和2008年
北京两届奥运会两枚柔道金牌

张宁在2008年北京奥运会上
蝉联羽毛球女子单打冠军

北京奥运会拳击男子48
公斤级金牌获得者邹市明

北京奥运会男子佩剑个人赛
金牌获得者仲满

北京奥运会女子200米
蝶泳金牌获得者刘子歌

中国队夺得北京奥运会赛艇女子四人双桨金牌

北京2008武术比赛

2006年郑洁、晏紫夺得
澳大利亚网球公开赛和
温布尔顿网球公开赛的
女子双打冠军

多次获得世界冠军的花样
滑冰选手申雪、赵宏博

F1 中国大奖赛

中国足球超级联赛

CBA 联赛

环青海湖自行车赛

北京国际马拉松赛已跻身世界十大马拉松赛

城市体育活动

全民健身路径工程惠及普通百姓

因地制宜地开展军队体育活动

曾培养出刘翔等著名运动员的
上海市普陀区青少年体育学校

国民体质检测深受社会各界的欢迎

体育部门重视做好退役运动员
安置保障工作

农民体育健身工程

亿万青少年积极投身
到体育锻炼中

残疾人体育活动

丰富多彩的我国少数民族传统体育活动

中国体育彩票 取之于民
用之于民

雪炭工程——西藏日喀则健身训练中心

民族传统体
育活动焕发
新的活力

"鸟巢"——国家体育场

"水立方"——国家游泳中心

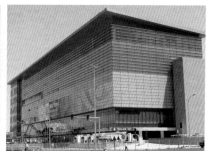

北京奥运会国际广播中心

中国援建的乌干达曼德拉体育场

南京奥林匹克体育中心

全国体育发展战略研讨会

2008年奥林匹克科学大会在广州召开

第八届全国人大常委会第15次会议
通过《中华人民共和国体育法》

中国国际体育用品博览会

青少年学生参观中国奥委会举办的
"奥林匹克运动反兴奋剂40年"展览

中国体育科学研究基地——国家
体育总局体育科学研究所

新闻出版总署纪念改革开放30周年百种重点图书

改革开放30年的中国体育

国家体育总局 编

人民体育出版社

《改革开放 30 年的中国体育》

主　编　　刘　鹏
副主编　　肖　天
编　委　　张　剑　　梁晓龙　　倪会忠　　盛志国
　　　　　郭建军　　刘扶民　　史康成　　宋鲁增
　　　　　蒋志学　　张海峰　　刘光春　　陈述贤

编辑组
组　长　　张　剑
副组长　　梁晓龙
编　辑　　李　辉　　卢伟苊　　陈华栋

撰稿人　　郝　勤　　董新光　　周登嵩　　裴立新
　　　　　高雪峰　　鲍明晓　　王凯珍　　虞重干
　　　　　张　林　　于善旭　　任　海　　田雨普

统稿人　　郝　勤　　田雨普　　任　海

序

  改革开放的 30 年是中国社会经历历史性变革、取得历史性成就的 30 年，也是中国体育实现大发展、大跨越的 30 年。在党和政府的亲切关怀和坚强领导下，体育战线以马列主义、毛泽东思想、邓小平理论和"三个代表"重要思想为指引，以科学发展观为统领，开拓创新，团结奋斗，使中国体育事业改革、开放和发展步伐不断加快，取得了举世瞩目的成就。

  改革开放 30 年来，群众体育蓬勃发展，全民健身运动得到广泛、深入的普及；竞技体育水平不断提高，中国体育健儿在国际赛场上取得一系列优异成绩，为祖国赢得了巨大的荣誉；体育产业逐步兴起，为体育事业发展注入了新的强大动力，并成为国民经济发展的新亮点。围绕体育工作的中心任务，其他各项体育事业也都取得了长足的发展。举世瞩目的 2008 年北京奥运会取得圆满成功，实现了"有特色、高水平"的目标，得到了国际社会的高度评价，也向世人展示了中国改革开放的巨大成就和崭新形象。

  在取得这些成就的同时，中国体育坚持解放思想，不断改革创新，初步探索出了一条符合中国国情的社会主义体育发展道路。从改革开放初期的全面走向世界到北京奥运会的成功举办，从许海峰"零"的突破到 51 枚金牌的辉煌，从《国家体育锻炼标准》的推广实施到"全民健身与奥运同行"，都见证着中国体育一步一个脚印走过的不平凡的道路。

  改革开放以来中国体育的辉煌历程，是国家改革开放和社会主义现代化建设伟大事业的一部分，是我国经济社会不断发展、综合国力显著增强、国际地位不断提升的重要标志。今天，改革开放已经走过 30 年的历程，取得了巨大成就。全党、全国各族人民正在以胡锦涛同志为总书记的党中央领导下，高举中国特色社会主义伟大旗帜，坚决贯彻落实科学发展观，全面建设小康社会，构建社会主义和谐社会，努力实现着中华民族的伟大复兴。在这波澜壮阔的伟大实践中，体育肩负着崇高的使命，承担着重要职责，在强健民族体魄、提高群众生活质量、促进社会和谐等方面将发挥不可替代的重要作用。

北京奥运会的成功举办，体育健儿在北京奥运会赛场上顽强拼搏取得的辉煌成绩，在中国体育发展史上树起了一座新的里程碑，中国体育也站在新的、更高的历史起点上。在北京奥运会、残奥会总结表彰大会上，胡锦涛总书记对体育事业的作用和地位给予高度肯定，对体育工作提出了殷切希望，指出："体育是社会发展和人类文明进步的重要标志，是综合国力和社会文明程度的重要体现。成功举办北京奥运会、残奥会，极大激发了亿万人民的体育热情，极大推动了我国体育事业发展。我们要坚持以增强人民体质、提高全民族身体素质和生活质量为目标，高度重视并充分发挥体育在促进人的全面发展、促进经济社会发展中的重要作用，实现竞技体育和群众体育协调发展，进一步推动我国由体育大国向体育强国迈进。"

面对党和人民的期望，肩负建设体育强国光荣而艰巨的任务，我们迎来了改革开放 30 周年。在这承前启后的关键历史节点，对 30 年来我国体育发展与改革的历程进行系统性回顾，对有中国特色的体育发展道路进行研究和总结十分必要。为此，国家体育总局组织专家、学者及各方面的力量，在广泛收集资料、认真研究梳理的基础上编写了此书，并将其作为迎接和纪念改革开放 30 周年活动的一项重要内容。本书以回顾和总结改革开放 30 年体育事业的成就和经验为主要内容，对 30 年来中国体育发展不同阶段的历史特点进行了概括，对中国特色体育发展道路的主要特征进行了阐述，对群众体育、竞技体育、体育产业等各个领域的发展状况进行了系统总结，并站在新的历史高度对体育事业发展面临的机遇和挑战以及今后的发展趋势进行了分析和展望。

　　总结过去是为了更好地开创未来。回顾和总结 30 年来体育事业的成就和经验，根本目的是进一步明确体育发展的基本方针和路线，进一步提高坚持党的十一届三中全会以来的理论、路线和方针政策，坚持改革开放的自觉性和坚定性，进一步提高坚持走中国特色体育发展道路的决心和信心。唯有如此，我们才能够不断推进体育事业的全面、协调、可持续发展，不断满足广大群众日益增长的体育需求，为全面建设小康社会、构建社会主义和谐社会作出更大的贡献。

　　　　　　　　　　　　　　《改革开放 30 年的中国体育》编委会
　　　　　　　　　　　　　　2008 年 10 月

目　录

第一章　中国特色的体育发展道路 ……………………………（1）

　一、改革开放 30 年中国体育发展的回顾 ……………………（4）

　（一）中国体育进入改革开放新时期（1978—1992 年）…………（4）

　（二）社会主义市场经济为体育事业注入
　　　　新活力（1992—2001 年）………………………………（10）

　（三）全面建设小康社会与北京奥运会带动体育事业
　　　　大发展（2001—2008 年）………………………………（13）

　二、中国特色体育发展道路的几个主要特征 ………………（18）

　（一）坚持党的领导，坚持发展体育事业的政府职能 ………（19）

　（二）坚持与时俱进，推动体育改革创新 ……………………（19）

　（三）坚持对外开放，全面走向世界 …………………………（20）

　（四）坚持体育与经济、社会协调发展 ………………………（21）

　（五）坚持群众体育与竞技体育协调发展 ……………………（21）

　（六）坚持和完善竞技体育的举国体制 ………………………（22）

第二章　群众体育蓬勃发展 …………………………………（25）

　一、群众体育得到党和国家的高度重视 ……………………（27）

　（一）列入全面建设小康社会的发展目标 ……………………（28）

　（二）强调了全民健身的基础地位 ……………………………（29）

　二、群众体育设施明显改善 …………………………………（32）

　（一）非标准体育场地 …………………………………………（32）

　（二）标准体育场地 ……………………………………………（34）

　（三）全民健身工程 ……………………………………………（36）

　（四）农民体育健身工程 ………………………………………（40）

（五）区域全民健身工程 ……………………………………（41）

（六）学校体育场馆向社会开放 …………………………（43）

三、群众体育组织化、规范化程度日益提高 ……………（43）

（一）群众体育社会组织 …………………………………（44）

（二）群众体育制度 ………………………………………（53）

（三）群众体育先进表彰 …………………………………（59）

四、群众体育活动丰富多彩 ………………………………（63）

（一）城市群众体育活动 …………………………………（63）

（二）农村群众体育活动 …………………………………（65）

（三）学校体育活动 ………………………………………（67）

（四）少数民族传统体育活动 ……………………………（72）

（五）残疾人群体育活动 …………………………………（73）

（六）军队群众体育活动 …………………………………（76）

（七）大型群众体育活动 …………………………………（77）

第三章　竞技体育成就辉煌 …………………………（87）

一、为国争光　勇攀高峰 …………………………………（89）

（一）奥运征程　历史跨越 ………………………………（90）

（二）亚洲体坛　独占鳌头 ……………………………（115）

（三）国内大赛　丰富多彩 ……………………………（121）

二、中华体育精神 ………………………………………（127）

（一）中华体育精神的形成与发展 ……………………（128）

（二）努力践行中华体育精神 …………………………（130）

三、举国体制　坚强保证 ………………………………（137）

（一）坚持和完善举国体制 ……………………………（137）

（二）完善竞技体育管理体制和运行机制 ……………（141）

（三）全面推进竞赛体制改革 …………………………（148）

（四）改革完善训练体制 ………………………………（151）

（五）建立健全运动员保障体系 ………………………（154）

（六）高度重视思想政治工作 …………………………（158）

（七）坚决反对在体育运动中使用兴奋剂 ……………（160）

第四章　生机勃发的体育产业 ………………………………（171）

　　一、在社会变革中崛起的朝阳产业 …………………………（173）

　　二、体育产业正在成为国民经济新的增长点 ………………（176）

　（一）健身休闲业快速发展 …………………………………（176）

　（二）职业体育和赛事经济在探索中起步 …………………（177）

　（三）体育中介服务业日渐活跃 ……………………………（182）

　（四）体育用品制造和销售业迅速成长 ……………………（183）

　（五）体育旅游业快速启动 …………………………………（186）

　（六）体育传媒产业开始形成 ………………………………（187）

　（七）中国奥委会和 2008 北京奥运会市场开发取得丰硕

　　　　成果 ……………………………………………………（188）

　（八）体育产业政策法规不断完善 …………………………（189）

　（九）体育产业在经济社会发展中的作用日渐凸显 ………（191）

第五章　与时俱进的体育科技与体育宣传 …………………（193）

　　一、体育科研为体育发展提供强劲动力 ……………………（195）

　（一）体育科技意识明显增强 ………………………………（195）

　（二）体育科研管理体制逐步完善 …………………………（197）

　（三）加强学术交流，促进成果推广 ………………………（201）

　（四）面向体育运动实践，加强体育科技开发与服务 ……（204）

　　二、繁荣体育哲学社会科学研究 ……………………………（211）

　（一）体育哲学社会科学研究工作不断加强 ………………（211）

　（二）体育哲学社会科学研究取得丰硕成果 ………………（215）

　　三、体育宣传与体育新闻出版事业 …………………………（219）

　（一）体育宣传成效显著 ……………………………………（219）

　（二）新闻媒体成为推动体育事业发展的重要力量 ………（223）

　（三）体育图书出版事业的发展与贡献 ……………………（229）

第六章　坚强有力的物质与人才保障 ………………………（231）

　　一、体育经费保障与基础设施建设 …………………………（233）

　（一）政府为体育发展提供了公共财政保障 ………………（233）

　（二）发行体育彩票为体育事业发展提供了重要的经济支撑 ……（237）

（三）体育场地设施建设为体育事业发展提供了物质条件 ……… （244）

二、体育人才培养力度不断加大 ……………………………… （254）

（一）体育教育事业快速发展 ………………………………… （255）

（二）继续教育体系逐步形成 ………………………………… （262）

三、体育人才队伍整体实力不断增强 ………………………… （265）

（一）体育人才队伍规模结构更为合理 ……………………… （266）

（二）竞技体育人才队伍实力雄厚 …………………………… （269）

（三）群众体育人才队伍日益壮大 …………………………… （275）

（四）体育教科人才队伍成绩显著 …………………………… （278）

（五）体育管理队伍素质不断提高 …………………………… （280）

（六）新型体育人才不断涌现 ………………………………… （282）

第七章　体育发展纳入法制轨道 ……………………………… （285）

一、体育法制建设的地位逐步提高 …………………………… （287）

（一）体育法制工作受到高度重视 …………………………… （287）

（二）确立和坚持依法治体的方针 …………………………… （288）

（三）体育法制工作机构和队伍逐步建立 …………………… （290）

二、体育立法工作取得重要进展 ……………………………… （291）

（一）《中华人民共和国体育法》的颁布 …………………… （291）

（二）体育法规体系逐步建立 ………………………………… （292）

（三）体育立法逐步科学化和系统化 ………………………… （297）

三、《体育法》的实施力度不断加大 ………………………… （298）

（一）体育执法与检查监督工作不断加强 …………………… （298）

（二）体育行政执法行为日趋规范 …………………………… （299）

（三）体育执法工作成效显著 ………………………………… （300）

（四）司法逐渐介入对体育纠纷关系的调整 ………………… （302）

四、体育法制宣传与研究持续开展 …………………………… （303）

（一）体育法制宣传教育收效明显 …………………………… （303）

（二）体育法学研究日益广泛深入 …………………………… （305）

第八章　开创国际交流与合作新局面 ………………………… （307）

一、重返奥运，率先实现"一国两制"的构想 …………… （309）

二、积极参与国际体育活动 …………………………………… （311）

三、举办大型国际体育赛事 ……………………………………… （317）

四、国家（地区）间体育交往活动频繁 ……………………… （319）

五、参与国际体育组织管理 ……………………………………… （324）

六、积极开展国际体育援助 ……………………………………… （325）

第九章 成功举办 2008 年北京奥运会和残奥会 ……………… （331）

一、两次申奥 百年梦圆 ………………………………………… （333）

二、精心设计 精心筹办 ………………………………………… （335）

（一）"五个结合"的举办战略 ………………………………… （335）

（二）"有特色、高水平"和"两个奥运同样精彩"的举办

目标 ……………………………………………………… （336）

（三）"绿色奥运、科技奥运、人文奥运"的举办理念 ……… （336）

三、成功举办 世界瞩目 ………………………………………… （344）

（一）杰出的运动成绩 …………………………………………… （345）

（二）高昂的奥运精神 …………………………………………… （347）

（三）感人的志愿服务 …………………………………………… （349）

（四）一流的运动设施 …………………………………………… （350）

（五）缜密的组织管理 …………………………………………… （351）

（六）鲜明的中国特色 …………………………………………… （354）

（七）成功的商业开发 …………………………………………… （355）

（八）周密的安全保障 …………………………………………… （356）

（九）广泛的国际影响 …………………………………………… （357）

（十）出色的举办水平 …………………………………………… （358）

四、全面促进 遗产丰富 ………………………………………… （358）

（一）在世界上人口最多的国家普及奥林匹克精神 ………… （358）

（二）促进中国体育的全面发展 ………………………………… （359）

（三）中国体育与国际全面接轨 ………………………………… （361）

（四）促进和谐社会的构建 ……………………………………… （361）

（五）促进和平发展的国际环境 ………………………………… （362）

第十章 在继承与创新中开创未来 ……………………………… （365）

一、抓住机遇 迎接挑战 ………………………………………… （368）

（一）体育发展面临难得的历史机遇 ………………………… （368）

（二）全面认识和充分发挥新时期体育的功能 …………………… （369）

（三）新时期体育发展面临的挑战 ………………………………… （371）

二、科学把握未来体育发展的走向 ………………………………… （373）

（一）坚定方向，沿着中国特色体育发展道路继续前进 ………… （374）

（二）深化改革，建立健全与经济社会发展相适应的体育管理

体制 ……………………………………………………………… （375）

（三）以人为本，不断发展和完善体育的公共服务体系 ………… （376）

（四）统筹兼顾，促进体育事业全面、协调、可持续发展 ……… （378）

（五）改革创新，不断满足小康社会人民群众体育发展的新

需求 ……………………………………………………………… （379）

（六）扩大开放，为促进世界体育的和谐发展作出更大贡献 …… （381）

参考文献 ………………………………………………………………… （383）

附录：改革开放 30 年中国体育大事记 ……………………………… （386）

跋 ………………………………………………………………………… （415）

第一章

中国特色的体育发展道路

- 改革开放 30 年中国体育发展的回顾
- 中国特色体育发展道路的几个主要特征

当代中国体育的历史是一个从极度落后发展为成就卓著、举世瞩目的体育大国的历史。中华人民共和国成立之初，中国体育面临着尽快提高体育水平、改变落后面貌的艰巨任务。中央人民政府迅速把发展体育事业摆上了议事日程，提出了建设"新体育"的目标和要求。1952 年 6 月 20 日，毛泽东同志为中华全国体育总会成立大会题词："发展体育运动，增强人民体质"，明确指出了新中国体育事业发展的根本目标，为我国体育工作奠定了重要的思想基础。

1952 年 7 月，以中华全国体育总会秘书长荣高棠同志为团长的中国体育代表团参加了赫尔辛基奥运会，五星红旗第一次飘扬在奥林匹克体育场的上空。同年 11 月，中央人民政府决定成立"中央人民政府体育运动委员会"，任命热心体育事业、德高望重的贺龙同志为国家体委主任，得到广大群众和体育工作者的衷心拥护。从此以后，新中国逐步建立起体育工作的组织体系，大力加强基础设施建设和人才队伍建设，制定、实施了一系列发展群众体育、竞技体育等各方面的制度和政策、措施。随着社会主义建设事业的全面铺开，体育事业也得到了快速发展，并以 1959 年第 1 届和 1965 年第 2 届全国运动会的召开为标志，掀起了体育事业发展的两个高潮。到 20 世纪 60 年代中期，中国人民的体质健康显著改善，1957—1966 年，4200 多万人达到了劳卫制和青少年体育锻炼标准；竞技水平明显提高，1959 年容国团在第 25 届世界乒乓球锦标赛中夺得新中国第一个世界冠军。1957—1966 年，全国有 1000 多万人成为等级运动员，5000 多次打破全国纪录，142 次打破或超过世界纪录。中国体育在发展规模和水平上都达到了旧中国不敢想象的新的历史高度，呈现出蓬勃发展的景象。

从 1966 年开始的"文化大革命"给中国人民带来了极大的灾难，社会主义体育事业也遭到严重摧残，发展历程被迫中断。贺龙、荣高棠等一大批忠诚于社会主义体育事业的体育工作者、运动员、教练员遭到打击和迫害，从中央到地方体育部门的许多领导干部被打倒，文革前 17 年我国创办社会主义体育的基本经验被全盘否定，整个体育战线陷于瘫痪。在国际上，我国与国际奥委会和众多国际体育组织断绝关系多年，处于封闭或半封闭状态。而从 20 世纪 70 年代后期开始，在世界范围内兴起了以增强综合国力为中心目标的竞争浪潮，无论是中国社会还是中国体育与世界发达国家的差距都在进一步拉大。

1978 年 12 月 18—22 日，中国共产党召开具有重大历史意义的十一届三中全会，开启了改革开放历史新时期。从此，中国共产党人和中国人民以一往无前的进取精神和波澜壮阔的创新实践，谱写了中华民族自强不息、顽强奋进新的壮丽史诗，中国人民和社会主义中国的面貌发生了历史性变化。2008 年是中国改革开放 30 周年，也是北京奥运会举办年。在这 30 年中，中国体育在改革开放中走过了光辉灿烂的发展历程，取得了举世公认的辉煌成就，初步探索出了一条中国特色的体育发展道路。

一、改革开放 30 年中国体育发展的回顾

改革开放 30 年以来，中国体育大致经历了 3 个发展阶段。第一阶段是 1978 年十一届三中全会至 1992 年，这一阶段是中国体育工作重点转移，重返国际奥林匹克大家庭并实现体育腾飞的时期；第二阶段是 1992 年至 2000 年，是中国体育改革进一步深化并在各个方面取得大发展的时期；第三阶段是 2001 年至 2008 年，是中国体育以科学发展观为统领，借举办北京奥运会之机获得全面发展的时期。

（一）中国体育进入改革开放新时期 （1978—1992 年）

党的十一届三中全会实现了党的思想路线、政治路线、组织路线上的拨乱反正，恢复了民主集中制，作出了改革开放的重大决策，从而使中国冲破了"左"倾错误的严重束缚，开始了新中国成立以后具有深远历史意义的伟大转折。中国体育也迅速进行了拨乱反正，逐步理顺了各种基本关系。通过解放思想，"文革"中禁锢体育界的思想枷锁被打破，长期困扰中国体育发展的一些模糊观念也得到澄清，中国体育开始回到社会主义体育发展的正确轨道，并不失时机地进行了体育工作重点的转移。1979 年 2 月，国家体委在北京召开全国体育工作会议，提出体育战线的工作重点就是高速发展我国体育事业，在新时期加速实现 1978 年全国体育工作会议上提出的"要在本世纪内成为世界上体育最发达国家之一"的目标，从而为新时期中国体育的发展明确了方向。

1. 重返国际体坛

新中国成立后，中国一直致力发展与国际体育界的关系。1952 年 7 月，新中国克服种种困难，组队参加了第 15 届赫尔辛基奥运会。1954 年国际奥委会承认中华人民共和国在国际奥委会中的合法席位，但由于国际奥委会少数领导人执意将台湾的"中华奥委会"继续保留在国际奥委会内，在向国际奥委会多次抗议未果的情况下，中国奥委会于 1958 年 8 月 19 日宣布断绝与国际奥委会的关系，并在 1958 年 6 月至 8 月间，先后退出 15 个国际单项体育组织。

1979 年 1 月 1 日，全国人大常委会委员长叶剑英发表《告台湾同胞书》，

提出"和平统一祖国"的方针，中央开始实施在国际组织中对台湾的新方针。在一些非政府性国际组织内，除了全国性席位由我有关部门和机构占有外，根据有关国际组织章程的规定，可以允许台湾非政府机构作为我国有关机构的分支参加，或允许其作为非全国性机构参加。党中央关于台湾问题的新方针，为我国在国际体育组织中打开长期未能解决的僵局开辟了道路。

1979 年，中国奥委会向国际奥委会正式提出关于解决中国合法席位的建议。1979 年 10 月 25 日，国际奥委会执委会通过了影响深远的《名古屋决议》，恢复中华人民共和国在国际奥委会中的合法席位。同年 11 月，国际奥委会以通讯表决方式通过了该决议，确认代表中国奥林匹克运动的是中国奥委会，正式名称为"中国奥林匹克委员会"；设在台北的奥委会继续留在国际奥委会，正式名称为"中国台北奥林匹克委员会"（英文名称为"Chinese Taipei Olympic Committee"），并要求其修改会歌、会旗、会徽及章程。1981 年，国际奥委会与中国台北奥委会在瑞士洛桑正式签订协议，中国台北奥委会正式改称，并确定了新的会歌、会旗。从此，改革开放的中国回到了国际体育大家庭中，为中国体育以崭新的姿态全面走向世界铺平了道路。

2. 确定新时期体育发展战略

进入新时期后，体育发展战略问题得到高度重视。1978 年、1979 年、1980 年连续三年的全国体育工作会议上，都对新时期体育发展战略问题进行了重点讨论，并提出了新时期体育事业发展的目标、政策、措施和战略思想。

第一，对新中国成立以后近 30 年的体育工作进行了认真反思和总结，从宏观层面提高了对体育事业的认识，并提出了指导以后体育工作的 6 个方面的基本经验，即要正确处理体育与政治、体育与经济、普及与提高、学习与创新 4 个方面的关系，要充分运用竞赛推动体育运动的发展，要在党的领导下依靠群众办体育。

第二，进一步广泛开展群众性体育活动。国家体委提出要大力开展各种群众体育活动，工农商学兵的体育活动都要有新的发展。重点抓好关系两亿青少年学生健康的学校体育。军事体育活动要在现有的基础上，积极、有步骤地开展，扎扎实实抓好普及工作。要在 20 世纪内努力做到城乡群众体育大普及，全国人民体质大增强。为此，国家体委强调要动员社会力量办体育，并加强了同教育、卫生、工会、共青团、妇联和解放军等部门的分工合作，切实发挥全国体育总会及其分会、行业体协、单项运动协会和基层体育协会等群众体育团体的积极作用，使体育事业发展有了更多的支撑点和动力，群众体育工作逐步转向以各行业、各部门办为主，各级体委主要进行协调指导。同时加强了体育的宣传工作，通过新闻单位积极宣传，营造强大的社会舆论，从而最广泛地动员、吸引广大群众参与体育活动。

第三，要尽快提高我国的竞技体育水平。"文革"结束后，我国的运动技术水平落后已成为中国体育走向世界的主要障碍，多数项目与世界先进水平的差距很大，不少项目达不到奥运会报名标准，有的甚至还冲不出亚洲。因此，国家体委提出了"省一级以上体委在普及与提高相结合的前提下侧重抓提高"的部署，提出了我国竞技体育的发展目标，即近期要在1980年奥运会上进入总分前10名，在1984年奥运会上进入总分前6名，在80年代根本改变我国运动技术水平的落后状况，使我国体育在全世界放异彩，本世纪内要拥有世界第一流的体育队伍、世界第一流的运动技术水平、现代化的体育设施，成为世界上体育最发达的国家之一。

为了实现这个目标，国家体委提出要统筹安排，突出重点，调整好项目的重点布局，集中力量把奥运会和有重大国际比赛的若干项目搞上去，并为此采取了有效措施。

——按照有利于在奥运会上取得好成绩的原则，在集中优势、突出重点、优化结构、分类管理的思想指导下，对运动项目的布局进行了调整，并取得了明显的成效。由于奥运会是世界上规模和影响最大的综合运动会，与奥运会项目对口并突出重点，成为体育界调整项目设置时必须考虑的首要原则。早在20世纪50年代末和60年代初，我国曾确定以10个优势和影响较大的项目作为发展重点。1979年，根据我国恢复在国际奥委会合法席位后的新形势，提出了集中力量尽快把若干项目搞上去的目标，根据奥运会的项目设置和金牌分布，将当时技术水平较高、影响较大和在国内受到群众广泛爱好或国际影响较大的乒乓球、羽毛球、田径、游泳、跳水、体操、举重、足球、篮球、排球、射击、射箭、速度滑冰共13个项目列为重点。与此同时，按照全国一盘棋的精神，组成代表国家最高水平的常设国家队，并对承担重点布局项目任务的省、市、自治区体委，解放军和体育学院，从1980年起按每4年为一个周期，订出赶超世界先进水平的指标。国家和地方根据可能，在参加国内外比赛、技术资料、经费、器材设备等方面给予资金和技术支持。以上方针与措施的制定与实施，是新时期中国体育发展的一项重大政策性举措，改变了过去力量分散、重点不突出的局面，为此后中国参加洛杉矶奥运会等重大赛事奠定了基础。

——按照"国内练兵，一致对外"的原则，调整全运会的项目设置。为了把全运会和奥运会的任务一致起来，1983 年 9 月举行的第 5 届全国运动会基本按照奥运会的项目设项，在所设的 22 个比赛项目中，有 20 项奥运会项目，即田径、游泳、水球、跳水、足球、篮球、排球、体操、射击、射箭、举重、击剑、手球、摔跤、自行车、赛艇、皮划艇、帆船、柔道、曲棍球；另两项非奥运会项目，即乒乓球和羽毛球。冬季全运会设速度滑冰、花样滑冰、冬季两项、冰球、滑雪共 5 个比赛项目。以此来达到通过国内比赛锻炼队伍、选拔人才的目的，使备战全国运动会和奥运会的任务相一致。

——为了增强我国竞技体育发展的后劲，从 1980 年开始，按照"思想一盘棋、组织一条龙、训练一贯制"的要求，对优秀运动队、业余体校和学校运动队这样的一、二、三线运动队伍进行了调整，逐步建立健全了按比例发展、层层衔接的训练网，完善了后备力量的培养体系，一定程度上克服了小而全、大而全的重复训练和人才浪费的混乱现象，除加强各地和解放军系统的专业队伍外，还积极支持和帮助产业系统逐步恢复建立优秀运动队，也把个别项目放在体育学院或重点城市、对口工厂设队。

——大力加强业余训练，加速培养优秀运动员后备力量，建立健全大中城市的业余训练网；加强科研工作，要求认真办好体育学院，逐步建立科学情报中心和体育科技资料档案；学习推广国外先进技术经验，改革竞赛制度，充分发挥各级各类赛事对体育运动的推动作用；体育场地设施建设要纳入城市建设的统一规划，现有的体育场馆不得任意占用，要加强管理并提高使用率，保证完成体育活动的任务；为了提高体委干部和教练员队伍的科学文化素质，1980年至 1985 年，国家体委在各体育院校办体委主任和教练员培训班，并建设了一支高质量的裁判员队伍，培养了一批国际裁判员。

这些政策、方针和措施的制定与实施，确定了 20 世纪 80 年代中国体育事业发展的方向，使我国体育事业初步形成以发展竞技体育为先导、带动体育事业全面发展的战略格局。

3. 改革开放带动体育事业全面发展

十一届三中全会后，党的工作重点转移和改革开放方针对体育事业的恢复和发展起到了决定性的推动作用。1979 年全国体育工作会议上确定近期"省一级以上体委在普及与提高相结合的基础上，侧重抓提高"的战略后，中国体育事业进入了全面复苏和快速发展时期，主要表现如下。

第一，群众体育蓬勃发展

在"文革"十年中，群众体育和学校体育的发展受到极"左"路线的极大破坏。十一届三中全会后，由于社会经济发展和体育发展战略的调整，群众体育逐步转向以省市以下各级政府和非政府体育组织办为主，各行业、各部门承担起本行业和本部门体育管理工作，国家积极扶持、协调、指导和依法管理。1984 年洛杉矶奥运会我国体育健儿的优异表现在广大群众中引起了强烈反响，促进了公众对体育的认知。同年 10 月 5 日，中共中央发出《关于进一步发展体育运动的通知》，充分肯定了新中国成立以来，特别是近几年来体育事业取得的巨大成绩及其在振奋民族精神等方面发挥的突出作用；同时针对我国体育运动水平与世界先进水平的总体差距，强调必须坚持普及与提高相结合的方针，采取有力措施，使体育运动不断向新的广度和高度发展，争取在本世纪内把我国建设成体育强国。1986 年 4 月 15 日，为了适应新的形势，国家体委制定了《国家体委关于体育体制改革的决定（草案）》，提出我国群众体育的改革方向，即进一步推进体育社会化，实现国家与社会办相结合，充分调动社会办体育的积极性。

在上述改革思路指引下，20 世纪 80 年代到 90 年代初，我国群众体育迅速走上了社会化和全民化道路，各级各类群众体育组织在新的社会环境中得到恢复与完善，体育观念发生了很大的变化，体育活动的内容逐渐丰富，群众体育设施与场馆状况也得到明显改善。体育作为文化生活的重要内容，开始进入中国社会生活，成为生活方式的组成部分。据统计，到 80 年代末，全国已有 3 亿多人经常参加体育锻炼，有 4.6 亿青少年达到国家锻炼标准，新建各类体育场馆 22 万多个，群众体育呈现蓬勃发展的局面。20 世纪 80 年代到 90 年代初我国学校体育和青少年体育也步入正轨并得到显著发展。大、中、小学体育课和课外体育活动的规范程度提高，体育课教学大纲、活动内容、组织形式、方法手段、管理体制、场地器材设施等方面不断得到完善，促使青少年体质健康明显提高。

第二，竞技体育水平快速提高

20 世纪 80 年代，我国竞技运动水平提高较快，取得了一系列举世瞩目的成就。尤其是 1984 年洛杉矶奥运会上，中国体育代表团实现了奥运会金牌"零"的突破，金牌总数名列第四，在全国掀起前所未有的"体育热"和爱国主义热潮，增强了民族凝聚力，为社会主义精神文明建设增添了新的内涵，成为这一时期中国人民"团结起来，振兴中华"的强大动力和旗帜。洛杉矶奥运会后，我国竞技体育持续发展，在国际赛场上佳绩频传。1986 年第 10 届汉城亚运会上，中国代表团蝉联亚运会金牌总数第一。1992 年巴塞罗那奥运会上发挥出较高水平，在金牌榜上名列第四，取得了历史最好成绩，初步奠定了中国竞技体育在国际体坛的地位。

1990 年 9 月至 10 月，北京成功举办了第 11 届亚洲运动会。这是中国首次承办大型综合性国际体育赛事。为了承办亚运会，北京和全国人民在场馆设施建设、道路交通、新闻通讯、生活服务等各个方面都付出巨大努力，为亚运会的成功举行提供了可靠保障，受到了亚洲各国和地区运动员的普遍赞誉，促进了亚洲运动员和人民之间的相互了解与友谊，为承办奥运会等大型国际综合性体育赛事提供了宝贵的经验。

总的看来，从 1978 年到 20 世纪 90 年代初，我国竞技体育发展方向明确，策略得当，措施有力，以"举国体制"为核心，初步探索出了一条中国特色的高水平竞技体育发展道路，实现了竞技体育的快速发展，激发了全国人民的爱国主义热情。

第三，体育改革全面启动，各项体育工作全面发展

从 80 年代到 90 年代初，中国体育界和全国一样，在十一届三中全会精神指导下，开始探索在新的形势下体制改革的路子。在 1984 年 10 月 5 日中共中央颁发的《中共中央关于进一步发展体育运动的通知》指导下，国家体委经过调研、探索和酝酿，于 1986 年 4 月 15 日下发了《国家体委关于体育体制改革的决定（草案）》，制定了 10 个方面 53 条改革措施，确立了以社会化为突破口，以竞赛和训练改革为重点的改革思路，提出了"以革命化为灵魂，以社会化和科学化为两翼，实现体育腾飞"的战略指导思想。从此，我国体育事业在管理体制、训练体制、竞赛体制、体育科技体制等方面的改革全面启动。

这一时期，其他各项体育工作也取得显著成绩。体育科研工作受到高度重视，体育科技体制改革、体育科研机构整顿提上议事日程，体育科研条件得到改善，国家体委明确提出了"体育振兴要依靠科学进步，体育科学技术必须面向体育运动的发展"；在体育院校建设方面，国家体委对体育院系教学计划和体育学生的学籍管理办法、体育学院的任务、系科设置、专业设置和修业年限等方面提出了指导意见，使在"文革"中受到极大破坏的体育院系管理和教学科研工作得以全面恢复，至 80 年代初，北京、上海、武汉、成都、沈阳、西安等地的体育学院本科和研究生教育及在岗干部、教练员培训均步入正轨，培养了大量专业人才；体育宣传、新闻以及出版事业也得到快速发展，以中国运动员参加的重大国际赛事为核心，从中央到地方新闻媒体的体育报道急剧增加，各类体育报刊广受欢迎，为普及和宣传体育运动作出了重要贡献。

这一时期，体育受到越来越广泛的社会关注，成为社会生活的重要内容。尤其是中国女排世界杯夺冠、中日围棋擂台赛的胜利、中国足球队参加世界杯

预选赛等赛事更是引起了全社会的关注，在中华大地上掀起了一次次体育热潮。在社会主义现代化建设蒸蒸日上、改革开放不断深化的社会背景下，体育充分发挥了振奋民族精神、提高社会凝聚力的巨大作用，体育与广大群众结合得愈加紧密，在国家政治、经济、社会生活中的地位也在不断提高。

（二）社会主义市场经济为体育事业注入新活力（1992—2001年）

1992年初，邓小平同志南巡讲话发表，就坚定不移地贯彻执行党的基本路线，坚持走有中国特色的社会主义道路，抓住有利时机，加快改革开放步伐，集中精力把经济建设搞上去等一系列重大问题，提出重要观点。同年10月，中国共产党召开了第十四次全国代表大会，提出了"社会主义市场经济"理论，确立了社会主义市场经济体制的改革目标。小平同志南巡讲话和党的十四大精神，为20世纪90年代的体育改革进一步深化指引了方向，奠定了思想基础。

1. 体育改革在探索中不断推进

1992年11月，全国体委主任座谈会在广东中山召开。会议以学习邓小平同志南巡讲话和党的十四大报告、探讨体育改革为主题。会议认为，改革开放以来，我国体育取得了巨大成就，但在计划经济体制下形成的高度集中的体育管理体制已不适应社会主义市场经济的发展。要以改革体制为关键、转换体制为核心，加快体育改革步伐，以期逐步建立与社会主义市场经济相适应、符合现代体育运动规律的国家调控、依托社会、自我发展的充满生机与活力的体育管理体制和良性循环的运行机制，形成国家办与社会办相结合、以社会办为主的新格局。会议还确认了同年6月在北京郊区红山口召开的全国足球工作会议提出的足球率先进行市场化改革的决定，提出以足球改革为突破口，探索竞技体育改革的道路。这次会议对于90年代以来的中国体育改革和发展产生了深远影响。市场化性质的职业足球联赛由此启动。此后，篮球、排球、乒乓球、围棋等项目也先后进行了市场化、职业化改革尝试。

1993年4月，国家体委下发了《国家体委关于深化体育改革的意见》以及《关于运动项目管理实施协会制的若干意见》《关于训练体制改革》《关于竞赛体制改革》《关于群众体育改革》《关于培育体育市场、加速体育产业化进程的意见》5个附件，确定了以转变运行机制为核心、"面向市场，走向市场，以产业化为方向"的改革发展思路，成为这一时期中国体育改革的指导性文件。

除了竞技体育体制改革外，改革的另一重点是探索在社会主义市场经济背景下体育产业化发展的道路。国家体委于 1992 年 5 月 13 日下发了《体育事业十年规划和"八五"计划》，提出了加强体育经济管理、多渠道筹集体育经费、努力提高经济效益的发展措施。

1992 年 6 月，中共中央、国务院发布了《关于加快发展第三产业的决定》，明确提出了第三产业要"以产业化为方向，建立充满活力的第三产业自我发展机制。"按照三次产业划分的标准，体育事业主要生产体育劳务这种非物质形态产品，属于第三产业。这不仅带来了体育观念的重大变化，而且对发展体育事业的方式也产生了深刻影响。

1993 年国家体委下发了与体育改革配套的《关于培育体育市场、加快体育产业化进程的意见》。1995 年 6 月 16 日，国家体委又下发了《体育产业发展纲要》，指出发展体育产业是新时期体育战线面临的一项重要任务，要积极行动起来，深化体育改革，开展试点，积累经验，有组织、有步骤地推进体育产业的快速发展。至 20 世纪末，我国的体育产业初步成型，开始形成包括竞赛表演市场、健身娱乐市场、体育用品市场、体育无形资产市场、技术培训与咨询市场、体育旅游市场等在内的产业体系。到 1999 年，全国共发行体育彩票 102 亿元，所获公益金全部用于体育事业发展。1997 年我国最大的股份制体育公司——中体产业股份有限公司正式上市。

总的来看，1992 年邓小平南巡讲话和党的十四大后，中国体育改革的方向是按照社会主义市场经济要求和现代体育发展规律来探索中国特色的体育发展道路。其重点一是探索竞技运动项目职业化的发展道路，二是探索市场经济条件下体育产业开发的模式。尽管这些探索和改革遇到很多新问题甚至挫折，但符合社会主义市场经济的发展方向，为以后的中国体育改革积累了十分宝贵的经验。

2. 走向法治的中国体育

20 世纪 90 年代，随着体育改革的深化，我国体育法制建设取得重大成就，规范化、制度化程度不断提高。

党的十一届三中全会提出了"发展社会主义民主，健全社会主义法制"的历史任务和"有法可依，有法必依，执法必严，违法必究"的社会主义法制建设的方针。随着我国体育事业的社会化发展，原有的行政法规已不能处理市场经济条件下高度社会化的体育事务和日益复杂的各种关系。体育改革需要法律的指导和保障。于是，制订《中华人民共和国体育法》的工作就被提上了议事日程。1995 年 8 月 29 日，《中华人民共和国体育法》在第八届全国人大常委会第 15 次会议上全票通过，于 1995 年 10 月 1 日正式开始实施。《体育法》是新中国的第一部体育法律，它的颁布是中国体育发展史上的一个里程碑，标志着中国体育发展纳入法制化轨道，进入了依法治体的新阶段。

改革开放以来，党和政府高度重视群众体育，把人民身体健康视为头等重要的大事。1993 年 5 月，国家体委颁发了《国家体委关于深入体育改革的意见》及 5 个附件，提出了制订全民健身计划的要求。1995 年 6 月 20 日，国务院正式颁布了《全民健身计划纲要》。全民健身计划是一项中华民族体质建设的宏伟规划，是国家支持、全民参与、依托社会的跨世纪的系统工程。《纲要》的颁布实施，反映了党和国家全心全意为人民服务的根本宗旨，集中表达了全国各族人民增强体质、提高生活质量的共同愿望，受到社会各界的热烈欢迎。全民健身运动的开展功在当代，利在千秋，极大地改变了旧的群众性体育发展模式，"为健康投资"和"健康生活"等新观念开始深入人心，有力地促进了我国群众体育的普及和发展。

20 世纪 90 年代，国际竞技体育出现新的发展态势：依靠科技手段促进运动技术水平的提高已成趋势；商业化、职业化对竞技体育的影响日益明显；国际赛事的类别与数量日增，对传统的训练手段、方法和理论提出挑战；苏联解体、民主德国和联邦德国合并以后，世界竞技体育原有格局被打破，即使我国在奥运会中的竞争对手增多，也为进一步提升中国竞技体育的国际地位提供了机会。此外，国内改革开放的不断深入和中国体育整体协调发展战略的实施，也对竞技体育发展提出了更高的要求。在此背景下，国家体委着手制定了《奥运争光计划纲要》（1994—2000 年），于 1995 年 7 月 6 日实施。该《纲要》共分 5 个部分，分别阐述了我国竞技体育面临的形势和任务，争光计划的目标和实施指导原则、主要措施及步骤方法等。《纲要》的颁布实施使"在奥运会等重大国际比赛中夺取优异成绩，为国争光"的竞技体育发展目标进一步明确，为 90 年代后我国竞技体育的快速发展起到了重要的指导作用。

这一时期，体育部门还制定、颁布了一系列与《体育法》《全民健身计划纲要》《奥运争光计划纲要》相配套的部门规章和规范性文件，1993 年颁布了《关于深化体育改革的意见》，2000 年颁布了《2000—2010 年体育改革与发展纲要》。另外，在群众体育、竞技体育、体育经济、体育科研、体育外事等各个方面都制定了大量规章、规定和管理办法，使体育事业的规范化、制度化程度得到明显提高，有效保障了体育事业健康、快速发展。

3. 体育事业发展迈上新台阶

20 世纪 90 年代以后，国家经济繁荣、社会稳定，改革开放不断深入，我国体育事业也得到空前发展，不断取得新的成绩。《全民健身计划纲要》的颁布极大推动了群众体育事业的发展。1995—2000 年，全民健身计划第一期工程顺利实施，成效显著。广大群众参与体育活动的积极性不断提高，健身意识不断增强，体育人口不断增加。体育健身场地、设施和经费投入逐年增多。群众体育的制度化、科学化程度不断提高。体育健身组织网络和领导体制基本形成。初步形成了一个以体育社会团体为基础，以基层体育指导站（点）、体育场地设施为依托，以社会体育指导员为骨干，以广大人民群众为主体的覆盖面广、包容量大的社会体育组织网络，建立起了纵贯省、市（地）、县、乡，横跨行业系统、群众组织、社会团体，政府领导、体育部门组织，各方齐抓共建的群众体育领导体制。竞技体育成绩辉煌，"奥运争光计划"顺利实施。中国体育健儿在 1992 年巴塞罗那、1996 年亚特兰大和 2000 年悉尼奥运会取得优异成绩，特别是在悉尼奥运会上，金牌总数跃居第三，取得了历史性的突破。在 1994 年和 1998 年两届冬季奥运会上，中国冰雪健儿共夺得 7 枚银牌、4 枚铜牌。我国连续在第 12 届、第 13 届、第 14 届、第 15 届亚运会上的金牌总数名列榜首。这些成绩说明，改革开放以来确立的我国竞技体育发展模式是符合中国国情的正确选择，经过艰苦努力，中国竞技体育的整体实力得到了明显的增强。这些成绩还进一步确立和巩固了我国竞技体育在国际体坛的重要地位，也为新世纪的新突破奠定了坚实的基础。这个时期，我国的体育产业也开始逐步兴起，其他各项体育工作都取得了长足的进步。在申办 2000 年奥运会失利后，北京再次提出申办 2008 年奥运会，广大体育工作者热情高涨、信心满怀，迎接着新北京、新奥运和新世纪的到来。

（三）全面建设小康社会与北京奥运会带动体育事业大发展（2001—2008 年）

改革开放以后，在全党全国各族人民的共同努力下，我国社会主义建设取得了巨大成就。到 21 世纪初，胜利实现了邓小平同志提出的现代化建设"三步走"战略的第一步、第二步目标，人民生活总体上达到了小康水平。进入新世纪，党中央综观全局，正确认识到 21 世纪头 20 年对我国来说是一个必须紧紧抓住并且可以大有作为的重要战略机遇期，我们伟大的祖国已经进入全面建设小康社会、加快推进社会主义现代化的新的发展阶段。2002 年 11 月，党的第十六次全国代表大会提出了全面建设小康社会的奋斗目标：要在本世纪头20年，集中力量，全面建设惠及十几亿人口的更高水平的小康社会，使经济更加发展、民主更加健全、科教更加进步、文化更加繁荣、社会更加和谐、人民生活更加殷实。

在十七大提出的全面建设小康社会的目标中，包括到2020年要使全民族的健康素质明显提高，形成比较完善的全民健身体系，要努力办好2008年北京奥运会。这是第一次在党的正式文件中把体育内容列入党和国家的发展目标，充分体现了体育在新时期经济社会发展中的重要地位和作用，也为体育事业发展开辟了更加广阔的前景。

1. 中国体育事业迎来新的重大发展机遇

1993年北京申奥失利后，中国并未放弃自己的奥运梦想。经过十年的改革开放和发展，中国较之90年代初具有了更强大的综合实力，在国际上拥有了更加有利的地位和影响，举办奥运会的条件也更加成熟，在这种情况下，党中央和国务院批准北京市申办第29届奥运会。2001年7月13日，在国际奥委会第112次全会上，北京赢得了2008年奥运会举办权，实现了中华民族的百年夙愿，神州大地一片欢腾。在北京，40万民众挥舞着国旗，自发涌到天安门广场庆贺胜利。我国政府向世界庄严承诺，将践行"绿色奥运，科技奥运，人文奥运"的三大理念，举办一届"有特色、高水平"的奥运会。

奥运会是国际体坛规模最大、水平最高、影响力最为广泛的综合性体育赛事。在中国举办奥运会是中华民族的百年期待，全国人民寄以厚望。北京奥运会筹办工作在新世纪之初全面展开，恰逢中国改革开放进入一个新的历史时期。以筹办北京奥运会为契机促进体育事业的全面、快速发展成为这一时期体育工作的核心目标。中国体育迎来前所未有的重大发展机遇。

为办好北京奥运会，同时以此为契机促进体育事业的全面发展，中共中央、国务院于2002年7月22日颁发了《中共中央　国务院关于进一步加强和改进新时期体育工作的意见》，全面、深刻阐明了体育在社会发展、经济建设中的重要地位和作用；科学分析了体育工作面临的形势和任务；明确提出了新时期发展体育事业的指导思想、工作方针和总体要求；用与时俱进的精神，对继续实施全民健身计划、构建群众性的多元化的体育服务体系，对筹备和举办2008年奥运会、进一步提升我国竞技运动水平、切实加强体育领域思想道德作风建设等，作出了高瞻远瞩又切实可行的战略部署。《意见》明确指出："筹备和举办2008年奥运会及残疾人奥运会，既是北京市和体育界的大事，也是全国人民的盛事；既是难得的历史机遇，也面临新的挑战……举办 2008 年奥运会是一个系统工程。各有关地区、部门和有关方面要密切配合，作为提高我国竞技运动水平和国际大型赛事组织能力的大舞台，作为学习国际体育事务、掌握现代体育运作方式的大学校，作为锤炼体育队伍思想、业务素质的大熔炉，进一步提高我国在国际体坛的地位和声望。"

根据党中央、国务院的要求，广大体育工作者强化机遇意识，精心筹划，周密安排，在全社会营造出了浓郁的体育氛围，使体育更加深入人心，深入生活。在竞技体育工作中强化奥运战略，积极探索竞技体育规律，扎实做好备战工作，不断提高在国际赛场为国争光的能力；广泛开展"全民健身与奥运同行"活动，不断掀起群众体育新高潮；加强对体育产业的规范和引导，为中国体育发展增添新的动力；加强观念更新，理论创新和制度创新，不断深化改革，扩大开放，各项体育工作得到全面推进。新世纪的中国体育呈现出欣欣向荣、快速发展的良好势头。

2. 以科学发展观为统领，体育事业得到全面、快速发展

2003 年 10 月，党的十六届三中全会提出了科学发展观，即坚持以人为本，树立全面、协调、可持续的发展观，促进经济社会和人的全面发展。科学发展观是我党提出的改革与发展的全新理念，集中体现了我党对我国经济、社会发展客观规律的深刻认识。发展体育事业同样要牢固树立和落实科学发展观。2005 年，国家体育总局以科学发展观为指导，着眼于充分发挥体育在全面建设小康社会与构建社会主义和谐社会中的作用，精心研究、编制了《体育事业"十一五"规划》。《规划》对"十五"期间体育事业的成就进行了回顾和总结，分析了体育事业发展面临的机遇和挑战，提出了"十一五"期间体育事业发展的阶段性目标、任务和措施，明确了新时期体育事业发展的指导思想、总体目标。

——"十一五"时期体育事业发展的指导思想是：高举邓小平理论和"三个代表"重要思想的伟大旗帜，以科学发展观为统领，认真贯彻落实《中共中央 国务院关于进一步加强和改进新时期体育工作的意见》，以筹办 2008 年奥运会为契机，以满足群众日益增长的体育文化需求为出发点，把提高全民族健康素质作为根本目标，积极开创体育事业发展的新局面，为全面建设小康社会和构建社会主义和谐社会服务，为中华民族的伟大复兴作出贡献。

——"十一五"时期体育事业发展的总体目标是：以举办和参加 2008 年奥运会为契机，广泛开展群众体育活动，初步建成具有中国特色的全民健身体

系，不断满足群众日益增长的体育文化需求，使全民族的健康素质明显改善。不断提高竞技运动水平，增强我国竞技体育的总体实力，努力在 2008 年奥运会等国际大赛中取得优异成绩，为国争光。不断深化体育改革，大力发展体育产业，努力创建各种社会力量竞相参与、充满活力的体育体制和运行机制。进一步提高体育管理的科学化、法制化水平，努力实现体育事业全面、协调、可持续发展。

《规划》还提出了"十一五"时期体育事业发展的基本原则，包括坚持体育与经济社会发展协调促进；坚持国家办与社会办相结合，政府调控与市场调节相结合；坚持统筹兼顾，协调发展；坚持与时俱进、开拓创新；坚持依法行政、依法治体；坚持科教兴体、人才强体；充分发挥北京奥运会的综合影响和带动作用。

为了切实贯彻落实科学发展观的要求，实现《规划》提出的各项发展目标，国家体育总局采取了一系列具体措施，体育事业以筹备、备战北京 2008 年奥运会为强力引擎，各个方面都取得了显著成绩，得到全面、快速的发展。

随着经济社会的发展，人民生活水平的提高，以及北京奥运会筹办工作的展开，广大群众的健身热情空前高涨。为了抓住这一推动群众体育发展的重大机遇，国家体育总局提出了"全民健身与奥运同行"的工作主题。这一主题体现了"重在参与"的奥林匹克精神，丰富了"人文奥运"的内涵，体现了以人为本的科学发展理念，成为奥运史上群众体育与竞技体育交相辉映的亮点。这一时期，群众体育工作紧紧抓住"建设好群众身边健身场地，健全群众身边体育组织，举办群众身边经常性体育活动"这三个主要环节，逐步建立起有中国特色的全民健身体系。群众健身场地设施建设力度加大，全民健身组织网络不断完善，群众性体育活动丰富多彩。成功举办了第 2、第 3 届全国体育大会，成功举办了农民运动会、少数民族传统体育运动会、残疾人运动会、大（中）学生运动会和著名在华企业职工健身大赛。这些赛事在项目设置和竞赛组织方式上，更加突出群众性和健身性，参赛规模逐步扩大，有力推动了不同人群全民健身活动的开展。2006 年，国家体育总局、国家发改委等部门开始启动的"农民体育健身工程"建设，成为社会主义新农村建设的重要内容，是统筹城乡体育发展的重要举措；青少年体育工作得到切实加强。教育部、国家体育总局、共青团中央共同推进"全国亿万学生阳光体育运动"，得到广大青少年的热烈响应，他们走向操场、走进大自然、走到阳光下，积极主动参与体育锻炼，使各级各类学校形成浓郁的校园体育锻炼氛围。

竞技体育取得新的辉煌成就。2004 年雅典奥运会中国体育代表团在金牌榜上首次超过俄罗斯排名第二，实现了中国竞技体育在奥运会上新的历史性突破。在 2002 年盐湖城第 19 届冬奥会上，我国女子短道速滑运动员杨扬一人独得女子 500 米短道速滑和 1000 米短道速滑两枚金牌，实现了在中国在冬奥会上金牌"零"的突破。在亚洲体坛，我国继续保持着领先地位。在 2002 年釜山亚运会和 2006 年多哈亚运会上，两次蝉联了金牌数和奖牌数第一。我国竞技体育的总体实力进一步提高。乒乓球、羽毛球、跳水、体操、举重、射击等我国优势项目继续在各种国际单项比赛中披金挂银，为祖国赢得荣誉。一些潜优势项目也不断取得新的突破。全国体育界解放思想，改革创新，统一意志，立足于早、着力于细，充分发挥竞技体育举国体制的优势，抓好组织、计划、责任和保障四个落实，进行了扎实、系统的准备工作，为夺取北京奥运会优异成绩奠定了良好基础。

体育产业如日初升。新世纪以来，我国体育产业发展迅速，规模不断扩大，结构日益规范、合理，逐步形成了以健身服务业、竞赛表演业、体育用品业为主要内容的产业体系。体育产业的发展为体育事业注入了新的强大动力，为不断满足群众多元化体育需求提供了新的有效途径，同时极大地带动了旅游、建筑、通信、新闻出版等相关行业的发展，促进了社会就业，其综合效应已经远远超出了体育范畴。体育产业在国民经济发展中的地位日益提高，正逐步成为国民经济新的增长点，呈现出巨大潜力和广阔前景。

3. 北京奥运会成为中国体育发展新的里程碑

北京奥运会申办成功以后，党中央、国务院高度重视，全国人民大力支持，各项筹办工作以"有特色、高水平"为目标，努力贯彻实施"绿色奥运、科技奥运、人文奥运"三大理念，取得了显著成效。

2008 年 8 月 8—24 日，第 29 届奥运会在北京隆重举行并取得圆满成功。在北京奥运会上，中国体育代表团肩负着党和人民的期望和重托，共有 639 名运动员参加了 28 个大项、262 个小项的比赛，获得 51 枚金牌、21 枚银牌、28 枚铜牌，奖牌总数 100 枚，创 4 项世界纪录，位列奥运会金牌榜第一、奖牌榜第二，取得了中国竞技体育新的成绩。北京奥运会上，我国优势项目继续保持优势，潜优势项目取得多项突破，集体球类项目总体上也有新的进步，很多项目实现了我国奥运史上金牌和奖牌"零"的突破，体现出我国竞技体育整体实力的进一步提高。北京奥运会上，中国体育健儿顽强拼搏、不屈不挠，敢于挑战强手、超越自我，胜不骄、败不馁，尊重对手、尊重观众、尊重裁判，表现出良好的体育道德和文明礼仪，表现出自强、自信的民族精神和为国争光、无私奉献的爱国情怀。北京奥运会上，中国运动员干干净净参赛，从 2008 年 7 月 27 日国际奥委会启动北京奥运会赛时兴奋剂检测开始，中国运动员按照国际组织的规定接受了兴奋剂检查，没有出现一例阳性事件，实现了兴奋剂问题"万无一失"的目标，维护了奥林匹克运动和体育的纯洁，维护了国家声誉。

在北京奥运会期间，中国体育界与国际体育界加强友好交流，增进了相互了解和友谊。中国体育健儿是北京奥运会的参加者，也是中国人民的友好使者，与世界各国体育健儿场上是对手，场下是朋友，他们共同切磋技艺，互相学习，共同提高，真正体现了团结、友谊、进步的奥林匹克宗旨，营造了"同一个世界、同一个梦想"的浓厚氛围。

北京奥运会在全国掀起了新的体育热、奥运热、爱国热。中国体育健儿与各国运动员以高超的技艺、顽强的作风和文明友好的举止对奥林匹克精神进行了精彩演绎，使"更快、更高、更强"的奥林匹克格言和"团结、友谊、进步"的奥林匹克宗旨家喻户晓、深入人心，使体育成为全社会的关注焦点和热门话题，奥林匹克知识和体育知识得到了广泛普及。北京奥运会掀起的空前的体育热潮，必将产生巨大的长期效应，对群众体育、竞技体育、体育产业等各项体育事业的发展产生全面而深刻的影响。

北京奥运会是对我国体育事业发展水平的一次全面检阅。中国体育以竞技水平的全面提升，以对中华体育精神和奥林匹克精神的精彩演绎，以"全民健身与奥运同行"活动的蓬勃开展，向党和人民交出了一份满意的答卷，树立起中国体育发展史上一座新的里程碑。

二、中国特色体育发展道路的几个主要特征

中国共产党领导下的社会主义中国，是一个发展中的东方大国。中国有着自己独特的政治、经济、文化背景及历史传统。在中国特有的社会背景下办世界上最大规模的体育事业，为 13 亿人口服务，任务艰巨，困难重重，挑战巨大。中国不可能照搬任何一个国家办体育的模式，哪怕是十分成功的模式，而必须以自己的国情为基础，认真借鉴世界各国发展体育的经验，广采博取，充分利用人类社会体育发展中的一切优秀成果，探索具有中国特色的体育发展之路。

在过去的 30 年中，波澜壮阔的改革开放事业为体育发展提供了巨大动力，党和国家的高度重视为体育事业快速发展建立了根本保障。体育战线以马列主义、毛泽东思想、邓小平理论和"三个代表"重要思想为指引，以科学发展观

为统领，以满足广大人民群众日益增长的体育文化需求为出发点，以增强人民体质、提高全民族整体素质为根本目标，在不断深化对体育发展规律理性认识的基础上，大胆创新，勇于实践，积极开创体育工作新局面，初步探索出一条适应中国国情、具有中国特色的体育发展道路。

（一）坚持党的领导，坚持发展体育事业的政府职能

中国处于并将长期处于社会主义初级阶段，中国发展体育事业，面临着人口多、底子薄，以及各发达国家不会遇到的矛盾和困难。在这样的情况下，必须坚持充分发挥中国共产党的领导核心作用，坚决贯彻党的各项方针、路线和政策，坚持社会主义体育发展方向，坚持发展体育事业的政府职能，这是中国特色体育发展道路最基本的特征，也是改革开放以来中国体育快速发展的根本保障。

我国的体育事业是社会主义物质文明和精神文明建设的重要组成部分，是促进人民身体健康，提高全民族整体素质，维护社会稳定，推动经济、社会可持续发展的大事。改革开放以来，党和政府对体育工作高度重视，赋予重要职责，寄托了殷切期望，给予了全面系统的政策指导，提供了巨大动力。各级党委和政府不断加强对体育工作的领导，把体育纳入了各级国民经济和社会发展规划，对体育事业的投入不断增加，体育基础设施建设的力度不断加大。随着社会的全面进步，政府提供公共体育服务的职能不断加强。

中国的社会主义性质决定了中国体育的宗旨是为人民服务，体育工作的最终目的就是要造福于人民，实现、维护和发展好最广大人民的根本利益。改革开放以来，中国体育始终坚持社会主义发展方向，坚持体育为人民服务，坚持体育的公益性，把增强人民体质、提高全民族的身体素质作为体育工作的根本目标和任务。正因如此，中国体育才能够始终充满活力，随着国家经济社会的发展而蒸蒸日上。

（二）坚持与时俱进，推动体育改革创新

改革开放30年以来，我国体育事业所取得的巨大成绩，得益于当代中国社会的多层次、全方位的改革，得益于体育事业本身能顺应时代潮流，与时俱进、开拓创新。

改革开放30年中国体育的发展历程是不断改革、不断创新和突破的历程。30年来，中国体育坚持理论创新、观念创新、制度创新，在体育管理体制和运行机制上不断探索，初步形成了与中国国情相适应，与社会主义市场经济体

制相适应，国家办与社会办相结合，开放、高效、充满活力的中国特色的体育管理和运行模式。在群众体育领域，积极探索建立面向大众的体育服务体系，各项政策和制度不断建立和完善，初步形成了政府领导，体育部门组织协调，有关部门各负其责、共同推进，社会力量积极兴办，群众广泛参与的群众体育发展格局；在竞技体育领域，实行了运动项目协会的实体化改革，探索、建立了足球等项目的职业化发展道路，初步建立了职业体育管理体制。训练、竞赛制度不断改革和完善，在全国运动会等大型综合性和单项赛事中引入市场机制，使其综合效益得到充分发挥。竞技体育人才的注册和交流，运动员文化教育、退役安置、社会保障等各个方面的制度也在不断建立和健全；体育产业逐步兴起。30 年来各项体育产业规范和制度的建立与体育改革相伴同行，体育从完全由国家办的一项公益事业，转变为今天的体育事业与体育产业协调发展、相互促进，体育产业已成为体育工作的重要支柱，成为国民经济发展的新的亮点。

改革与创新没有止境。30 年来中国体育取得的辉煌成就离不开改革创新，我们在新的发展时期要实现中国体育的进一步腾飞，仍然必须坚定不移地坚持改革创新，在改革创新中不断解决体育事业发展的新问题、新矛盾，不断消除阻碍体育事业发展的体制障碍，不断解放和发展体育生产力，加快体育发展由粗放型向集约型转变，体育管理由经验型向科学型转变，促进体育事业的全面、协调、可持续发展。

（三）坚持对外开放，全面走向世界

现代体育运动从本质上讲是一种国际文化现象，现代体育的发展与竞争是开放的发展与竞争。改革开放 30 年正是中国体育勇于开放、全面走向世界的 30 年。

1979 年，在我国体育界和国际友好国家与人士的共同努力和推动下，我国恢复了在国际奥委会的合法权利，重新回到了国际体育大家庭，中国体育从此进入了一个全面发展的新阶段。30 年来，中国积极参与国际体育活动，在竞技体育、群众体育、体育科研、体育传媒等各个领域全面开展国际交流与合作，并取得巨大成就；积极开展国家（地区）间体育交往，范围不断扩大，层次不断丰富和提高，充分发挥了体育这一民间外交渠道的作用，加深了中国与世界各国人民的相互了解和友谊；积极参与国际体育组织管理，在国际体育事务中发挥着越来越大的作用；举办了多项大型国际体育赛事，积极开展国际体育援助，为国际体育大家庭作出了重要贡献。

在全面走向世界的过程中，中国体育以包容、开放的心态，努力学习国际先进的体育发展经验，在体制、机制上全面与国际接轨，与时俱进，与世俱进，在开放中不断壮大自己的实力，实现了健康快速发展。2008 年北京奥运会的成功举办，是中国为世界体育作出的新的贡献，是中国体育全面走向世界的新界标。以此为契机，中国体育将进一步拓宽国际体育交流领域，积极发展对外友好关系，在更广更深的开放格局中创造新的辉煌。

（四）坚持体育与经济、社会协调发展

体育事业的发展受到社会经济、政治和文化等各种因素的影响和制约，坚持体育与经济、社会协调发展是体育事业发展客观规律的必然要求，也是改革开放 30 年来中国体育事业发展的一条基本经验。

30 年来，中国体育坚持从社会主义初级阶段的基本国情出发，制定正确的体育发展战略和规划，主动服务全局，服从、服务于党和国家的中心任务。我国社会主义的政治、经济制度在发展体育上具有巨大的优越性，综合国力的不断提高和经济社会的发展也为体育事业提供了前所未有的良好社会环境和物质基础。同时体育也充分发挥了在提高全民族健康素质、满足广大群众的精神文化需求、振奋民族精神等方面巨大而独特的作用，为社会主义物质和精神文明建设作出了应有的贡献。体育工作坚持"跳出体育看体育、立足全局抓体育、围绕中心干体育"的理念，置身于全面建设小康社会和构建社会主义和谐社会的大舞台，在与经济社会协调发展，与教育、文化、科学技术和卫生等社会事业协调发展中，获得了取之不竭的发展动力，展现出蓬勃向上、不断进取的生命活力。

（五）坚持群众体育与竞技体育协调发展

群众体育和竞技体育是体育工作最重要和主要的两个方面，它们相互促进、相辅相成，共同推动着体育事业的发展和进步。早在 1959 年，我国就正式提出了"普及与提高相结合"的体育工作方针，群众体育重在普及，主要目的就是要增强人民体质，还要为竞技体育发展提供丰厚的群众基础和人才储备；竞技体育重在提高，要在国际大赛争取锦标，为国争光，同时带动群众体育的发展。改革开放以来，中国体育继续坚持普及与提高相结合方针，把群众体育与竞技体育协调发展作为体育工作最重要的指导思想。

改革开放初期，为迅速适应重返国际体坛、参加奥运会等国际大赛的需要，体育部门提出了"省一级以上体委侧重抓提高"的阶段性战略，但同时也

明确提出这个战略是"在普及与提高相结合的前提下"实施的，并且对群众体育工作进行了有针对性的部署和安排。随后还提出了"以竞技体育为先导，带动体育事业全面发展"的整体战略。这个战略的实施，不但使我国竞技体育水平在 20 世纪 80 年代迅速提高，实现了奥运金牌"零"的突破，取得了国际赛场一系列优异成绩，同时大大提高了体育在全社会的影响力，唤起了广大群众的体育热情，有力地促进了群众体育的普及与发展。从 20 世纪 90 年代中叶起，竞技体育与群众体育协调发展的战略思想更加明确。1995 年颁布实施的《中华人民共和国体育法》第二条明确提出："体育工作坚持以开展全民健身活动为基础，实行普及与提高相结合，促进各类体育协调发展。"同年，《全民健身计划纲要》《奥运争光计划纲要》先后颁布实施，中国体育整体、协调发展的战略思想进一步丰富和细化。在筹备和备战北京奥运会期间，体育部门提出了"全民健身与奥运同行"的工作主题，也是对群众体育与竞技体育协调发展思想的具体阐述，使竞技体育对群众体育的带动作用得到了充分的发挥。正是由于不断坚持群众体育与竞技体育的协调发展，改革开放 30 年来，不仅竞技体育得到快速发展，群众体育也取得了巨大的成就，实现了体育事业的整体发展和全面进步。

（六）坚持和完善竞技体育的举国体制

改革开放以来，我国竞技体育取得辉煌成绩，最重要的一条经验就是在举国体制框架下国家的高度重视和有效组织。我国竞技体育举国体制是在社会主义初级阶段的历史条件下，与我国国情和竞技体育的发展目标、发展战略相适应而逐渐形成的。实行举国体制，就是集中有限的人力、财力、物力，最大限度地调动各方面的积极性，有效配置全国的竞技体育资源，上下形成合力，创造优异运动成绩。

在我国这样一个发展中国家，财力、物力十分有限，体育社会化、产业化水平相对较低，要想使我国竞技体育具备较强的国际竞争力，必须在集中有限资源、实施有效组织等方面形成特色和优势。可以说，社会主义初级阶段的基本国情和社会主义制度集中力量办大事的优越性是实施举国体制的基础，为国争光的目标和有力的政府调控是举国体制的动力和保证，以国家队为龙头的多级条块结合的训练体系是实施举国体制的主要措施和组织形式，各级各类体育竞赛是实施举国体制的重要杠杆。实施竞技体育举国体制的目的就是"全国一盘棋、国内练兵、一致对外"。

我国竞技体育的举国体制虽然形成于计划经济时代，但是随着市场经济体制的基本确立，举国体制主动适应市场经济的要求，在坚持中不断调整和完善，在经费投入、训练和竞赛体制、赛事运作模式等方面都发生了深刻转变。目前，在竞技体育经费投入上，已经初步形成了国家、社会、个人共同投资的新格局，在项目发展和全运会等赛事中引入了市场机制。在社会主义市场经济体制下，举国体制继续发挥着巨大的凝聚力、动员力和协调力，仍然是发展我国竞技体育的有效手段，仍然具有独特的优势。在备战北京奥运会的过程中，举国体制的作用得到充分发挥，各地方把备战奥运会、为国家多作贡献作为头等大事，表现出了团结合作、争作贡献、为国争光、人人有责的协作精神。国家体育总局努力把举国体制落实到实践和技术层面，在国家队组建、运动员选拔、运动人才的培养和交流、运动员保障、奥运会奖励等方面出台了一系列具体政策，充分调动了全国体育系统共同作好备战奥运会工作的积极性。北京奥运会中国体育代表团取得的优异成绩再次充分说明了我国竞技体育举国体制的巨大成效。

第二章

群众体育蓬勃发展

- 群众体育得到党和国家的高度重视
- 群众体育设施明显改善
- 群众体育组织化、规范化程度日益提高
- 群众体育活动丰富多彩

改革开放以来，随着经济持续快速发展，社会显著进步，人民生活水平不断提高，越来越多的城乡居民把参加体育活动作为一种生活方式，自觉自主地参与其中，享受体育运动带来的健康与愉悦。群众体育事业作为一项关系亿万人民群众健康的事业，得到了前所未有的快速发展。

改革开放之初的 1978 年，包括厂矿企业、人民公社、机关和青少年儿童在内，全国达到《国家体育锻炼标准》及格标准的人数只有 423 万人，占当年全国总人口的 0.44%。5 年后的 1983 年，这个比例就提高到 2.46%，相当于 1978 年的 5.61 倍。1991 年，达到《国家体育锻炼标准》及格标准的人数上升为 8210.1 万人，占当年全国总人口的 7.09%，比 1978 年增加了 15.1 倍。

1996 年，我国经常参加体育锻炼的人数占相应年龄段总人口的 31.4%。2000 年，这个比例上升至 33.9%，比 1996 年提高了 2.5 个百分点。2004 年，我国 7~70 岁人群中经常参加体育锻炼的人数占该年龄段总人口的 37.1%，比 2000 年提高了 3.2 个百分点。

地、县、乡运动会是城乡群众体育基础竞赛活动。1985 年，全国共举办了地、县、乡运动会 111350 次，参加运动会的城乡运动员为 2293.7 万人。10 年后颁布《全民健身计划纲要》的 1995 年，全国共举办地、县、乡运动会 162815 次，相当于 1985 年的 1.5 倍；参加运动会的城乡运动员 4472.4 万人，比 1985 年翻了一番。2001 年，全国共举办地、县、乡运动会 116310 次，参加运动会的运动员 3438.8 万人，相当于 1985 年的 1.5 倍。

事实证明，改革开放以来，我国群众体育事业蓬勃发展，取得了举世瞩目的成就。

一、群众体育得到党和国家的高度重视

作为亿万群众参加的体育活动，群众体育是体育事业的基础和重要内容，其发展规模和发展水平是体育事业发展规模和发展水平的重要标志。同时群众体育还是社会发展事业的组成部分，是提高国民健康素质的基本途径。群众体育可以增强人的体质，健全人的精神，挖掘人的潜能，促进人的全面发展；可以促进社会发展，推动社会进步，彰显人类文明，提升综合国力。群众体育对人的全面发展和体育事业的整体进步，对整个社会的和谐与发展都具有极其重要的意义。

（一）列入全面建设小康社会的发展目标

20世纪末，我国人民生活总体上达到小康水平，胜利实现了现代化建设"三步走"战略的头两步奋斗目标。2002年，党的第十六次全国代表大会提出了全面建设小康社会奋斗目标，即在21世纪头20年，"集中力量，全面建设惠及十几亿人口的更高水平的小康社会。使经济更加发展、民主更加健全、科技更加进步、文化更加繁荣、社会更加和谐、人民生活更加殷实"。其中包括"全民族的思想道德素质、科学文化素质和健康素质明显提高，形成比较完善的现代国民教育体系、科技和文化创新体系、全民健身和医疗卫生体系"。这是中国共产党和新中国历史上，第一次以党的全国代表大会决议形式，将"明显提高全民族健康素质、形成比较完善的全民健身体系"这一群众体育目标，确定为全党的奋斗目标、国家的奋斗目标、全国各族人民的奋斗目标、整个社会发展的奋斗目标。2007年，党的第十七次全国代表大会再次决议，继续努力奋斗，确保到2020年实现全面建成小康社会奋斗目标。这充分说明，群众体育在全面建设小康社会、实现国家现代化历史进程中，具有重要的地位和作用。

全面建设小康社会，实现社会主义现代化，离不开群众体育的发展。群众体育在满足人民群众体育需求、提高人民群众生活质量、促进人的全面发展，在提高全民族健康素质、促进社会全面进步、增强综合国力等方面，具有不可替代的作用。

在构建社会主义和谐社会中，党和国家同样重视群众体育的作用。群众体育作为一种有亿万民众参与的体育活动，联系着亿万民众和千万个家庭，联系着众多的单位和社区。群众体育又是一种既具有健身、娱乐、休闲等体育功能，又与经济、教育、文化、卫生等多个社会领域相联系的社会活动。这就决定了群众体育在构建社会主义和谐社会中，同样是大有作为的。我们建设的和谐社会，是人与人、人与社会和谐相处的社会。群众体育作为一种社会"润滑剂"和"减压阀"，对于融洽人际关系，调节心理失衡，缓解社会矛盾，促进社会稳定，具有积极的社会作用。而且，广大人民群众自愿自主参与的体育活动，本身就是社会和谐的一种表征。我们所需要建设的和谐社会，是一个为人的全面发展创造条件、逐步实现人的全面发展的社会。显然，群众体育是人的全面发展最基本的途径和最经济的手段。发展群众体育，就是社会在为人的全面发展创造基本条件。

总之，在全面建设小康社会和构建和谐社会中，群众体育的发展地位明显提高，社会功能将进一步得以发挥。

（二）强调了全民健身的基础地位

《中华人民共和国宪法》规定："国家发展体育事业，开展群众性的体育活动，增强人民体质。"《中华人民共和国体育法》规定："体育工作坚持以开展全民健身活动为基础。"《宪法》和《体育法》明确规定了群众体育的地位与任务。不断增强全民族身体素质，全心全意为保障和提高人民的体质与健康水平服务，满足人民群众日益增长的体育需求，是党和国家发展群众体育事业始终坚持、一以贯之的根本宗旨，也是一切群众体育工作的立足点和归宿。

伴随着改革开放进程，党和国家始终把群众体育摆在重要位置，不断作出部署。1983 年 10 月，国务院下发《批转国家体委〈关于进一步开创体育新局面的请示〉的通知》（国发〔1983〕167 号），明确提出，各地人民政府、各部委，各人民团体都要把体育作为关心群众生活、培养青少年德智体全面发展的一项重要工作抓紧抓好。要积极发展城市体育活动，重点抓好学校体育，普遍增强人民体质。1984 年 10 月，中共中央发出《关于进一步发展体育运动的通知》（中发〔1984〕20 号），明确提出，积极发展城乡体育活动，努力提高人民健康水平，重点抓好学校体育，从少年儿童抓起。各地一定要认真落实国家对体育场地建设的要求和城市规划关于运动场地面积的定额指标。要增加群众活动的体育场所。体育场馆要改善管理、提高使用率，成为开展群体活动和培训体育人才的基地。1989 年 12 月，国务院批准《国家体育锻炼标准试行办法》。1990 年 2 月，国务院批准《学校体育工作条例》，有力地促进了青少年学生体育工作的发展。

1995 年 6 月，国务院下发《关于印发全民健身计划纲要的通知》（国发〔1995〕14 号），对 1995—2010 年群众体育事业发展作出了全面规划和部署，提出了到 2010 年基本建成中国特色全民健身体系的奋斗目标。《全民健身计划纲要》成为我国群众体育事业跨世纪的纲领性文件。2002 年 7 月，下发《中共中央　国务院关于进一步加强和改进新时期体育工作的意见》（中发〔2002〕8 号），明确提出，新时期体育工作的根本目标是增强人民体质，提高全民族整体素质。群众性体育事业属于公益事业，要保障广大人民群众享有基本的体育服务。构建群众性体育服务体系，抓好"三个环节"：建设好群众身边的场地，健全群众体育活动组织，举办经常性群众体育活动；抓住四个重点，即青少年体育以学校为重点，农村体育以乡镇为重点，城市体育以社区为重点，军队体育以连队为重点。指明了新时期群众体育事业的发展方向和方针政策，具有重要的指导意义。2003 年 6 月，国务院颁布《公共文化体育设施条例》，对向公众开放开展体育活动的公益性体育设施的规划和建设、使用和服务、管理和保护等作出明确规定。2007 年 5 月，中共中央、国务院下发《关于加强青少年体育，增强青少年体质的意见》（中发〔2007〕7 号），对青少年体育工作作出了全面部署。并且提出，"使北京奥运会成为广大青少年积极参与，推动全民健身运动上新台阶的奥运会"。

国务院作为最高国家行政机关在改革开放后的每个国家国民经济和社会发展五年计划与每年的《政府工作报告》中，都对群众体育事业作出规划和部署。1982 年 12 月，改革开放后第一个五年计划——国家"六五"计划中提出，大力发展城市体育，重点抓好学校体育，积极开展厂矿、企业和农村体育活动。适当加强体育场地建设。1986 年 3 月，国家"七五"计划提出，大力开展群众性体育活动，促进整个民族健康水平的提高，适当加强体育设施的建设。除国家建设一点重点体育设施外，有条件的地方，也要因地制宜地逐步建设体育运动设施。1991 年 4 月，国家"八五"计划提出，进一步开展群众性活动，增强全民体育运动意识，努力提高人民的身体素质。体育设施的建设，以中小型为主。充分调动社会办体育的积极性，努力增加群众体育运动的场所和设施。1996 年 3 月，国家"九五"计划提出，实施全民健身计划，普及群众体育活动，普遍增强人民体质，加强学校体育，明显改善青少年身体素质，建立社会化的群众体育组织网络，建立并完善国民体质测定系统，形成国家与社会共同举办体育事业的格局，走社会化、产业化道路。2001 年 3 月，国家"十五"计划提出，开展健康有益大众化的健身项目，发展体育事业。加强公共体育设施建设，开展全民健身运动，健全国民体质监测系统。2006 年 3 月，国家"十一五"规划提出，加强城乡居民和各类学校体育设施建设，开展全民健身活动。提高全民特别是青少年的身体素质，保护发展民族民间体育。建设公共体育设施列为中央政府投资支持的重点领域，推行实施农民体育工程。

党的三代领导集体始终高度重视群众体育这一关系 13 亿人民健康的大事。1974 年，邓小平在接见我国参加亚运会队伍时就提出："毛主席向来主张，体育方面主要是群众运动，就叫发展体育运动，增强人民体质，就是广泛的群众性问题。当然，这就是广泛的群众体育运动。体委应该主要在这方面搞好。"1978 年 11 月党的十一届三中全会前夕，邓小平为日本太极拳爱好者题词"太极拳好"。1982 年，邓小平提出："体育是社会主义精神文明建设的重要方面，要进一步研究、提出方针、制定规划。"邓小平的这些体育思想，为改革开放后的群众体育发展奠定了发展的基调。

1990 年 1 月，江泽民在看望运动员时指出："党中央历来是重视体育工作的。当年毛主席把体育运动当成是增强人民体质的一件大事。"1996 年 2 月，江泽民在接见参加第 3 届亚冬会的中国体育代表团和省区市主管体育及各级体委领导时指出："体育工作很重要的问题就是增强人民体质，这是一个国家富强文明的标志。单纯有钱不行，单有经济实力也不行，必须把 12 亿人民的体质搞上去。"1997 年 8 月，江泽民为体育工作题词："全民健身，利国利民，功在当代，利在千秋。"1997 年 10 月，江泽民在接见第 8 届全运会群众体育先进代表时指出："为人民服务，为增强人民体质服务，是党和国家对体育工作的基本要求。体育事业是群众的事业，广泛开展群众参与的体育活动，是我们体育工作的重点。"

2003 年 8 月，江泽民在接见全国体育工作会议代表时指出："要贯彻全心全意为人民服务的宗旨，体育是关系人民健康的一件大事，体育水平是一个民族文明进步的重要标志。保证和提高广大人民群众的健康水平和体能素质，始终是体育工作的立足点和归宿。体育工作要为群众多办实事，办好事，努力建立亲民、便民、利民的体育服务体系。"

胡锦涛同志高度重视群众体育工作。2005 年 10 月，他在接见全国群众体育先进代表和全国体育系统先进代表时指出，党和国家历来重视体育事业和体育工作，始终把提高人民群众的健康素质放在重要位置。广泛开展全民健身活动，提高全民族的健康素质，是全面建设小康社会的重要内容，是构建社会主义和谐社会的必然要求，也是功在当代、利在千秋的好事。全面贯彻科学发展观，始终把增强人民体质、提高民族健康素质作为目标，不断开创体育事业和体育工作的新局面。2006 年 10 月，胡锦涛总书记在考察北京奥运会工程建设时指出，要坚持以人为本，注重解决人民群众最关心、最直接、最现实的利益问题，使筹办奥运会的各项工作造福广大人民群众。2007 年 1 月，胡锦涛总书记作出重要指示：增强青少年体质，促进青少年健康成长，是关系国家和民族未来的大事，需要各级党委、政府的高度重视和全社会的关心支持。2007 年 3 月，胡锦涛总书记主持中央政治局会议听取奥运会等筹办工作汇报时指出，要动员广大人民群众广泛参与奥运，展示中国人民期盼奥运、参与奥运、奉献奥运的良好精神面貌。2007 年 4 月，胡锦涛总书记主持中央政治局会议，研究加强青少年体育工作和网络文化建设工作。会议要求广泛开展群众性青少年体育活动和竞赛，培养青少年良好锻炼习惯和健康生活方式，加强家庭和社区青少年体育工作，为青少年健康成长创造良好氛围。2008 年 9 月 29 日，胡锦涛总书记在北京奥运会、残奥会总结表彰大会上的讲话中进一步要求，要继续发展群众体育事业。体育是人民的事业。要坚持以人为本，把北京奥运会、残奥会激发的群众体育热情保持下去，增强广大人民群众特别是青少年体育健身意识，培养人民健身习惯，开展丰富多彩的群众体育活动和全民健身运动。要着眼于满足人民群众体育需求，加强城乡体育健身场地和设施建设，健全群众体育组织，完善全民健身体系，为人民提供更多更好的体育公共服务，让人民分享体育发展成果、享受体育带来的健康和快乐，形成健康文明的生活方式。

改革 30 年中国群众体育的成就，是党中央、国务院的正确领导和关怀支持的结果，是党的三代领导集体体育思想指导的结果，是全国各族人民尤其是群众体育工作者开拓创新、艰苦奋斗的结果。

二、群众体育设施明显改善

群众体育设施是人民群众进行体育健身活动的基本物质条件。改革开放以来，随着人民物质文化需要不断增长，人民群众的体育意识不断提高。广大人民群众对体育健身活动设施的需求越来越旺盛，面对群众体育设施供给严重不足的矛盾，各级党委和政府的高度重视，为人民群众建设更多更好、安全近便的群众体育设施，成为各级党委和政府执政为民，发展惠民，为民办好事、办实事的重要举措，成为全心全意为人民的体质与健康服务的具体体现。

（一）非标准体育场地

非标准体育场地就是未达到标准体育场地要求，又可供群众长期开展体育健身活动使用，较为固定的室内外体育场地。如室外的体育健身路径、羽毛球场、乒乓球场及半边篮球场等。改革开放 30 年来，无论是非标准体育场地数量还是质量，都获得了快速发展。根据第五次全国体育场地普查结果，1949—1978 年 30 年间，全国共建设非标准体育场地 22802 个。改革开放后 1979—2003 年 25 年间，全国共建设非标准体育场地 272987 个，相当于前 30 年建设数量的 12 倍；平均每年建设 10919.5 个，相当于前 30 年平均每年建设 760.1 个的 14.4 倍。到 2003 年末，全国共有非标准体育场地 302902 个（含新疆生产建设兵团、解放军和铁路系统），占地面积 7.3 亿平方米，建筑面积 1111 万平方米，场地面积 2.1 亿平方米，累积投入 271.7 亿元。与改革开放初期相比，发生了巨大变化。1949—1978 年平均每年建设非标准体育场地 760.1 个。1979—1995 年平均每年建设非标准体育场地 5043.8 个，相当于 1949—1978 年平均建设数量的 6.6 倍。1996—2003 年平均每年建设非标准体育场地 23405.3 个，相当于 1949—1978 年平均建设数量的 30.8 倍。2003 年的建设数量是 36026 个，相当于 1949—1978 年平均建设数量的 47.4 倍，相当于 1949—1978 年 30 年建设数量的 1.6 倍。见图 2–1。

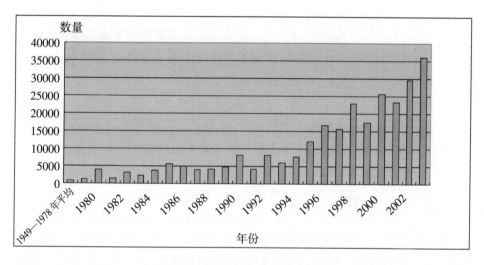

图 2–1　1979—2003 年全国非标准体育场地增长情况

更为突出的是建在城乡居民身边就近就便开展体育健身活动的体育健身路径、健身园/苑、健身中心等非标准体育场地。1949—1978 年 30 年间，全国只建设这类体育场地 535 个。改革开放后的 1979—2003 年 25 年间，全国共建设这类体育场地 42373 个，相当于前 30 年建设数量的 79.2 倍；平均每年建设 1695.0 个，相当于前 30 年平均每年建设 17.8 个的 95.2 倍。仅 2003 年一年的建设数量就是 12627 个，相当于 1949—1978 年每年平均建设数量的 709.4 倍，相当于 1949—1978 年 30 年建设数量的 23.6 倍。见图 2–2。

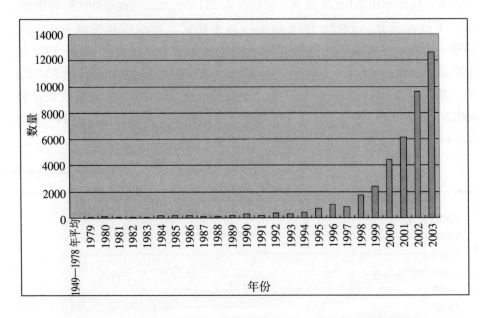

图 2-2　1979—2003 年全国非标准体育场地健身路径、健身园、健身中心增长情况

（二）标准体育场地

改革开放以来，用于开展群众性体育活动的室外和室内标准体育场地，同样取得了长足的进步。首先，以群众体育常用的有固定看台灯光篮球场、篮球场、排球场、门球场、地掷球场、室外网球场、室外游泳池、高尔夫球场 8 种室外标准体育场地为例，根据第五次全国体育场地普查结果，1949—1978 年 30 年间，全国共建设固定看台灯光篮球场 491 个、篮球场 20289 个、排球场 1651 个、门球场 98 个、地掷球场 5 个、室外网球场 33 个、室外游泳池 188 个、高尔夫球场 0 个。改革开放后的 1979—2003 年 25 年间，全国共建设固定看台灯光篮球场 4538 个、篮球场 293553 个、排球场 33058 个、门球场 15074 个、地掷球场 1051 个、室外网球场 6239 个、室外游泳池 2793 个、高尔夫球场 162 个，固定看台灯光篮球场、篮球场、排球场、门球场、地掷球场、室外网球场、室外游泳池分别相当于前 30 年建设数量的 9.3 倍、14.5 倍、20 倍、153.8 倍、210.2 倍、189 倍、14.9 倍。而到 1978 年末，我国尚无一个高尔夫球场。1984 年我国建成第一个高尔夫球场。到 2003 年末共建成 162 个。如果以 1979—2003 年每年平均建设数量与 1949—1978 年每年平均建设数量比较，则改革开放前后每年建设数量的增长幅度更大。具体见表 2-1。

表 2-1 1979—2003 年全国室外标准体育场地增长情况

序	场地名称	建设数量	时 期		相差倍数
			1949—1978 年	1979—2003 年	
1	固定看台灯光篮球场	合计	491	4538	9.3
		年平均	16.4	181.5	11.1
2	篮球场	合计	20289	293553	14.5
		年平均	676.3	11742.1	17.4
3	排球场	合计	1651	33058	20.0
		年平均	55.0	1322.3	24.1
4	门球场	合计	98	15074	153.8
		年平均	3.3	603.0	182.7
4	地掷球场	合计	5	1051	210.2
		年平均	0.17	42	247.3
6	室外网球场	合计	33	6236	189.0
		年平均	1.1	249.4	226.8
7	室外游泳池	合计	188	2793	14.9
		年平均	6.3	111.7	17.7
8	高尔夫球场	合计	0	162	—
		年平均	—	6.5	—

这种发展态势在群众体育常用的室内标准体育场地中表现更加突出。以群众体育常用的健身房（馆）、乒乓球房（馆）、羽毛球房（馆）、台球房（馆）、保龄球房（馆）、棋牌房（馆）、室内游泳池、室内网球场（馆）8 种室内标准体育场地为例，根据第五次全国体育场地普查结果，1949—1978 年 30 年间，全国共建设健身房（馆）94 个、乒乓球房（馆）175 个、羽毛球房（馆）43 个、台球房（馆）39 个、保龄球房（馆）1 个、棋牌房（馆）126 个、室内游泳池 33 个、室内网球场（馆）5 个。改革开放后的 1979—2003 年 25 年间，全国共建设健身房（馆）10512 个、乒乓球房（馆）6926 个、羽毛球房（馆）1416 个、台球房（馆）7024 个、保龄球房（馆）1588 个、棋牌房（馆）7200 个、室内游泳池 1529 个、室内网球场（馆）477 个，分别相当于前 30 年建设数量的 111.8 倍、38.4 倍、32.9 倍、180.1 倍、1588 倍、57.2 倍、46.3 倍、95.4 倍。如果以 1979—2003 年每年平均建设数量与 1949—1978 年每年平均建设数量比较，则改革开放前后每年建设数量的增长幅度更大。具体见表 2-2。

表 2-2　1979—2003 年全国室内标准体育场地增长情况

序	场地名称	建设数量	时期		相差倍数
			1949—1978 年	1979—2003 年	
1	健身房（馆）	合计	94	10512	111.8
		年平均	3.1	420.5	135.6
2	乒乓球房（馆）	合计	175	6926	38.4
		年平均	5.8	277.0	47.8
3	羽毛球房（馆）	合计	43	1416	32.9
		年平均	1.4	56.6	40.5
4	台球房（馆）	合计	39	7024	180.1
		年平均	1.3	281.0	216.1
4	保龄球房（馆）	合计	1	1588	1588.0
		年平均	0.04	63.5	1588.0
6	棋牌房（馆）	合计	126	7200	57.2
		年平均	4.2	288.0	68.6
7	室内游泳池（馆）	合计	33	1529	46.3
		年平均	1.1	61.2	55.6
8	室内网球场（馆）	合计	5	477	95.4
		年平均	0.17	19.1	112.2

（三）全民健身工程

改革开放以来，国家体育总局和各地体育行政部门不断探索建设新形式的群众体育设施，满足人民群众的多样化体育健身需求。《全民健身计划纲要》颁布实施后，全民健身工程建设有计划、规模化、系列化地开展起来。全民健身工程包括全民健身路径工程、全民健身活动中心、全民健身户外活动基地和为公共体育设施严重短缺地方建设的"雪炭工程"等。1997—2007 年间，国家体育总局共计资助建设全民健身工程项目 13919 个。国家体育总局和各地共计投资 227172.7 万元。其中国家体育总局资助 119760 万元，各省区市投入107412.7 万元。国家体育总局和各地共同建设的全民健身工程项目数量和投资金额逐年增加。2006 年，国家体育总局和各省区市共建设全民健身工程项目6077 个，相当于 1997 年 500 个的 12.2 倍；国家体育总局投资 13762 万元，相当于 1997 年投资 3077 万元的 4.6 倍；各省区市投资 10566.1 万元，相当于

1997 年投资 2297.5 万元的 4.6 倍。充分说明全民健身工程建设力度逐年加大，取得了巨大的社会效益。

1. 全民健身路径

全民健身路径是一种在城乡社区建设的，由室外健身器材有序排列组合在一起，供人们健身休闲的体育健身场所。1996 年，广州市天河体育中心出现了中国第一条健身路径。由于它新颖美观、简易实用、投资小、占地少，可以见缝插针、立足社区，又贴近生活、方便居民，深得广大民众，尤其是中老年体育爱好者的喜爱，遂逐步在各地普及开来。1997 年 9 月，国家体委决定用1996 年度本级体育彩票公益金的 60%，在全国推广全民健身路径。1997 年以来，国家体育总局每年使用本级体育彩票公益金，扶持各个省区市和新疆生产建设兵团建设全民健身路径。截至 2007 年末，共计建设 11 批 9497 条全民健身路径。全国共计投资 108777 万元。其中国家体育总局投入体育彩票公益金59000 万元，各省区市投资 49777 万元。

全民健身路径的建设，大大改善了城乡居民身边群众体育设施严重匮乏的局面，丰富了群众体育健身内容，增强了群众体育健身意识，扩大了体育人口规模，提高了城乡居民的生活质量，推动了城乡和谐社区建设。同时，由于全民健身路径大多建设在城乡社区的一些边角空地或弃之不用的废地、河沟等地方，大大改善和美化了城乡社区环境，成为城乡社区一道靓丽的风景线。建设全民健身路径，深受城乡居民拥护和欢迎，被民众普遍称赞为"民心工程""政绩工程"。

国家体育总局扶持地方基层建设全民健身路径的举措，产生了良好的示范引导效应。各地在国家扶持之外纷纷筹措资金，因地制宜地建设当地的全民健身路径。到 2004 年末，各省区市自己修建了全民健身路径 29307 条，相当于国家体育总局资助数量 5297 条的 5.5 倍。各省区市自己投入建设全民健身路径资金 251064 万元，相当于国家扶持资金 37457 万元的 6.7 倍。

2. 全民健身活动中心

全民健身活动中心是一种规模较大、设施较完善的由多个室内外体育健身项目设施组成的体育健身场所。2001 年，国家体育总局利用体育彩票公益金启动全民健身活动中心建设。到 2007 年末，国家体育总局先后扶持建设了 7批共计 106 个全民健身活动中心。全国共计投入 52043 万元。其中国家体育总局投资 15400 万元，省区市投资 36643 万元。相当于国家投资的 2.4 倍。

　　国家与地方共建全民健身活动中心，引导地方加大了对群众体育公共设施的投资，积极建设自己的全民健身活动中心。至今，西部地区的省区市至少建有了一个全民健身活动中心。重庆、四川、云南等省已至少建有 5 个全民健身活动中心。西部地区平均每个省区市有 2.8 个全民健身活动中心，与中部、东部地区的平均每个省区市 4.0~4.2 个全民健身活动中心相差不大。如果按人口平均计算，则西部地区的较高水准的群众体育设施与东中部地区的实际差距较小。

　　建设全民健身活动中心，缓解了城乡优质公共体育健身设施短缺的矛盾，引导地方建设新的公共体育设施时，更加重视设置更多的为城乡居民提供体育健身服务的功能，推动各地将一批原有公共体育场馆或者其他建筑设施，改造或建成全民健身活动中心，大大提高了原有公共体育场馆或者其他建筑设施为群众体育服务的社会效益。

3. "雪炭工程"和"民康工程"

　　"雪炭工程"是指国家体育总局利用彩票公益金，对革命老区、边疆少数民族地区、贫困地区等地援建体育设施的一种形象称谓。"雪炭工程"源于 2001 年。针对三峡库区许多公共体育设施需要迁建的情况，国家体育总局利用体育彩票公益金 4650 万元支援重庆 16 个县（市）和湖北 4 个县，在迁建新址建设公共体育设施，受到三峡库区人民群众和有关方面一致好评。据此，国家体育总局正式推出"雪炭工程"，用本级体育彩票公益金分批对井冈山、遵义、延安、西柏坡等革命圣地，对西藏、新疆等少数民族地区，对西部及边远贫困地区、资源采掘枯竭地区、下岗职工较多地区以及受自然灾害影响严重、需要重建公共体育设施的地方，援建小型公共体育设施。从 2001 年至 2007 年，国家体育总局先后建设"雪炭工程"7 期，在 26 个省区市共建设 258 个公共体育设施。全国共计投入 56498 万元。其中国家体育总局投入体育彩票公益金 42535 万元，省内区市投入 13963 万元。在援建的 258 项"雪炭工程"中，东部地区的 5 个省共获得 24 项"雪炭工程"，占全年援建"雪炭工程"项目的 9.3%；中部地区全部 8 个省共获得 65 项"雪炭工程"，占全年援建"雪炭工程"项目的 25.2%；西部地区 12 个省区市和新疆生产建设兵团共获得 169 项"雪炭工程"，占 65.5%。见图 2-3。

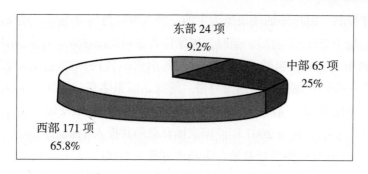

图 2-3 东、中、西部地区"雪炭工程"数量

对于获得"雪炭工程"援建资金,西部地区人均 0.79 元,中部地区人均 0.25 元,东部地区人均 0.06 元,西部地区是东部地区的 13.2 倍,是中部地区的 3.2 倍。见图 2-4。

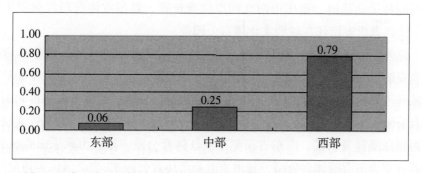

图 2-4 东、中、西部地区体育总局资助"雪炭工程"人均资金(元)

国家体育总局建设"雪炭工程"的举措,推动了地方政府为当地欠发达地方建设群众体育公共体育设施。2005—2007 年,河北、辽宁、吉林、黑龙江、安徽、江西、河南、湖北、湖南、四川、云南、陕西、甘肃 13 个省,共自筹资金 3750 万元,建设 25 个地方性"雪炭工程"。国家体育总局从 2005 年开始划拨专款建设"民康工程",即民族地区健康工程,为全国共 5 个少数民族自治区、30 个自治州建设了适用的体育设施。建设"雪炭工程"和"民康工程"在一定程度上缓解了上述地区公共体育设施严重短缺困难,缩小了发达地区与欠发达地区公共体育设施差距,为上述地区人民群众参与体育健身活动创造了良好的条件。

4. 全民健身户外活动基地

全民健身活动基地是指利用山川湖泊、草原沙漠、园林广场等自然资源和体育资源建设的、以户外活动设施为主的一种大型特色体育场所。建设全民健身活动基地始于 2002 年前后。当时，国家体育总局提出建设"环太湖体育圈"构想，即利用太湖周边自然环境，开发与其山水田林路相适应的体育活动项目，建设了一个环太湖体育休闲健身带。同时，国家体育总局推动建设北京市龙潭湖体育主题公园。这些措施带动了其他省区市利用当地资源，建设自己的全民健身活动基地。截至 2007 年，国家体育总局共投入 7000 多万元，命名资助了 20 个全民健身户外活动基地，带动地方投入 7000 多万元。建设全民健身户外活动基地，为提高人民群众体育生活质量提供了新的体育场所，促进了群众体育与园林、文化、旅游的结合，开发了新的体育健身市场。

具有代表性的全民健身户外基地有：北京市龙潭湖体育公园、北京市朝阳体育健身公园、天津市蓟县山野运动基地、河北省崇礼县全民健身活动基地、浙江省杭州十里登山健身道、山东省青岛市旅游观光健身步道、山东省日照市全民健身运动基地、重庆市两江四岸健身长廊、贵州省体育局红枫湖水上基地、陕西省西安市环古城墙文化体育公园等。

此外，为了推进体育园林化、园林体育化进程，2005 年，国家体育总局命名资助了北京市朝阳公园、天津市河北区王串场体育公园、河北省秦皇岛市北戴河区奥林匹克大道公园、山西省太原市汾河景区、吉林省敦化市北山森林体育公园、上海市闵行区体育公园、山东省烟台市体育公园、湖北省武汉市长江两岸江滩健身景区、广东省东莞市滨江体育公园、重庆市歌乐山森林公园、陕西省宝鸡市渭河体育公园、甘肃省兰州市体育公园 12 个全国优秀体育公园。

（四）农民体育健身工程

为了改变村级公共体育设施严重匮乏状况，遏制城乡公共体育设施差距扩大的趋势，推动社会主义新农村的体育建设，国家从 2006 年开始实施"农民体育健身工程"，在广大农村中修建公共体育设施。这是我国历史上第一次有计划、大规模、广覆盖地在全国村庄为农民建设身边的公共体育设施。

农民体育健身工程就是在具备条件的行政村，建设一批利用村级公共用地，建设至少有 1 副篮架、地面硬化的标准篮球场和 2 张室外乒乓球台的体育健身场所。2006 年 3 月，国家体育总局提出了《关于实施农民体育健身工程的意见》。2007 年，国家体育总局、国家发展和改革委员会、财政部共同制定了《"十一五"农民体育健身工程建设规划》，决定到 2010 年，完成 10 万个行政村农民体育健身场地设施建设，使全国六分之一的行政村建有公共体育设施，使 1.5 亿农民受益，并形成一定规模的农村体育组织网络和体育骨干队伍，从而促进了农民体育健身活动的经常性开展，增加了农村经常参加体育锻炼的人数，提高了农民健康素质。同时也提高了农村文化生活水平，用先进文化占领农村阵地，培养塑造新型农民，建立科学文明、健康向上的生活方式，提高乡村农民生活质量。实施农民体育健身工程，由国家发展和改革委员会、财政部、国家体育总局和地方政府共同投入资金，以地方投入资金为主。

截至 2008 年 8 月，全国 31 个省区市共建设农民体育健身工程项目 77410 个。全国共计投资 50.86 亿元。其中国家资助项目 19918 个，投资 64002 万元；地方自建项目 57492 个，投资 44.45 亿元。充分表明各级地方政府和全社会，建设农民身边公共体育设施的高涨热情和务实精神。

宁夏回族自治区是农业和农民占绝大数的省份。从 2003 年 2 月起，自治区体育局使用本级体育彩票公益金，实施"体育下乡，篮球进村"工程，在全国率先在乡村建设公共体育设施。截至 2006 年 10 月，共计投资 1000 多万元，建设四期"体育下乡，篮球进村"工程，为全区 101 个乡镇、2627 个行政村捐建捐赠体育设施和体育器材，受赠的乡镇和行政村分别占全区乡镇和行政村总数的 53% 和 100%。共计新建标准篮球场 2720 个，其中硬化地面的篮球场 567 个；建设乡镇、村文体活动室 1942 个，面积 9.6 万平方米。2007 年末，江苏在全省近 18000 个行政村建成农民体育健身工程，实现了全省 100% 行政村建有公共体育设施，其中 1.6% 行政村超标建设了其他室内外公共体育设施。北京市也实现了"村村都有健身工程"的目标。广东完成了 3533 个农民健身工程项目，使近 1/5 的行政村有了公共体育设施。农村体育设施条件的改善，有力地促进了农民身边的体育活动广泛开展。

（五）区域全民健身工程

长期以来，由于社会主义初级阶段国情的限制，区域间群众体育设施的差距长期存在，严重影响了欠发达地区群众性体育活动的开展。据此，1995年，国务院在《全民健身计划纲要》中，将区域群众体育设施建设的协调发展问题，作为群众体育事业奋斗目标提了出来。解决区域间群众体育设施较大差距问题，成为各级政府及其体育部门的一项重要任务。从 1996 年开始，国家体育总局利用本级体育彩票公益金，采取倾斜资助欠发达地区的政策，加大向欠发达地区转移支付的力度，扶持欠发达地区建设群众体育设施。同时，欠发达地区政府也加大公共财政和地方体育彩票公益金向群众体育设施投资力度，加快当地群众体育设施建设。地区之间群众体育设施的差距正在逐步缩小。

从获得资助项目数量看，在国家体育总局资助的全民建设路径、全民健身活动中心、"雪炭工程"、全民健身户外活动基地等全民健身工程中，西部地区获得国家体育总局资助项目数量占全部资助项目的39.2%，超过了中部和东部地区的27.9%和33.0%。西部地区平均每6.76万人获得了一个全民健身工程项目，远远高于中部地区11.17万人和东部地区的10.41万人。西部地区平均受益人数分别相当于东部地区的1.53倍，中部地区的1.65倍。见表2-3。

表2-3　1997—2007年东、中、西部地区全民健身工程数量情况

地区	省数	总人数（万人）	数量（个）	数量（%）	平均获得1项工程人数（万人）
东部	11	47712	4586	33.0	10.4
中部	8	43299	3879	27.8	11.2
西部	12	36822	5454	39.2	6.8
总计	31	127833	13919	100	
平均					9.5

从获得资助资金数量看，西部地区获得国家体育总局资助资金占全部资助资金的49.4%，相当于中部和东部地区之和。西部地区平均每人获得资助资金1.53元，分别是东部和中部地区0.60元、0.67元的2.6倍和2.3倍。地方投入建设全民健身工程资金，西部地区省区市平均每人投入0.85元，虽然与东部地区平均每人投入的1.11元有一定差距，但大大高于中部地区的0.54元。国家体育总局和地方合计投资中，西部地区是人均2.37元，分别是中部和东部地区1.21元、1.72元的2倍和1.4倍（表2-4）。可见，无论是国家体育总局扶持西部地区全民健身工程建设，还是西部地区地方政府加强当地全民健身工程建设，都取得了巨大成效，有效地缓解了西部地区群众体育设施严重匮乏的局面。

表2-4　1997—2007年东、中、西部地区全民健身工程投资情况

地区	省数（个）	总人数（万）	总局资助			省区市投入			投资合计		
			金额（万元）	所占比例（%）	人均（元）	金额（万元）	所占比例（%）	人均（元）	金额（万元）	所占比例（%）	人均（元）
东部	11	47712	28661	25	0.60	52987	49	1.11	81648	37	1.72
中部	8	43299	28701	25	0.67	23315	22	0.54	52017	24	1.21
西部	12	36822	56047	50	1.53	31111	29	0.85	87158	40	2.37
总计	31	127833	113410	100	0.89	107413	100	0.84	220823	100	1.73

(六) 学校体育场馆向社会开放

学校体育场馆向社会开放，发挥学校体育资源优势，充分利用和盘活学校体育场馆资源，挖掘其潜在功能，对于推进全民健身计划具有重要意义，同时也是学校体育适应市场经济、适应体育事业发展，深化自身改革的重要内容。

在国家体育总局和教育部的领导与推动下，自 2006 年 8 月开始，全国学校场馆开放工作在 7 个省市 100 多所中小学进行试点。为保证试点工作取得成效，国家体育总局与教育部联合制定《全国学校体育场馆向社会开放试点工作方案》，要求各有关省（市）认真实施。目前，学校体育场馆向社会开放工作在全国各地陆续展开，有力地支持了全民健身运动的发展。

为了保证开放工作的顺利推进，各级政府还与本地媒体积极配合，加强对学校体育场馆向社会开放的宣传工作，提高全社会对开放工作重要性的认识。同时，通过宣传，进一步引起社会各方对开放工作的关注支持，提高人民群众参与体育锻炼的积极性。在当地领导的重视和主持下，各地体育、教育、公安、税务、财政、工商、民政等部门通力协作，共同解决开放中的安全、资金、保险、人员等问题，保证了开放试点工作的有序进行。一些省市还制定了有关开放的具体办法、规定及制度，初步形成了学校体育场馆向社会开放的管理法规和制度体系。

各试点学校在开放过程中，从实际出发，积极探索开放的管理模式，形成了无偿开放、有偿开放与无偿开放相结合、学校与街道社区共管、市场化运作、青少年体育俱乐部等各具特色的开放管理模式。

各开放试点学校在开放管理上采取了分区分流、分段分时、分项分员等多种灵活的方式。分区分流即体育场馆条件好的学校把教学区和开放区分开，使健身居民的活动不影响正常的教学秩序；分段分时即列出开放时间段，早、晚、节假日相结合，体现开放的经常性；分项分员即学校根据场馆条件选择开放的优势项目，以满足不同健身人群的健身需求。

各开放试点学校在开放试点过程中，积极探索开放的新思路和突破口，在有力地促进了社会文化建设的同时，提升了学校的办学质量和水平。

三、群众体育组织化、规范化程度日益提高

改革开放之初，党中央和地方各级党委加强了各级体委领导班子的组织建

设。随后，中华全国体育总会及地方分会和体协等社会体育组织也相继调整和恢复。教育、工会、共青团、妇联等有关部门和群众组织的体育工作机构也逐步恢复和健全。农村人民公社、城市街道及厂矿企事业、机关单位等基层体育组织也开始着手恢复和重建。此后，随着我国政治体制改革和政府机构改革的不断深化，随着体育体制改革和体育社会化的不断推进，非政府的群众体育社会组织也不断建立健全，发展壮大。2004 年末，24 个省区市有省级以下各级各类体育社会团体 50272 个，团体会员 109877 个，个人会员 2330 多万人，基本形成了中央、省、市、县、乡镇的体育社会团体层次结构，基本覆盖了全国城市广大地区。

（一）群众体育社会组织

1. 社会体育指导中心

为了深化体育管理体制改革，推进政府管办分离和职能转变，1994 年 8 月 8 日，国家体委成立了社会体育指导中心。国家体委的这个直属的事业单位，是中国健美、门球、轮滑、龙舟、舞龙舞狮、风筝、毽球、信鸽、体育舞蹈、飞镖、拔河等运动项目协会的办事机构。它自成立以来，贯彻落实《全民健身计划纲要》，致力普及和提高群众性体育运动项目的规模和水平。常年开展门球、飞镖、健美、轮滑、拔河、龙舟、舞龙舞狮、信鸽、风筝、体育舞蹈、钓鱼、大力士等活动，组织国家级社会体育指导员培训和大型群众性体育活动。积极开展国际体育交流和新项目引进活动。在各地社会体育指导（管理）中心的支持合作下，组织了世界龙舟锦标赛、亚洲轮滑锦标赛、国际风筝会、华侨华人龙舟系列赛、国际舞龙舞狮邀请赛、世界信鸽排名大赛等有国际影响的比赛和活动。形成一批知名度较高的体育赛事，如全国龙舟月系列活动，粤港澳台狮王争霸赛，全国健美锦标赛暨健身先生、健身小姐大赛，全国门球冠军赛等。

截至 2005 年底，河北、辽宁、吉林、黑龙江、安徽、湖南、广东、广西、重庆、四川、云南、青海等 24 个省区市，成立了省级社会体育指导（管理）中心（北京、天津、山西、上海、江苏、福建、河南、湖北、贵州、陕西 10 个省市称为社会体育管理中心）。大连、宁波、厦门等计划单列市和一些城市也成立了社会体育指导中心。上海长宁区、闸北区、崇明县等一些直辖市的区、县也成立了社会体育指导中心。

2. 行业体育协会

行业体育协会是我国群众体育组织体系中的重要组成部分。《中华人民共和国体育法》规定："国务院其他有关部门在各自职权范围内管理体育工作。"确立了国务院其他有关部门，据实管理本部门体育工作的法定地位和职责。因此，由有关部门的行政授权，行业体协办事机构成为国务院其他有关部门管理本部门体育工作的职能部门。这种组织形式是符合中国国情和行业特点的制度安排，是多年来行之有效的组织形式。行业体协在开展本行业职工体育活动、提高本行业职工体质与健康水平方面，发挥着独特的重要作用。

伴随全党工作重点转移，各级行业体协逐步恢复和建立。1978 年，成立于 1952 年的中国火车头体育协会恢复。1981 年，全国总工会、国家体委联合下发《基层厂矿、企业、事业、机关体育协会章程（试行）》，大大推动了基层职工体育组织建设。成立于 20 世纪 50 年代中期的中国银鹰体协、水电体协、煤矿体协、前卫体协、邮电体协相继在 80 年代前期恢复。80 年代后期，石油、建筑、林业、地质、电子、石油化工、航空航天、汽车机械等行业相继建立行业体育协会。90 年代前期，化工、中国科学院、兵器、建设、交通、冶金、船舶等行业成立体育协会。财政、商业、计划生育、民航、物资、有色金属等行业系统曾经计划筹备成立行业体协。1992 年，中国兵器工业总公司建立职工体育工作委员会，诞生了一种新型行业体育组织形式。目前，全国已有中央部门行业体育协会 24 个。具体见表 2-5。

表 2-5 中央部门行业体协情况

序号	名称	成立时间	恢复时间	备注
1	中国火车头体育协会	1952	1978	
2	中国金融体育协会	1955	1981	前为中国银鹰体协，1999 年变更为此
3	中国水利体育协会	1955	1983	前为中国水利电力体协，1992 年分立为此
4	中国电力体育协会	1955	1983	前为中国水利电力体协，1992 年分立为此
5	中国煤矿体育协会	1955	1984	
6	中国前卫体育协会	1956	1984	
7	中国通信体育协会	1957	1987	前为中国邮电体协，2002 年变更为此
8	中国石油体育协会	1984		
9	中国建筑工程总公司体育协会	1985		

（续表）

序号	名称	成立时间	恢复时间	备注
10	中国林业体育协会	1986		
11	中国地质体育协会	1987		
12	中国电子体育协会	1987		
13	中国石油化工体育协会	1988		
14	中国航空体育协会	1989		前为中国航天航空体协，1994 年分立为此
15	中国航天体育协会	1989		前为中国航天航空体协，1994 年分立为此
16	中国汽车工业体育协会	1989		
17	中国机械体育协会	1989		
18	中国化工体育协会	1990		
19	中国科学院体育协会	1990		
20	中国兵器工业总公司职工体育工作委员会	1992		
21	中国建设体育协会	1993		
22	中国交通体育协会	1993		
23	中国船舶工业总公司体育协会	1994		
24	中国冶金体育协会	1994		

　　行业体协恢复和建立后，认真加强组织建设和队伍建设，建立健全各项规章制度。建设职工体育活动设施，广泛组织各自行业系统和基层单位职工体育活动，积极开展评比表彰、体育交流、体育培训、体育竞赛等活动。到 1989 年，全国省地县各级行业体协 4000 多个，基层体协 68000 多个，有专职体育干部 4100 多人，兼职 22700 多人。成立行业体协的系统共有 6600 多万职工，占全国职工总数的一半。1993 年，化工系统已建立 21 个省级体育协会，铁路体系的专职干部已增至 1100 人。

　　改革开放以来，行业体协参加了历届全国运动会，也取得了可喜成绩。

　　1995 年国务院颁布《全民健身计划纲要》后，待业体协在推进各个行业系统落实全民健身计划过程中，发挥了重要作用。教育、地质矿产、化工、邮电、林业、外经贸、金融、石油、航天、公安、电力、煤炭、铁道、电子、建设、航空等国家有关部门以及中央直属机关等行业体协，或以部（委）或以体协名义下发了贯彻《全民健身计划纲要》实施意见。航天、邮电、林业、地质、石油、化工、煤矿、建设、电子、银鹰等行业体协推动建立了本行业的全民健身领导小组，加强对本行业系统全民健身工作的领导。行业体协在本行业系统推行全民健身计划方面，根据各自特点，结合生产工作实际，深入开展形式多样、丰富多彩、新颖活泼、喜闻乐见的群众体育活动，提高广大职工、家属、学生的身体素质；不断开展行业职工体育先进表彰活动，培训体育骨干队伍，推行新的体育健身方法，开展职工体质检测，促进行业生产工作发展。

3. 群体性体育协会

（1）农民体育协会

1986年9月，经过国务院批准，中国农民体育协会成立。中国农民体协是中国农民的群众性体育组织，是党和政府联系广大农民开展体育活动的桥梁和纽带。1987年1月，农牧渔业部决定在宣传司设立体育处（对外称中国农民体育协会办公室）。1999年6月，农业部决定将中国农民体育协会的办事机构规格明确为正局级。2001年8月，经民政部批准，中国农民体育协会业务主管单位由国家体育总局变更为农业部。

中国农民体协成立以来，坚持面向农村，服务"三农"，广泛开展群众性体育活动，最大规模地发动农民参加体育锻炼，以普遍增强农民体质为工作方针，以因时因地因人制宜，开展小型分散多样、业余自愿、勤俭节约、简便易行，为广大农民群众所喜爱的农民体育活动为原则，以开展"亿万农民健身活动"和举办全国农民运动会为重点，以农民体育健身为主要目标，一手抓群众性体育活动普及，不断增强农民身体素质；一手抓农民体育运动水平提高，指导和推动基层农民体育活动不断迈向新高度。目前，已与农业部（农牧渔业部）、国家体育总局（国家体委）联合举办了6届全国农民运动会和多项多届全国性农民体育比赛。其中，全国农民篮球赛、全国农民游泳比赛、全国农民象棋比赛、全国农民中国式摔跤比赛、全国乡镇企业乒乓球比赛、全国农民越野分区赛、全国农民民兵军事三项赛等形成传统。到2002年末，全国农民象棋比赛已举办了11届。中国农民体协象棋队先后参加了19次全国象棋团体或个人锦标赛。农民体育比赛，尤其是农民运动会，贴近农民、贴近农村、贴近农业，推动了农民体育运动的发展。

中国的农民体育协会，在改革中前进，在发展中壮大，走出了一条中国特色的体育社团开拓创新之路。据不完全统计，到2006年，全国31个省、区、市都建立了农民体协。全国80%左右的市（地、州），70%左右的县（市），60%左右的乡（镇）建立了农民体协，基本形成了全国、省、市、县四级都有农民体育组织。各级农民体协经常举办各类培训班，培训各级农民体协的管理干部和体育骨干、技术能手。积极组织、引导广大农民利用身边的体育设施参加体育健身和体育竞赛活动。大多数省区市成立了由农民组成的体育运动队，并且建立了运动项目的培训基地。同时，逐步完善内部机构建设，逐步建立健全规章制度，基本形成了工作的制度化、规范化、经常化，有力推动了农民体育活动的普及与提高，为社会主义新农村建设作出了应有的贡献。

（2）老年人体育协会

1983 年 6 月，经国务院批准，中国老年人体育协会成立。中国老年人体育协会是中国老年人的群众性体育活动组织，实行会员制。到 1984 年，除西藏外，各省区市和 60% 的地市、30% 的县区成立了老年人体育协会，会员发展到 20 万人。到 1987 年，全国 70% 的地市县都成立了老年人体育协会，会员发展到 100 多万人。经常参加体育锻炼的老年人有 1600 多万人。到 1994 年，老年体协在乡镇街道以及企事业单位相继建立，使我国老年体育活动进入了组织化阶段。在全国各地 30 多万个晨（晚）练辅导站坚持锻炼的多为老年人。经常参加体育锻炼的老年人达到 3000 多万。到 2003 年，近 70% 的城市社区和近半数的乡镇建立了老年体协。经常参加体育锻炼的老年人约有 5000 万人，占老年人的 40%。

在各级老年体协的支持和组织下，各地老年人体育活动不仅参加人数多，而且项目丰富多彩。老年人体育锻炼内容不断向多样化方向发展，适合老年人活动的体育项目发展到十大类 100 多项。各种体操、舞蹈以及气功、武术、秧歌、球类、游泳、棋牌、钓鱼、跑步、散步、自行车旅行、登山等项目日益活跃。"门球热"和"健身操热"的兴起，表明老年人在追求更新鲜、更活泼、更有现代感的体育活动方式。

中国老年人体育协会组织的全国中老年迪斯科健身操电视大奖赛、全国老年人太极拳观摩比赛和全国老年人门球比赛、网球比赛等活动，调动了广大老年体育爱好者的积极性，扩大了老年人体育的影响。1984 年，第 4 届全国老年网球邀请赛在昆明举行。22 个省、区、市和解放军、中央国家机关、铁路系统的 26 个代表队 200 多名老运动员参加，是规模最大的一次。1985—1994年，中国老年人体协 3 次开展评选全国健康老年人活动，共评出全国健康老人 900 多名。中国老年人体协还在全国范围评选表彰了为老年人体育事业作出贡献的先进集体 506 个、先进工作者 2005 名。

（3）残疾人体育协会

中国残疾人体育协会前身为中国伤残人体育协会，1983 年 10 月 21 日在天津成立。为与《中华人民共和国残疾人保障法》保持一致，1991年7月26日，更名为中国残疾人体育协会（简称中国残疾人体协，对外称中国残奥会）。中国残疾人体协是组织帮助肢残人，包括脑瘫、脊髓损伤、截肢和其他残疾的体育人参与体育活动的非营利性的群众体育组织。

经国务院批准，1992年12月，国家体委和中国残联商定，中国残疾人体协自1993年下半年起，移交中国残联管理。自1993年下半年开始，由国家体委、民政部、中国残联三家分别管理的中国残疾人体协，中国聋人体协和中国弱智人体协统一为中国残疾人体育协会，内设聋人、弱智人体育协会。同时，在中国残联文化宣传部设立体育处，作为管理残疾人体协事务的机构。体育处是中国残疾人体协、中国聋人体协、中国弱智人体协的常设秘书处。

中国伤残人体协成立之后，各地相继成立伤残人体协。到1987年，全国25个省区市成立了伤残人体育协会。一些大中城市及企业也成立了伤残人体育组织。1982年，新疆乌鲁木齐市成立伤残人体育协会。武汉钢铁公司、大庆油田在八九十年代都成立了伤残人体协。

(4) 聋人体育协会

中国聋人体育协会成立于1986年12月10日。中国聋人体育协会是组织帮助聋人参与体育活动、康复健身的非营利性的群众体育组织，是中国残疾人体育组织的重要组成部分。中国聋人体协在鼓励帮助聋人参加体育活动，康复健身，组织培训聋人运动员和聋奥工作者，举办全国综合性和单项性聋人体育赛事，改善和增进聋人平等参与社会生活的状况和能力，推动聋人体育发展等方面发挥了积极的作用。2004年4月，中国聋人体育协会召开第3届全国代表大会。自本届换届后，中国聋人体育协会不再是中国残疾人体协分支机构，而是独立的国家级聋人体育社会团体。

(5) 弱智人体育协会

中国弱智人体育协会的前身为中国智残人体育协会，成立于1985年6月17日。2004年改称中国弱智人体育协会（对外称中国特奥会）。中国特奥会是鼓励、帮助智力残疾人参加体育活动，康复健身，改善和增进他们平等参与社会的能力，推动智力残疾人体育事业发展的群众性的体育社会团体。1998年中国弱智人体协改由中国残联管理。2004年4月，中国弱智人体育协会召开第3届全国代表大会。在本届换届后，中国弱智人体育协会不再是中国残疾人体协的分支机构，而是独立的国家级的群众性弱智人体育社会团体。2004年以来，北京、天津、山西、辽宁、福建、陕西等省、市相继成立省级特奥会。截至2007年10月，已在28个省、区、市建立了各级特奥会。有8个省、区、市召开了特奥运动会，共培养特奥运动员 60 多万人，全国已建立 300 多个特奥活动示范社区。

(6) 大、中学生体育协会

中国中学生体育协会成立于 1973 年，中国大学生体育协会成立于 1975年。中国大、中学生体育协会是全国性群众组织，在全国高等、中等院校学生中，宣传、贯彻国家的教育方针和体育工作方针、政策；动员社会各界力量，大力支持和关心学校体育工作；审核、批准单项协会的成立及有关事宜，审定各单项协会的活动计划，定期检查其工作情况；协助国家教委及各单项协会举办各类全国性大、中学生体育比赛和其他体育活动；促进与世界各国学校体育组织的交流；参加国际大、中学生的各种体育比赛和体育交流活动。

4. 体育运动项目协会

改革开放以来，我国体育运动项目的体育社会团体得到了迅速恢复和发展。到 2008 年 6 月，我国共有 77 个国家级运动项目协会，覆盖国家正式公布的 77 个体育运动项目，140 个具体项目（不包括钓鱼）。其中非奥运会项目体育协会 39 个，覆盖 44 个非奥运会项目，88 个具体项目。见表 2-6。

表 2-6　体育运动项目及其协会一览表

体育运动项目				体育运动项目协会		
序号	名称	项数	具体项目名称	序号	协会名称	成立时间
1	摩托车	1		1	中国摩托运动协会	1954
2	登山	4	登山、攀岩、攀冰、山地户外运动	2	中国登山协会	1958
3	武术	2	套路、散打	3	中国武术协会	1958
4	围棋	2	围棋、五子棋	4	中国围棋协会	1962
5	中国象棋	1		5	中国象棋协会	1962
6	业余无线电	3	业余无线电台、无线电测向、无线电通信	6	中国无线电运动协会	1964
7	热气球	5	热气球、热气飞艇、氦气球、氦气飞艇、混合式气球	7	中国航空运动协会	1964
8	运动飞机	5	超轻型飞机、轻型飞机、特技飞机、旋翼类、模拟飞机	7		

(续表)

体育运动项目				体育运动项目协会		
序号	名称	项数	具体项目名称	序号	协会名称	成立时间
9	跳 伞	6	特技定点、造型、踩伞、低空伞、牵引伞、花样跳伞	7		
10	滑 翔	4	滑翔机、悬挂滑翔、滑翔伞、动力滑翔伞	7	中国航空运动协会	1964
11	航空模型	6	自由飞、线操纵、无线电遥控、仿真、电动、航天模型	7		
12	轮 滑	1		8	中国轮滑协会	1980
13	桥 牌	1		9	中国桥牌协会	1980
14	信 鸽	1		10	中国信鸽协会	1984
15	高尔夫球	1		11	中国高尔夫球协会	1985
16	保龄球	1		12	中国保龄球协会	1985
17	龙 舟	1		13	中国龙舟协会	1985
18	滑 水	1		14	中国滑水协会	1986
19	摩托艇	1		15	中国摩托艇运动协会	1986
20	潜 水	2	潜水、蹼泳	16	中国潜水运动协会	1986
21	掷 球	1		17	中国掷球协会	1986
22	航海模型	6	仿真、仿真航行、帆船、耐久、动力艇、建筑场景	18	中国航海模型运动协会	1986
23	国际象棋	1		19	中国国际象棋协会	1986
24	台 球	1		20	中国台球协会	1986
25	风 筝	1		21	中国风筝协会	1987
26	软式网球	1		22	中国软式网球协会	1987
27	毽 球	1		23	中国毽球协会	1987
28	门 球	1		24	中国门球协会	1987
29	健美操	2	健美操、街舞	25	中国健美操协会	1992
30	汽 车	1		26	中国汽车运动联合会	1994
31	舞龙舞狮	1		27	中国龙狮运动协会	1995
32	橄榄球	1		28	中国橄榄球协会	1996
33	健身气功	1		29	中国健身气功协会	2004
34	车辆模型	6	非遥控车、电动公路车、电动越野车、内燃机公路车、内燃机越野车、火车模型	30	中国车辆模型运动协会	2004

（续表）

体育运动项目				体育运动项目协会		
序号	名称	项数	具体项目名称	序号	协会名称	成立时间
35	飞 镖	1		31	中国飞镖协会	2004
36	定 向	5	徒步定向、滑雪定向、轮椅定向、山地车定向、GPS 定向	32	中国定向运动协会	2004
37	救 生	1		33	中国救生协会	2005
38	拔 河	1		34	中国拔河协会	2006
39	藤 球	1		35	中国藤球协会	
40	壁 球	1		36	中国壁球协会	
41	钓 鱼	1				
42	体育舞蹈	1		37	中国体育舞蹈联合会	
43	健 美	1		38	中国健美协会	
44	电子竞技	1		39	中国电子竞技协会	

改革开放以后，非奥运会项目，尤其是民族民间传统体育运动项目协会发展迅速。新成立了 32 个非奥运会项目协会，占全部非奥运会项目协会总数的 82.1%。其中 80 年代成立 17 个，占 43.6%；90 年代成立 4 个，占 10.3%；进入 21 世纪成立 6 个，占 15.4%。同时，各地包括国家公布的正式体育运动项目和具有地方特色的体育运动项目的体育运动项目协会，也如雨后春笋般建立起来。反映出民族民间传统体育运动项目迅速普及和体育爱好者旺盛的体育需求，是体育领域的民主化进程和体育体制改革的丰硕成果。

5. 基层体育组织

（1）地区性职工（单位）体育组织

地方和单位的职工体育协会是我国最普遍最典型的基层体育组织。据统计，1982 年，全国有 1.3 万多个企业建立了体育协会，还有的建立了体育领导小组、文体委员会，全国基层组织运动队 23 万多个，280 多万职工参加。基层专职体育干部 7000 多人，兼职体育干部和积极分子 13.6 万余人。

人民群众中蕴涵着巨大的体育组织创新需要和能力。80 年代初期，一些城市率先打破行业系统隶属关系，采取协作区（片）的办法，把邻近的基层单位组织起来，建立地区性职工体育协会，发挥各自优势，因地制宜、就地就便开展职工体育活动。

1991 年召开的第二次全国职工体育工作会议推动了职工体育组织建设。

广西的职工体协由 1987 年的 324 个，发展到 1992 年的 1653 个。体育骨干由 1987 年的不足 300 人发展到 1992 年的 710 人。到 1992 年，广东 428 个 2000 人以上大中型企业中有 200 个建立了基层体协，22754 个百人以上企事业单位中成立职工体协的有 13379 个。广州市建立地区性职工体协 90 个。江西基层职工体协由 1987 年的 587 个发展到 1992 年的 1024 个。

（2）街道社区体育组织

以街道办事处牵头、开展辖区居民和驻地单位体育活动的街道社区体育组织，是城市社区体育组织的重要形式。建立街道社区体育组织，发挥街道办事处政府派出机构的行政管理优势，兼顾开展辖区居民和驻地单位体育活动，是街道办事处应对企业职工体育向社区转移，满足社区居民体育需求，承担社区体育管理的一种组织创新。

1989 年，辽宁省全省 385 个街道中有 295 个街道建立体育组织。沈阳市铁西区建立了个体劳动者体协，开展个体劳动者体育活动。1991 年，北京市成立街道体协的街道发展到 92 个，占全部街道的 86.0%。武汉 78 个街道办事处有 64 个街道办事处建立文体协会。1992 年，广州有 77 个街道建立了体协，占全部街道的 83.6%。2002 年，南京市鼓楼区初步形成社区体育组织网络，包括鼓楼区社区体协，6 个街道体育协会以及各个街道体协管理的社区体育指导中心（站）、各个居委会体育健身指导站和各个单位体协，实现了对辖区内的社区居民和单位职工多层次、全方位的体育服务。

（3）城乡居民体育组织

遍及城乡社区的体育指（辅）导站（点）、晨（晚）练站（点）是城乡居民自发组织起来开展体育活动的中国式群众体育俱乐部，是城乡居民伟大的体育组织创举。改革开放后，城乡居民体育组织恢复发展起来。1981 年，28 个省区市的城市中建立了各种体育技术辅导站 1800 多个。1982 年，城市中这类体育技术辅导站就达到 3570 个，较上一年翻了一番。

随着改革开放进程的不断加快，到 2004 年末，我国有 7 万多个体育活动站，24 万多个体育活动点，在这些站点上坚持参加体育健身活动的有 4600 多万人。

（二）群众体育制度

1. 国家体育锻炼标准

国家体育锻炼标准是我国群众体育的一项基本制度。改革开放之初的

1979 年 4 月，国家体委、教育部下发《关于在学校中进一步施行国家体育锻炼标准的意见》，要求全国各级体育教育部门和各级各类学校，把施行《国家体育锻炼标准》的活动进一步开展起来。1982 年 8 月，国家体委公布了在原新《国家体育锻炼标准》基础上经过修订的新《国家体育锻炼标准》。同时，国家体委、教育部、卫生部、总参谋部、总政治部、全国总工会、共青团中央、全国妇联联合发出通知，要求做好经国务院批准的新《国家体育锻炼标准》推行工作；要求学校和部队全面施行《国家体育锻炼标准》；要求有条件的厂矿、机关、企事业单位和人民公社，有计划地进行试点、逐步推广。

1990 年 1 月，国家体委公布国务院 1989 年 12 月批准的《国家体育锻炼标准施行办法》。要求《国家体育锻炼标准》在学校全面施行。机关、团体事业单位和城市街道、农村乡镇根据条件施行。要求国家体委会同有关部门制定军人、职工体育锻炼标准，分别在军队、工矿企业施行。同时，公布经过修订的《国家体育锻炼标准锻炼测验项目表》。1990 年 2 月，国家体委公布了《国家体育锻炼标准测验规则和评分表》。至此，形成了新一代《国家体育锻炼标准》制度。

在《国家体育锻炼标准》的推行过程中，1989 年全国总工会推出了《全国职工健身七项锻炼标准》。1993 年 7 月，国家体委根据 1989 年 12 月国务院批准的《国家体育锻炼标准施行办法》，从西藏地区的体育情况出发，制定颁布了《西藏自治区青少年体育锻炼标准》。1989 年，中国人民解放军总参谋部、总政治部制定了《军人体育锻炼标准》，在全军试行。1994 年 1 月，总参谋部、总政治部正式颁布《军人体育锻炼标准》，在全军施行。2004 年 6 月，总参谋部颁布《军人体能标准（试行本）》。《军人体育锻炼标准》由陆军、舰艇人员、飞行人员、高原部队 4 个人群体育锻炼标准组成。1997 年 2 月，公安部下发《公安民警体育锻炼标准（试行）》，在全国公安系统试行。1999 年，经过试行修订，制定了《公安民警体育锻炼标准》，并更名为《公安民警体育锻炼达标标准》，在全国公安机关和公安院校实施。

2003 年 5 月，国家体育总局、国家民委、财政部、农业部、卫生部、全国总工会、团中央、全国妇联联合公布了《〈普通人群体育锻炼标准〉施行办法（试行）》。从而使《国家体育锻炼标准》，不仅有适合小学生、中学生、大学生为主的青少年儿童的体育锻炼标准，也有了适合 20 至 59 岁成年人的体育锻炼标准。

新世纪之初，为了适应新的社会条件下学生体质发展变化的特点，教育部、国家体育总局即着手研究新的体育锻炼标准。经过局部试点，2002 年 9

月，《学生体质健康标准（试行方案）》开始在部分学校试行并进一步修改完善。2007年4月，教育部、国家体育总局联合下发通知，要求从发布之日起，在全国各级各类学校全面实施《国家学生体质健康标准》。《国家学生体质健康标准》适用于全日制小学、初中、普通高中、中等职业学校和普通高等学校的在校学生。《国家学生体质健康标准》是《国家体育锻炼标准》的有机组成部分，是《国家体育锻炼标准》在学校的具体实施，是国家对学生体质健康方面的基本要求。新《标准》的评价指标中，选择了与青少年身体的发展及身体健康素质关系最为密切的要素作为确定评价领域和测试项目的依据。从身体形态、身体机能、身体素质和运动能力4个领域综合评定青少年的体质健康状况。在身体素质和运动能力两个方面中增加了许多学生喜闻乐见、易于测试与评价的测试项目。新《标准》突出教育功能和指导功能，新《标准》在评价指标的权重方面有两个较为突出的变化，一是形态的权重降低，二是反映学生心肺功能的测试指标的权重增加。体现了教育、体育行政部门对全国学生体质健康方面存在的突出问题的积极干预政策。

到2007年，《国家体育锻炼标准》形成了包括《普通人群体育锻炼标准》《国家学生体质健康标准》《军人体育锻炼标准》《公安民警体育锻炼标准》和《西藏自治区青少年体育锻炼标准》的，覆盖6~59岁大中小学生、城乡中年居民和军人、人民警察两个特殊职业人群，以及西藏地区特殊地理环境下的青少年人群的完整的体育制度。

2.《全民健身计划纲要》

为了贯彻全民健身战略，加快发展群众体育事业，1993年5月，国家体委在《关于深化体育改革的意见》中，将"制定全民健身计划"确定为深化群众体育改革的首要任务。国家体委负责系统研究起草了全民健身计划。1995年6月20日，国务院下发《关于印发全民健身计划纲要的通知》（国发〔1995〕14号），向社会公布了《全民健身计划纲要》。全民健身计划是一项系统发展群众体育事业、全面加强全民族体质建设的群众体育发展规划，是面向现代化、面向未来、跨世纪的群众体育系统工程。《全民健身计划纲要》确定了1995—2010年我国群众体育事业的奋斗目标和任务，提出了我国群众体育事业改革与发展的思路和举措，是一个跨世纪的发展群众体育事业的纲领性文件。《中华人民共和国体育法》规定："国家推行全民健身计划"，将推行全民健身计划确定为发展群众体育事业的基本形式和法定任务。

《全民健身计划纲要》实施分为第一期工程（1995—2000年）和第二期工

程（2001—2010 年），其奋斗目标是基本建成中国特色的全民健身体系，其组织领导体制是"在国务院领导下，由国家体委会同有关部门、各群众组织和社会团体共同推行，国家体委负责组织实施"。为了保证全民健身计划整体规划、逐步实施，国家体委（国家体育总局）作为"负责组织实施"的部门，先后制定发布了第一、第二期工程及其 5 个阶段的实施规划和计划。同时，各个省、、区、市和国务院有关部门、社会团体和中国人民解放军以及一大批地级、县级甚至乡级地方人民政府和不同层级的地方行业系统也都制定发布了本地区、本行业贯彻落实《全民健身计划纲要》的实施意见，共同构成《全民健身计划纲要》的制度体系。

3. 国民体质测定标准

国民体质测定标准是我国群众体育的一项基本制度。旨在为测量、评价国民体质状况和体育锻炼效果，提供一套科学的指标及标准。《国民体质测定标准》是在《中国成年人体质测定标准》基础上制定的。通过对铁路、石油、煤矿等 17 个行业的 112530 名职工体质测试获得的数据资料，研究制定了《中国成年人体质测定标准》。1996 年 7 月，国家体委发布《中国成年人体质测定标准实施办法（试行）》。同年 10 月，国家体委下发《中国成年人体质测定标准实施意见》。1997 年 4 月，国家体委下发《关于开展中国成年人体质监测工作的通知》，部署中国成年人体质监测工作。1998 年 6 月，国家体育总局向全社会公布了在 19 个省、区、市对 105328 人检测获得的 1997 年中国成年人体质监测结果。

2000 年 5 月，国家体育总局、教育部、卫生部、科学技术部、国家民委、民政部、财政部、农业部、国家统计局、全国总工会等 10 余个单位联合下发《2000 年国民体质监测工作方案》，部署 2000 年国民体质监测工作。同年 3 月，教育部、国家体育总局、卫生部、国家民委、科学技术部联合下发《2000 年全国学生体质健康状况调查研究实施方案》，部署学生体质健康状况调查研究工作。

经过对 31 个省区市 3~69 岁的 229769 人检测获得的结果，研究制定了《国民体质测定标准》。2003 年 7 月，国家体育总局、教育部、国家民委、民政部、劳动保障部、农业部、卫生部、国家工商总局、全国总工会、共青团中央、全国妇联 11 个单位颁发《〈国民体质测定标准〉实施办法》。《国民体质测定标准》适用于 3~69 周岁国民个体的形态机能和身体素质的测量和评定，分为幼儿（3~6 周岁）、青少年（7~19 周岁）、成年人（20~至 59 周岁）和老年人（60~69 周岁）四个部分。

《国民体质测定标准》的实施，标志着我国群众体育科学化水平有了新的提高，国民体质测定制度进一步完善。

4. 广播体操制度

为了在广大人民群众中普及体育活动，改善人民健康状况，从 1951 年开始，国家坚持推广普及广播体操。改革开放后，1981 年 8 月，国家体委、教育部、卫生部、国家民委、广播事业局、总参谋部、总政治部、全国总工会、全国妇联、共青团中央、全国青联、全国学联、全国体育总会 13 个单位向全国推行第六套广播体操。1982 年 9 月，国家体委等单位向全国推广第六套儿童广播体操。1983 年 3 月，国家教委向全国推行"中小学生幼儿系列广播体操"，这套广播体操包括幼儿操一套，小学生 2 套，中学操 2 套。1988 年 9 月，国家体委、国家教委、广播电影电视部、共青团中央联合发出通知，在全国小学和中学（初中）推行第七套儿童广播（韵律）操和第五套少年广播（韵律）操。1990 年 3 月，国家体委、国家教委、国家民委、广播电影电视部、卫生部、全国总工会、共青团中央、全国妇联、解放军总参谋部、解放军总政治部向全国推广第七套广播体操。1992 年 6 月，国家体委、国家教委向全国推出在幼儿园（大班）施行的幼儿广播体操。1997 年 4 月，国家体委、国家教委、国家民委、广播电影电视部、卫生部、全国总工会、共青团中央、全国妇联、解放军总参谋部、解放军总政治部 10 个单位向全国推广第八套广播体操。2002 年 9 月，教育部向全国推出第二套幼儿广播体操。2005 年 2 月，国家体育总局向全国推广"大众广播体操"。

为了推行广播体操，国家体育行政部门和有关部门、群众组织每次推出新的广播体操，都下发通知提出要求，作出及时指导。1981 年 8 月，国务院办公厅下发《关于重申 1954 年政务院关于在政府机关中开展工间操和其他体育运动的通知》，再次要求"在政府机关中推行广播操"。1995 年，国家体委、国家教委、国家民委、广播电影电视部、卫生部、全国总工会、共青团中央、全国妇联、总参谋部、总政治部联合下发《关于坚持开展广播体操活动的通知》。1997 年 4 月，国家体委等 10 部委联合下发《关于在全国推广普及第八套广播体操的通知》。2004 年 11 月 4 日，国家体育总局、中华全国总工会发出《关于坚持工间操制度，大力开展广播体操活动的通知》。2006 年 8 月，国家体育总局、中华全国总工会发出《关于在全国开展推广广播体操、工间操及〈普通人群体育锻炼标准〉先进单位评比活动的通知》。

从 1981 年到 2005 年，国家先后向全国推出 4 套成人广播体操、3 套少年广播体操、4 套儿童广播体操、3 套幼儿广播体操，加上之前推出的 5 套成人、5 套儿童、4 套少年广播体操以及一系列关于推行广播体操的文件，我国形成了一套完整的广播体操制度。不断创新和制度保障，赋予了广播体操发展活力，使广播体操成为我国普及面最广、参与人数最多、最具中国特色的传统体育活动。

5.《学校体育工作条例》

为扭转"文革"后学校体育基础差、学校体质弱，百废待兴的局面，在1982 年教育部、国家体委和卫生部共同颁布了关于学校体育工作的两个《暂行规定》的基础上，1990 年 2 月 20 日经国务院批准颁布《学校体育工作条例》（简称《条例》）。

《条例》明确了学校体育工作的基本任务，特别指出了学校体育工作应当面向全体学生；明确提出了体育课是学生毕业、升学考试科目；规定了课外体育活动的时间；要求学校认真推行《国家体育锻炼标准》的达标活动和等级运动员制度；规定学校要开展课余体育训练，并且对学校各级各类竞赛也都作了规定；对体育教师的要求，对体育教师的配备和教师的进修、职务聘任、工资应当与其他任课教师同等对待等作了规定；明确地规定了体育教师工作量的计算方法；对场地、器材、设备的配置、管理及经费都作了指导性的规定。

《条例》的颁布与实施，有利于学校全面贯彻党的教育方针，促进全体学生的身心健康，加速了学校体育工作的改革。标志着我国学校体育卫生工作开始走向正规，管理更加规范化和制度化，对进一步推动学校体育工作的发展具有深远的意义。

6. 业余运动员技术等级标准

业余运动员技术等级标准是我国群众体育的一项基本制度。为了在普及群众体育活动的基础上，提高群众性体育活动的技术水平，激发人民群众参加群众性体育活动的热情，吸引更多的人参加群众性体育活动，从 1992 年开始，国家体委（国家体育总局）部分运动项目管理中心，创新推出了若干体育运动项目的业余运动员技术等级标准。1999 年 5 月，国家体育总局下发了《关于在全民健身活动中推行业余运动员技术等级标准的通知》，要求各地体育部门结合当地实际，做好《业余运动员技术等级标准》推行工作。到 2000 年，发布业余运动员技术等级标准的运动项目包括围棋、田径、游泳、健美操、象棋、网球、乒乓球、羽毛球、篮球、举重、国际象棋等。

（三）群众体育先进表彰

建立健全表彰奖励制度，褒奖为发展群众体育事业作出突出贡献的地方、集体和个人，发挥激励机制的作用，调动全社会支持、兴办群众体育事业的积极性，示范引导全社会学习先进，勇于创新，争相为群众体育事业发展作贡献，是社会主义初级阶段条件下，群众体育事业社会化的必然要求，是改革开放后群众体育工作的基本经验。国家群众体育先进表彰活动引导带动了地方、行业的群众体育先进表彰活动。改革开放30年来，群众体育表彰奖励逐步形成了系列，形成了传统，形成了制度。

1. 全国群众体育先进省、区、市表彰

1989年2月，国家体委公布《全国省、区、市群众体育工作评定办法》。1991年，国家体委表彰辽宁省、山东省、江苏省、上海市、北京市、湖南省、湖北省、吉林省、河北省、河南省10个省市为1990年"全国群众体育工作先进单位"。

1997年8月，国家体委颁发1993—1997年全国群众体育先进奖，按国家行政区域排列顺序依次为北京市、天津市、辽宁省、吉林省、上海市、江苏省、浙江省、山东省、河南省、湖北省、湖南省、广东省；颁发1993—1997年全国群众体育进步奖，按国家行政区域排列顺序依次为山西省、四川省、贵州省、宁夏回族自治区、新疆维吾尔自治区，并在同年10月举行的第8届全国运动会上进行了表彰。

2. 全国群众体育先进集体、先进个人表彰

在全国运动会期间，国家表彰为群众体育事业作出突出贡献的先进集体和先进个人，邀请全国群众体育先进代表观摩运动会，已经形成制度。从1979—2005年的第4届至第10届全运会，国家体育总局（国家体委）先后表彰了7批共计11114个次全国群众体育先进集体、7200人次全国群众体育先进个人。从第4、第5、第6届平均每届表彰先进集体200个左右、先进个人几十人，到第7、第8、第9、第10届，平均每届表彰先进集体2000个以上、先进个人2000人左右，表现了群众体育蓬勃发展、欣欣向荣的景象。群众体育先进的表彰对象，不仅包括各个省区市，也包括解放军、新疆生产建设兵团和各行业体育协会，还包括残疾人、老年人、少数民族、技工学校等体育协会

和其他方面。充分表现了群众体育是一项全民族的事业、全社会的事业。

党和国家领导人接见出席表彰活动的全国群众体育先进代表，成为每一届全国群众体育先进表彰活动的重要内容。

3. 全国群众体育专项先进表彰

为了褒奖在群众体育工作中作出突出成绩的先进单位和个人，调动各方面的积极性，国家有关部门在不同时期，进行了表彰和奖励。其中包括全国职工体育先进单位和个人，全国群众体育先进单位，全国少数民族体育先进（模范）集体、先进（模范）个人，全国县（市、区）体育先进个人，优秀全民健身项目，全国优秀全民健身活动中心，全国优秀全民健身活动站（点），全国优秀体育公园，全国全民健身好家庭，全民健身活动先进单位等。

4. 全民健身宣传周先进表彰

1995 年 5 月，国家体委会同教育部、农业部、广播电影电视部、新华社、总参谋部、总政治部、全国总工会、团中央、全国妇联、中国残联 11 个单位发出通知，在全国开展"95 全民健身宣传周活动"。为了表彰在此项活动中表现突出的单位和部门，同年 9 月，国家体委发出通知，评选"95 全民健身宣传周活动"优秀组织奖、优秀报道奖和先进单位。此后坚持每年开展全民健身宣传周表彰活动。2001 年，全民健身计划实施进入第二期工程，全民健身宣传周活动变更为全民健身周活动，从 2001 年开始进行全民健身周表彰活动。1995—2007 年先后表彰十三届全民健身（宣传）周先进，共计表彰全民健身宣传周优秀奖 6 届 94 省次，全民健身宣传周优秀报道奖 6 届 536 新闻单位次。

5. 全国体育先进县命名

1983 年 2 月，国务院下发《批转国家体委、文化部、共青团中央关于全国农村体育工作会议纪要的通知》（国发〔1983〕15 号）。《通知》附件中包括《体育先进县的标准和评选办法（试行）》。1984 年 12 月，国家体委在下发《关于加强县体育工作的意见》中明确提出，"自 1985 年起，在全国范围内开展创建体育先进县活动"，并且提出《体育先进县的标准和评选办法（试行）》。1985 年 10 月，国家体委下发《全国体育先进县标准的细则（试行）》。1991 年 8 月，国家体委下发《国家体育先进县复查办法（试行)》，对已命名的全国体育先进县试行复查制度。

1987 年 4 月，国家体委授予 78 个县（市、区）"全国体育先进县"称号。此后，1988 年 9 月、1990 年 8 月、1992 年 12 月，相继命名了第二、第三、第四批全国体育先进县共计 4 批 388 个。1993 年 7 月，根据中央办公厅、国务院办公厅《关于涉及农民负担项目审核处理意见的通知》要求，暂时停止评选全国体育先进县活动。1994 年 10 月，国家体委、财政部、农业部发出《关于开展争创体育先进县活动的通知》。《通知》指出："国务院批准开展争创体育先进县活动，是党中央、国务院对农村精神文明建设的高度重视，各地要在认识总结过去的经验的基础上调整规划和部署，要采取有效措施，坚决杜绝在争创全国体育先进县活动中增加或变相增加农民负担的现象发生。"《通知》发布重新修订的《全国体育先进县标准和评选办法》和《全国体育先进县标准的细则》。按照《通知》要求，继续展开评选体育先进县活动。1996 年 9 月，1999 年 9 月、2000 年 11 月，国家体育总局（国家体委）相继命名了第五、第六、第七批全国体育先进县 306 个。至 2000 年 11 月，先后共命名 7 批 694 个全国体育先进县，全国体育先进县数量占 2000 年全国县（市、区）总数的 33.2%。

1985 年开始的评选全国体育先进县活动，对农村体育事业发展产生了强有力的推动作用，大大调动了县级政府发展农村体育事业的积极性、主动性。有 20 多个省区市开展了评选省级体育先进县的活动，命名了 260 多个县。有 25 个省区市开展了评选省级体育先进乡镇的活动，评选了 1870 个先进乡镇。

6. 全国城市体育先进社区命名

1996 年 4 月，国家体委、国家教委、民政部、建设部、文化部共同下发了《关于加强城市社区体育工作的意见》。《意见》明确指出，"按照国家体育运动委员会制定的《全国城市社区体育先进社区评审方法》，定期在全国开展评比表彰'全国城市体育先进社区'的活动"。1997 年 11 月，国家体委公布《全国城市体育先进社区评定办法（试行）》，发布《全国城市体育先进社区标准》。确定全国城市体育先进社区评定对象为城市街道办事处。1998 年 11 月、2000 年 11 月和 2002 年 12 月，国家体育总局先后命名了第一、第二、第三批 158、164 和 187 个"全国城市体育先进社区"。2004 年 1 月，国家体育总局、中央精神文明建设指导委员会办公室共同下发《关于印发〈全国城市体育先进社区评定办法〉的通知》。《通知》发布经过修订的《全国城市体育先进社区标准》和《全国城市体育先进社区标准指标》。确立全国城市体育先进社区评定对象为城市社区居民委员会。2004 年 10 月，国家体育总局、中央精神文明建设指导委员会办公室命名了第四批包括 31 个省区市、新疆生产建设兵团和火车头、石油、煤矿、林业、通信、航空、电子、冶金、水利、电力体协等42个单位的200个"全国城市体育先进社区"。

1998年11月至2006年8月，国家体育总局、中央精神文明建设委员会办公室先后评定5批共计897个"全国城市体育先进社区"。"全国城市体育先进社区"评选活动大大推动了城市社区体育发展进程，带动了地方加快城市社区体育建设的步伐。很多省区市评定了省级城市体育先进社区。

7. 全国"亿万农民健身活动"先进乡镇命名

1990年10月，农业部、国家体委、中国农业体协下发《关于开展"亿万农民健身活动"的补充通知》。决定1991年表彰全国"亿万农民健身活动"先进乡镇。1991年5月，全国"亿万农民健身活动"先进乡镇表彰大会在北京举行。田纪云等党和国家领导人在中南海接见了会议代表并合影留念。农业部、国家体委、中国农业体协联合授予在开展"亿万农民健身活动"中成绩显著的30个省区市的122个乡镇为全国"亿万农民健身活动"先进乡镇。

自1991年至2006年，农业部、国家体育总局（国家体委）、中国农民体协先后8批命名1891个全国"亿万农民健身活动"先进乡镇。这一活动带动了各地命名表彰省级"亿万农民健身活动"先进乡镇。到2006年9月，各省区市命名省级"亿万农民健身活动"先进乡镇6242个。先进乡镇的评选为农民体育活动的开展树立了榜样，发挥了很好的示范、引导作用，推动了农村体育事业的健康发展。

8. 体育之乡命名

（1）全国田径之乡

1983年、1986年、1990年，由中国田径协会、中华全国体育总会群体部、共青团中央宣传部、中国体育记者协会、人民体育出版社、中国体育报社等单位联合评选并命名了第一、第二、第三届"全国田径之乡"，共计95个市县区。1994年，首次由国家体委名义命名和表彰了53个市县区为"全国田径之乡"。

（2）全国游泳之乡

1983年到2005年，国家体育总局（国家体委）先后命名7批"全国游泳之乡"。

（3）全国武术之乡

1991年12月、1996年12月、2001年8月，国家体育总局（国家体委）

先后命名 3 批共计 25 个省区的 89 个市县（区）为"全国武术之乡"。

（4）全国象棋之乡

1995 年 10 月、1998 年 4 月、1999 年 4 月和 1999 年 10 月，国家体育总局（国家体委）先后授予 4 个市、县、区、镇为全国"象棋之乡"称号。

（5）全国篮球城市

2000 年 12 月和 2004 年 4 月，国家体育总局先后命名 14 市和 1 镇为全国篮球城市（镇）。

四、群众体育活动丰富多彩

（一）城市群众体育活动

1. 城市职工体育活动

党的十一届三中全会刚刚结束的 1979 年 2 月，全国总工会即召集参加全国体育工作会议的 28 个省区市工会体育干部和火车头体协代表，召开了职工体育座谈会。座谈会明确提出："开展职工体育活动，必须面向基层、面向生产、面向群众，贯彻普及提高相结合，以普及为主方针，坚持业余自愿、小型多样和因地因时因人制宜原则。"在工会组织的号召和支持下，职工体育得到迅速恢复和发展。到 1982 年，全国经常参加体育锻炼的职工达 2000 多万人，占职工总数的 20%以上。全国企业有 23 万多个运动队，280 多万名职工经常参加体育竞赛活动。

1981 年 8 月 8 日，国务院办公厅发出《关于重申 1954 年政务院关于在政府机关中开展工间操和体育活动的通知》，推动了 80 年代初期全国职工体育热潮的形成。有组织地开展基层单位的体育竞赛和职工医疗体育活动，成为 80 年代初期增强职工体质、改善职工健康的体育活动特点。1982 年全国 1.6 万个基层单位开展医疗体育，50 多万名职工慢性病职工进行体育疗法。根据不同劳动特点，编创生产操，推动医疗体育发展。在钢铁、煤矿、纺织、机械、商业、仪表等行业创编医疗体操数十种。1985 年 9 月在北京举行的第 2 届全国工人运动会，推动了职工体育的发展。1985 年，全国经常参加体育锻炼的职工已达 4000 万，占职工总数的 30%以上。职工运动队有 40 多万个。职工体育呈现了一个蓬勃发展的大好局面。

80 年代中后期，随着企业实行经营承包责任制，职工体育面临着许多新情况、新问题，职工体育的管理方法和活动方式面临着调整与改革。将职工体育纳入企业的目标管理，推动职工体育的制度化、规范化，保障了职工体育的顺利开展。1989 年，有 13251 个千人以上企事业单位把职工体育工作纳入目标管理，列为企业"双文明建设"等评先创优活动的一项内容。改革开放带来了职工的体育思想观念变革。一方面，田径、球类、广播操等体育活动在一些地方、部分职工中兴旺不衰；另一方面，职工追求体育活动"新、美、健、乐"的愿望日益增强，促使职工体育活动内容向娱乐性、趣味性的方向转变。

1986 年末，国家体委、全国总工会共同在全国开展"百万职工冬季长跑"活动。27 个省区市和 9 个计划单列市的 20690 个基层单位的 1000 多万职工参加。国家体委、全国总工会共同组织的"全国基层职工足球竞赛"，在 1987 年 7 月至 1988 年 6 月的一年时间里，全国 62 个城市的 19907 个基层单位的 44878 个职工足球队，2077624 名运动员，进行了 177612 场比赛。1990 年 5 月至 8 月，国家体委、全国总工会共同发起"全国职工百日锻炼迎亚运"活动。据对 13 个省区市的不完全统计，有 388 个城市近 93 万个基层单位的 3500 万职工参加了这项活动，其中组织第七套广播体操活动 32567 次，参加活动的有 12381 万人。组织七项达标活动 7512 次，参加活动的有 488 余万人。1990 年全国经常参加体育锻炼的职工达 5000 万人，占全国职工总数的 38.5%。

2001 年 4 月，国家体育总局和中华全国总工会联合发出通知，在全国开展"亿万职工健身活动"。倡导广泛开展单位内部的大型多样、职工体育活动，积极开展单位之间的体育比赛，大力开展和推广第八套广播体操，开展职工体质测定活动，提倡职工在空余、双休日、节假日参加社区体育活动。"亿万职工健身活动"，为 21 世纪初叶的职工体育活动掀开了新的一页。

2. 城市社区体育活动

长期以来，城市居民在余暇，自愿自为、就近就便地利用社区范围的体育设施、公园绿地、河边路旁等地方进行体育活动，是城市社区生活中的一种现象。伴随着改革开放，组织化的社区体育发展起来。1978 年 9 月，国家体委下发《关于加强城市体育工作的意见》，明确提出"逐步开展街道体育活动"。街道体育活动就是城市社区体育活动。80 年代初期，城市社区体育日渐兴起，太极拳、气功、练功十八法等从大中城市向小城镇推广。28 个省区市建立 1800 多个自愿参加、缴费学拳的各种体育辅导站。

1982 年，国家体委在全国职工体育工作会议报告中指出，职工体育活动不仅在厂矿、企业、事业机关开展，而且要进入居民区、街道边、公园里。明确提出了职工体育进社区的方向。体育走进社区，进入家庭，社区体育出现更加活跃的局面，参加体育活动成为越来越多城市居民的一种生活方式。1984年，第1届全国家庭运动会举行。轮滑、高尔夫球、地滚球、台球等过去在中国很少开展的项目，逐渐进入城市居民的健身娱乐活动中。1987年，全国有不同规模的轮滑场地1000多个，轮滑运动从大城市走向小城市，走向农村乡镇。80年代中后期，城市社区既普遍开展棋类、武术、气功、太极拳、踢毽、拔河、舞龙舞狮、风筝、信鸽等传统体育项目，也普及风行健身操、健美操、韵律操、老年迪斯科以及健美运动等新兴体育项目。门球作为中老年人喜爱的一个项目，在社区体育中广泛开展。1987年，全国已有门球队6万多个，参加门球运动的有60多万人。

2004年，根据国家体育总局群体司对24个省区市体育局群众体育处的调查，将省区市体育局群众体育处推荐的当地城市最普及的10个体育项目集合，城市中最普及的体育项目共有38个，按推荐省区市的频数计算，列在前10位的是：乒乓球、健身（美）操、太极拳（剑、扇）、篮球、羽毛球、（走）跑步、游泳、门球、健身秧歌、武术。列在11~20位的是：广播操、棋牌、木兰扇（剑、拳）、腰鼓、健身球、体育舞蹈、排舞、自行车、台球、键球。列在21位以后的是：交谊舞、钓鱼、广场舞、冬泳、三大球类、太极柔力球、吉特帕、舞龙舞狮、花毽、风筝、轮滑、练功十八法、益智球。

3. 城市群众体育竞赛活动

城市单位、社区中开展的群众性体育竞赛活动，是城市群众体育活动的重要内容。地市级运动会是城市群众性体育竞赛活动的代表，是城市群众体育运动技术水平的展示。改革开放以来，城市群众体育竞赛活动次数和参赛运动员人数逐年增加。1985年全国举办地市级运动会8741次，平均每个地市举行26.7次运动会。1990年，这个比例上升为32.3次。1995年再提高到56.3次，比1985年翻了一番多。1985年，参加地市级运动会的运动员为235.7万人，平均每个地市参加运动会的运动员为7206.5人。1990年上升为12148.2人。1995年则达到34285.6人，比1985年翻了两番多。

（二）农村群众体育活动

我国大多数人口在农村，发展农村体育是我国体育事业的重中之重。开展农村群众体育活动，对于增强亿万农民身体素质，培养健康文明生活方式，提升农民生活质量，促进农民的全面发展，培育社会主义新型农民，建设和谐文明社会主义新农村具有重要意义。

1979 年 1 月，党的十一届三中全会刚刚结束，国家体委即下发《做好县的体育工作的意见》，加快了农村体育活动恢复和发展步伐。1979 年，全国举办县以上体育竞赛活动 2.9 万余次，运动员 659 万多人。1983 年 2 月，国务院下发《批转国家体委、文化部、共青团中央关于全国农村体育工作会议纪要的通知》。《通知》提出："积极开展农村文化体育活动，满足农民日益增长的文化生活需求，是各级人民政府的重要责任。"要求"各级人民政府要加强领导，从实际出发，采取措施，积极地逐步地把农村文化体育活动开展起来"。1984 年 12 月，国家体委下发《关于加强县体育工作的意见》。国务院的《通知》和国家体委的《意见》大大推动了农村体育的发展。共青团系统组织以"青年之家"为阵地开展体育活动；文化部门组织以农村俱乐部、文化站、文化室为阵地开展体育活动；富裕起来的农民个人、家庭和集体自筹经费，办体育比赛，修体育场地，办武术馆校、业余训练点、技术推广站和健康咨询室等开展体育活动。各地农村体育更加活跃，形式更加丰富多彩。

1985 年，全国 9 万多个乡镇中，6 万多个乡镇文化中心或文化站开展体育活动，举办综合运动会 6.2 万多次，运动员 980 万人次。1986 年，全国 817 个县举办的农民比赛，其中 314 个县举办综合性运动会，到 1987 年全国已有一半以上的县举办过各种各样的农民体育比赛活动。其中 500 多个县举办了综合性的农民运动会，有 20 个省区市举办了省级农民运动会。全国乡镇举办体育比赛 5.5 万多次，运动员超过 1000 万人。

20 世纪 90 年代，晨（晚）练活动走进农村乡镇，逐步进入农村居民的生活。许多乡镇、村庄筹建了晨（晚）练点，体育器材走进了千家万户。在全国农村广泛开展的"亿万农民健身活动"中，各地根据当地特色，依据季节和节日，结合不同人群特点，形成各具特色的健身活动。各地农村广泛开展的体育项目包括篮球、乒乓球、羽毛球、足球、台球、田径、游泳等现代体育项目，也包括舞龙舞狮、龙舟、拔河、赛马、打陀螺、打花棍等民族传统体育项目。同时，注意体育与农业生产、与农民生活、与节庆活动相结合，在空闲时间、房前屋后、田间地头，开展爬杆、扭扁担、提水桶、扳手腕、举石锁、拔板凳、抵杠子、扛沙袋、挑担子、自行车负重骑行、逮羊、扭秧歌、闹社火等体育活动。

2004 年是国家体育总局确定的"农村体育年"，在全国开展以体育场地设施、体育健身指导和体育科普知识为内容的"体育三下乡"活动。这一活动带动了农村体育事业发展，突出了体育场地设施建设的重点，形成了求长远发展、为农民造福的长效机制。全国各地共投入资金 2 亿多元，2057 个县（区）举办了各色各样的活动，农民参与人数超过 1.05 亿人，形成了农村群众体育活动热潮。

乡镇运动会是农村基层群众性体育竞赛活动最典型的形式，也是农民的体育节日。改革开放以来，农村基层的体育竞赛活动逐年增多，参加运动会的人数越来越多。1985 年，全国平均每个乡镇一年开 0.7 次运动会，即三年举办两次运动会。1988 年，则平均每个乡镇一年开一次以上的运动会。2000 年，每个乡镇每年开 2 次以上的运动会，相当于 1985 年的 3 倍。参加乡镇运动会的人数也有较大幅度增长。1985 年，平均每个乡镇参加运动会运动员 107.8 人。1988 年超过了 200 名运动员。1990 年超过了 300 名运动员。1995 年则接近500 人，相当于 1985 年的 4.5 倍。

2004 年，根据国家体育总局群体司对 24 个省区市体育局群体处的调查，农村中最普及的体育项目共有 47 个。按推荐省区市的频数计算，列在前 10 位的是：篮球、乒乓球、太极拳（剑、扇）、棋牌、健身秧歌、武术、健身健美操（舞）、（走）跑步、羽毛球、游泳。列在 11~20 位的是：广播体操、拔河、舞龙舞狮、台球、爬（登）山、门球、足球、健身腰鼓、健身气功、自行车。列在 21 位以后的是：钓鱼、龙舟、跳绳、木兰扇（剑、拳）、毽球、打陀螺、传统花会、掰手腕、风筝、健身路径、马上运动（赛马）、排球、摔跤、锣鼓、吹枪、射弩、叼羊、健身球、桌球、排舞、摆手舞、社火、关节操、体育舞蹈、徒手操、踢毽子。

（三）学校体育活动

1. 大课间体育活动

大课间体育活动是 80 年代中后期在传统课间操基础上蓬勃发展起来的一种课外学校体育活动新的组织形式，与传统课间操相比，大课间体育活动时间长，活动内容多，组织形式活，练习强度适宜，它不仅可以对学生紧张的学习起调剂作用，而且对促进学生身心健康有明显的实效。教育部于 1999 年决定将大课间活动提到大课间活动课的层面，列入课程计划，以进一步发挥其功能。

参照教育部颁布的有关标准和规定，大课间体育活动内容的开发和设计包括"规定内容和自选内容两部分"。规定内容为国家教育部规定的眼保健操和学生广播操；自选内容可根据各地情况自行安排。大课间活动将集体与分组活动相结合，既有全校统一进行的全校操又有以班级为单位进行的班级表演，既有年级分班分项目的统一活动又有年级按兴趣自主选择的活动项目。

2. 全国亿万学生阳光体育运动

2006 年 9 月，由国家体育总局、教育部等 10 个部门联合进行的全国第二次国民体质检测结果对外公布。结果显示，在我国学生身高、体重、胸围增长的同时，超重与肥胖检出率也继续增加。青少年学生体质主要指标，如爆发力、心血管耐力连续下降。调研结果还表明，学生课业负担过重，仍然未能有效扭转，青少年学生长时间迷恋网络，无暇参加课余体育活动。

2007 年 1 月 7 日，胡锦涛总书记作出重要批示："增强青少年体质，促进青少年健康成长是关系国家和民族未来的大事，需要各级党委和政府高度重视，全社会的大力关心与支持"。

2007 年 5 月 7 日，《中共中央　国务院关于加强青少年体育增强青少年体质的意见》的颁布，对深化学校体育改革、广泛开展课余体育活动、落实一小时锻炼和有效增强学生体质提出了明确要求。2006 年 12 月 23 日，全国学校体育会议在北京召开，这次会议是新中国成立以来召开的第一次全国学校体育会议。在这次会议上，宣布启动了"全国亿万学生阳光体育运动"，号召全国亿万学生走出教室，走进操场，走向大自然，积极参加体育活动。强调各级学校要认真贯彻党的教育方针，全面推进素质教育，大力加强学校体育工作，把学校体育工作作为全民健身运动的重点，切实提高青少年健康素质。

随后，阳光体育运动在全国各级各类学校全面启动，亿万青少年学生响应号召，积极投身到体育运动中去，学校体育工作掀起了新高潮，进入了新阶段。

3. 竞技体育后备人才系统培养

竞技体育后备人才三级培养模式，是竞技体育举国体制的基础，为我国竞技体育事业发展作出了巨大贡献。

体育运动学校是我国后备人才训练网络的高级层次，担负着为国家培养德、智、体、美全面发展的高水平体育后备人才的重任，并承担着我国整个训练体系中的二线任务，有条件的学校已经承担了部分项目的一线任务。中级训练层次包括体育中学和少年儿童体校，其主要任务是全面提高身体素质，传授正确先进的专项技术，为培养优秀体育后备人才打下良好基础。初级训练层次包括项目体育俱乐部、体育传统项目学校、学校体育代表队、课外体育班、体校走训班等。其主要任务是普及体育活动，培养体育兴趣、增强体质，发现和培养体育苗子。初、中、高三级训练网络层层衔接，并与优秀运动队在项目、人数比例、年龄结构相协调。

全国 31 个省（区、市）共有体育运动学校、竞技体校 238 所，在训学生 66757 人，教练员 4623 人；有少年儿童体育运动学校、单项体育运动学校、体育中学 2045 所，教练员 14315 人，在训学生 300758 人；有青少年体育俱乐部 2100 多所，体育传统项目学校 11477 所。近 20 年来我国各级各类体校平均每年向优秀运动队输送近 4000 人，占优秀运动队招生人数的 92% 左右。

2006 年我国业余训练经费投入为 110413 万元。财政拨款是主要的资金来源，占总投入的 79%。学生学费、训练费等事业收费占 15%，是业余训练经费另外一个较为重要的来源。各省市平均投入为 3562 万元。全国二线、三线运动员每年人均投入为 2849 元。

1983 年底，国家体委和教育部在北京联合召开了"全国体育传统项目学校经验交流会"，会上讨论制定了《体育传统项目学校试行办法》，标志着体育传统学校建设工作走上了依法管理的健康发展之路。

体育传统项目学校为推动我国青少年体育活动、培养竞技体育后备人才、开展课余体育训练作出了突出的贡献，也探索出一条"体教结合"并具有中国特色的青少年体育发展的新道路。

我国体育传统项目学校运动员输送的基本走向依次为：地（市）级业余体校（34.6%）、高等院校的体育院系（28.2%）、地（市）级体育运动学校（15.6%），高校高水平运动队和对口高等院校（12.6%），输送率为 91%。截至 2004 年底，我国体育传统项目学校共计 11477 所，其中，国家级 200 所，占 1.74%；省（自治区、直辖市）级 4133 所，占 36.01%；地（市）级 7144 所，占 62.25%。我国体育传统项目学校发展规模情况见表 2-7。

表 2-7 我国体育传统项目学校发展规模一览表

级别	数量	%
国家级	200	1.74
省(区、市)	4133	36.01
地(市)级	7144	62.25
总计	11477	100.0

在我国体育传统项目学校中，小学占 47.42%，初中校（含中小学一体校）占 22.26%，完全中学占 17.18%，高中校（含中等专科学校）占 13.15%。

我国 11477 所体育传统项目学校，约有 35580 支传统项目运动训练队，常年参加非传统项目训练的运动员约 3112540 名。体育传统项目学校业余运动训练情况见表 2-8。

表 2-8　体育传统项目学校业余运动训练情况统计

内　容	总　数	平　均
传统项目运动队数量(支)	10463	2.40
传统项目运动员受训人数	355532	81.77
传统项目运动队每周训练次数	24045	5.53
传统项目运动队每周训练时间(小时)	6957	1.60
非传统项目运动队数量(支)	13420	3.10
非传统项目运动队受训人数	380360	87.48

我国体育传统项目学校作为体育后备人才基地是可靠和坚实的，现有国家二级和三级运动员 55488 名，占体育传统项目学校等级运动员的 97.32%。健将级和一级运动员的比例有升高趋势，分别为 0.5% 和 2.18%，高水平运动员的比例达到 2.58%。

我国体育传统项目学校目前的教练员队伍是以本校的教练员为主，约占 85.3%，外聘教练员的比重已约为 14.65%。体育传统项目学校教练员情况见表 2-9。

表 2-9　体育传统项目学校教练员情况统计表

内　容	总　数（%）	每校平均
体育传统项目专职教练员	17289（100）	3.98
本校教练员	14757（85.35）	3.47
外聘教练员	2532（14.65）	0.58

4. 学校奥林匹克教育

奥林匹克教育是奥林匹克运动的重要组成部分，是以奥林匹克运动为载体，以全体人民，特别是青少年为教育对象，通过体育、文化与教育相结合的方式向人们传递奥林匹克知识、价值观、生活哲学和生活方式，以实现促进人的和谐发展和促进世界和平为目的的一种教育实践活动。北京奥运会的筹备，为在北京和中国的青少年中进行奥林匹克教育创造了有利条件，使之成为中国学校体育发展的特色之一。

2005年12月，教育部和北京奥组委共同发起并命名了一批"奥林匹克教育示范校"，希望通过建立示范校，形成一批奥林匹克教育基地，以点带面，进而影响和带动更多的学校积极有效地开展奥林匹克教育。目前，我国奥林匹克示范校已经全部命名并正式挂牌，全国共有556所，其中北京有200所。

除此之外，全国各地各级各类学校也都借助北京举办2008年奥运会的契机，广泛开展了形式多样的奥林匹克教育活动，不少学校还将奥林匹克运动作为一门课程，引入教育教学体系，促进了体育教育内容的丰富和教学质量的提高。

5. 体育户外活动营

为了更好地贯彻全民健身计划，不断丰富青少年的课余体育文化生活，增强体质，锻炼意志，促进青少年学生的身心健康成长，全国各省市教育和体育部门齐抓共管，广泛开展了青少年体育户外活动营活动。

户外活动营为推动青少年体育工作的开展奠定了良好的基础，各类冬令营、夏令营的开展使学生们的眼界得到开阔，知识面得到扩大，体育意识得到增强，交际能力得到发展，团队意识得到锻炼，体现了学校教育和素质教育工作的成果，已成为提升我国青少年体质的重要手段之一。

6. 青少年体育俱乐部

创建青少年体育俱乐部，是国家体育总局为加强青少年体育工作和推进群众体育组织所采取的一项重要举措。其主要任务是培养青少年的体育兴趣、爱好和终身体育锻炼的习惯，增强青少年体质，并向其传授体育运动技能，发现和培养体育人才。

至2007年底，依托有条件的学校、体校、体育场（馆）、社区及基层体育项目协会等，全国共创建2379个青少年体育俱乐部，其中国家体育总局直属单位和运动项目管理中心26个，地方各省市、自治区、直辖市2353个，彩票公益金资助4.677亿元。共有个人会员493.8万人（不包括国家体育总局直属部门及运动项目管理中心俱乐部），平均每个俱乐部拥有2100名个人会员。单位会员19320个，平均每个俱乐部有8.2个单位会员。俱乐部有各类指导员47420人。

(四) 少数民族传统体育活动

我国是一个统一的多民族国家，少数民族有 1.07 亿人口。开展少数民族传统体育活动对增强民族团结、坚持民族平等、繁荣民族文化、尊重民族习俗、活跃民族文化生活、提高少数民族群众身体素质和健康水平有着特殊作用。此外，对少数民族和民族地区的经济社会协调发展、对西部大开发和全面建设小康社会、构建社会主义和谐社会具有积极意义。

在改革开放之初，各级地方党委和政府就重视民族传统体育工作，少数民族传统体育事业迅速恢复发展。1981 年 9 月，国家体委、国家民委在北京召开全国少数民族体育座谈会，推动了少数民族传统体育事业的发展。各地因地制宜、尊重传统、发扬优势，开展民族传统体育活动。新疆、内蒙古、广西、云南、贵州、青海、甘肃、辽宁、吉林、黑龙江等省区市的不少少数民族聚居的州、县、旗都举办少数民族传统体育比赛和表演。

随着改革开放的不断深入，很多少数民族传统体育项目，不仅在本民族流行，而且走出村寨，走向城市，走向全国，甚至走出了国门。比如，被称为"东方迪斯科"的体育健身舞——长阳巴山舞，走出了大山，成为 2001 年第 1 届宜昌市运动会的比赛项目。在 2001 和 2002 年的第 2 届、第 3 届中国宜昌三峡国际龙舟拉力赛闭幕式的"巴山舞之夜"联欢活动中，包括美国、英国、澳大利亚、马来西亚等十多个国家和地区的数千人同跳巴山舞。

少数民族传统体育运动会是各个少数民族展示自身传统体育活动的民族文化内涵和精彩技艺的舞台。全国少数民族传统体育运动会，对群众性少数民族传统体育活动起到了良好的示范、引导、推动作用。各地都定期或不定期举办少数民族传统体育运动会。1982 年，全国 25 个省区市举办了少数民族传统体育运动会。1985 年，全国 122 个地州市、312 个县召开了少数民族传统体育运动会，超过了民族自治县的 50% 以上。据不完全统计，从 80 年代初到 2007 年末，有 27 个省区市举办了少数民族传统体育运动会。其中，四川自 1965 年至 2005 年已举办了 12 届，广西从 1982 年至 2006 年举办了 11 届。省级少数民族传统体育运动会从几个竞赛项目、几十名运动员发展到十多个竞赛项目、几十个表演项目，少则十多个、多则几十个少数民族的上千名运动员参加。

少数民族传统体育活动逐步走进校园。2000 年以来，中央民族大学等一批民族高等院校和普通学校，开设了少数民族体育课程。如中央民族大学的珍珠球、花炮、陀螺、木球等课程，新疆大学将打毛线球、叼羊、帕普孜球和趴地拔河等引进体育课。北京、上海、吉林、河北、贵州等省市的中等民族学校也开设了民族体育课程。2006 年，广西南宁市将民族传统体育项目抛绣球、踢毽子、武术 3 个项目列入中考体育考试。湖北长阳土家族自治县制定了《长阳土家族自治县中小学少数民族传统体育发展规划》。

继承和弘扬优秀少数民族传统体育活动，是发展少数民族体育事业的重要任务。到 1985 年，全国整理了 100 多个少数民族传统体育项目。1990 年 8 月，由 30 多位组员，上百位采访者，历时 4 年，通访全国村寨，深入采编，编撰完成了《中华民族传统体育志》。全书共收集 977 条目，其中少数民族体育 676 条目，汉民族体育 301 条目。见表 2-10。

表 2-10　经过整理的各个少数民族体育项目

民族	数量	民族	数量	民族	数量	民族	数量	民族	数量
蒙古	14	瑶	8	拉祜	18	撒拉	9	德昂	2
回	47	白	14	水	4	毛南	11	保安	6
藏	30	土家	43	东乡	13	仡佬	3	裕固	9
维吾尔	10	哈尼	5	纳西	10	锡伯	7	京	5
苗	33	哈萨克	7	景颇	12	阿昌	9	塔塔尔	2
彝	42	傣	13	柯尔克孜	23	普米	9	独龙	9
壮	28	黎	7	土	3	塔吉克	2	鄂伦春	11
布依	8	傈僳	21	达斡尔	11	怒	8	赫哲	13
朝鲜	7	佤	12	仫佬	6	乌孜别克	2	巴巴	1
满	44	畲	10	羌	6	俄罗斯	1	珞巴	2
侗	13	高山	16	布朗	5	鄂温克	3	基诺	10

根据《中华民族传统体育志》整理（广西民族出版社，1990.）

（五）残疾人群体育活动

残疾人群体的体育既是体育事业的组成部分，又是残疾人事业的组成部分。参加体育活动是残疾人的权利，是残疾人康复健身、平等参与社会、实现自身价值的重要途径。残疾人体育活动相对健全人体育活动，具有特殊意义。残疾人参加体育活动，不仅可以增强体质、提高机体功能、陶冶情操、坚定意志，更能够康复身心、挖掘自身潜能、展示自身体育才华和生命价值；能激励自尊、自信、自强、自立的生活信心和勇气，提高平等参与社会的能力，提高自身生活质量，追求个人的全面发展。发展残疾人体育不仅对残疾人本身具有重要作用，而且对于社会理解、尊重、关心、帮助残疾人，彰显人权保障和社会文明进步具有明显作用。

1. 残疾人体育活动

改革开放以后，残疾人体育活动逐步开展起来。1983年10月，天津市体委、民政局、红十字会联合发起并举办了全国伤残人体育邀请赛。来自全国13个省区市的200名盲人和截肢运动员参加了田径、游泳、乒乓球等项目比赛。这是一次新中国成立以来，规模最大的有多类伤残人参加的、有多个竞赛项目的综合性运动会，为举办全国综合性残疾人运动会奠定了基础。同年12月，国家体委、民政部、劳动人事部、教育部、卫生部、中国红十字总会、中国盲人聋哑人协会、全国总工会、共青团中央九单位联合召开全国伤残人体育工作者和运动员代表大会，并发出《关于积极地有计划地开展伤残人体育活动的通知》。《通知》要求各地提高对伤残人体育的认识，支持残疾人开展体育活动。

1984年10月，第1届全国伤残人运动会在安徽省合肥市举行，标志着我国残疾人体育事业迎来了一个新的发展阶段。

各级政府将开展残疾人体育活动纳入自己的职责，不仅提供了必要的指导，而且提供了必要的条件。一些城市社区和基层单位经常开展各类残疾人小型体育竞赛活动，带动群众性残疾人体育活动开展。到1987年，一些大中城市及企业也相继成立了伤残人轮椅篮球队、轮椅乒乓球队、轮椅竞速队、轮椅网球队、举重队、坐式排球队等，开展多种形式的交流和比赛。一些城市街道社区、农村乡镇村庄也因人因地制宜，开展了残疾人体育活动。残疾人疗养院、荣誉军人休养院（所）、特殊教育学校等单位的残疾人体育活动日趋活跃，积极探索伤残恢复、开发智力的体育娱乐项目。各个特殊教育学校之间，每年有计划地组织体育比赛，提高运动技能，增强生活勇气和信心。新疆生产建设兵团高度关怀兵团残疾人生活，重视开展残疾人体育活动。建立兵团残疾人联合会后，积极组织残疾人开展乒乓球、田径等体育活动，并选派运动员参加了全国残疾人体育邀请赛和第一届全国残疾人运动会。

第1届全国残疾人运动会前后，全国性和地方性残疾人体育赛事不断。1985—1989年，中国残体协先后举办了全国残疾人乒乓球锦标赛、全国聋哑人篮球邀请赛、全国残疾人游泳邀请赛和沿海开放城市、经济特区的篮球邀请赛，全国伤残人田径、游泳、乒乓球邀请赛，全国伤残人射击、举重邀请赛。

不少省市也纷纷举办省市残疾人体育运动会。1984—2003年的20年间，各省区市、地市、县共计举办残疾人运动会和体育竞赛活动6200余次，参赛的残疾人150余万人次。全国举办各级各类残疾人体育业务培训班1000余次，培训残疾人体育骨干 5 万余人次。参加体育锻炼的残疾人数达到《"十五"残疾人体育发展计划纲要》确定的占全部残疾人口总数 10% 的要求。2006 年，各省组织残疾人运动员参赛 148 次，17585 人次，各地市组织残疾人运动员参赛 771 次，共计 53588 人次。

为了发展残疾人体育事业，残疾人体育协会在各级政府的大力支持下，积极为残疾人运动员参加比赛创造良好的集中训练条件，解决运动员训练和生活问题。北京体育大学等一批体育院校，先后设置了残疾人体育专业和体育保健康复专业。中国残疾人体育协会和各地体协设立了一批残疾人运动训练基地。2007 年 7 月，中国残疾人体育综合训练基地在北京成立。据统计，2006 年我国建立的主要用于残疾人运动员训练和比赛的省级残疾人体育训练基地 175 个，市级残疾人体育训练基地 405 个。在 2008 年北京残奥会上，中国体育代表团取得 89 枚金牌、70 枚银牌、52 枚铜牌的历史最好成绩，奖牌总数达到 211 枚，蝉联金牌榜和奖牌榜第一。

2. 弱智人和聋人体育活动

智力残疾人是残疾人这个社会弱势群体中最困难、最不为人们关注的群体。他们及他们的家庭由于社会原因，往往受到漠视或排斥，承受着巨大精神压力。基于人道主义，开展弱智人的体育活动，不仅可以改善智力残疾人的身体机能和生存状况，促进他们融入社会、感受生活、体验关爱、获得快乐，而且可以使他们的家庭得到一定程度的解脱。智力残疾人的体育事业是一种人道主义的事业。

改革开放前，我国弱智人体育活动开展是自发零散的，不为社会所重视。改革开放后，我国弱智人体育活动有了很大发展。1998 年，中国残联、民政部、国家体育总局联合发出《关于进一步做好弱智人体育工作的通知》。2004 年 4 月，中国残联、教育部、民政部、国家体育总局联合下发《关于进一步加强和改进特奥工作的意见》。中国弱智人体育事业在各级政府体育、民政、教育等部门和各级残联的共同努力与社会各界关怀支持下，取得了长足进步。

以开展各种类型弱智人体育竞赛活动带动弱智人体育活动开展，是开展弱智人体育活动的一个显著特点。1987 年 3 月，民政部、国家体委、国家教委在深圳联合举办首届中国特殊奥林匹克运动会。来自 14 个省区市 304 名运动员（女 103 人）参加了田径、乒乓球、足球三项竞赛。此后，1991、2002、2006 年，先后举办了第 2、第 3、第 4 届全国特殊奥林匹克运动会。同时，各地也举办各种类型的特奥运动竞赛。

从 2000 年开始，中国特奥会与相关单位合作，先后在各地举行了全国特奥地板曲棍球赛、全国特奥篮球赛、全国特奥游泳赛、全国特奥乒乓球赛等。通过组织"运动会健康计划""高校发展计划""快来参加特奥""联合运动"等多种形式的活动推动中国的弱智人体育活动。据统计，1997 年末，我国有特奥运动员 5 万人；2005 年末，达到 53 万人，占 2005 年我国智力残疾人的 4.4%。

特奥教练员、管理者和志愿者是开展特奥运动不可或缺的中坚力量。近年来中国特奥会和各地特奥会通过举办各种培训班，有计划地培训特奥工作者。到 2005 年，我国已举办国家级特奥培训班 50 多期，培训 31 个省区市教练员、管理人员、家长和志愿者 3000 多名。

（六）军队群众体育活动

中国人民解放军的群众体育活动，是军队体育的基本组成部分，是培养高素质型新军事人才、提高军队战斗力的有效途径，是增强官兵身体素质和意志品质、活跃军队文化生活、促进官兵全面发展的重要手段。开展军队群众体育活动，是中国人民解放军的光荣传统。

党的十一届三中全会后，军队体育得到迅速恢复和发展，军队群众体育活动也广泛开展起来，并且向着多层次、高水平方向发展。1989 年，军队制定了《军人体育锻炼标准》。经过 4 年多试行，1994 年 1 月，总参谋部、总政治部颁布实行《中国人民解放军军人体育锻炼标准》，要求全军部队、院校，从基层抓起，从士兵抓起，把群众性的体育锻炼和竞赛活动扎扎实实地开展起来。《军人体育锻炼标准》的试行、颁布，大大提高了军队群众体育的规范化、科学化水平，推动了军队群众体育活动的普及和提高。

中国人民解放军走在贯彻落实《全民健身计划纲要》前列。1995 年 10 月，总参谋部、总政治部、总后勤部联合下发《中国人民解放军贯彻实施〈全民健身计划纲要〉的意见》，把军队群众体育活动推向"活动经常化，竞赛制度化，场地规范化"的发展新阶段。军队群众体育活动普及程度明显提高，军营体育健身成为新的战斗力生成点。沈阳军区推出《连队健身锻炼法》，将科学的健身方法和手段引入军营，增强官兵身体素质和部队的凝聚力。1996 年全军 90%以上建制团、旅的官兵参加了为期 5 个多月的"全军创建旅、团田径（三项）通讯赛"。许多团旅举行了项目多、质量好、持续时间长的综合性运动会，促进了官兵体质的提高。据调查，军队中每天参加一小时以上体育活动的官兵达到 94.5%，课余时间经常开展群众体育活动的单位达到 87.3%。

坚持把工作重点放在基层，紧密结合军队实际，广泛开展官兵喜闻乐见、丰富多彩的军队群众体育活动，是军队群众体育工作的光荣传统。人民解放军艰苦奋斗和革命乐观主义的光荣传统，在部队基层群众体育活动中得到充分体现，并不断发扬光大。无论是在高山、海岛、沙漠、荒原，还是在军营、在甲板、在机场；无论是在休息日、在训练间隙，还是冰天雪地、酷暑严寒；抑或是男兵女兵，条件优越、条件简陋，只要有部队，就有充满活力的群众体育活动。随着部队现代化、正规化建设的不断深入，军队群众体育活动正在实现经常化、多样化、制度化。

开展群众性体育活动列入连队每周工作计划和节假日活动计划。广大官兵从实际出发，创造了大量具有军队特色的体育活动形式，比如常见的象棋，官兵们就发明了广场象棋、集体象棋、趣味象棋、健身象棋等，把象棋由两人下变为多人下，把棋盘画到了几个篮球场大的广场上，用汽车轮胎制成棋子，把智力和体力巧妙地结合起来；比如常见的保龄球，官兵们就创造了室外水泥地、草地、雪地、冰面等，用椰子、足球、篮球等当撞击球，用手榴弹、矿泉水瓶、啤酒瓶当木瓶的诸多新打法。

开展军营基层体育比赛活动，是全军群众体育活动的基本形式，是增强部队凝聚力、提高部队战斗力的有效手段。一般基层连队每个月组织3~5次小型体育比赛，做到了赛事普及化、规范化、制度化、节约化，成为连队生活的一项重要内容。旅团单位和院校每年至少组织1次综合（田径）运动会，军以上单位每年组织1~2项业余体育比赛。运动会上运动员精神抖擞，观众人山人海，成为官兵们的体育节日。

（七）大型群众体育活动

1. 主题性大型群众体育活动

根据党和国家的中心工作和群众体育工作的目标任务，组织开展定期的、系列的、典型的、具有广泛社会影响和深刻思想内涵、能够发挥示范引导作用的主题性大型群众体育活动，是改革开放以来各级体育行政部门开展群众体育工作的一个显著特色，比如地方各级体育行政部门和有关单位举办体育节、全民健身节、体育文化节、体育健身旅游节等活动，利用元旦、春节、端午、中秋、"五一""五四""六一""八一""十一"等开展的节假日体育活动，利用每届全国运动会、全国城市运动会等大型运动会举行的火炬接力长跑活动，国际奥委会大众体育日、亚洲体育节、世界步行日、国际体育运动年等国际性群体活动。尤其是各地举办的元旦登长城、春节长跑、春节健身大拜年、武术节、风筝节、冰雪节、长江横渡、群众登山大会等，更是成为各地经典的大型群众体育活动。

(1) 迎国庆 40 周年群众性体育活动

1989 年，为了迎接新中国成立 40 周年，经国务院批准，国家体委、国家教委等 11 个单位联合发出《关于国庆节前广泛开展群众性体育活动的通知》。各地政府及有关部门高度重视、积极支持、密切配合，从城市到农村、从学校到机关、从工矿企业到军营，都围绕庆祝新中国成立 40 周年，因地制宜地开展群众喜闻乐见的体育活动。各地纷纷举办声势高、影响大、效果好的大型活动，带动基层，引导群众。以基层为重点的群众性体育活动，精彩热烈、有声有色、遍及各地城乡。全国参加各式各样体育活动的群众达 2.7 亿人次。全国总工会、国家体委联合开展对连续三年坚持冬季长跑先进省、城市和基层单位的评比表彰活动，有 30796 个基层单位 722.1 万名职工参加这个活动，15 个省、25 个城市和 107 个基层单位受到表彰。各地农村群众性体育活动也十分活跃，形成高潮。全国性农民象棋赛、篮球赛和越野三项赛，面向基层、层层发动，大大推动了农村象棋、篮球和越野三项体育活动的开展。福建省共举办各级农村体育竞赛 700 多次，400 多万人参加。浙江 60 多个县举办了各种农民体育活动，有 6 万多名运动员参加了县级体育比赛。河北省 130 个县、2698 个乡镇、15396 个村举办了农民运动会或单项体育比赛。迎国庆 40 周年群众性体育活动取得了良好社会效果。这种集中一段时间，开展群众性体育活动，是新形势下群众体育工作的一次新尝试。

(2) 迎亚运群众性体育活动

1990 年北京举行第 11 届亚洲运动会。以迎接亚运会为主题的群众体育活动，弘扬了奥林匹克精神，产生了强大的民族凝聚力，增进了人与人之间友情，形成了范围广、规模大、参加人数多、高潮迭起、前所未有的群众体育活动热潮。1990 年初，国家体委、全国总工会联合开展"百日锻炼迎亚运"活动。全国广大职工积极响应，突出"团结、友谊、进步"的亚运会主题，组织动员广大职工进行体育锻炼。据 13 个省区市的不完全统计，有 338 个城市的近 93 万个单位的 3500 万名职工参加体育活动。仅第七套广播体操就组织了 3.2 万次活动，有 1.2 亿多人次参加。国家体委发出开展迎亚运冬季体育锻炼的通知，各地普遍开展了以青少年儿童为重点、广大群众积极参加的冬季体育锻炼活动。1990 年，在"迎接亚运会田径、游泳、乒乓球'雏鹰起飞'群众活动"中，全国 28 个省区市参加少年儿童 2147 万人次。很多地方周周有活动，月月有比赛，经常参加体育活动的人数大大增加。各地普遍注意结合节日开展迎亚运体育活动，比如，"三八""五一""五四""六一""七一""八一"以及少数民族传统节日等，在开展的妇女、职工、青年、少年儿童、机关干部、军人及少数民族体育活动中，都赋予与亚运会相关的形式和内容，使群众体育活动意义更深刻，更加丰富多彩。

（3）全民健身周活动

做好宣传发动工作，号召全民人人参与，动员社会多方支持，是《全民健身计划纲要》第一期工程第一阶段（1995—1996 年）的工作重点。1995 年 5 月，国家体委、国家教委、农业部、广播电影电视部、新华通讯社、总参谋部、总政治部、全国总工会、共青团中央、全国妇联、中国残联 11 个单位联合下发通知，在全国开展 1995 年全民健身宣传周活动。此后，至 2000 年，国家体育总局（国家体委）连续 5 年每年下发开展全民健身宣传周活动的通知，明确每年开展全民健身宣传周活动的主题、指导思想、活动内容、活动口号及表彰奖励等，推动全民健身周活动的持续开展。

"全民健身宣传周"活动产生了广泛的社会效应，有效地增强了广大人民群众的体育意识。据不完全统计，1995 年，有 1 亿多人次参加"全民健身宣传周"活动，1996 年是 2 亿多人次，1997 年达 3 亿多人次。1996 年，"全民健身宣传周"期间参加"全国全民健身广播体操表演赛"活动的就有近千万人。北京、天津、上海、河北、山西、湖南、甘肃等省市，为了强化宣传效果，把"宣传周"形式扩展为全省（市）的体育节、体育艺术节、全民健身体育节等，使之影响更大、参与人数更多。

2001 至 2010 年是实施《全民健身计划纲要》的第二期工程。为了突出"全民健身"主题，从 2001 年起，国家体育总局将"全民健身宣传周"变更为"全民健身周"，2007 年将"全民健身周"活动扩展为"全民健身月"活动，继续每年发出通知，提出主题、时间、原则、活动内容、评选表彰等要求，推动全国全民健身活动的开展。至 2008 年，已连续开展了 14 届"全民健身宣传周"活动。全民健身周时间定为每年 6 月 10 日所在周，基层健身活动可根据实际情况择期开展。有些省区市和基层地方，根据当地实际情况搞了全民健身月、全民健身节、全民健身年等。每年 6 月，全国各地都形成一个声势浩大、特色鲜明的全民健身宣传与活动热潮。

（4）"五个亿万人群"健身活动

"五个亿万人群"健身活动，包括"亿万青少年儿童健身活动""亿万职工健身活动""亿万农民健身活动""亿万妇女健身活动""亿万老年人健身活动"。

为了动员引导广大人民群众参加体育健身活动，在已经开展的"亿万农民健身活动"基础上，2000 年 11 月，全国群众体育工作会议在部署全民健身计划第二期工程（2001—2010 年）工作重点时，提出"认真抓好以青少年为重点的'五个亿万人群'的健身活动"。2000 年 3 月，全国妇联与国家体育总局发出通知，在全国开展"亿万妇女健身活动"。2001 年 4 月至 7 月，国家体育总局先后与农业部、中国农业体协，与全国总工会，与中国老年协会、中国老年人体协，与教育部等单位联合发出通知，继续开展"亿万农民健身活动"，开展"亿万青少年儿童健身活动""亿万职工健身活动""亿万老年人健身活动"，从而形成了"五个亿万人群"健身活动。

此后，国家有关部门、群众组织、社会团体和各地在"五个人群"中组织了各种各样的体育健身活动。其中"五个亿万人群健身活动"展示大会，充分展现了广大人民群众的体育健身风采。2001 年 5 月、2004 年 5 月、2007 年 4 月，全国妇联、国家体育总局先后举办了第 1、第 2、第 3 届"全国亿万妇女健身活动"展示大会。2001 年 5 月、2003 年 10 月、2004 年 10 月、2005 年 12 月、2006 年 10 月、2007 年 11 月，国家体育总局、全国老龄委办公室、中国老年人体育协会先后举办了第 1 至第 6 届"全国亿万老年人健身活动"展示大会。2001 年 6 月、2004 年 9 月、2007 年 8 月，国家体育总局、中华全国总工会先后举办了第 1、第 2、第 3 届"全国亿万职工健身活动"展示大会。2004 年 9 月和 2005 年 11 月，农业部、国家体育总局、中国农民体协先后在全国农民运动会期间举办全国"亿万农民健身活动"展示活动。

（5）"全民健身与奥运同行"活动

为了迎接 2008 年北京奥运会，进一步普及群众体育活动，促进体育事业全面协调可持续发展。2005 年 12 月，全国群众体育工作会议提出着力研究并大力推行"群众体育与奥运同行计划"，实现群众体育与北京奥运会同行，掀起群众体育新高潮。2006 年 10 月，国家体育总局下发的《关于组织开展"全民健身与奥运同行"系列活动的通知》提出，广泛动员社会力量，唱响"全民健身与奥运同行"主旋律，广泛组织开展有规模、有影响、创意新、参与面广、群众受益的群众体育健身活动，掀起全民健身新热潮。2006 年 11 月，国家体育总局下发的《全民健身与奥运同行系列活动实施意见》中，公布了 2007 年国家体育总局及其各个运动项目管理中心，与中央有关部门、群众组织、社会团体，与地方体育部门等开展的 65 项"全民健身与奥运同行"系列活动。全国性"全民健身与奥运同行"活动正式拉开了帷幕。同时确定 2006

至 2008 年"全民健身周"主题为"群众体育与奥运同行"。各地开展了一系列地方性"全民健身与奥运同行"活动。

全国性"全民健身与奥运同行"系列活动包括：全国群众新年登高健身活动、全国"健身大拜年"系列活动、全国群众登山健身大会、全国亿万妇女健身风采展示大赛、全民健身与奥运同行——社区行、全国"龙舟月"系列活动、全国全民健身月活动、亿万青少年体育健身展示活动、著名在华企业员工健身大赛、同一个世界同一个梦想——世界同场健步走活动、亿万职工体育健身展示活动、全国亿万老年人健身展示活动、亿万农民体育健身展示活动、全国大漠健身运动会、2007 全国百城市自行车赛、全国健美操大众锻炼标准大赛决赛、四省市百万青少年上冰雪活动、全国首届经济技术开发区运动会、龙狮闹元宵——迎奥运全国龙狮大展示、亿万农民台球大赛、万人广场大型健美操、幼儿普及体操推广活动、拉拉操普及推广活动、"体验奥运放飞梦想"全国 10 城市青少年"奥运体验营"活动、全国冬泳活动启动式暨第 12 届全国冬泳活动、厦金海峡公开水域冬泳活动、万人横渡长江活动、全国公开水域比赛交流活动、国际冬泳交流活动、首届全国健身气功交流展示活动、国际健身气功交流展示活动、全国百城健身气功交流活动、全国业余网球公开大赛、东西南北中全国群众羽毛球公开赛、全国青少年棋牌冬令营、全国青少年棋牌夏令营、学校棋类教学活动成果交流大会、全国棋牌群体大会、庆"五一"社区棋牌交流活动、棋类项目西部行、中央国家机关太极拳比赛、"我爱海疆"航海活动、"飞向北京"青少年航空模型活动、定向活动、全国科技体育运动会、全国大众滑雪系列、全国职工"迎奥运"系列活动、"夕阳红"百村百队老年人地掷球活动、全国青少年广场藤球大比拼、全国保龄球家庭赛、百万青少年轮滑大比拼、全国健身秧歌及传统秧歌展示大会、全国飞镖公开赛、全国门球冠军赛、毽球系列活动、全民健身路径大赛、万人恰恰舞大赛、全民健身与奥运同行——全国市民划船大赛、皮划艇全国巡回夏令营、全国铁人三项业余比赛交流活动、"名人杯"等乒乓球系列活动、中央国家机关乒乓球比赛交流活动、全国田径锻炼标准系列活动、系列马拉松长跑活动、"四进社区"优秀体育健身项目展演活动等。

2. 大型群众体育运动会

（1）全国体育大会

为了展示我国非奥体育运动项目的竞技水平，促进我国优秀非奥体育运动项目走向世界，与世界运动会接轨；为了满足人民群众对体育项目的多样化需要，推动非奥体育运动项目的普及和提高，促进体育事业的全面协调发展，国家体育总局从 2000 年开始举办全国体育大会，至 2006 年已举办 3 届全国体育大会。

2000 年 5 月 28 日至 6 月 6 日，由国家体育总局、中华全国体育总会主办的第 1 届全国体育大会在浙江省宁波市举行。大会共设 17 个竞赛项目 184 个小项。来自全国 31 个省区市和行业体协、体育院校的 38 个代表团及 8 个代表队的 2000 多名运动员参加了比赛。共有 3 人 3 次创造 3 项世界纪录，1 人新建立 1 项世界纪录，刷新多项全国纪录。

2002 年 5 月 25 日至 6 月 3 日，第 2 届全国体育大会在四川省绵阳市举行。大会共设 22 个竞赛项目 227 个小项。其中保留了第 1 届全国体育大会除摩托艇之外的 16 个竞赛项目，新增了 6 个竞赛项目。除技巧、蹼泳、航海模型、航空模型、滑水、跳伞 6 个项目是专业组进行比赛，其余项目均设专业组和业余组。来自 31 个省区市、解放军、新疆生产建设兵团和大连、宁波、厦门、深圳、绵阳等城市和 9 个行业体协、3 所体育院校的 3228 名运动员参加了比赛。共有 3 人 4 次超 4 项世界纪录，1 人 1 次超 1 项世界青年纪录，9 人 1 队 11 次创 9 项全国纪录。

2006 年 5 月 20 日至 30 日，第 3 届全国体育大会在江苏省苏州市举行。大会共设 28 个竞赛项目 268 个小项。其中保留了第 2 届全国体育大会 22 个竞赛项目，新增 6 个竞赛项目 41 个小项。来自 31 个省区市、新疆生产建设兵团、澳门及宁波等 3 个计划单列市、14 个行业体协共计 50 个代表团和解放军、香港、台湾 5 个代表队，共计 55 个团（队）4085 名运动员参赛。本届体育运动大会共有 5 人 1 队 16 次超 11 项世界纪录，4 人 3 队 11 次超 5 项亚洲纪录，16 人 5 队 27 次创 16 项全国纪录。

（2）全国工人运动会

全国工人运动会是全国职工最高水平的体育运动盛会，是全国职工的体育节日。1985 年 9 月，第 2 届全国工人运动会在北京举行。运动会设 8 个比赛项目和武术表演。北京决赛之前，先后在河北任丘华北石油管理局、济南、太原、杭州、武汉、沈阳、西安、长沙、天津、成都等地进行各个项目的比赛。参加运动会的有 29 个省区市和火车头、银鹰、水电体协等 32 个代表团的 4600 多名运动员。共决出 115 枚金牌，298 人打破全国工人运动会纪录。

1996 年 4 至 9 月，第 3 届全国工人运动会陆续在南京、济南、郑州、泰安、绵阳、乐山、什邡、成都、保定、长春、朝阳、太原、钦州、沈阳、昆明、孝感、大连 15 个赛区的 17 个城市举行。30 个省区市、24 个行业企业及中央国家机关共 55 个代表团近 7000 名运动员参加比赛。运动会设 10 个比赛项目。

(3) 全国农民运动会

全国农民运动会是经国务院批准，由农业部、国家体育总局（国家体委）、中国农民体协主办的全国综合性运动会。这是中国 9 亿农民的体育运动盛会，也是世界上唯一定期举办的全国性农民运动会。1988 至 2008 年先后举办 6 届全国农运会。1988 年第 1 届全国农运会设 7 个竞赛项目 43 个小项，参赛运动员 1425 人。2004 年第 5 届全国农运会，设 14 个竞赛项目 155 个小项，参赛运动员 2573 人，比 1988 年翻了一番。在设置的竞赛项目中，"农"的特色越来越明显，越来越贴近农民、贴近农村、贴近农业。2004 年第 5 届全国农运会设置的竞赛项目，一部分是亿万农民喜欢的项目，其中既有篮球、乒乓球、田径、游泳等现代项目，更有象棋、中国式摔跤、武术、风筝、舞龙舞狮、龙舟、毽球、花毽等民族民间传统体育项目。一部分是体现农村生活、生产特点的项目，如钓鱼、自行车载重、民兵军事三项等。农运会最具特色的是竞赛项目中设竞技项目和特定项目。在特定项目中，田径的搬重物赛跑、抗旱提水保苗赛跑、抗洪搬沙包赛跑、搬挑粮食赛跑、负重接力赛跑、集体奔小康接力和抛掷秧苗比赛；游泳的火炬游泳接力赛、潜水拖物、推筐投篮等比赛及不同距离不同负重的自行车公路赛等。近农村、亲农民的项目设置，激发了亿万农民参加农村体育活动的积极性，推动了农村体育赛事的展开，对于促进农村体育事业发展、提高农民健康素质发挥了重要作用。

(4) 全国少数民族传统体育运动会

改革开放以来，随着少数民族地区经济社会不断发展进步和民族政策深入贯彻落实，少数民族传统体育活动蓬勃开展。定期举办的全国少数民族传统体育运动会，形成了制度。从 1982 至 2007 年，先后举行的第 2 届至第 8 届全国少数民族传统体育运动会，成为少数民族群众文化体育生活中的一件盛事。全国少数民族传统体育运动会，从 1982 年第 2 届的 2 个竞赛项目、16 个小项和 68 个表演项目，参赛 863 名运动员，发展到 2007 年第 8 届的 15 个竞赛项目、124 个小项和 148 个表演项目，5443 名运动员、教练员。一届比一届精彩，一届比一届影响大。尤其各个少数民族传统体育表演项目，更是充满了浓厚的民族文化特质和乡土风情。不仅为中国人，而且为外国朋友惊叹、称赞。各个少数民族体育表演项目，表现了我国少数民族传统体育的丰富多彩，百花齐放。第 2 届民运会 68 个表演项目中，傣族的孔雀舞、白族的霸王鞭、纳西族的东巴舞、彝族的阿细跳月、高山族的背篓球、回族的斗牛、土族的轮子秋、朝鲜族的秋千、黎族的跳竹竿、壮族的高空舞狮、维吾尔族的"达瓦孜"、哈萨克族的马上拾银、塔吉克族的叼羊、蒙古族的赛骆驼和赛马、达斡尔族的"波依阔"等，独具特色，令人陶醉。第 7 届全国民运会 126 个表演项目中，增加了很多新的少数民族体育项目，如朝鲜族的尤茨，满族的赛威呼，畲族的打枪担和抄杠，高山族的卡不隆，土家族的阿瑟些乞和棉花球，苗族的艾达配和月亮，毛南族的马革球，仫佬族的竹连球和高山舞狮，东乡族的拔棍，裕固族的顶杠子，羌族的热涉沙，藏族的朱迪丽扎和扎西巴鲁、抱石头，基诺族的赛簸箕，回族的踏脚等，更是精彩纷呈、美不胜收。

(5) 全国大学生、中学生运动会

举办全国大学生、中学生运动会不仅可以检阅学校体育训练工作的成绩，号召、引导学生参加体育运动，推动学校体育的开展，而且能够发现竞技体育后备人才，促进竞技体育的发展。

全国大学生运动会是全国性的以大学生运动员为主体，以各省市为单位参加的高水平综合性运动会。是改革开放的产物，自 1982 年首次举办至今已有 28 年的历史，每 4 年一届，至 2007 年已举办 8 届。大学生运动会的定期召开，推动大学学校体育工作更加广泛、深入地开展，促进全社会更加关心和重视青年的健康成长，激发广大大学生积极参加体育锻炼，同时也为国家培养和输送大批优秀的体育人才。

中学生运动会是面向广大中学生的国内最高水平的青少年运动会，以各省市为单位报名参加，每 3 年举办一届，至 2005 年已举行 9 届。中学生运动会的定期举办，促进了全社会更加关心和重视青少年的健康成长，激发了广大中学生积极参加体育锻炼，有助于养成自觉锻炼的良好习惯，有助于他们身心健康、协调发展，成为德、智、体、美全面发展的合格人才。

(6) 全国残疾人运动会

1983 年 10 月，天津市举办了改革开放后的第一次全国伤残人体育邀请赛。1984 年 10 月，第 1 届全国伤残人运动会在安徽省合肥市举行。29 个省区市和香港共 30 个代表团的 500 多名运动员、教练员、裁判员参加。这是我国残疾人体育史上第一次举办全国残疾人运动会。1989 年 8 月，第 2 届伤残人运动会在河北省唐山市举行。共有 8 人超 6 项世界纪录，460 人打破 197 项全国纪录。1992 年 3 月，广州第 3 届全国残疾人运动会后，全国残疾人体育运动会正式列入国务院单批的大型运动会系列，形成 4 年举办一届的制度。

1984 年第 1 届全国残疾人运动会设田径、游泳、足球 3 个项目，运动员 500 多人。2007 年第 7 届设田径、游泳、乒乓球、举重、射击、射箭、羽毛球、自行车、轮椅篮球、轮椅网球、轮椅击剑、坐式排球、盲人门球、盲人柔道、聋人篮球15个项目，运动员4614名。破超全国和世界纪录的人次越来越多。一届运动会上经常是几十人次破超世界纪录，几百人次破超全国纪录。

　　以各种类型特奥运动竞赛带动特奥运动发展，是特奥运动发展的一个显著特点。1987年3月，民政部、国家体委、国家教委在深圳联合举办首届中国特殊奥林匹克运动会。来自14个省区市304名特奥运动员（女103人）参加了田径、乒乓球、足球三项竞赛。2006年7月，第4届全国特奥运动会在黑龙江省哈尔滨市举行，运动会由第1届3个竞赛项目，增加到12个竞赛项目和1个表演项目，由13个代表团304名运动员，增至34个代表团1418名运动员。我国的特奥运动有了长足的进步和快速的发展。

第三章

竞技体育成就辉煌

- ● 为国争光　勇攀高峰
- ● 中华体育精神
- ● 举国体制　坚强保证

1949年中华人民共和国成立以前，中国体育水平低下，虽然参加了三届奥运会，但从未获得一块奖牌，更没有创造一项世界纪录。从新中国成立到1978年改革开放，在党中央的领导和重视下，中国体育开始走上发展的轨道，在竞技体育领域取得了一系列历史性突破和成就，并开始逐步形成中国特色的体育发展道路。然而，由于种种原因，这段时期中国的竞技体育发展道路并不平坦。特别是1958年因国际奥委会少数人坚持"两个中国"错误政策而导致我国退出国际奥委会，以及十年"文革"的破坏，致使我国竞技体育的发展经历了一个曲折的过程，竞技体育基础十分薄弱，运动水平与竞技体育强国相比有较大的差距。

1978年12月，中国共产党召开了具有历史意义的十一届三中全会，确立了新时期的改革开放路线。1979年10月，国际奥委会通过了著名的"名古屋决议"，恢复了中国在国际奥委会的合法席位，中国重新回到了国际体育大家庭。这两大事件促进了中国竞技体育的崛起和腾飞，中国的竞技体育走上了一条具有中国特色的快速发展道路。

改革开放30年来，中国竞技体育在探索中前进，找到了一条符合中国实际的竞技体育发展道路，运动水平得到极大提高，在奥运会和其他国际赛场上取得了举世瞩目的辉煌成就。1984年洛杉矶奥运会上，中国运动员许海峰获得了中国历史上首枚奥运会金牌，实现了"零"的突破。从那时起，中国运动员在国际赛场上凯歌高奏，不断取得新的胜利。尤其是2008年北京奥运会上，中国体育健儿顽强拼搏，获得51枚金牌，登上了金牌榜首的位置，实现了历史性大跨越。30年来，中国体育健儿在竞技体育领域不仅取得了举世瞩目的辉煌成就，为祖国赢得了荣誉，而且大力弘扬了中华体育精神，为增强民族凝聚力、振奋民族精神作出了积极贡献，在社会主义物质文明和精神文明建设中发挥了独特的作用，谱写了动人心魄的壮丽诗篇。

一、为国争光　勇攀高峰

为国争光是党和人民赋予中国竞技体育参与国际竞争的神圣使命。新中国成立以来，一代代运动员刻苦训练、不畏强手，拼搏在国际竞技赛场，通过勇攀运动技术水平高峰，实现为国争光的崇高理想。"升国旗、奏国歌"已成为中国运动员参加国际竞技体育大赛的光荣与梦想。截至2007年，中国运动员参加各类世界大赛，共获世界冠军2163个，其中改革开放以后获得2137个，占总数的99%；创超世界纪录1175次，其中改革开放以后创超1001次，占总数的85%。在北京奥运会上，中国体育健儿再塑辉煌，共获得51枚金牌、21枚银牌、28枚铜牌，创10项世界纪录，创造了中国参加奥运会以来的最佳成绩，首次名列奥运会金牌榜第一，得到全国人民的赞扬。

（一）奥运征程　历史跨越

奥林匹克运动是人类文明的产物。4年一度的奥运会已成为当今人类社会最具影响的文化现象之一和世界上规模最大、最隆重的体育盛事。中国百年奥运征程历经曲折。民国时期虽然中国参加了3届奥运会，但没有获得一块奖牌。1952年中国派团参加了在赫尔辛基举行的第15届奥运会。但因国际奥委会少数人坚持"两个中国"的错误政策，中国于1958年宣布退出国际奥委会及其他国际体育组织。1979年中国恢复国际奥委会合法席位后，1980年因苏联侵略阿富汗，中国没有派团参加在莫斯科举行的第22届奥运会。1984年在美国洛杉矶举行的第23届奥运会上，中国代表团取得了优异成绩，许海峰获得了中国历史上首枚奥运金牌，从而开创了中国竞技体育的新时代。

1. 夏季奥运会成绩辉煌

夏季奥运会是奥林匹克活动体系中规模最大、影响最大的赛事。改革开放以来，中国从1984年派团参加在美国洛杉矶举行的第23届夏季奥运会始，到2008年北京举行的第29届奥运会，共参加了7届夏季奥运会，获得163枚金牌、117枚银牌、106枚铜牌，奖牌合计386枚。中国在奥运会上取得的举世瞩目的辉煌成绩，标志着中国已全面登上世界竞技体育舞台，成为世界体坛的一支重要力量。

● 中国参加第23届（洛杉矶）夏季奥运会

1984年7月28日—8月12日，第23届夏季奥运会在美国洛杉矶举行。140个国家和地区的6797名运动员参加了21个大项、221个小项的比赛以及棒球、网球两项表演赛。中国派出了353人的体育代表团参加比赛，其中运动员225人，参加了除足球、曲棍球、拳击、马术、现代五项以外的16个大项的比赛和一项表演赛，这是自1979年中国恢复在国际奥委会合法席位后首次参加的夏季奥运会，也是改革开放的中国首次在世界综合性体育大赛中亮相，作为整个国家复苏和走上正轨的标志之一，举世瞩目。中国台北奥委会也派出67名运动员参加了田径、游泳、举重等项目的比赛，这是海峡两岸中华儿女首次在夏季奥运会上相逢。

在本届奥运会开幕后第一天比赛中，我国射击运动员许海峰在男子自选手枪慢射比赛中为中国夺得首枚奥运会金牌，实现了中国在奥运会上金牌"零"的突破。全国人民和海内外华人为之振奋，扬眉吐气，一片欢腾。在接下来的比赛中，我国体育健儿再接再厉，在射击、举重、体操、击剑、女排、跳水等项目上连连夺冠，奥运赛场一次又一次奏响了雄壮的《义勇军进行曲》，一次又一次升起了鲜艳的五星红旗。经过紧张激烈的争夺，我国奥运健儿在第23届奥运会上取得了15枚金牌、8枚银牌、9枚铜牌的优异成绩，在140个参赛国家和地区中金牌总数名列第四。在赛场上，我国运动员还展示了崇高的比赛风格和崭新的精神风貌，他们不屈不挠、顽强拼搏的坚强意志和虚心学习、严守纪律的文明素养赢得了世界各国运动员和洛杉矶人民的称赞。

中国体育代表团取得的成绩引起了海内外的强烈反响，得到了高度评价。1984年8月13日，国务院致电第23届奥运会中国体育代表团，称赞我国健儿"为祖国赢得了荣誉，为民族增添了光彩"。我国健儿在奥运会上的胜利激发了海内外中华儿女的强烈爱国热情，极大地振奋了民族精神，为改革开放的中国注入了强大的精神活力，激励着各条战线上的人们奋勇前进，产生了十分显著的社会效益。

重返奥林匹克大家庭后第一次组团参加夏季奥运会，是中国体育发展史上一个重要的里程碑，它标志着中国体育开始融入世界竞技体育的发展潮流，成为中国体育全面走向世界的新起点，并伴随着中国社会改革发展的进程，拉开了体育改革的帷幕。

表3-1 第23届夏季奥运会中国冠军录
时间：1984年 举办城市：美国洛杉矶

序号	运动员/运动队	大项	小项	成绩	备注
1	许海峰	射击	男子手枪慢射50米	566环	
2	周继红	跳水	女子10米跳台	435.51分	
3	李宁	体操	男子自由体操	19.925分	
4	李宁	体操	男子鞍马	19.950分	
5	李宁	体操	男子吊环	19.850分	
6	楼云	体操	男子跳马	19.950分	
7	马燕红	体操	女子高低杠	19.950分	
8	李玉伟	射击	男子移动靶标准速射50米	587环	
9	吴小旋	射击	女子标准步枪50米	581环	
10	曾国强	举重	男子52公斤级	235公斤	
11	吴数德	举重	男子56公斤级	267.5公斤	

（续表）

序号	运动员/运动队	大项	小项	成绩	备注
12	陈伟强	举重	男子 60 公斤级	282.5 公斤	
13	姚景远	举重	男子 67.5 公斤级	320 公斤	
14	栾菊杰	击剑	女子花剑		
15	中国女子排球队	排球	女子排球		

［注］

中国女子排球队名单：张蓉芳、郎平、朱玲、周晓兰、杨锡兰、梁艳、姜英、侯玉珠、苏惠娟、李延军、杨晓君、郑美珠

● 中国参加第 24 届（汉城）夏季奥运会

1988 年 9 月 17 日—10 月 2 日，第 24 届夏季奥运会在韩国汉城举行。本届奥运会共设大项 23 项、小项 237 项，共有 159 个国家和地区的 8465 名运动员参加。中国派出 445 人的代表团，其中运动员 299 人，参加了除曲棍球、马术以外的 21 个大项的比赛。由于上届未参赛的苏联、民主德国及东欧等体育强国都参加了本届奥运会，因此水平比上届高，竞争也比上届激烈得多。中国运动员在本届奥运会上获得跳水、体操、乒乓球项目的 5 枚金牌，另获银牌 11 枚、铜牌 12 枚，金牌数列第 11 位，奖牌总数列第 7 位，总分列第 8 位。汉城奥运会上我国成绩虽然不如上届，但使中国体育界清醒地看到了与世界体育强国之间存在的差距，进一步明确了努力的方向，增强了继续深化体育改革的决心，同时亦更加激发了体育健儿发奋励志，刻苦训练，奋勇攀登竞技体育高峰，力争在下一届奥运会上打翻身仗的决心。

表 3-2　第 24 届夏季奥运会中国冠军录

时间：1988 年　　举办城市：韩国汉城

序号	运动员/运动队	大项	小项	成绩	备注
1	许艳梅	跳水	女子跳台	445.20 分	
2	高　敏	跳水	女子跳板	580.23 分	
3	楼　云	体操	男子跳马	19.875 分	
4	陈龙灿/韦晴光	乒乓球	男子双打		
5	陈　静	乒乓球	女子单打		

● 中国参加第 25 届（巴塞罗那）夏季奥运会

1992 年 7 月 25 日—8 月 9 日，第 25 届夏季奥运会在西班牙巴塞罗那举行。本届奥运会共设 25 个大项、257 个小项，共有 169 个国家和地区的 9367

名运动员参加了比赛，是现代奥林匹克诞生 6 年来规模最大、参加人数最多、竞赛项目最多的一次体育盛会。

本届奥运会中国派出由 380 人组成的代表团，其中运动员 251 人，参加除足球、曲棍球、棒球、手球及马术以外 20 个大项的角逐。中国代表团共获奖牌 54 枚，其中金牌 16 枚、银牌 22 枚、铜牌 16 枚，有 2 人 2 次创 2 项、1 人 1 次平 1 项世界纪录，有 5 人 7 次创 6 项奥运会纪录，还有 2 项被列为奥运会新设纪录。成绩超过 1984 年奥运会，取得了好成绩。

本届奥运会中国代表团获得金牌的位次由上届的第 11 位上升到第 4 位，在"第二集团"（4 至 12 名）国家中，由居后升至首位，整体实力有所提高；同时，金牌和奖牌项目覆盖面有所扩大。本届奥运会我国选手参加了 20 个项目角逐，获得奖牌项目为 14 项（含跳水），占参赛项目的 70%，比上两届均有较大增幅。获金牌项目由上届的 3 项增至 6 项（含跳水）。这表明，这一时期中国体育界实施奥运战略，缩短战线、突出重点、调整项目布局已见成效。

本届奥运会我国大部分优势项目仍然保持领先势头。乒乓球为中国代表团增添 3 金。跳水比赛中国队三度摘金。孙淑伟在男子跳台项目中为中国摘得历史上第一枚男子跳水金牌。体操单项决赛中，中国队的领军人物李小双以技惊四座的后空翻"团三周"夺取了男子自由体操的金牌。在射击比赛中，连续第三次征战奥运会的王义夫在男子气手枪项目中首次取得了奥运金牌。而女子运动员张山则在与男运动员的同场竞技中，获得了双向飞碟项目的冠军。游泳、田径实现奥运金牌"零"的突破。游泳取得了 4 枚金牌、5 枚银牌，并两破世界纪录、一破奥运会纪录的优异成绩。田径运动员陈跃玲在女子 10 公里竞走比赛中，为中国夺取第一枚奥运田径金牌。

一些项目逼近世界最高水平。本届奥运会，我国选手获得 22 枚银牌，一些项目已接近世界最高水平。如游泳女子 4×100 米自由泳接力比赛，以 3 分 40 秒 12 的成绩超过原世界纪录，仅以 0.26 秒之差屈居亚军；中国女篮不畏强手，一路过关斩将，顽强地拼到了一枚银牌。

一些有过波动的项目成绩回升。我国的射箭、击剑、帆板、竞走项目，在 20 世纪 80 年代中期都曾有过夺标史，但后来成绩有所下降，而在这届奥运会上这些项目水平均有回升。

本届奥运会中国体育健儿的优异表现，展现了改革开放的良好风貌。时任中共中央总书记的江泽民同志对中国体育代表团给予高度评价，他指出："体育健儿们所发扬的振兴中华、为国争光的爱国主义精神和顽强拼搏、争创一流的革命英雄主义精神，在群众中影响很大，已经成为中华民族宝贵的精神财富，成为鼓舞全国各族人民和青年建设有中国特色社会主义的强大精神力量。"
中国体育代表团在第 25 届奥运会上取得了运动成绩和精神文明双丰收，实现
了全面超越第 24 届奥运会的目标，在中国奥运史上写下了崭新的一页。

表 3-3　第 25 届夏季奥运会中国冠军录

时间：1992 年　　举办城市：西班牙巴塞罗那

序号	运动员/运动队	大项	小项	成绩
1	陈跃玲	田径	女子 10 公里竞走	44 分 32 秒
2	庄 泳	游泳	女子 100 米自由泳	54 秒 64
3	钱 红	游泳	女子 100 米蝶泳	58 秒 62
4	林 莉	游泳	女子 200 米个人混合泳	2 分 11 秒 65
5	杨文意	游泳	女子 50 米自由泳	24 秒 79
6	伏明霞	跳水	女子跳台	461.43 分
7	高 敏	跳水	女子跳板	572.40 分
8	孙淑伟	跳水	男子跳台	677.31 分
9	陆 莉	体操	女子高低杠	10 分
10	李小双	体操	男子自由体操	9.925 分
11	王义夫	射击	男子气手枪	684.8 环
12	张 山	射击	双向飞碟	223 中
13	庄晓岩	柔道	女子 72 公斤以上级	
14	邓亚萍/乔红	乒乓球	女子双打	
15	王涛/吕林	乒乓球	男子双打	
16	邓亚萍	乒乓球	女子单打	

● 中国参加第 26 届（亚特兰大）夏季奥运会

1996 年 7 月 19 日—8 月 4 日，第 26 届夏季奥运会在美国亚特兰大举行。
本届比赛设 26 个大项、271 个小项，比上届奥运会多了 1 个大项、14 个小项。
本届奥运会是奥林匹克大家庭的全家福，197 个会员国家和地区全部出席，参
加运动员达到 10318 名，创下现代奥运会举办以来参赛代表团、参赛人数和比
赛项目 3 项纪录。

本届奥运会中国派出由 495 人组成的代表团，其中运动员 309 人（男 110
人、女 199 人），参加了 22 个大项、153 个小项的比赛。运动员平均年龄 21.7
岁，其中 85% 是第一次参加奥运会。以年轻选手和新选手为主组成的中国奥
运军团不畏强手，奋勇拼搏，取得了优异的运动成绩，共获得奖牌 50 枚，其
中金牌 16 枚、银牌 22 枚、铜牌 12 枚，金牌和奖牌数均居第四。在比赛中取
得了一批好成绩，有 2 人 4 次创 4 项世界纪录，3 人 6 次创 6 项奥运会纪录，

6人13次创12项亚洲纪录，7人15次创12项全国纪录。

虽然本届奥运会竞争激烈，但中国体育代表团仍然取得了优异成绩，显示出中国竞技体育总体实力和水平保持稳步上升的良好发展态势。在获得奖牌和名次数量方面，与上届奥运会相比，中国虽然少了4枚铜牌，但获得第4至第8名的数目增长了31.2%，由上届的48个名次增加到本届的63个名次。获得奖牌和名次质量，与上届相比有所提高，并在如下方面取得了新的进展：一是金牌覆盖面有所扩大。获金牌项目由上届奥运会的6个大项增至8个大项。大部分传统优势项目仍然保持着优势，举重和羽毛球成为夺金项目。二是一些群众喜爱、社会影响大的集体项目取得了较好成绩。女子排球、女子足球和女子垒球均进入决赛获得银牌，女子手球、男子篮球也有可喜的突破。三是男子项目水平有较明显的提高，经过不懈努力，获得金牌的数目增加，突破性地夺得7金9银5铜，向世界展现了中国男子运动员的实力。

中国体育代表团在第26届奥运会上所取得的成绩，以及全团上下克服困难、排除干扰、顽强拼搏、勇于进取的事迹和精神，在国内外引起强烈的反响，受到党中央的充分肯定和高度评价。

表3-4　第26届夏季奥运会中国冠军录

时间：1996年　举办城市：美国亚特兰大

序号	运动员/运动队	大项	小项	成绩
1	王军霞	田径	女子5000米	14分59秒88
2	乐靖宜	游泳	女子100米自由泳	54秒50
3	伏明霞	跳水	女子跳台	521.58分
4	伏明霞	跳水	女子跳板	547.68分
5	熊倪	跳水	男子跳板	701.46分
6	唐灵生	举重	男子59公斤级	307.5公斤
7	占旭刚	举重	男子70公斤级	357.5公斤
8	李小双	体操	男子个人全能	58.423分
9	李对红	射击	女子25米运动手枪	687.9环
10	杨凌	射击	男子移动靶	685.8环
11	邓亚萍	乒乓球	女子单打	
12	邓亚萍/乔红	乒乓球	女子双打	
13	孔令辉/刘国梁	乒乓球	男子双打	
14	刘国梁	乒乓球	男子单打	
15	葛菲/顾俊	羽毛球	女子双打	
16	孙福明	柔道	女子72公斤以上级	

● 中国参加第 27 届（悉尼）夏季奥运会

2000 年 9 月 15 日—10 月 1 日，第 27 届夏季奥运会在澳大利亚悉尼举行。来自全球 199 个国家和地区的 10651 名运动员参加了 20 世纪最后一次奥运会。本届奥运会共设 27 个大项、41 个分项、300 个小项，比赛项目之多为历届奥运会之最。本届奥运会共创造了 34 项世界纪录、77 项奥运会纪录、3 项奥运会最好成绩。

本届奥运会中国派出了由 311 名运动员组成的代表团，参加 25 个大项、174 个小项的比赛。比赛中，中国运动员取得了骄人的战绩。有 3 人 12 次创 8 项世界纪录，6 人 11 次创 11 项奥运会纪录，1 人 1 次创 1 项奥运会最好成绩，1 人 1 次平 1 项奥运会纪录。共获金牌 28 枚、银牌 16 枚、铜牌 15 枚，奖牌总数达到 59 枚。金牌总数超过了与我国实力接近的德国、法国和东道主澳大利亚，名列第三。这是中国首次进入奥运金牌榜前 3 位，标志着中国进入奥运会金牌第一集团，实现了历史性突破。

本届奥运会中国竞技体育全面发展的态势进一步显现。优势项目巩固并有所扩大。乒乓球包揽了全部金牌；举重获得 5 枚金牌，其中女子选手包揽了 4 个级别的全部冠军；羽毛球夺取了 5 个项目中的 4 枚金牌；跳水获得了 5 项世界冠军；体操获得了分量很重的男子团体冠军和 2 个单项金牌；射击、女子柔道的金牌数都超过了上届；女子竞走恢复了昔日的优势，夺回了上届失掉的冠军；跆拳道登上了女子 67 公斤以上级的最高领奖台；击剑、自行车等项目有了较大进步；男女花剑团体都连克世界强队，实现了中国击剑史上的重大突破；女子足球发挥了高水平，战平世界冠军美国队，在与挪威队的比赛中表现出高超的技艺；女子曲棍球首次参加奥运会，发扬了敢打敢拼的战斗作风，连克世界强队荷兰队、德国队。

中国运动员的精彩表现和出色成绩给人们留下了深刻印象，谱写了中国体育的新篇章，得到了党和人民的高度赞扬。时任中共中央总书记的江泽民同志在会见第 27 届奥运会中国体育代表团时指出："在第 27 届奥运会上，我国体育健儿团结奋斗，顽强拼搏，取得我国在奥运史上的最好成绩，金牌和奖牌总数名列第三，实现了新的突破。这是祖国的光荣、人民的骄傲。"

表 3-5 第 27 届夏季奥运会中国冠军录

时间：2000 年　举办城市：澳大利亚悉尼

序号	运动员/运动队	大项	小项	成绩
1	陶璐娜	射击	女子 10 米气手枪	488.2 环
2	蔡亚林	射击	男子 10 米气步枪	696.4 环
3	中国男子体操队	体操	男子团体	231.919 分
4	杨 霞	举重	女子 53 公斤级	225 公斤
5	陈晓敏	举重	女子 63 公斤级	242.5 公斤
6	林伟宁	举重	女子 69 公斤级	242.5 公斤
7	张军/高崚	羽毛球	混合双打	
8	唐 琳	柔道	女子 78 公斤级	
9	杨 凌	射击	男子 10 米移动靶	687 环
10	丁美媛	举重	女子 75 公斤以上级	300 公斤
11	占旭刚	举重	男子 77 公斤级	367.5 公斤
12	袁 华	柔道	女子 78 公斤以上级	
13	王楠/李菊	乒乓球	女子双打	
14	龚智超	羽毛球	女子单打	
15	葛菲/顾俊	羽毛球	女子双打	
16	吉新鹏	羽毛球	男子单打	
17	王励勤/阎森	乒乓球	男子双打	
18	王 楠	乒乓球	女子单打	
19	刘 璇	体操	女子平衡木	9.825 分
20	李小鹏	体操	男子双杠	9.825 分
21	孔令辉	乒乓球	男子单打	
22	熊 倪	跳水	男子 3 米跳板	708.72 分
23	李娜/桑雪	跳水	女子双人 10 米跳台	345.12 分
24	王丽萍	田径	女子 20 公里竞走	1 小时 29 分 05 秒
25	熊倪/肖海亮	跳水	男子双人 3 米跳板	365.58 分
26	伏明霞	跳水	女子 3 米跳板	609.42 分
27	陈 中	跆拳道	女子 67 公斤以上级	
28	田 亮	跳水	10 米跳台	724.53 分

[注]

中国男子体操队：李小鹏、杨威、邢傲伟、黄旭、郑李辉、肖俊峰

• 中国参加第28届（雅典）夏季奥运会

2004 年 8 月 13—29 日，第 28 届夏季奥运会在希腊首都雅典举行，来自 201 个国家和地区的 11099 名运动员参加比赛。本届奥运会共设 28 个大项、301 个小项。本届奥运会，中国派出了由 407 名运动员组成的代表团，参加了除棒球和马术外的 26 个大项、203 个小项的比赛，共获得了金牌 32 枚、银牌 17 枚、铜牌 14 枚，奖牌共计 63 枚，有 3 人 5 次创 6 项世界纪录，有 1 人 1 次平 1 项世界纪录，13 人 21 次创 17 项奥运会纪录。

在本届奥运会上，中国奥运军团实现了三大历史性突破：第一次获金牌数达到 32 枚，第一次位居金牌榜第二，第一次将获金牌的项目拓展到本届的 13 项、历届的 14 项。

在本届奥运会上，中国代表团金牌总数首次超过俄罗斯，在金牌榜上排名第二，实现了中国竞技体育在奥运会上新的历史性突破。中国运动员顽强拼搏，发挥出色，使中国获得的金牌总数、奖牌总数和进入前 8 名的运动员人数全面超过上届。与悉尼奥运会相比，金牌数增加了 4 块，奖牌数增加了 4 块，进入前 8 名的人次增加了 25 个。另外，中国的奖牌覆盖面进一步扩大，竞技体育全面发展的特征进一步显现。悉尼奥运会中国所获金牌集中在 9 个大项，奖牌集中在 12 大项、47 个小项上，而本届奥运会中国所获金牌扩大至 13 个大项，奖牌扩大到 18 个大项、55 个小项，进入前 8 名的项目扩大到 23 个大项、107 个小项。在所获的奖牌中有 15 块金牌是从未获得过的，总计在 9 个大项和 24 个小项上实现了历史性突破，获得了 24 块奖牌。

在本届奥运会上，一些基础项目和落后项目实现重大历史性突破，令世界刮目相看。在本届奥运会上，田径、游泳、水上项目都实现了历史性突破，共获得 4 金 2 银。刘翔在男子 110 米栏比赛中以 12.91 秒的成绩获得金牌，打破了奥运会纪录，成为第一个获得奥运田径短跑项目世界冠军的亚洲人。邢慧娜在万米跑比赛中以强有力的冲刺超越对手夺取金牌。罗雪娟以过硬的心理素质和出众的实力，为中国游泳夺回了阔别 8 年的金牌。男子 500 米双人划艇运动员孟关良和杨文军，出发落后，冲刺成功，最终以领先对手 0.072 秒的优势，夺取金牌，为中国赢得了水上项目奥运第一金。

在本届奥运会上，集体球类项目取得新的进步。在悉尼奥运会上我们集体球类项目最好成绩是女垒第 4 名。本届奥运会获参赛资格的 7 个集体球类项目中，除女子足球队外，其余 6 个队都有不同程度的进步。中国女排顽强拼搏，在 0:2 落后的情况下，力挫俄罗斯女排，登上阔别 20 年的奥运冠军领奖台，让国人重新看到了老女排的精神。雅典奥运会官方网站对中国女排的胜利给予了高度的评价："这场比赛双方都发挥了相当高的水准，中国队神奇大逆转将被载入史册。"

本届奥运会，中国竞赛成绩辉煌，实现了跨越式发展，创造了新的历史。党中央、国务院对中国体育代表团所取得的成就给予了高度赞扬和充分肯定，贺电中称赞他们"进一步弘扬了奥林匹克精神，又一次向全世界展示了中华民族自强不息、奋发有为的精神风貌，展示了新世纪中华儿女积极进取、蓬勃向上的朝气和活力，对正在为全面建设小康社会团结奋斗的全国各族人民起到了巨大的鼓舞作用"。雅典奥运会是中国体育坚持科学发展观的一次实践大检验。中国代表团在本届奥运会中所取得的成绩表明，中国竞技体育在实现又好又快发展进程中步伐坚定，成效显著，保持了全面、协调、可持续发展态势。

表 3-6　第 28 届夏季奥运会中国冠军录

时间：2004 年　　举办城市：希腊雅典

序号	运动员/运动队	大项	小项	成绩
1	杜 丽	射击	女子 10 米气步枪	502 环
2	王义夫	射击	男子 10 米气手枪	690 环
3	郭晶晶/吴敏霞	跳水	女子双人 3 米跳板	336.90 分
4	田 亮/杨景辉	跳水	男子双人 10 米跳台	383.88
5	冼东妹	柔道	女子 52 公斤级	
6	朱启南	射击	男子 10 米气步枪	702.7 环
7	陈艳青	举重	女子 58 公斤级	237.5 公斤
8	罗雪娟	游泳	女子 100 米蛙泳	1 分 06 秒 64
9	石智勇	举重	男子 62 公斤级	325.0 公斤
10	劳丽诗/李婷	跳水	女子双人 10 米跳台	352.14 分
11	张国政	举重	男子 69 公斤级	347.5 公斤
12	张 宁	羽毛球	女子单打	2:1
13	刘春红	举重	女子 69 公斤级	275 公斤
14	张军/高崚	羽毛球	混合双打	2:1
15	王楠/张怡宁	乒乓球	女子双打	4:0
16	马琳/陈玘	乒乓球	男子双打	4:2
17	杨维/张洁雯	羽毛球	女子双打	2:1
18	唐功红	举重	女子 75 公斤以上级	305 公斤
19	贾占波	射击	男子 50 米步枪 3×40 比赛	1264.5 环
20	张怡宁	乒乓球	女子单打	4:0
21	李婷/孙甜甜	网球	女子双打	2:0

（续表）

序号	运动员/运动队	大项	小项	成绩
22	滕海滨	体操	男子鞍马	9.837 分
23	王 旭	摔跤	女子 72 公斤级自由式	7:2
24	彭 勃	跳水	男子 3 米跳板	787.38 分
25	郭晶晶	跳水	女子 3 米跳板	633.15 分
26	刘 翔	田径	男子 110 米栏	12 秒 91
27	邢慧娜	田径	女子 10000 米	30 分 24 秒 36
28	孟关良/杨文军	皮划艇	静水男子 500 米双人	1 分 40 秒 278
29	罗 微	跆拳道	女子 67 公斤级	8:6
30	胡 佳	跳水	男子 10 米跳台	748.08
31	中国女子排球队	排球	女子排球	3:2
32	陈 中	跆拳道	女子 67 公斤以上级	12:5

［注］

女子排球运动员名单：冯坤、杨昊、刘亚男、李珊、周苏红、赵蕊蕊、张越红、陈静、宋妮娜、王丽娜、张娜、张萍

●中国参加第 29 届（北京）夏季奥运会

2008 年 8 月 8—24 日，第 29 届夏季奥运会在北京举行。这是现代奥林匹克运动会第一次在占有世界人口 1/5 的中国举行，具有重大意义和深远影响。本届奥运会共设 28 个大项、302 个小项。来自 204 个国家和地区的运动员参加比赛，成为奥运史上参赛国家地区最多的体育盛会。本届奥运会佳绩频出，共刷新 38 项世界纪录和 85 项奥运会纪录，创历届奥运会之最。共有 55 个国家和地区获得金牌，87 个国家和地区获得奖牌，获得奖牌的国家和地区比上届增加了 12 个，其中 6 个国家或地区第一次获得奥运会奖牌。奥运奖牌榜的这一变化，是奥林匹克运动蓬勃发展的见证。

作为东道主的中国，为把北京奥运会办成一届有特色、高水平的奥运会作出了巨大努力，完善的比赛场馆设施、出色的组织服务工作，赢得了奥林匹克大家庭和国际社会的广泛好评。

本届奥运会中国体育代表团共由 1099 人组成，其中运动员 639 人，创历届奥运会中国参赛人数之最。运动员平均年龄 24.4 岁，来自全国 31 个省区市、解放军、火车头体协和前卫体协。其中，37 人参加了 2000 年悉尼奥运会，165 人参加了 2004 年雅典奥运会。郭晶晶、谭宗亮、李楠等已连续参加过亚特兰大、悉尼、雅典、北京 4 届奥运会。共有 469 人是首次参加奥运会，

约占运动员人数的 2/3。本届奥运会中国体育代表团史无前例地参加了全部 28 个大项、38 个分项、262 个小项的比赛，其中包括马术和棒球这两个此前中国从未参加过的项目。中国体育代表团在北京奥运会实现了全面突破、全面超越，其标志如下：

第一，金牌榜首次名列第一。中国体育代表团在北京奥运会上共获得 51 枚金牌（女子项目 27 金、男子项目 24 金）、21 枚银牌、28 枚铜牌，奖牌总数 100 枚，创 4 项世界纪录。获金牌数超越美国，获奖牌数超越俄罗斯，位列奥运会金牌榜第一、奖牌榜第二。这是中国参加奥运会历史上的最好成绩，创造了中国竞技体育新的辉煌。

第二，获奖项目覆盖面进一步扩大。北京奥运会，中国所获金牌由雅典奥运会的 13 个大项扩大到 15 个大项，获奖牌由 18 个大项、55 个小项扩大到 20 个大项、85 个小项，进入前 8 名的项目由 23 个大项、107 个小项，扩大到 26 个大项、136 个小项。有 16 枚金牌是中国参加奥运会历史上从未获得过的。奖牌分布在奥运史上仅次于前苏联的 27 个分项，以 26 个分项夺牌列奥运史上第二。获奖面的拓宽，反映出中国竞技体育整体实力的全面提升。同时，"强优战略"实施取得成效，优势项目挖掘潜能，多数项目充分发挥，进一步扩大了夺金数量。

第三，新人辈出，年轻选手不畏强手，敢打敢拼，正在逐渐成长为中国竞技体育的生力军，显示出中国竞技体育可持续发展势头强劲。本届奥运会中国代表团 639 人中，初次参加奥运会的运动员占总数的 2/3 以上，涌现出一批初出茅庐的年轻小将。所获 51 枚金牌中，有 30 枚是由第一次参加奥运会的年轻运动员获得，占金牌总数的近 60%。跳水队 9 名参赛选手中，只有郭晶晶、吴敏霞、王峰有过奥运经历。从结果看，新人出手不凡，堪当重任。16 岁的王鑫、陈若琳，第一次参加奥运会夺得了女子十米台双人金牌。也是第一次参加奥运会的火亮和林跃，夺得男子十米双人跳台金牌。体操男队起用了两名年轻选手陈一冰和邹凯，而女队除了程菲参加过上届奥运会，其余全是近两年才冒出来的新人。这支由"80 后""90 后"为主，甚至担纲的年轻队伍，拼劲十足，气势如虹，充满活力和朝气。他们经历了奥运战火的洗礼，经受住了残酷竞争的考验，作为中国竞技体育的新生力量，在未来的国际赛场将成为争金夺牌的主力军。

竞技水平全面提高，实现多项突破。无论是优势项目、潜优势项目，还是集体项目，本届奥运会上中国代表团成绩的一大关键词就是突破，在很多项目中，中国队都是首次拿到金牌，还有一些项目虽然和金牌失之交臂，但是中国选手却也真正诠释了奥林匹克"更快、更高、更强"的真谛，令人欢欣鼓舞。

在北京奥运会上，中国的优势项目进一步扩大。乒乓球、体操、举重、跳水、射击、女子柔道、羽毛球等优势项目，敢于超越自我，全力挖掘潜能，除了羽毛球之外其他 6 个项目全部超出雅典奥运会的成绩，勇夺 39 枚金牌，比雅典奥运多 16 枚，占所获金牌数的 82%。乒乓球队在团体、单打 4 个项目中，与其他队比赛不失一盘，囊括男女团体金牌和单打所有奖牌，创造了中国乒乓球队历史上最辉煌的成绩。体操队收获 9 金 1 银 4 铜，男女团体同时登顶，成为世界体操界的一支劲旅，也成为历届奥运会中国代表团夺金最多的队伍之一。老将杨威发挥出色，为中国队夺得阔别 12 年的奥运会男子个人全能冠军。中国举重队参加了 9 个项目的比赛，夺取了 8 枚金牌和 1 枚银牌，创造了奇迹。男女选手各获 4 金。陆永夺得的男子 85 公斤级金牌，改写了中国男子大级别选手从未获得奥运金牌的历史。中国跳水队面对对手的挑战，从容镇定，夺得 7 枚金牌，整体上保持了强大优势，是参赛奥运会的历史最好成绩。射击 15 枚金牌争夺中，中国队独得 5 枚，不但延续了传统优势项目步枪这一强项，而且在手枪项目中也有不俗的发挥。女子柔道突破性地夺得 3 金 1 铜。中国羽毛球以 3 金 2 银 3 铜的成绩笑傲群雄。传统优势项目的巩固与扩大，壮大了中国体育的整体实力，是北京奥运会中国代表团取得优异成绩的保证。

在北京奥运会上，中国体育的潜优势项目取得重大突破。其中，射箭、蹦床、拳击、跆拳道、击剑、沙滩排球、摔跤、网球等项目以及基础大项田径、游泳、水上项目共获得 12 枚金牌，比雅典奥运会多 4 枚。中国射箭队自 1984 年参加奥运会射箭比赛以来，已获得过 5 枚银牌，但从未摘金。本届奥运会中国队获得 1 金 1 银 1 铜的成绩，创奥运历史最好成绩。蹦床 2004 年雅典奥运会中国才第一次派选手参赛，获得了一枚铜牌，北京奥运会上 19 岁的陆春龙和何雯娜在男女项目中双双夺冠，实现了历史性突破。击剑比赛中，中国剑客挑落 1 金 1 银，仲满拿到男子佩剑个人金牌，不但改写了中国击剑自 1984 年洛杉矶奥运会之后再无金牌的历史，而且实现了男子项目的突破。女队获佩剑团体银牌。中国沙滩排球虽然起步较晚，但两对女选手敢打敢拼勇夺 1 银 1 铜，实现该项目的突破。北京奥运会网球云集了世界最优秀的职业选手，男、女世界排名前十位的选手几乎全部参加了本届奥运会。中国女子网球首次拿满了所有参赛名额。参赛的李娜、郑洁、彭帅和晏紫 4 人中，3 人闯过第一轮。李娜淘汰大威廉姆斯打进四强，创下了中国网球单打在奥运会上的纪录。郑洁、晏紫获女子双打铜牌。游泳比赛实现了新的突破，女子 200 米蝶泳决赛中，刘子歌、焦刘洋勇夺金牌和银牌，双双打破世界纪录。男子 400 米自由泳决赛中，张琳以 3 分 42 秒 44 与冠军只差 0.58 秒的成绩获得银牌，创造了中国男选手在奥运游泳赛场的最佳战绩。在花样游泳集体自由自选决赛中，中国花样游泳队历史性地夺得了一枚奥运会铜牌。艺术体操集体全能项目获得银牌。男子射箭团体获得铜牌，都取得了该项目参加奥运会历史上奖牌"零"的突破。中国选手在本次奥运会现代五项的比赛中也创造了历史，钱震华在男子比赛中获得了第 4 名，陈倩在女子比赛中获得了第五。这是目前中国现代五项在奥运会比赛中的最好成绩，也是亚洲选手的最好成绩。这些项目取得的一系列重大突破，反映出中国竞技体育整体实力的进一步增强。

在北京奥运会上，拳击、跆拳道、摔跤奋力搏击，取得 4 金 3 银 2 铜的骄人战绩。在 48 公斤级拳击决赛中，邹市明仅仅用了 139 秒就击败对手，夺得金牌。张小平在男子 81 公斤级拳击决赛中以 11:7 力克爱尔兰名将伊根，为中国拳击再添一枚金牌。张志磊获 91 公斤以上级银牌。本届奥运会中国跆拳道队收获 1 金 1 铜。吴静钰获得女子 49 公斤级金牌，朱国获得男子 80 公斤级铜牌。本届奥运会摔跤比赛中国队成绩全面超过上届，女队王娇夺得 72 公斤级金牌，许莉夺得 55 公斤级银牌。常永祥在男子古典式摔跤 74 公斤级摘银，改写了中国运动员在摔跤项目上无人进入奥运会决赛的历史，是男队最大亮点。

北京奥运会中国水上项目实现全面突破。在赛艇女子四人双桨、女子帆板、男子双人划艇项目上获得了 3 枚金牌，实现了中国水上项目在奥运会 3 个大项上金牌全面突破。中国皮划艇老将、雅典奥运会冠军孟关良和杨文军，在男子 500 米双人划艇决赛中奋勇向前，率先冲过终点线，成功卫冕。唐宾、金紫薇、奚爱华、张杨杨在女子四人双桨获得金牌，女子双人单桨获得银牌，1 金 1 银的成绩令人欣喜。殷剑在女子帆板项目比赛中勇夺金牌，使中国在帆船帆板项目上终于实现奥运金牌"零"的突破。

北京奥运会中国的集体球类项目整体也有新进步。有 8 个项目进入前 8 名，较上届 5 个项目相比有所进步。其中女子曲棍球、女子水球、男子排球取得了中国参加奥运会以来的最好成绩。中国女曲的进步在本届奥运会上十分明显，纵观中国女曲参加的 7 场比赛，队员们一场比一场打得好，一场比一场心态成熟。最后在冠亚军决赛中负于世界排名第一的荷兰队，取得银牌。中国女排在与古巴队争夺铜牌的比赛中，凭借出色的发挥，以 3:1 战胜古巴队，夺得一枚宝贵的铜牌。这枚铜牌也是北京奥运会中国三大球项目里取得的最好成绩。中国男排在比赛中表现出了良好的精神风貌，较好地发挥出了自己的技战术水平，取得并列第 5 名的成绩。中国女手在小组赛最后一战中击败法国队，获得第 6 名。中国女篮获得第四，男篮获得第八，双双完成北京奥运会目标。

女子足球小组赛发挥出色，最终名列第5名。集体球类项目尽管实力与对手有很大差距，但大部分队伍在赛场上表现出敢于胜利的决心和勇气，特别是在落后时竭尽全力、决不放弃的精神和作风，赢得了对手的尊重，令国人满意。

在奥运马术比赛中，中国运动员首次出现在赛场上，使中国体育代表团实现了奥运参赛项目的"大团圆"。武术作为本届奥运会的表演项目，充分利用在奥运会期间举行正式国际比赛的重大机遇，取得了运动成绩和精神文明双丰收，为在世界更大范围内推广武术运动作出重要贡献。

北京奥运会，中国体育健儿不畏强手、顽强拼搏、团结协作、奋勇争先，展示了东道主的竞技水平和体育风尚，生动诠释了对奥林匹克精神的深刻理解，赢得了对手的尊敬和世界的喝彩，建立了中国体育史新的里程碑。中共中央、国务院发出贺信，高度肯定和赞扬中国体育代表团的功绩："创造了中国体育代表团参加奥运会以来的最好成绩，实现了重大历史性突破，书写了中国体育事业发展的新篇章，为把北京奥运会办成一届有特色、高水平的奥运会作出了重大贡献。"中国体育健儿的优异表现使奥林匹克知识和体育知识得到了广泛普及，使"更快、更高、更强"的奥林匹克格言和"团结、友谊、进步"的奥林匹克宗旨家喻户晓、深入人心，有力地推动和促进了体育运动在中国的普及，必将对中国的体育事业发展产生全面而深刻的影响。

表3-7　第29届夏季奥运会中国冠军录

时间：2008年　举办城市：中国北京

序号	运动员/运动队	大项	小项	成绩
1	陈燮霞	举重	女子48公斤级	212公斤
2	庞伟	射击	男子10米气手枪（60发）	688.2环（586+102.2）
3	郭文珺	射击	女子10米气手枪（40发）	492.3环
4	郭晶晶/吴敏霞	跳水	女子3米双人跳板	343.50分
5	冼东妹	柔道	女子52公斤级	
6	龙清泉	举重	男子56公斤级	292公斤
7	林跃/火亮	跳水	男子10米双人跳台	468.18分
8	陈艳青	举重	女子58公斤级	244公斤

(续表)

序号	运动员/运动队	大项	小项	成绩
9	张湘祥	举重	男子 62 公斤级	319 公斤
10	中国男子体操队	体操	男子团体	286.125 分
11	王鑫/陈若琳	跳水	女子 10 米双人跳台	363.54 分
12	仲 满	击剑	男子佩剑个人	15:9
13	廖 辉	举重	男子 69 公斤级	348 公斤
14	中国女子体操队	体操	女子团体	188.900 分
15	陈 颖	射击	女子 25 米手枪	793.4 环
16	王峰/秦凯	跳水	男子 3 米双人跳板	469.08 分
17	刘春红	举重	女子 69 公斤级	286 公斤
18	刘子歌	游泳	女子 200 米蝶泳	2 分 04 秒 18
19	杜 丽	射击	女子 50 米步枪 3 种姿势	690.3 环
20	杨 威	体操	男子个人全能	94.575 分
21	张娟娟	射箭	女子个人	110 环
22	杨秀丽	柔道	女子 78 公斤级	
23	曹 磊	举重	女子 75 公斤级	282 公斤
24	佟 文	柔道	女子 78 公斤以上级	
25	陆 永	举重	男子 85 公斤级	394 公斤
26	杜婧/于洋	羽毛球	女子双打	2:0
27	张 宁	羽毛球	女子单打	2:1
28	邱 健	射击	男子 50 米步枪 3 种姿势	1272.5 环
29	中国女子赛艇队	赛艇	女子四人双桨	6 分 16 秒 06
30	王 娇	摔跤	女子自由式 72 公斤级	5:0
31	邹 凯	体操	男子自由体操	16.050 分
32	肖 钦	体操	男子鞍马	15.875 分
33	中国乒乓球女队	乒乓球	女子团体	3:0
34	林 丹	羽毛球	男子单打	2:0

(续表)

序号	运动员/运动队	大项	小项	成绩
35	郭晶晶	跳水	女子 3 米跳板	415.35 分
36	陈一冰	体操	男子吊环	16.600 分
37	何可欣	体操	女子高低杠	16.725 分
38	何雯娜	体操	蹦床女子项目	37.80 分
39	中国乒乓球男队	乒乓球	男子团体	3:0
40	李小鹏	体操	男子双杠	16.450 分
41	邹凯	体操	男子单杠	16.200 分
42	陆春龙	体操	蹦床男子项目	41.00 分
43	何冲	跳水	男子 3 米跳板	572.90 分
44	殷剑	帆船	女子帆板 RS-X 级	39 分
45	吴静钰	跆拳道	女子 49 公斤级	1:-1
46	陈若琳	跳水	女子 10 米跳台	447.70 分
47	张怡宁	乒乓球	女子单打	4:1
48	孟关良/杨文军	皮划艇	皮划艇静水男子双人划艇500 米	1 分 41 秒 025
49	马琳	乒乓球	男子单打	4:1
50	邹市明	拳击	男子轻蝇量级（48 公斤级）	
51	张小平	拳击	男子轻重量级（81 公斤级）	11:7

[注]

中国男子体操队名单：李小鹏、杨威、陈一冰、肖钦、黄旭、邹凯

中国女子体操队名单：程菲、杨伊琳、李珊珊、何可欣、江钰源、邓琳琳

中国女子赛艇队名单：唐宾、金紫薇、奚爱华、张杨杨

中国乒乓球女团名单：张怡宁、王楠、郭跃

中国乒乓球男团名单：王皓、王励勤、马琳

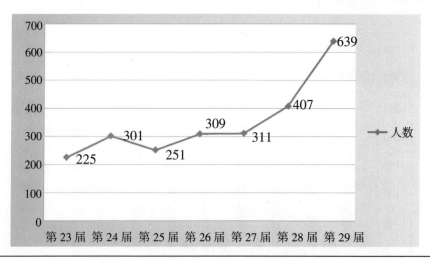

届别	第23届	第24届	第25届	第26届	第27届	第28届	第29届	合计
人数	225	301	251	309	311	407	639	2443

图 3-1　第 23～第 29 届夏季奥运会中国运动员人数

届别 奖牌	第 23 届	第 24 届	第 25 届	第 26 届	第 27 届	第 28 届	第 29 届	合计
金牌	15	5	16	16	28	32	51	163
银牌	8	11	22	22	16	17	21	117
铜牌	9	12	16	12	15	14	28	106
合计	32	28	54	50	59	63	100	386
金牌排名	第四	第十一	第四	第四	第三	第二	第一	
奖牌排名	第五	第六	第四	第四	第三	第三	第二	

图 3-2　第 23～第 29 届夏季奥运会中国体育代表团奖牌

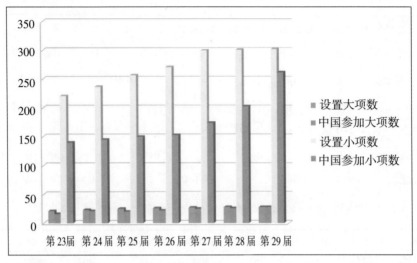

大项 \ 届别	第 23 届	第 24 届	第 25 届	第 26 届	第 27 届	第 28 届	第 29 届
设置大项数	21	23	25	26	27	28	28
中国参加大项数	16	21	20	22	25	26	28
设置小项数	221	237	257	271	300	301	302
中国参加小项数				153	174	203	262

图 3-3　第 23~第 29 届夏季奥运会中国参加竞赛项目

表 3-8　第 23~第 29 届夏季奥运会中国获金牌大项

届别	获金牌项目	合计
第 23 届	跳水、体操、射击、击剑、排球、举重	6
第 24 届	体操、游泳（跳水）、乒乓球	3
第 25 届	田径、游泳（跳水）、乒乓球、体操、射击、柔道	6
第 26 届	田径、游泳（跳水）、乒乓球、体操、射击、柔道、举重、羽毛球	8
第 27 届	田径、游泳（跳水）、体操、乒乓球、羽毛球、射击、举重、柔道、跆拳道	9
第 28 届	田径、游泳（跳水）、体操、乒乓球、羽毛球、射击、举重、柔道、跆拳道、排球、网球、摔跤、皮划艇	13
第 29 届	游泳（跳水）、体操、乒乓球、羽毛球、射击、举重、柔道、摔跤、跆拳道、击剑、皮划艇、射箭、赛艇、帆船、拳击	15

表 3-9　第 23～第 29 届夏季奥运会中国获金牌项目分布（金＋银＋铜）

项目＼届别	第 23 届	第 24 届	第 25 届	第 26 届	第 27 届	第 28 届	第 29 届	合计
体操	5+4+2	1+0+1	2+4+2	1+4+1	3+2+3	1+0+2	11+2+5	24+16+16
游泳（跳水）	1+1+1	2+6+2	7+6+1	4+4+3	5+5+0	9+3+1	8+4+6	34+29+16
射击	3+0+3	0+1+1	2+2+0	2+2+1	3+2+2	4+2+3	5+2+1	19+11+11
举重	4+2+0	0+1+4	0+2+2	2+1+1	5+1+2	5+3+0	8+1+0	24+11+9
击剑	1+0+0		0+1+0		0+1+1	0+3+0	1+1+0	2+6+1
排球	1+0+0	0+0+1		0+1+0		1+0+0	0+1+2	2+2+3
射箭	0+1+0		0+1+0	0+1+0		0+1+0	1+1+1	1+5+1
田径	0+0+1	0+0+1	1+1+2	1+2+1	1+0+0	2+0+0	0+0+2	5+3+7
篮球	0+0+1		0+1+0					0+1+1
手球	0+0+1							0+0+1
乒乓球	未设	2+2+1	3+2+1	4+3+1	4+3+1	3+1+2	4+2+2	20+13+8
赛艇		0+1+1	0+0+1	0+1+0			1+1+0	1+3+2
游泳		0+3+1	4+5+0	1+3+2		1+1+0	1+3+3	7+15+8
柔道			1+0+2	1+0+1	2+1+1	1+1+3	3+0+1	8+2+8
羽毛球	未设	未设	0+1+4	1+1+2	4+1+3	3+1+1	3+2+3	11+6+13
帆船			0+1+0			0+1+0	1+0+1	1+2+1
摔跤			0+0+1	0+0+1	0+0+1	1+0+0	1+2+0	2+2+3
足球				0+1+0				0+1+0
垒球	未设	未设	未设	0+1+0				0+1+0
跆拳道	未设	未设	未设	未设	1+0+0	2+0+0	1+0+1	4+0+1
自行车					0+0+1	0+1+0	0+0+1	0+1+2
皮划艇						1+0+0	1+0+0	2+0+0
网球						1+0+0	0+0+1	1+0+1
拳击						0+0+1	2+1+1	2+1+2
曲棍球							0+1+0	0+1+0

表 3-10　第 23~第 29 届夏季奥运会中国获金牌项目分布

项目 ＼ 届别	第23届	第24届	第25届	第26届	第27届	第28届	第29届	合计
游泳（跳水）	1	2	7	4	5	7	8	34
举重	4	0	0	2	5	5	8	24
射击	3	0	2	2	3	4	5	19
乒乓球	未设	2	3	4	4	3	4	20
羽毛球	未设	未设	0	1	4	3	3	11
体操	5	1	2	1	3	1	11	24
田径	0	0	1	1	1	2	0	5
柔道	0	0	1	1	2	1	3	8
跆拳道	未设	未设	未设	未设	1	2	1	4
摔跤	0	0	0	0	0	1	1	2
排球	1	0	0	0	0	1	0	2
击剑	1	0	0	0	0	0	1	2
皮划艇	0	0	0	0	0	1	0	1
网球	未设	0	0	0	0	1	0	1
射箭	0	0	0	0	0	0	1	1
赛艇	0	0	0	0	0	0	1	1
帆船	0	0	0	0	0	0	1	1
拳击	0	0	0	0	0	0	2	2
合计	15	5	16	16	28	32	51	163

[注] 1. 乒乓球、羽毛球、跆拳道分别于第 24 届、第 25 届、第 27 届增设为奥运会正式比赛项目，金牌数分别为 4 枚、4 枚（第 26 届增设混双，共 5 枚）、8 枚；

2. 游泳中的跳水于第 27 届奥运会增设男女双人 3 米跳板、男女双人 10 米跳台，金牌数由 4 枚增至 8 枚；

3. 柔道于第 25 届奥运会增设女子项目，设有七个级别；

4. 举重于第 27 届奥运会增设女子项目，设有七个级别。

2. 冬季奥运会厚积薄发

冬季奥运会是中国竞技体育实施奥运战略的重要组成部分。新中国成立后的五六十年代，中国冬季运动项目特别是短道速滑项目曾经创造过辉煌历史，一度接近国际水平。然而受各方面因素影响，中国冬季运动项目总体水平比较低，开展项目不全，加上长期被排斥在奥林匹克国际体育组织之外而不能参加国际大赛，以及受"十年动乱"的影响，严重制约了中国冬季项目的发展。改革开放之初，当中国恢复国际奥委会合法席位，重返国际冰坛时，我们与国际冬季运动已有很大的差距，存在开展地域窄、场地设施条件差、训练人数少和技术水平低等困难与问题。

改革开放为振兴中国冬季运动项目带来巨大契机。从 1980 年参加在美国普莱西德湖举行的第 13 届冬季奥运会开始，截至 2008 年，中国共组队参加了 8 届冬季奥运会，共获得金牌 4 枚、银牌 16 枚、铜牌 13 枚，奖牌 33 枚。在经历了艰苦的学习、探索和奋斗后，中国在冬季项目运动中走过了一条"艰苦创业、改革创新"的发展道路，在冬奥会上不断取得优异成绩。

● **艰难起步：中国参加第 13～第 15 届冬季奥运会**

1980 年 2 月 13—24 日，第 13 届冬季奥运会在美国普莱西德湖举行。本届冬奥会共设 6 类、10 个大项、38 个小项，共有 37 个国家和地区的 1072 名运动员参加。中国派出 28 名运动员参加本届冬奥会速度滑冰、花样滑冰、越野滑雪、高山滑雪以及冬季两项 5 个大项、18 个小项的比赛。这是国际奥委会恢复中国合法席位后第一次派团参加奥运会比赛，也是中国运动员首次参加冬季奥运会比赛。由于与世界先进水平有较大的差距，中国运动员无一人进入比赛成绩前 10 名。但是，中国运动员在长期与世界体坛隔绝后首次出现在奥运会赛场上，引起了国际体坛瞩目。通过参加比赛，中国运动员了解了国外的先进技术，积累和丰富了比赛经验，有利于中国冰雪运动的发展。

1984 年 2 月 8—19 日，第 14 届冬季奥运会在南斯拉夫萨拉热窝举行。本届冬奥会共设 6 类、10 个大项、39 个小项，共有 49 个国家和地区的 1272 名运动员参加。中国派出 37 名选手参加速度滑冰、花样滑冰、越野滑雪、高山滑雪、冬季两项 5 个大项、26 个小项的比赛。中国队在这届冬季奥运会上获得团体总分 5 分，排在第 23 位。

1988 年 2 月 13—28 日，第 15 届冬季奥运会在加拿大卡尔加里举行，本届冬奥会共设 6 类、10 个大项、46 个小项，57 个国家和地区的 1423 名运动员参加了比赛。中国队派出 15 名运动员参加速度滑冰、花样滑冰、越野滑雪 3 个大项的比赛和短道速滑表演赛。在速滑表演赛中，中国选手李琰获得了短道速滑女子表演赛 1000 米金牌、1500 米铜牌，使鲜艳的五星红旗第一次升起在冬奥会赛场上。张青和王晓燕在女子 3000 米和 5000 米比赛中，分别获得第 21 名和第 16 名，这是中国速滑运动员自 1980 年参加冬奥会以来取得的最好名次。

由于中国冬季运动起步晚、底子薄，与世界高水平的队伍存在着较大差距，因此，在 20 世纪 80 年代参加的 3 次冬奥会，我选手在正式比赛中没有一项进入前 8 名。但这一阶段的积极参赛有利于中国队不断探索冬季运动项目的发展规律，同时也为后一阶段进一步提高比赛成绩、实现冬奥会奖牌"零"的突破奠定了基础。

● 勇夺奖牌：中国参加第 16~18 届冬季奥运会

1992 年 2 月 8—23 日，第 16 届冬季奥运会在法国阿尔贝维尔举行。本届冬奥会正式比赛共设 6 类、12 个大项、57 个小项（男子 32 项，女子 23 项，混合 2 项），64 个国家和地区的 1801 名运动员参加本届冬奥会。中国队派出 34 名运动员参加速度滑冰、短道速滑、花样滑冰、越野滑雪、高山滑雪以及冬季两项 6 个大项的比赛。在这届冬奥会上，中国一举夺得 3 枚银牌，实现了自 1980 年参加冬奥会比赛以来奖牌"零"的突破，也标志着中国冬季运动项目取得了突破性进展。在比赛中，中国女运动员叶乔波带伤上阵，顽强拼搏，勇夺 500 米和 1000 米两项速滑银牌，她在赛场上表现出来的体育精神和良好作风，得到了广大运动员和观众的一致称赞。

1994 年 2 月 12—27 日，第 17 届冬季奥运会在挪威的利勒哈默尔举行。本届冬奥会设 6 类、12 个大项、61 个小项，67 个国家与地区的 1737 名运动员参赛。中国派出 27 名运动员参加速度滑冰、短道速滑、花样滑冰、冬季两项和自由式滑雪 5 个大项的比赛。在比赛中，张艳梅获 500 米短道速滑银牌，叶乔波获 1000 米速滑铜牌，陈露获花样滑冰女子单人铜牌。中国队名列第 18 位。

1998 年 2 月 7—22 日，第 18 届冬季奥运会在日本长野市举行。本届冬奥会设 7 类、14 个大项、68 个小项，有 72 个国家和地区的 2176 名运动员参加了比赛。中国派出 60 名运动员参加了速度滑冰、短道速滑、花样滑冰、女子冰球、越野滑雪、冬季两项以及自由式滑雪 7 个大项、29 个小项的比赛。在这届比赛中，中国选手奋勇拼博，共获银牌 6 枚、铜牌 2 枚，是历年来取得奖牌最多的一次，但遗憾的是仍未取得金牌"零"的突破。女选手杨扬在与队友夺得接力项目的银牌后，又奋力夺得女子 500 米与 1000 米短道速滑银牌，并在女子 1000 米比赛中，打破世界纪录。男子选手李佳军夺得 1000 米短道速滑银牌，成为中国首位获得冬奥会奖牌的男运动员。

● 金牌"零"突破：第 19 ~ 第 20 届冬季奥运会

2002 年 2 月 8—24 日，第 19 届冬季奥运会在美国盐湖城举行。本届冬奥会设 7 类、15 个大项、78 个小项，来自 77 个国家和地区的 2399 名运动员参赛。中国派出 71 名运动员参加了速度滑冰、短道速滑、花样滑冰、冰球、冬季两项、越野滑雪、自由式滑雪 7 个大项、38 个小项的比赛。在本届冬奥会上，中国运动员杨扬在女子 500 米和 1000 米短道速滑比赛中，不畏强手，奋力拼搏，一举夺得两枚金牌。中国代表团夺得 2 金 2 银 4 铜的优异成绩，终于实现了在冬奥会上金牌"零"的突破，成为中国冬季运动项目发展史上的里程碑。

2006 年 2 月 10—17 日，第 20 届冬季奥运会在意大利都灵举行。这是冬奥会历史上规模最大、设项最多、参加国家和地区最多的一届，共有 80 个国家和地区的 2508 名运动员参加了 7 类、15 个大项、84 个小项的比赛。中国代表团派出了运动员 78 人，参加了 3 个大项、51 个小项的比赛，是中国参加冬奥会以来参赛运动员最多的一次。

本届冬奥会中国代表团取得了历史上最好成绩，共获得了 2 枚金牌、4 枚银牌、5 枚铜牌。在这届冬奥会上，中国队的整体实力有所提升，主要表现在以下几个方面：一是获得奖牌项目的覆盖面有所扩大。在短道速滑、自由式滑雪、速度滑冰、花样滑冰 4 个项目的比赛中均获得奖牌，是获得奖牌项目最多的一届。二是中国运动员韩晓鹏在自由式滑雪男子空中技巧的比赛中战胜众多强手，获得了金牌，实现了中国雪上项目运动成绩的历史性突破。既是中国在冬季奥运会雪上项目获得的首枚金牌，也是在冬奥会男子项目上获得的首枚金牌。三是重点项目进入决赛的人数比以往有所增加。如花样滑冰双人滑、速度滑冰女子 500 米、男女自由式空中技巧等项目，已有多名运动员具备与世界级高手抗衡的实力。四是部分落后项目的名次有所提升。在越野滑雪、高山滑雪和速滑长距离等相对落后项目上，虽然没能获得奖牌，但发挥了水平，取得了一定的进步，获得了参加冬奥会历史上的最好名次。

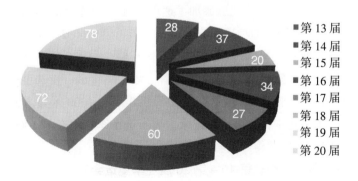

届别	第 13 届	第 14 届	第 15 届	第 16 届	第 17 届	第 18 届	第 19 届	第 20 届	合计
人数	28	37	20	34	27	60	72	78	356

图 3-4　第 13～第 20 届冬季奥运会中国运动员人数情况

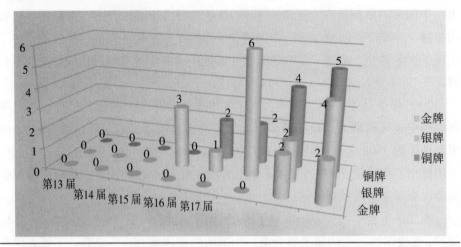

届别	时间	举办地	金牌	银牌	铜牌	总数	奖牌榜名次
第13届	1980	美　国 普莱西德湖	0	0	0	0	无
第14届	1984	南斯拉夫 萨拉热窝	0	0	0	0	无
第15届	1988	加拿大 卡尔加里	0	0	0	0	无
第16届	1992	法　国 阿尔贝维尔	0	3	0	3	15
第17届	1994	挪　威 利勒哈默尔	0	1	2	3	19
第18届	1998	日　本 长　野	0	6	2	8	16
第19届	2002	美　国 盐湖城	2	2	4	8	13
第20届	2006	意大利 都　灵	2	4	5	11	14

图3-5　第13～第20届冬季奥运会中国获奖牌数

表3-11　第19届冬季奥运会中国冠军录

时间：2002年　举办城市：美国盐湖城

序号	运动员/运动队	大项	小项	成绩
1	杨扬	滑冰	短道速滑女子500米	44秒187
2	杨扬	滑冰	短道速滑女子1000米	1分36秒391

表 3-12   第 20 届冬季奥运会中国冠军录

时间：2006 年   举办城市：意大利都灵

序号	运动员/运动队	大项	小项	成绩
1	韩晓鹏	滑雪	自由滑雪男子空中技巧	250.77 分
2	王濛	滑冰	短道速滑女子 500 米	44 秒 345

（二）亚洲体坛　独占鳌头

从近代体育传入亚洲以来，中国就是亚洲体育的重要力量。中国是亚运会的前身——远东运动会的发起国和主要参加国之一。中华人民共和国成立以后，积极参加亚洲的体育事务，努力为亚洲体育的发展贡献力量。1958 年中国退出国际奥委会和各世界单项运动联合会后，仍致力于推动亚洲体育的发展，增进亚洲人民和运动员之间的友谊。1966 年 11 月，中国派出由 331 人组成的大型代表团参加了在柬埔寨举行的第一届亚洲新兴力量运动会。但总的来说，由于当时中国被排斥在世界体坛之外和受十年"文革"影响，中国在亚洲体育事务中未能取得自己应有的地位和作用。改革开放以后，随着中国重返国际体育舞台，中国全面参与亚洲的体育事务和各类比赛，在亚运会等重要赛事中取得了优异成绩，成为亚洲体育的重要力量。

1. 亚洲运动会保持领先

亚洲运动会（简称亚运会）是代表亚洲地区最高水平的综合性运动会。1973 年 11 月，中华全国体育总会被亚洲运动会联合会确认为会员，1974 年中国派团参加了在德黑兰举行的第 7 届亚运会，这是中国首次正式组队参加亚运会，取得了金牌总数第三的成绩。

改革开放以来，1978—2008 年，中国共参加了 8 届亚运会，不断取得进步。在 1982 年于印度新德里举行的第 9 届亚运会上，中国代表团首次在亚运会上取得金牌总数第一和奖牌总数第一的地位，一举结束了日本称雄亚洲体坛 31 年的历史，改变了亚洲体坛的格局。从此，中国在亚运会上一直保持着亚洲竞技体育第一强国地位。

1978 年 12 月 9—20 日，第 8 届亚运会在泰国曼谷举行。本届亚运会共设 19 个大项、219 个小项，25 个国家及地区的运动员 2879 名参赛，共打破 66 项亚运会纪录。中国运动员参加了 17 个项目的比赛，获 51 枚金牌、55 枚银牌、45 枚铜牌，共获得 151 枚奖牌；打破了 24 项亚运会纪录、34 项全国纪录；获总分第二。同上一届相比，中国代表团的成绩有较大提高，奖牌总数多61块，其中金牌多出70%。从参加的17个项目看，体操、乒乓球、跳水、水球、田径、射击、击剑、羽毛球、举重、足球、篮球11个项目超过了日本。中国运动员的表现展示了巨大的潜力和发展势头。

1982年11月19日—12月4日，第9届亚运会在印度新德里举行。本届亚运会共设21个大项，33个国家及地区的3345名运动员参赛。本届运动会平1项射箭世界纪录，创1项田径当年世界最好成绩，破90多个亚运会纪录。中国体育代表团共144名运动员参加18个大项的比赛，最终以61枚金牌、51枚银牌、41枚铜牌的优异成绩，首次夺得亚运会金牌总数和总分第一。在这届亚运会上，我国跳水队、赛艇队囊括了全部金牌，羽毛球队赢得男女团体、男女单打冠军，在印度引起轰动。跳高运动员朱建华被评为亚运会"最佳运动员"。第9届亚运会是中国体育史上一个重要里程碑，也是亚运会的一个分水岭。从此，中国在亚洲体坛独占鳌头，以亚洲体育强国姿态展现于世界。

1986年9月20日—10月5日，第10届亚运会在韩国汉城举行。本届亚运会共设25个大项，33个国家及地区的3345名运动员参赛。这届亚运会共打破3项世界纪录，平2项世界纪录，有二百多人次刷新亚运会纪录。中国体育代表团派出运动员384人参加比赛，共获94枚金牌、82枚银牌、46枚铜牌，以1枚金牌的优势险超东道主韩国队，确保了在亚洲的领先地位。中国体育健儿在本届亚运会上的成绩和精神面貌受到了国际上的好评，扩大了我国的影响。国际奥委会主席萨马兰奇说："中国在体育上一鸣惊人，已成为体育上举足轻重的国家，越来越受到世界各地人们的尊敬。"

1990年9月22日—10月7日，第11届亚运会在中国北京举行。这是中国历史上首次举办大型综合性国际运动会。作为改革开放的重要成果，亚运会的成功举办，对发展亚洲体育事业、促进国际体育交往、展示我国改革开放和现代化建设的巨大成就，发挥了重要作用。本届亚运会共设27个大项，37个国家及地区的4684名运动员参赛，打破4项世界纪录，超6项、平5项世界纪录，创造了42项亚洲新纪录，改写98项亚运会纪录。中国代表团派出670名运动员参加了全部27个项目的比赛，共获奖牌341枚，其中金牌183枚、银牌107枚、铜牌51枚，创造1项世界纪录，30次创28项亚洲纪录，96次创68项亚运会纪录，取得了一批具有世界水平的成绩，展现了中国体育的巨大进步和对亚洲体育发展的卓越贡献。

1994年10月2日—16日，第12届亚运会在日本广岛举行。本届亚运会共设34个大项，42个国家及地区的7000多名运动员、教练员和官员出席本届亚运会。本届亚运会共创造 25 项世界纪录。中国队获金牌 126 枚、银牌 83 枚、铜牌 57 枚，共获奖牌 266 枚，再次获得金牌和总分第一名，继续保持亚洲领先的地位。

1998 年 12 月 6 日—20 日，第 13 届亚运会在泰国曼谷举行。本届亚运会共设 36 个大项，41 个国家及地区的 9699 名运动员、教练员和官员出席本届亚运会。由 822 人组成的中国体育代表团参加了 24 个大项的比赛，获金牌 129 枚、银牌 77 枚、铜牌 68 枚，共获奖牌 274 枚，夺得团体总分和金牌数第一名。本届亚运会中国队圆满完成既定目标，展现了较高的竞技实力和水平，在所获得的 129 枚金牌中，55 枚金牌的成绩达到世界先进水平。

2002 年 9 月 29 日—10 月 14 日，第 14 届亚运会在韩国釜山举行。本届亚运会共设 38 个大项、419 个小项，44 个国家和地区的 9912 名运动员、教练员和官员出席本届亚运会。本届亚运会共有 19 人 22 次打破 13 项世界纪录、11 人 11 次平 6 项世界纪录、242 项次打破亚运会纪录、53 项次平亚运会纪录、43 项次打破亚洲纪录、14 项次平亚洲纪录，显示出亚洲总体竞技水平与世界的差距正在逐渐缩小。本届亚运会中国代表团共派出了 686 名运动员，参加了 36 个大项中的 357 个小项比赛，共在 21 个大项和 149 个小项中获得 150 枚金牌（体操并列 1 枚）、84 枚银牌和 74 枚铜牌，奖牌总数为 308 枚。有 6 人 3 队 17 次打破 9 项世界纪录，3 人 1 队 5 次平 4 项世界纪录，11 人 10 队 21 次打破 21 项亚洲纪录，39 人 6 队 75 次打破亚运会纪录。

2006 年 11 月 27 日—12 月 15 日，第 15 届亚运会在卡塔尔首都多哈举行。本届亚运会共设 39 个大项、423 个小项，45 个国家和地区的近万名选手参加了比赛，共 3 人 7 次打破 5 项世界纪录（全部出自女子举重赛场），1 人 1 队两次平两项世界纪录；21 项亚洲纪录被刷新、平 1 项亚洲纪录。本届亚运会中国共派出了 928 人的代表团，参加了 37 个大项，362 个小项的比赛，最终获得 165 枚金牌、88 枚银牌和 63 枚铜牌，合计 316 枚奖牌，金牌和奖牌总数均超过上届亚运会，第七次蝉联金牌榜第一。

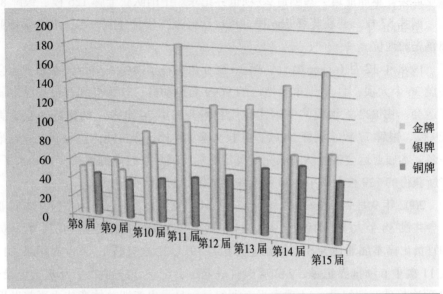

届别	时间	举办地	金牌	银牌	铜牌	奖牌总数	金牌名次
第8届	1978	曼谷	51	55	45	151	2
第9届	1982	新德里	61	51	41	153	1
第10届	1986	汉城	94	82	46	222	1
第11届	1990	北京	183	107	51	341	1
第12届	1994	广岛	126	83	57	266	1
第13届	1998	曼谷	129	77	68	274	1
第14届	2002	釜山	150	84	74	308	1
第15届	2006	多哈	165	88	63	316	1

图 3-6　1978—2008 年中国参加历届亚运会获奖牌情况

2. 亚洲其他主要体育赛事

除亚运会外，30 年来，中国还派出体育代表团，参加了其他亚洲重要赛事，同样取得了优异成绩。这些赛事主要包括亚洲冬季运动会、东亚运动会、亚洲室内运动会。

- 亚洲冬季运动会

亚洲冬季运动会（简称亚冬会）是亚洲地区规模最大、水平最高、影响最广的综合性冬季运动会，每 4 年举行一次。第 1 届亚冬会于 1986 年 3 月在日本的札幌举行，有 7 个国家和地区的近 300 名运动员参加，中国派出代表团参加了此次比赛，取得了金牌总数名列第二的成绩。

至 2008 年，亚冬会共举行了 6 届，中国参加了历届亚冬会比赛并取得优异的成绩，在第 3、第 4、第 6 届亚冬会上均居奖牌榜首位。中国哈尔滨市和长春市还分别承办了 1996 年第 3 届亚冬会和 2006 年第 6 届亚冬会。

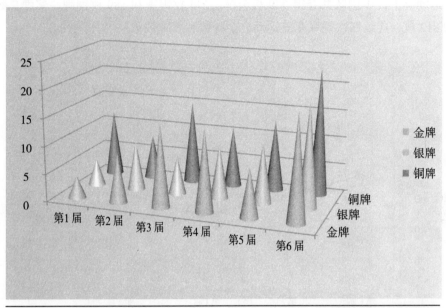

届别	时间	举办地	金牌	银牌	铜牌	奖牌总数	金牌名次
第 1 届	1986	札幌	4	5	12	21	2
第 2 届	1990	札幌	9	9	8	26	2
第 3 届	1996	哈尔滨	15	7	15	37	1
第 4 届	1999	江源道	15	10	11	36	1
第 5 届	2003	青森	9	11	13	33	3
第 6 届	2007	长春	19	19	23	61	1

图 3-7 1978—2008 年中国参加历届亚冬会获奖牌情况

● 东亚运动会

为加强东亚地区的体育交流与合作，中国、韩国、日本、朝鲜、蒙古、中国台北、中国香港、中国澳门 8 个国家和地区于 1993 年发起创办了东亚运动会。同年 5 月，在中国上海举行了第 1 届东亚运动会，除 8 个发起成员外，还特邀关岛参赛。9 个代表团的 1252 名选手参加了田径、游泳（含跳水）、体操、篮球、足球、羽毛球、保龄球、举重、柔道、武术、拳击、赛艇共 12 个项目的比赛。

至 2008 年，东亚运动会已举办了 4 届，中国体育代表团参加了历届东亚运动会，包括 1993 年 5 月在中国上海举行的第 1 届东亚运动会、1997 年 5 月在韩国釜山举行的第 2 届东亚运动会、2001 年 5 月在日本大阪举行的第 3 届东亚运动会和 2005 年 10 月在中国澳门举行的第 4 届东亚运动会。在这四届东亚运动会上，中国队共夺得 379 枚金牌、244 枚银牌和 189 枚铜牌，奖牌总数为 812 枚，连续四次蝉联东亚运动会金牌数和奖牌数第一名。

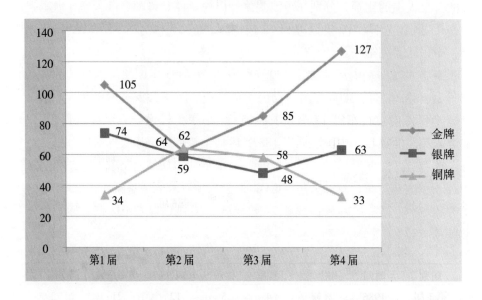

届别	时间	举办地	金牌	银牌	铜牌	奖牌总数	金牌名次
第 1 届	1993	中国上海	105	74	34	213	1
第 2 届	1997	韩国釜山	62	59	64	185	1
第 3 届	2001	日本大阪	85	48	58	191	1
第 4 届	2005	中国澳门	127	63	33	223	1

图 3-8　中国参加历届东亚运动会获奖牌情况

- **亚洲室内运动会**

为了进一步弘扬奥林匹克精神，更加广泛地普及、宣传奥林匹克运动，让亚洲人民接触更多有益身心的体育运动，亚奥理事会于 2001 年提出了举办亚洲室内运动会的构想。这一提案于 2002 年 10 月在釜山举行的第 21 次亚奥理事会会员大会上获得一致通过。亚洲室内运动会是一个非奥运、非冬季项目的综合性赛事，其设项主要选取具观赏性、参与程度高、时尚流行且深受亚洲年轻人喜爱的运动项目。因此，这项赛事是具有休闲娱乐性质的体育运动会。亚洲室内运动会每两年举行一次，到目前为止已举行两届。

第 1 届亚洲室内运动会于 2005 年 11 月 12 日在泰国曼谷举行，本届运动会设室内田径、短池游泳、五人足球、泰拳、室内自行车、健美操、体育舞蹈、极限运动和圈式藤球 9 个大项、121 个小项，37 个亚洲国家和地区的 3000 多名运动员参赛。中国队派出 104 名运动员参加了除泰拳和室内自行车外的 7 个大项的比赛，分别在短池游泳、田径、体育舞蹈、健美操和极限项目中夺得 24 枚金牌、19 枚银牌和 13 枚铜牌，共 56 枚奖牌。在最后的奖牌榜上，中国队名列第一。

第 2 届亚洲室内运动会于 2007 年 10 月 26 日在中国澳门举行，来自亚洲 45 个国家和地区的 3000 多名运动员参赛。本届运动会设室内田径、泰拳、龙狮运动、室内自行车等 17 个大项、151 个小项，另设三人篮球、自由搏击、克柔术等表演项目。中国队派出 188 名运动员参加健美操、保龄球、棋类、台球、体育舞蹈、龙狮运动、电子竞技、极限运动、蹼泳、室内五人足球、室内田径、室内自行车、泰拳和短池游泳 14 个大项以及表演项目三人篮球的比赛，共夺得 52 枚金牌、26 枚银牌和 24 枚铜牌，奖牌总数为 102 枚，居金牌榜和奖牌榜首位。

（三）国内大赛　丰富多彩

国内赛事是我国竞技体育发展的基础。搞好各类国内高水平比赛，在提高我国的运动技术水平，调动和配置国内体育资源，选拔和培养后备人才，锻炼队伍，提高各地和社会发展竞技体育的积极性，丰富人民群众的文化娱乐生活等方面具有重要意义。新中国成立以来，我国逐渐形成了以全国运动会（简称全运会）为龙头，包括城运会、全国体育大会、农运会、大学生运动会、全国单项锦标赛、冠军赛、精英赛等各种类型和级别单项比赛在内的国内竞赛体系。

● 全国运动会

中华人民共和国全国运动会（简称全运会）是国内规模最大、层次最高、设项最多的综合性体育赛事。自 1959 年举办首届全运会以来，到 2008 年，共举办了 10 届。其中，改革开放以来举办了 6 届。

改革开放以来，为了适应中国恢复国际奥委会合法席位的新形势，有利于中国运动员在奥运会等国际大赛中取得优异成绩，自 1983 年在上海举行的第 5 届全运会开始，逐步对全运会的设项等进行了调整，使全运会设项逐渐与奥运设项接轨。从 1993 年第 7 届全运会开始，全运会的举办时间由在奥运会前一年改为在奥运会后一年。全运会作为国内最高水平的运动会，其成功举办对于贯彻落实"奥运争光计划"、选拔奥运会后备力量、锻炼优秀运动队伍等方面具有重要意义。

1979 年 9 月 15—30 日，第 4 届全运会在北京举行。这是"文革"结束以来的首届全运会，也是改革开放以后举行的首届全运会。本届运动会设 34 个比赛项目，全国 29 个代表团共 10658 名运动员参加了比赛。在比赛中，有 5 人 5 次破 5 项世界纪录，2 人 3 次破 3 项世界青年纪录，3 人 3 次平 3 项世界纪录，36 队 203 人 376 次破 102 项全国纪录，2 队 6 人 10 次破 5 项全国少年纪录。

1983 年 9 月 18 日—10 月 1 日，第 5 届全运会在上海举行。这是首次在首都以外的城市举办全运会。自本届始，全运会的设项逐渐与奥运设项接轨。五运会的比赛项目共 25 个，全部是奥运会比赛项目。31 个单位的 8900 多名选手参加了这届全运会。有 2 人 3 次破 2 项世界纪录，4 人 5 次平 3 项世界纪录，66 人 39 个队 145 次破 61 项全国纪录。其中影响最大的是男子跳高选手朱建华在预赛和决赛中两次刷新世界纪录。

1987 年 11 月 20 日—12 月 5 日，第 6 届全运会在广东省广州市举行。比赛共有 44 个项目，全国各地 37 个单位的 7500 多名运动员参加比赛。10 人 2 队 17 次破 15 项世界纪录，3 人 3 次平 3 项世界纪录，2 人 2 次超 2 项世界纪录，创造或超过 48 项亚洲纪录和最好成绩，创造 85 项全国纪录和最好成绩。

1993 年 9 月 4—15 日，第 7 届全运会举行。本届全运会由北京承办，四川、秦皇岛协办。七运会包括 43 个大项，全国各地 45 个单位的 8000 多名运动员参赛。有 4 人 4 次破 4 项世界纪录，4 个队 18 人 43 次超过 21 项世界纪录，4 人 4 次平 3 项世界纪录，1 队 54 人 93 次创 34 项亚洲纪录，3 队 61 人 143 次超过 66 项亚洲纪录，14 队 130 人 273 次打破 117 项全国纪录。

1997 年 10 月 12—24 日，第 8 届全运会在上海举行。本届运动会共有 28 个大项、319 个小项，设置 327 枚金牌。16 人 19 次超 7 项奥运项目世界纪录，4 人 4 次平 3 项世界纪录，100 人 3 队 367 次超 55 项亚洲纪录，88 人 6 队 142 次创 66 项全国纪录。

2001 年 11 月 11—25 日，第 9 届全运会在广东广州举行。九运会竞赛项目设置 30 个大项、345 个小项，358 块金牌。本届运动会共有 45 个代表团的 12314 名运动员参加了预赛，8608 名运动员参加决赛。共有 24 人 35 次超 7 项世界纪录，6 人 1 队 7 次创 6 项亚洲纪录，28 人 41 次超 9 项亚洲纪录，32

人4队52次创37项全国纪录。一批项目的成绩达到了世界领先水平，体操、射击、举重、羽毛球、乒乓球、跳水等既展现了高水平的竞争，更展现了后备人才的勃勃生机。一些过去比较落后的项目成绩有一定幅度提高。选手之间竞争更加激烈，水平更加接近，一些集体球类项目的基本技战术能力也有所提高。

2005年10月12—23日，第10届全运会在江苏南京举行。这届全运会是中国体育代表团在雅典奥运会上实现运动成绩新的历史性突破，进入北京奥运会备战周期后举行的我国规模最大、水平最高的综合性体育赛事。这届运动会设32个大项、357个小项，首次实现在项目设置上与奥运会全面接轨，包含夏季奥运会全部28个大项和冬季奥运会3个大项。共有46个代表团的9985名运动员参赛。这届全运会比赛空前激烈，创造出了一批优异成绩。共有15人21次超6项世界纪录，7人7次平6项世界纪录，5人6次创5项亚洲纪录，14人20次超5项亚洲纪录，1队19人25次创19项全国纪录。通过这届全运会，使参赛运动员经受了一次大赛的磨炼，增加了比赛经验，达到了为北京奥运会练兵的目的。

表3-13 改革开放以来历届全运会超创（平）世界纪录情况

届次	举办时间（年）	举办地点	比赛大项数量	超创（平）世界纪录情况
第4届	1979	北京	34	5人5次破5项世界纪录； 3人3次平3项世界纪录
第5届	1983	上海	25	2人3次破2项世界纪录； 4人5次平3项世界纪录
第6届	1987	广州	44	10人2队17次破15项世界纪录； 3人3次平3项世界纪录； 2人2次超2项世界纪录
第7届	1993	北京	43	4人4次破4项世界纪录； 4队18人43次超21项世界纪录； 4人4次平3项世界纪录
第8届	1997	上海	28	16人19次超7项奥运项目世界纪录； 4人4次平3项世界纪录
第9届	2001	广州	30	24人35次超7项世界纪录
第10届	2005	南京	32	15人21次超6项世界纪录； 7人7次平6项世界纪录

● 全国城市运动会

全国城市运动会（简称城运会）是由全国青少年运动会和全国城市运动会合并而成的。20世纪80年代，全国青少年运动会和全国城市运动会分别举行。1985年、1989年分别在河南郑州和辽宁沈阳举行了第1届和第2届全国青少年运动会。1988年在山东济南举行了第1届全国城市运动会。20世纪90年代初，二者合并，统称为全国城市运动会，每4年一届，主要以城市为参赛单位，参赛者以青少年为主体，旨在推动城市体育事业的发展，锻炼青少年运动员，发现培养优秀体育后备人才。截至2008年，全国城市运动会共举办了6届。

第1届全国城市运动会于1988年10月23日—11月2日在山东省济南市、淄博市两地举行，全国42个单位的2332人参加比赛。本届城运会设置的比赛项目为：田径、游泳、举重、射击、摔跤、柔道、足球、篮球、排球、羽毛球、乒乓球、体操，共12个大项、167个小项。在本次比赛中，有3人4次破4项全国纪录，1人1次平1项全国纪录，4人2队6次破4项全国青年纪录，1人1次平1项全国青年纪录，1人1次超1项世界纪录，1人1次超1项世界青年纪录，3人3次超3项亚洲纪录。

第2届全国城市运动会于1991年9月20—28日在河北省石家庄市、唐山市两地举行，来自96个单位的2928人参加比赛。本届城运会设置的比赛项目为：田径、游泳、举重、射击、摔跤、柔道、足球、篮球、排球、羽毛球、乒乓球、体操、跳水、射箭、击剑、赛艇，共16个大项、170个小项。在本次比赛中，有12人12次超4项亚洲纪录，2人2次平2项亚洲纪录，5人5次创4项全国纪录，14人25次创15项全国青年纪录。

第3届全国城市运动会于1995年10月22—30日在江苏省南京市及常州市、无锡市、苏州市、扬州市、镇江市共6个城市举行。来自50个单位的3352人参加比赛。本届城运会设置的比赛项目为：田径、游泳、举重、射击、摔跤、柔道、足球、篮球、排球、羽毛球、乒乓球、体操、跳水、射箭、击剑、赛艇，共16个大项、202个小项。在本次比赛中，有4人10次6项超世界青年纪录，8人10次超5项亚洲青年纪录，14人16次创8项全国纪录，1人1次平1项全国纪录，35人51次创31项全国青年纪录。

第4届全国城市运动会于1999年9月11—20日在陕西省西安市举行，57个代表团参赛，参加决赛的运动员有3861人。本届城运会设置的比赛项目为：足球、篮球、排球、乒乓球、羽毛球、田径、游泳、跳水、体操、举重、射击、射箭、击剑、柔道、国际式摔跤、赛艇，共16个大项、220个小项。在本届城运会上，有 22 人 55 次超 19 项世界纪录，23 人 57 次超 20 项亚洲纪录，2 人 4 次刷新 3 项全国纪录。

第 5 届全国城市运动会于 2003 年 10 月 18—23 日在湖南省长沙市举行，这是北京成功申办 2008 年奥运会后，中国首次举办的以青少年为参赛主体的综合性运动会。为备战 2008 年奥运会，本届城运会比赛项目设置与奥运会接轨，大项由上届的 16 项增加到 25 项，其中 24 个为奥运会项目，涵盖了中国的优势项目、潜优势项目和基础项目。78 个代表团的 6600 名运动员在 25 个大项、289 个小项上展开了激烈的争夺，比赛地点涉及 3 省 11 市。在本届城运会上，有 4 人 8 次超 5 项世界纪录，6 人 8 次平 6 项世界纪录，11 人 13 队 34 次超 16 项世界青年纪录，9 人 1 队 13 次平 9 项世界青年纪录，8 人 12 次超 6 项亚洲纪录，2 人 2 次创 2 项全国纪录，14 人 19 次创 12 项全国青年纪录，7 人 1 队 8 次平 7 项全国纪录，9 人 10 次平 10 项全国青年纪录。

第 6 届全国城市运动会于 2007 年 10 月 25 日—11 月 3 日在湖北省武汉市举行。本次城运会共设 24 个大项、288 个小项。74 个城市代表团的 6353 名运动员参加决赛阶段的比赛。前 5 届城运会分别由山东、河北、江苏、陕西和湖南省政府承办，本届城运会由武汉市政府承办，这是第一次以城市为主体举办城运会。作为 2008 年北京奥运会前最后一次全国大型综合性运动会，本届城运会既是对我国体育队伍的一次大检验，同时也为备战 2008 年北京奥运会的运动员提供展示和锻炼的机会。在本届城运会上，共有 1 人 1 次超 1 项世界纪录，2 人 2 次平 1 项世界纪录，1 人 2 次超 2 项世界青年纪录，4 人 4 次创 4 项全国纪录。

● 全国体育大会

全国体育大会是非奥运项目大型综合性运动会，是与全国运动会、城市运动会齐名的全国三大综合体育赛事之一。全国体育大会旨在促进我国体育事业的全面发展，推动我国非奥运项目的普及与提高，推进全民健身运动的开展，满足广大人民群众对体育运动项目多样化的需求，进一步活跃人民群众的业余文化生活，推动我国体育事业全面、协调、可持续发展，同时促进我国优秀传统体育项目向世界推广。全国体育大会共举办了 3 届，并从第 3 届开始，由每两年举办一次改为每 4 年举办一次。

第 1 届全国体育大会于 2000 年 5 月 28 日—6 月 6 日在浙江省宁波市举行，是我国首次举办体育大会，是对我国非奥运会项目运动水平的一次检阅，并以此作为改革的一个突破口，探索社会承办全国综合性运动会的新模式。该届体育大会共设 17 个项目，分别为台球、高尔夫球、保龄球、门球、蹼泳、航海模型、航空模型、摩托艇、体育舞蹈、健美操、健美、技巧、中国式摔跤、围棋、中国象棋、国际象棋、桥牌。来自全国各省、市、自治区和行业体协、体育院校的 38 个代表团及 8 个代表队的 2000 多名运动员，角逐 17 个大项、184 个小项的奖牌。比赛中共有 3 人 3 次创造了 3 项世界纪录，1 人新建立 1 项世界纪录，并刷新了多项全国纪录。蹼泳、技巧、围棋、象棋、国际象棋、航空模型、航海模型的比赛都表现出了世界水平。本次比赛共有 35 个代表团、4 个代表队获得奖牌。

第 2 届全国体育大会于 2002 年 5 月在四川省绵阳市举行。大会共设 22 个项目，分别为台球、高尔夫球、保龄球、门球、蹼泳、航海模型、航空模型、体育舞蹈、健美操、健美、技巧、中国式摔跤、围棋、中国象棋、国际象棋、桥牌、攀岩、跳伞、龙舟、轮滑、定向、舞龙舞狮，来自各省、自治区、直辖市、行业体协的 45 个代表团和部分城市、地方单项协会、俱乐部等共 3228 名运动员参加 22 个大项、227 个小项的比赛。本届体育大会共产生 227 枚金牌，有 37 个代表团获得奖牌，其中 28 个代表团获得金牌。

第 3 届全国体育大会于 2006 年 5 月 20—30 日在苏州举行。共设技巧、蹼泳、航空模型、航海模型、高尔夫球、台球、围棋、国际象棋、中国象棋、健美、保龄球、桥牌、门球、舞龙舞狮、轮滑、中国式摔跤、体育舞蹈、健美操、攀岩、定向、龙舟、滑水、无线电测向、跳伞、拔河、金属地掷球、壁球和公开水域游泳（已经成为 2008 北京奥运会正式比赛项目）共 28 个比赛大项、268 个小项，是历届比赛项目最多的一次。来自全国 31 个省、自治区、直辖市和 3 个计划单列市、新疆生产建设兵团、解放军、16 个行业体协及香港特别行政区、澳门特别行政区、台北市共 55 个单位的 4085 多名运动员参赛，规模创历史之最。第 3 届全国体育大会共有 5 人 1 队 16 次超 11 项世界纪录，4 人 3 队 11 次超 5 项亚洲纪录，16 人 5 队 27 次创 16 项全国纪录。其中超世界纪录的全部为蹼泳选手。

除此以外，我国每年还举行各类全国锦标赛、冠军赛、精英赛等 500 项左右，其中既包括乒乓球、羽毛球、游泳、体操、篮球、排球、田径、举重、滑冰、滑雪、拳击、足球等奥运项目，也包括汽车、航模、国际象棋、象棋、武术、桥牌、台球、高尔夫、保龄球、龙狮、龙舟、风筝、健美、登山等非奥运项目。这些赛事吸引了各类体育爱好者积极参与，推动了全民健身运动的开展，同时也促进了各项目运动技术水平的提高。

二、中华体育精神

新中国成立以来，尤其是改革开放 30 年来，中国体育事业不仅取得了令人瞩目的辉煌成就，也创造了极为宝贵的精神财富。这些宝贵精神财富的精髓，就是"为国争光、无私奉献、科学求实、遵纪守法、团结协作、顽强拼搏"为主要内容的中华体育精神。中华体育精神源自于中国体育实践，根植于中华民族的丰厚土壤，是体育精神源流和社会价值的高度概括和凝结，是中华民族精神在特定历史时期的丰富和发展，是中华民族精神在体育领域的反映。

2000 年悉尼奥运会后，江泽民同志在接见中国体育代表团时曾指出："中华体育精神是我国社会主义精神文明的重要组成部分，是中华民族的宝贵精神财富。全国各行各业、各条战线的同志们都要大力发扬振兴中华、为国争光的爱国主义精神，大力发扬顽强拼搏、争创一流的革命英雄主义精神，勇于创新，力攀高峰，同心同德地把建设有中国特色的社会主义的伟大事业不断推向前进。"这是对中华体育精神的高度评价和高度概括。

2008 年北京奥运会和残奥会的成功举办，为中华体育精神增添了新的内涵。胡锦涛同志在北京奥运会残奥会总结表彰大会上指出："伟大的事业孕育伟大的精神，伟大的精神推进伟大的事业。广大奥运建设者、工作者、志愿者牢记党和人民的重托，勇于承担中华民族百年圆梦的光荣使命和伟大时代提供的难得机遇，大力培育和弘扬了为国争光的爱国精神、艰苦奋斗的奉献精神、精益求精的敬业精神、勇攀高峰的创新精神、团结协作的团队精神，为北京奥运会、残奥会成功举办提供了强大精神支撑。这是以爱国主义为核心的民族精神和以改革创新为核心的时代精神的生动体现，是伟大的中华民族精神在当代中国的生动体现。在全面建设小康社会、加快推进社会主义现代化的征程上，我们要大力弘扬北京奥运会、残奥会培育的崇高精神，使之成为推动我国各项事业发展的强大精神动力。"胡锦涛同志的讲话，是对中华体育精神的更一步阐述，更加丰富了中华体育精神的内涵。

"为国争光、无私奉献、科学求实、遵纪守法、团结协作、顽强拼搏"的中华体育精神，是一个相互联系的有机整体，是中国共产党一贯倡导的大公无私、甘于奉献精神的集中反映，是中华民族精神在特定历史时期的丰富和发展，是中华民族精神在体育领域的具体体现。以顽强拼搏，为国争光为核心的中华体育精神，激励着我国体育健儿在国际赛场上不畏强手，顽强拼搏，实现为国争光的崇高理想，同时亦丰富了社会主义精神文明建设的内容，成为增强中华儿女民族自豪感和凝聚力的精神源泉。

（一）中华体育精神的形成与发展

中华体育精神是中华民族文化沃土中孕育而成的具有中国特色的体育精神。新中国成立以来，尤其是改革开放 30 年来，中国体育界经过几代人的奋斗，逐渐形成了"为国争光、无私奉献、科学求实、遵纪守法、团结协作、顽强拼搏"的中华体育精神。这一体育精神既是中华民族精神和体育精神的概括和总结，也是对当代世界体育文化和体育精神的卓越贡献，具有鲜明的时代特征和现实意义。

体育精神是现代体育在实践过程所体现出来的精神品质。体育精神的核心包括了拼搏进取、自我超越、公平竞争、团队精神等文明要素。《奥林匹克宪章》中"团结、友谊与公平竞争"的奥林匹克精神与"更快、更高、更强"的奥林匹克格言就是当代社会体育精神的高度概括和精确表述。

中华体育精神继承了中华民族历久弥新的民族精神。它在弘扬体育精神的同时又深深打上了中华民族的烙印，呈现出与中华民族精神一脉相承的特点，是中华民族精神在体育领域的体现与发展，是中华民族精神和体育精神的有机融合。中华体育精神的形成与发展凝聚着体育战线一代又一代人的心血。

20 世纪 50 年代末，中国乒乓球队所取得的成绩振奋了全民族的精神。容国团"人生能有几回搏"的铿锵誓言不仅激励了运动健儿在赛场上奋力拼搏，更激发了全国人民建设新中国的热情。20 世纪 60 年代，当国家处于物资极度匮乏时期，中国登山队不畏艰难险阻，完成了人类历史上从北坡登上世界第一高峰珠穆朗玛峰的壮举。寒冷、冻伤、缺氧甚至牺牲生命都没能阻挡中国登山健儿的脚步。当五星红旗飘扬在地球之巅的消息一经传出，在全国社会各界迅速激起了巨大反响，勇攀高峰的登山精神使全国人民团结一心，迸发出战胜困难的勇气。20 世纪 70 年代，"乒乓外交"结束了中美两国 20 多年来人员交往隔绝的局面，使中美和解随即取得历史性突破，"小球转动大球"成为举世瞩目的重大事件。

改革开放 30 年来，在继承前人成就的基础上，中国体育健儿乘着改革开放、重返国际体坛的东风，以艰苦卓绝的努力和实践使中华体育精神的内涵更加丰富，并使其成为新时期精神文明建设的一个重要组成部分和建设社会主义现代化强国的强大精神动力。

改革开放伊始，当历经十年浩劫的中国面临百废待兴和民族复兴的伟大历史使命时，体育健儿在赛场上所取得的成就和表现出来的拼搏精神便成为鼓舞全国人民前进的号角。1980 年 12 月~1981 年 1 月在第 12 届世界杯足球赛亚大区的预赛和决赛中，中国足球队在苏永舜教练率领下，表现出良好的作风和风格，接连战胜了日本、朝鲜、科威特、沙特阿拉伯等强队，虽然最后只差一步未能出线，却在当时引起了全国人民的广泛关注和强烈反响，容志行、李富胜等也成为了那个时代中国足球精神的象征。1981 年世界男排锦标赛亚洲区预赛上，中国男排顽强拼搏，反败为胜，战胜强劲对手韩国队，当晚北京和各地大学生豪情满怀，自发上街庆祝，喊出了"团结起来，振兴中华"的口号，第二天《人民日报》以此为题发表社论，使这一口号迅速成为当时的时代最强音，激发了全国人民建设社会主义现代化强国的士气。20 世纪 80 年代初，中国女排不畏强手、顽强拼搏，创造了五连冠的辉煌，为中华民族改革开放的壮丽篇章添上浓墨重彩的一笔，极大地鼓舞了全国人民的改革激情，"女排精神"也成为了那个时代激励全国人民的象征和强大精神武器。尤其是在 1984年洛杉矶奥运会上，中国体育健儿不仅实现了中国历史上奥运会金牌"零"的突破，而且他们所表现出来的良好体育精神和道德风尚向全世界展示了改革开放的中国新形象。

从 20 世纪 90 年代到 21 世纪初，中华体育精神在实践中不断发展丰富，赋予了改革开放新的时代内涵。2001 年申奥成功，炎黄子孙百年梦圆，举国欢腾，人们用同一个声音同一种心情来共庆亿万中国人民盼望已久的盛事。从"绿色奥运、科技奥运、人文奥运"理念的提出，到"同一个世界，同一个梦想"口号的普及，直到 2008 年北京奥运会的成功举办，中华民族以自己独特的姿态诠释了和平、友谊、进步的奥林匹克精神，也为中华体育精神赋予了全新的独特内涵，使之成为北京奥运会的宝贵遗产和中华民族重要的精神财富。

新中国成立以来，尤其是改革开放以来，体育战线涌现出一批英雄集体和个人。他们中间既有长盛不衰的中国乒乓球队、勇攀高峰的登山队、被称为"梦之队"的中国跳水队、五连冠的中国女排这样的优秀集体，也有陈镜开、郑凤荣、容国团、郎平、许海峰、邓亚萍、杨扬、刘翔、姚明等优秀运动员代表。这些模范集体和优秀人物身上所表现出来的爱国主义、集体主义和革命英雄主义精神，高度的责任感和顽强拼搏精神、忘我的工作热情和无私奉献精神、强烈的开拓进取意识和求实创新精神、良好的职业道德和爱岗敬业精神，是中华民族优秀传统文化精神和当代体育精神结合的产物，教育和激励着一代又一代华夏儿女顽强拼搏，勇敢超越。

新中国成立以来，尤其是改革开放 30 年来，"人生能有几回搏""为国争光""胸怀祖国，放眼世界""冲出亚洲，走向世界"等口号远远超出了体育的范畴，成为一个个特定时代激励全中国人民自强不息、奋发图强的强大精神力量。在赛场上，体育健儿们以坚定的意志品质、精湛的运动技艺、良好的文明礼仪、优异的成绩，践行着为人生添彩、为民族争气、为祖国争光的誓言。他们在国际体育竞技赛场上取得的每一次胜利，都给举国上下带来极大的鼓舞，增强了中华民族的凝聚力。他们向世界展现了中华民族自强不息、团结奋斗、和平进步的精神风貌，体现了中华民族屹立于世界民族之林的信心和力量。这些产生于各个时期的体育精神，经过不断的凝练，最终铸就成"为国争光、无私奉献、科学求实、遵纪守法、团结协作、顽强拼搏"的中华体育精神，成为全民族的宝贵精神财富。

（二）努力践行中华体育精神

以"为国争光、无私奉献、科学求实、遵纪守法、团结协作、顽强拼搏"为主要内涵的中华体育精神是一个相互联系的有机整体，共同在中国体育实践中发挥着强大的凝聚人心、激励斗志、整合体育文化价值的作用。为国争光是祖国至上的爱国主义精神的具体体现，是中华体育精神的核心所在和根本动力；无私奉献是不计得失的大公无私精神和崇高的职业道德；科学求实是一种崇尚科学、求实奋进、开拓创新的工作精神；遵纪守法是严于律己的道德作风；团结协作是互助友爱、以大局为重的集体主义观念；顽强拼搏则是奋斗不止、积极进取的人生态度和高度的工作责任感。

1. 为国争光

中华体育精神的核心是祖国至上的爱国主义精神。爱国主义是情感、思想观念和行为规范的统一，体现了人们对自己祖国的深厚感情，反映了个人对祖国的依存关系，是对自己故土家园、种族和文化的归属感、认同感和尊严感、荣誉感的统一。它是调节个人与祖国之间关系的道德要求、政治原则和法律规范，也是民族精神的核心。心系祖国、忠于祖国、祖国的利益至上的爱国主义情怀，以一种不竭的精神动力和强大的凝聚力激励着每一个中华体育健儿，在国际竞技大舞台上，用不畏强手、顽强拼搏的行动展示爱国热情，尽情演绎着对祖国最朴素、最真挚、最坚定的情感。"升国旗、奏国歌"，为祖国赢得荣誉已成为中华体育健儿参加重大国际竞赛的光荣与梦想。在新中国体育发展的各个时期，始终激荡着爱国主义的主旋律。一代又一代的体育健儿，不辱使命，肩负着祖国和人民的希望，胸怀壮志，顽强拼搏，以非凡的勇气和骄人的战绩不断攀登世界体育高峰，共同创造和见证了中国体育的辉煌，为祖国争得了荣誉。"祖国培养了我",这是无数体育健儿的肺腑之言。多少人情系祖国，强烈的祖国培养意识和爱国情操使他们在国家需要的时候挺身而出，对自己的选择与付出无怨无悔。

新中国成立后，以中国乒乓球队、中国登山队以及陈镜开、郑凤荣、容国团等为代表的中国运动员在"为国争光"的口号激励下，刻苦训练，顽强拼搏，为祖国争得了荣誉。改革开放以来，随着中国重返国际体坛，一代又一代中国体育健儿更是在"为国争光"的口号激励下，在奥运会和各种国际竞赛场上取得了举世公认的优异成绩。体育健儿用自己的实际行动，极大地丰富了社会主义精神文明建设的内容，创造了宝贵的社会精神财富，激发了全国人民积极投身社会主义现代化建设的热情。

2. 无私奉献

无私奉献是中华民族的传统美德，在体育赛场上则体现为祖国、民族和集体的荣誉和利益奉献一切的自我牺牲精神。中国运动员在比赛场上把国家和人民利益放在首位，将夺冠军、升国旗、奏国歌作为献身体育事业所追求的崇高目标。

在新中国体育事业发展历程中，涌现出了许许多多的无私奉献的人物和事迹。其中有老一辈运动员如吴传玉、容国团、王文教、汤仙虎、黄健等，他们为了祖国的体育事业，义无反顾地舍弃国外优越的生活条件，无怨无悔地回国效力；也有郎平、许海峰、李宁、栾菊杰、高敏、王军霞、杨扬、邓亚萍、刘翔等新一代优秀人物，他们为了祖国的荣誉，甘于寂寞，勇于奉献，以顽强的意志克服常人难以想象的艰难困苦，在训练场和比赛场上奋斗不息；还有无数运动员、教练员、陪练、科研工作者和其他后勤保障人员，他们为了运动员能取得好的成绩而甘当人梯，默默奉献，无怨无悔地始终站在世界冠军的背后。"祖国利益高于一切""荣誉代表人民，功勋属于祖国""把辉煌一刻献给祖国""听候祖国的召唤""为国而战，是我们的神圣职责"，这些话语代表了体育健儿崇高的思想境界，体现了他们的人生价值。

3. 科学求实

现代体育的一大特点，就是科学决策和科学训练。改革开放30年来，中国体育事业之所以能够在较短的时间内获得跨越式发展，其重要经验之一，就是坚持科学发展观，坚持科学求实的精神。

20世纪70年代末80年代初，针对我国恢复国际奥委会合法席位的新形势以及我国当时社会经济不发达、运动水平低、百废待兴、基础薄弱等特点，在加强举国体制基础上，国家体委确定了"省一级以上体委侧重抓提高"，实施以奥运会为最高层次的竞技体育发展战略。30 年来中国体育发展的事实表明，在我国资源相对有限、竞技项目发展不均衡的情况下，科学地制定奥运战略是十分必要的。根据这一发展战略，中国体育充分发挥举国体制的优势，全国一盘棋，以奥运会的比赛项目为重点，制定《奥运争光计划纲要》，使全国运动项目布局和人、财、物的投入服从于奥运战略。30 年来中国体育发展实践证明，这些科学决策对于中国这样一个发展中国家在代表世界最高竞技水平的奥运会上不断取得突破，直至在金牌总数和奖牌总数位列前茅起到了决定性作用。

在技术、战术上，我国体育界也保持着科学求实、在继承优良传统基础上锐意创新的精神。如排球、乒乓球、跳水、体操、皮划艇等项目，在运动员、教练员、科研人员的共同协作下，遵循科学求实的精神，在技战术和训练方法手段上不断创新，从而使这些项目能够长期保持优势。

中国乒乓球队从 20 世纪 50 年代初创至今，培育出了一批又一批叱咤世界乒坛的风云人物，对中国体育乃至全社会都产生了极为广泛和深远的影响。自容国团 1959 年赢得第一个世界冠军至北京奥运会前，中国乒乓球队共获得 107 个世界锦标赛冠军、26 个世界杯冠军、16 个奥运会冠军，还曾囊括三届奥运会的全部金牌。在 2008 年北京奥运会上，中国乒乓球队包揽男女团体冠军，席卷男女单打三甲。中国乒乓球队之所以能够长盛不衰，靠的是坚持爱国主义、集体主义和革命英雄主义的治队法宝，坚持不辱使命、为国争光的坚定信念，坚持革命乐观主义的苦练为乐，坚持勇于创新的探索精神，坚持群策群力的集体智慧，坚持出奇制胜的布阵排兵和敢于对德才兼备的年轻人委以重任等优良传统；同时也与中国乒乓球队坚持科学求实的态度，把中国人的身体条件、技术特点与世界乒乓球发展的趋势相结合，不断探索竞技制胜规律，不断进行技术创新，坚持走自己的发展道路密切相关。

几十年来，中国乒乓球队重视对项目特点和规律的研究，在继承发扬自己的技术特长的同时，能够针对世界乒乓球的发展趋势，特别是针对主要对手每个时期的技术特点，及时调整自己的技术风格，不断地进行技术创新，在适应与反适应、控制与反控制的矛盾中经常掌握着主动权。据统计，在国际乒乓球运动发展的百年历程中，共有 46 项打法与技术创新，而中国运动员创新达到 27 项，占总数的 58.7%。从容国团的正手转与不转发球到张燮林的长胶粒直板削球打法，从郗恩庭的直拍反胶弧快打法到蔡振华的横板反胶与防弧圈相结合的全攻型打法，再到邓亚萍的横拍反胶与长胶全攻型打法，刘国梁的直拍横打、左推右攻和直板反面发球技术，丁松的横拍攻削结合，阎森、马琳的直拍反胶左推右攻加直拍横打，孔令辉的横板反手快"撕"技术，王楠的具有中国传统快速特征的反手连续快拉技术，中国乒乓球队坚持科学训练，不断创新，使得中国乒乓球运动始终保持世界最高水平和领先地位，获得了 50 余年的战略主动。

奥运会水上项目包括皮划艇、赛艇和帆船，是仅次于田径、游泳的奥运会第三金牌大户。但长期以来，我国水上项目一直与奥运金牌无缘。为了取得该项目奥运金牌"零"的突破，水上项目本着"科学求实"的精神，坚持"从难、从严、从实战出发，大运动量训练"的"三从一大"科学训练原则，同时应用科学监测验手段，及时把握运动员竞技状态，注重运动员疲劳恢复、优化调整运动负荷结构，赋予了"三从一大"新的内涵。正是由于不断坚持科学训练的理念，这些项目成绩取得了长足的进步，在雅典和北京奥运会上取得了骄人的成绩。

4. 遵纪守法

体育是一项提倡遵守规则、公平竞争的活动，遵纪守法是体育队伍保持和提高战斗力的基本保证。同时体育还承担着重要的社会教育功能。运动员不但要在赛场上顽强拼搏，取得优异成绩，同时还要在遵纪守法上成为全社会，尤其是广大青少年的楷模。

兴奋剂问题一直是国际体坛面临的严峻挑战之一。反对使用兴奋剂是国际体育界共同认可的铁律。从兴奋剂问题一出现开始，我国政府体育部门就明确提出了坚决反对的立场和态度，对广大运动员进行了持之以恒的反兴奋剂宣传和教育。我国绝大多数运动员都能深刻认识兴奋剂对体育运动的危害，远离兴奋剂，做到了"堂堂正正做人，干干净净参赛"。北京奥运会前，中国体育代表团的全体运动员进行了集体宣誓：

作为中国体育代表团的一名运动员，代表祖国参加北京奥运会，我备感光荣、责任重大。我将奋力拼搏为国争光，以维护公平竞争的体育道德和国家荣誉为己任，认真履行运动员反兴奋剂的责任和义务，干干净净参加北京奥运会，并对违反反兴奋剂规定而造成的一切后果负责，我向祖国和人民宣誓并庄严承诺：维护体育运动的公平、公正，自觉抵制一切使用兴奋剂的行为，保证不使用兴奋剂；积极配合兴奋剂检查官的工作，主动接受兴奋剂检查；按照运动员行踪报告制度的要求，及时报告个人行踪信息；因伤病需要治疗时，主动向医生说明运动员的身份，如果需要办理治疗用药豁免，按照有关规定进行申请；严格遵守代表团制定的各项规章制度，不私自外出就餐，不私自使用任何药品和营养品，避免误服、误用事件的发生。

在 2008 年北京奥运会上，中国体育代表团不但取得金牌第一、奖牌第二的历史性跨越，并且没有出现任何兴奋剂问题，实现了运动成绩和精神文明双丰收，得到了社会各界的赞誉。

体育是一项积极、健康、公正、文明的事业，所以成为大众精神寄托和道德追求的特殊载体，是精神文明建设的重要组成部分。赛风赛纪是体育行业作风的集中体现，赛风赛纪好坏不仅影响体育事业可持续发展，还对社会风气有重要影响。在市场经济条件下，社会上一些丑恶现象和不良风气渗透到体育领域，出现了诸如假球、黑哨、不尊重裁判、不尊重观众等不良现象。体育部门对这些现象高度重视，对赛风赛纪问题高度重视，采取了一系列有效措施。国家体育总局提出了"教育、自律、制度、监督、惩处"的"五个环节和十字方针"，制定实施了一系列整顿赛风赛纪的规章制度和措施。一是强化赛风赛纪责任制的落实。对十运会等大型赛事中的赛风赛纪问题实行"谁主管、谁负责"的工作责任制，层层签订赛风赛纪责任书，明确责任主体、责任内容和责任追究办法。国家体育总局专门成立了赛风赛纪督察小组，对由于领导不重视，不负责任，工作失职，队伍在比赛中出现重大违纪事件，造成恶劣影响的，追究主要负责人的领导责任。二是加强裁判员队伍管理。对容易发生赛风赛纪问题的"打分记点"的项目，对裁判员进行严格教育培训，进行廉洁奉公、忠于职守的教育。三是加强对运动队的教育和管理。教育运动队树立正确的参赛观和胜负观，尊重裁判，正确对待误判、漏判、错判，坚决惩处违纪违规的行为，维护了公平、公正原则。

5. 团结协作

团结协作是中国体育的优良传统和精神。早在 20 世纪 50 年代初贺龙元帅担任国家体委主任开始，就一直强调运动队伍内部要团结友爱，互相帮助，取长补短，"国内练兵、一致对外"。这些优秀传统为一代又一代体育工作者所继承和发展。多年来，"全国一盘棋""国内练兵，一致对外"已经成为中国体育的优良传统。

为了一个共同的目标而精诚团结，无私合作，共同实现团队的目标，这样的例子在中国体育团队中比比皆是，中国登山队就是其中的一个典范。1960年3月，中国登山队依靠集体力量，在珠穆朗玛峰变化莫测的山岭间，艰苦奋斗60天，最终由王富洲、贡布、屈银华首次从北坡登顶成功，在人类高山探险史上谱写了光辉的篇章。登顶珠峰是行走在生死边缘的勇敢者的游戏，同时也是对一个团队合作提出的极限挑战，它涉及诸如物资运输、通信联络、气象预报、科学考察、医疗救助等多方面极其复杂的协调配合。只有各方面全力配合服务周到，同时登山队内部分工合作、协调一致、互相扶持，才能保证登山队主力队员最终冲击顶峰的胜利。珠峰团队当中，每个人都按照角色分工的不同，恪守职责，团结协作，保证团队的胜利。担任"探路者"角色的侦察组队员史占春、王凤桐攀登到离珠峰顶端只有200多米的"第二台阶"时，面临着继续登顶还是继续为队友铺路的选择，但他们毫不犹豫地选择了后者。在面临最后登顶的巨大诱惑下，在改变个人命运和人生轨迹抉择面前，中国登山队几乎所有的队员都选择了团队利益。在冲击顶峰过程中，一块笔直的岩壁挡住了四名突击队员的去路，四人先后单独攀登，均告失败。消防队员出身的刘连满采用"人梯"战术，让屈银华站在自己肩上，在岩壁上钉了两个钢钉，终于接近顶部，翻上"第二台阶"；一个人无法拉动下面队员，刘连满就把贡布又举了上去，在互相协助下，下面队员也攀了上去。但刘连满由于体力消耗过大，在越过第二台阶后，昏迷过去。三位队员把刘连满装进鸭绒被，吸上氧气，继续攀登，力争尽快登顶成功，回来救助战友。他们克服极度的疲劳，在氧气几乎用尽的情况下，互相搀扶，终于登顶成功，创造了人类首次从北坡登上珠峰的奇迹！

中国登山队一贯坚持团结协作的精神，取得了一次又一次的胜利。2003年5月，主要由业余选手组成的中国登山队成功登上了珠穆朗玛峰，给当时正处在抗击"非典"斗争中的全国人民以巨大的鼓舞，中共中央总书记、国家主席胡锦涛发来了热情洋溢的贺电："在这次攀登过程中，登山队全体队员发扬不畏艰险、顽强拼搏、团结协作、勇攀高峰的奋斗精神，使五星红旗再次在世界最高峰上迎风飘扬。你们的这一壮举，为祖国争得了荣誉，极大地鼓舞了全国人民为夺取抗击非典和促进发展双胜利而奋斗的勇气和信心。你们的英勇行动再一次证明，在伟大的中国人民面前，没有克服不了的困难，没有战胜不了的风险。"中国西藏登山队克服千难万险，不怕流血牺牲，1992—2007年间胜利完成了攀登世界全部14座8000米以上高峰的艰巨任务，让五星红旗飘扬在世界各大洲的最高峰，创造了世界登山史上的奇迹，在国际上引起了强烈反响，再一次为祖国争光，成为中华民族的骄傲。2008年5月8日，中国登山

135

队又克服重重困难，排除各种干扰，于上午 9 时 17 分成功登顶珠穆朗玛峰，首次实现了奥运火炬珠峰传递，让鲜艳的五星红旗、国际奥委会五环旗和北京奥运会会旗在世界之巅飘扬，实现了中国政府在北京申奥时的庄严承诺，向世界人民、向奥林匹克运动献上一份厚礼，完成了国际奥林匹克运动史和世界登山史上的壮举。

6. 顽强拼搏

竞技体育既是技术、战术的对抗，也是心理和意志品质的较量。在世界大赛中，在技术、战术水平接近的情况下，有没有顽强拼搏精神，往往成为决定胜负的主要因素。在长期的实践中，"顽强拼搏"成为中国体育的传统精神和克敌法宝。一代又一代体育健儿正是凭借着顽强拼搏的精神，在世界大赛舞台上创造了辉煌的成绩。

早在 20 世纪 60 年代中期，国家体委在上海召开训练工作会议，就提出整顿训练作风，反对"骄""娇"二气，要求运动员做到"三不怕"（不怕苦、不怕难、不怕伤）"五过硬"（思想过硬、身体过硬、技术过硬、训练过硬、比赛过硬），提出"三从一大"（从难、从严、从实战出发，进行科学的大运动量训练）。中国体育界向来认为，竞赛既是技术、战术的较量，也是心理、意志品质的较量。因此，一方面要懂得"艺高人胆大"的道理，重视训练，提高技术、战术水平；另一方面也要懂得"两军相逢勇者胜"的道理

中国女排是我国体育的光荣团队。而顽强拼搏正是"女排精神"的核心内容。1981 年 11 月 7—16 日，在日本举行的第 3 届世界杯排球赛中，中国女排顽强拼搏，七战全胜首次荣膺世界冠军。消息传回国内，极大鼓舞了刚进入改革开放时期的全国人民，激发了全国人民的爱国主义热情。此后，中国女排又相继获得 1982 年世锦赛、1984 年奥运会、1985 年世界杯赛和 1986 年世锦赛的冠军，创造了"五连冠"的辉煌。从此，中国女排成为了一个时代的符号和象征，"女排精神"激励和影响了整整一代中国人，成为整个民族锐意进取、昂首前进的强大精神动力。

改革开放 30 年来，一代又一代中国体育健儿继承和发扬了顽强拼搏、为国争光的传统，在历届奥运会和世界大赛中创造了优异成绩，铸造了中国体育的特殊性格与风采。在 2000 年悉尼奥运会上，中国乒乓球选手孔令辉在不利局面下顽强奋战，最后战胜强手瓦尔德内尔获得金牌；跳水运动员熊倪在落后的情况下作最后一搏，以 0.3 分的优势获得金牌；举重运动员占旭刚在落后对手 7.5 公斤、大多数人看来已夺冠无望的情况下，最后一举居然举起他从未达

到过的 207.5 公斤，神奇般地蝉联奥运会该级别的冠军，这些都是顽强拼搏精神的充分体现。在 2004 年悉尼奥运会上，当刘翔获得冠军后身披国旗绕场庆祝，当中国女排在 0:2 落后的情况下反败为胜时，全国无数观众都感到由衷的喜悦和自豪。在 2006 年都灵冬奥会上，张丹、张昊在双人滑冰决赛做高难度动作"抛四周"时，由于失误而严重受伤，但他们凭借顽强的作风和惊人的毅力，沉着冷静地坚持完成了比赛并获得一枚珍贵的银牌。他们展现了真正的体育精神，不但赢得了现场观众的掌声与喝彩，更为祖国争得了比金牌毫不逊色的光彩和荣誉。在 2008 年北京奥运会上，射击运动员杜丽在主项失利的情况下，凭借坚强的意志和决心，积极调整，走出了失利的阴影，在副项上冷静出战勇夺金牌。中国男篮不畏强手，在与美国、西班牙、德国等世界强队的比赛中，表现出强烈的求胜欲望和顽强的意志品质。这些都是对"顽强拼搏"的精彩阐释。

三、举国体制　坚强保证

我国竞技体育的举国体制是几代体育工作者在半个世纪的体育实践过程中不断探索、逐步形成的一种发展模式和制度体系，是在社会主义初级阶段的历史条件下，竞技体育的发展目标、发展战略与我国国情相适应的产物。实践证明，举国体制是符合中国基本国情、具有鲜明中国特色的竞技体育发展模式，是实施我国奥运战略的坚强保证，是改革开放 30 年来我国竞技体育得以快速发展、取得辉煌成就的制胜法宝。

(一)　坚持和完善举国体制

我国竞技体育举国体制在不断探索竞技体育发展和制胜规律，结合我国现阶段基本国情以及新中国竞技体育的发展基础，经过五十多年的实践和探索，在不断调整和改革过程中，得以逐步完善和发展起来的。

新中国成立后，国家为了发展体育运动，提高我国竞技体育的运动技术水平和国际综合竞争实力，参与奥林匹克运动，应对国际竞技体育的挑战，努力攀登世界竞技体育高峰，根据新中国的国家政体和我国竞技体育十分薄弱的发展基础，同时借鉴和学习前苏联等社会主义国家发展竞技体育的基本经验，在中国社会主义初级阶段基本国情的基础上，成立了专门的体育行政机构，研究制定了我国发展体育运动的基本方针和发展计划。

1958 年，国家体委开始制定我国体育发展的 10 年规划，提出争取 10 年左右赶上世界先进水平。1959年，国家体委正式确定"普及与提高相结合"的方针，明确"提高"的含义是"培养少数优秀运动队伍"。其后，各省在体委建制下陆续建立和完善"体育工作大队"，"国家集训队"也逐渐成为常设建制。1963年，国家体委在《〈关于试行运动队伍工作条例〉的通知》中指出："必须坚持优秀运动员训练和青少年业余训练两条腿走路的方针，才能使优秀运动队得到源源不断的补充。"1965年的全国体育工作会议，国务院副总理兼国家体委主任贺龙元帅明确提出了"思想一盘棋、组织一条龙、训练一贯制"和"国内练兵、一致对外"等发展竞技体育的指导思想和基本原则。1978年，国务院在批转国家体委上报的《一九七八年全国体育工作会议纪要》的文件中明确指出和要求，省、自治区、直辖市都要按照思想一盘棋、组织一条龙、训练一贯制的要求，力争在三五年内建成从基层运动队（中小学）—业余体校—重点体校—体工队层层衔接的训练网，逐步建立集中统一的训练指挥系统。在上述思想和文件指导下，从20世纪50—70年代末，我国竞技体育的举国体制的核心已基本形成，其中主要包括了以国家体委和各级体育部门为中心的体育行政管理体制；以国家集训队和省级专业体工大队以及业余体校为核心的三级训练体制；以全运会为核心的竞赛体制。

改革开放以来，为了适应中国重返国际奥林匹克大家庭这一新形势要求，1979年全国体育工作会议上确定，省级以上体委在普及与提高相结合的前提下，侧重抓提高，集中力量解决运动技术水平落后这个最突出的矛盾，同时完善运动员、教练员等级制度，提出了"三从一大"训练原则，进一步明确了中国竞技体育"思想一盘棋、组织一条龙、训练一贯制"的指导思想，我国竞技体育举国体制基本形成并得以逐步完善。

1986年，国家体委公布了《国家体委关于体育体制改革的决定（草案）》，提出坚持"全国一盘棋"的指导思想，进一步明确了落实奥运战略，必须解决好全局与局部的关系，改变过分集中省以上体委办优秀运动队的状况，把训练的路子拓宽，积极鼓励有条件的行业、厂矿、企业、高校设立高水平运动队。1988年，为了充分发挥单项体育协会在竞技体育事业发展中的作用，国家体委对足球、武术、登山、棋类等运动项目管理体制开始进行协会化试点改革。正是从这一时期开始，我国竞技体育举国体制由过去的单一行政管理主体向着社会广泛参与的多元化竞技体育管理主体方向发展，迈出了竞技体育社会化的步子，使产生于计划经济时期的竞技体育举国体制主动向着适应社会主义市场经济体制要求的方向转化。

1993年，《国家体委关于深化体育改革的意见》指出，体育行政部门要按照精简、统一、效能的原则，转变职能，调整内设机构，实行政事分开，将大量事务性工作交给事业单位和社会团体，把工作重点真正转移到宏观调控上来，加强调查研究、统筹规划、政策引导、组织协调、提供服务，充分运用行政、法律、经济和竞赛等手段，建立灵活多样的调控机制，切实发挥对体育事业的领导、协调、监督作用。在《国家体委关于深化体育改革的意见》的指导下，中国竞技体育举国体制拉开了自改革开放以来影响面最广、改革力度最大的以运动项目管理改革为重点、全面推进运动项目管理协会实体化的改革帷幕。经过几年的改革实践，尤其是在政府机构改革的推动下，国家一级直接管理运动项目的竞技体育管理体制已过渡到由运动项目管理中心管理，我国竞技体育举国体制的改革进一步深化。

2002年，《中共中央　国务院关于进一步加强和改进新时期体育工作的意见》，对我国竞技体育的发展目标和方式进行了更加明确和详细的指导。同时，国家体育总局根据中共中央和国务院的精神，又制定和发布了《2001—2010年奥运争光计划纲要》，进一步从指导思想、政策法规、制度体系和行动方案上，明确了竞技体育举国体制与奥运战略之间的关系，反映出我国发展竞技体育举国体制的思想更加成熟，战略举措更加具体，各种与举国体制相关的配套措施和政策也相继出台，竞技体育举国体制得到进一步完善。

奥运战略是对我国竞技体育发展战略的高度概括和集中体现，是有所为、有所不为的战略方针在我国竞技体育发展中的具体落实，是我国体育事业发展总体战略的重要有机组成部分。主要指在当前和将来一段时间内，我国竞技体育的发展目标是在以现代奥运会为最高层次的国际竞技体育大赛上，取得优异的运动成绩，为国争光。奥运战略还意味着在我国开展的竞技体育项目以奥运会设项为主，突出奥运会项目，国家在人、财、物等方面的投入和政策措施等各个方面都要优先发展奥运会项目，对发展奥运会项目实行政策倾斜，在整个竞技体育发展战略中，把发展奥运项目、在奥运会上取得优异成绩摆在一个重要的位置上加以对待。

奥运战略与举国体制是目标与手段的关系，即在奥运会上取得优异的运动成绩，为国争光，使竞技体育能够起到振奋民族精神、增强民族凝聚力的作用，是我国实施奥运战略、发展竞技体育的最终目标，竞技体育的举国体制就是为了实现奥运战略最终目标的有效手段和方式。也可以理解为同一事物的两个不同方面之间的关系。从历史的角度看，虽然我国竞技体育举国体制的建立先于奥运战略的提出，但将目标瞄准于参与各种世界大赛并取得优异成绩，彰显社会主义制度优越性，展示新中国所取得的成绩，提高我国的国际地位等，却是当初设计并建立竞技体育举国体制的初衷与动力源。奥运战略和举国体制可谓相得益彰，没有举国体制，奥运战略就失去了依靠和保障；没有奥运战略，举国体制的优势也就无从发挥。

1979 年全国体育工作会议上，国家体委明确提出了"省以上体委侧重抓提高"的工作思路。侧重抓提高的竞技体育工作思路的核心内容是：在一定历史时期，为满足国家社会发展需要和人民的期望，实现特定的体育发展目标和完成奥运会任务，省以上体委在体育工作中，侧重发展竞技体育，着眼于在世界各类大赛甚至奥运会上夺取优异成绩。在侧重抓提高的竞技体育工作思路指导下，我国的竞技体育在领导体制、训练体制、竞赛体制等各个方面都有具体的政策突破，我国发展竞技体育举国体制的指导思想进一步明确。实践证明，侧重抓提高方针的提出和实施是及时的，决策是正确的。这一指导方针为我国竞技体育举国体制进一步完善提供了重要的思想理论和实践基础，也为 1984 年中国运动员在奥运会上取得历史性的突破创造了良好的政策条件。

1984 年，中国运动员在第 23 届奥运会上取得了历史性突破，极大地鼓舞了全国人民，开创了我国竞技体育发展新的里程碑。正是在中国改革开放和中国运动员在 1984 年奥运会上取得的优异运动成绩的历史背景下，1984 年在全国体育发展战略、体育改革会议上正式提出把在奥运会上名列前茅作为发展目标，要求"各级体委都立足本地区，面向全世界，为奥运会作贡献"。

国家体委从 1993 年开始，在奥运战略思想的指导下，对全国运动会进行了系列改革和重大调整。把全运会的举办时间调整在奥运会后的第一年举行，目的就是为了保证运动员集中精力参加奥运会，在奥运会上夺取优异的运动成绩。把全运会项目设置与奥运会项目设置全面接轨，取消了除武术以外所有非奥运项目在全运会中的设置，目的就是要把全国发展竞技体育的力量统一到以奥运会为最高目标的竞技体育发展战略上来。在这个时期，我国发展竞技体育的奥运战略更加突出，国家目标更加明确，举国体制的发展方式得到进一步完善和强化，更加合理地配置了全国各地竞技体育资源，有效地动员了全国发展竞技体育的积极性。

1995 年，国家体委正式颁布了我国第一部《奥运争光计划纲要》，全面规划和设计了到 2000 年奥运会，我国竞技体育的发展目标、指导思想、发展方式、发展手段、项目布局和各种有关政策和措施，全面、系统、科学地发展竞技体育，备战奥运会的举措基本形成，为 2000 年中国体育代表团在悉尼奥运会上取得历史性突破奠定了坚强的基础。

2001 年 7 月 13 日，中国首都北京成功赢得了 2008 年奥运会的举办权以后，无论是我国的竞技体育水平，还是对当代奥林匹克的理论认识都进入了一个崭新的阶段，党中央、国务院对体育的发展更加重视，全国人民更加关注，竞技体育举国体制的各个方面的政策更加趋于完善。为了保证举国体制全面贯彻落实，2002 年中共中央、国务院联合下发了《中共中央　国务院关于进一步加强和改进新时期体育工作的意见》。在文件中要求：制定新时期奥运争光计划。以新世纪我国在奥运会等重大国际比赛中取得优异成绩为目标，进一步发挥社会主义制度的优越性，坚持和完善举国体制，明确中央和地方发展竞技体育的责任，充分调动中央和地方以及社会各个方面的积极性，在充分发挥竞争机制的基础上，把全国的体育资源更好地整合起来。全国运动会是推动中国竞技体育发展的重要环节，要全面、科学安排国内各项赛事，改革完善竞赛制度，充分发挥竞赛的功能和效益，为实现"奥运战略"目标服务。同年，国家体育总局正式颁布了《2001—2010 奥运争光计划纲要》。

概而言之，改革开放 30 年的中国竞技体育发展，既可看做是坚持和完善竞技体育举国体制的 30 年，也可以看做是坚定不移实施奥运战略的 30 年。坚持竞技体育举国体制和实施奥运战略是社会主义初级阶段的中国参与国际体育竞争的必然选择，是一种高效率地提高我国运动员竞技运动水平的合理制度设计，也是我国竞技体育全面参与国际竞争与合作的一个十分重要的战略举措。多年的实践表明，竞技体育举国体制和奥运战略思想适应了中国改革开放、竞技体育走向世界、积极参与国际竞争的需要，适应了当代国际竞技体育激烈竞争的内在要求，提高了中国竞技体育的综合实力，促进了中国体育事业的全面发展。

（二）完善竞技体育管理体制和运行机制

改革开放 30 年来，我国竞技体育所取得的令世人瞩目的骄人成绩，得益于党和国家的高度重视，得益于国家经济社会的发展，得益于我国体育事业始终坚持以改革促发展的正确指导思想。30 年来体育部门通过大力推进体制改革、坚定不移走竞技体育社会化道路、适时调整和实现运动项目结构的科学布局，以及大力加强国家队建设与改革，从而使竞技体育管理体制和运行机制不断完善。

1. 推进运动项目协会实体化改革

坚持改革开放，坚持以改革促发展，是贯穿我国竞技体育近 30 年来发展之路的一条主线。然而，体育改革又是一项错综复杂的系统工程，从纵向看，它要经历不同的发展阶段；从横向看，它包涵了体育工作的各个领域。在这个系统工程中，运动项目管理体制的改革是关键，起到了带动其他各项改革的龙头作用。为此，原国家体委紧紧抓住这个关键环节，进行了以协会制为目标的卓有成效的体育体制改革。

新中国成立以来，我国体育事业有了较大的发展。特别是党的十一届三中全会以后，体育事业进入了发展最快、最好的历史时期。体育对增强人民体质、振奋民族精神、陶冶道德情操、发展国际交往、增进同全世界人民的团结和友谊，起着越来越大的作用。但随着国家改革开放的逐步深入，在计划经济体制下多年形成的传统的体育体制越来越与人民日益增长的体育需求及体育自身的发展不相适应，阻碍了体育水平的进一步提高。从体制上看，主要是以行政手段为主进行管理，办体育的路子不宽、不活，"管体育"与"办体育"不分，关系不顺，机制不活，效益不高，体育事业发展的活力和后劲不足。为此，国家体委经过长时间的酝酿讨论和调查研究，于 1986 年 4 月 15 日作出了《国家体委关于体育体制改革的决定（草案）》。该《决定》首次把体育改革提到了体制改革的高度，系统分析了体育体制改革的必要性和迫切性，明确了我国体育体制改革的指导思想。该《决定》指出："改善体育领导体制，切实发挥体委对体育事业的领导、协调、监督作用""要充分发挥体育总会和各种体育协会、运动协会的作用"。并就单项运动协会的权限作了具体规定，主要包括：对运动项目的发展进行战略研讨，并提出建议；负责业务培训和考核；推荐人才；学术交流；出版专业刊物；审议规则法规等，主要侧重咨询、参谋方面的作用。从此拉开了运动项目管理体制改革。

1988 年，国家体委选择了足球、武术、登山、棋类、桥牌、网球等 12 个运动协会进行实体化改革试点。采用的名称为"办公室"，如足球办公室、网球办公室等，其办公地点仍在原国家体委各司内，重大事宜报司审批。1992 年初又决定把足球改革作为运动项目管理体制改革的突破口，积极推行协会实体化，在管理体制和运行机制等方面做了大量的改革尝试，逐步使各级足协实体化，把俱乐部作为足球运动基本组织形式，逐步实现职业化。

1993 年 5 月 24 日，国家体委在总结五年改革经验基础上，作出了《国家体委关于深化体育改革的意见》，提出了"加快单项运动协会实体化步伐，建立具有中国特色的协会制"，要求"进一步扩大事业性协会实体的试点，特别是选择一定数量的奥运会重点项目进行试点，以便全面地总结经验"，并对实施协会制的必要性、原则、方法和步骤，以及内部管理机制和体育行政部门对协会的管理等都提出了比较具体的意见，要求到 20 世纪末争取各运动项目基本实施协会制。同年，即将原国家体委训练竞赛五司与首都体育馆合并，成立了"冬季运动项目办公室"。1994 年又扩大范围，此次采用的名称是"运动项目管理中心"。主要包括：（1）撤销训练竞赛一司，将其所管理的项目与原所管事业单位射击场、无线电运动学校、老山摩托车运动学校等，合并成立了射运中心、自摩中心和水上中心。（2）将群体司所管理的项目划出组成社体中心。（3）将乒乓球、网球、拳击划出成立了乒乓球羽毛球中心、网球中心和拳击中心。至此，共成立了 14 个运动项目管理中心，使实体化协会达到 41 个，共占全部协会的 65.1%。各中心既是独立的事业单位，又赋予管理本项目的行政职能，同时又是协会的常设办事机构。

1997 年 11 月 24 日，国家体委在总结近 10 年协会实体化试点经验之后，决定全面推开。撤销了训练竞赛一、二、三司和综合司，将其管理职能合并成立了竞技体育司，将管理项目的具体职能划出，调整成立了 6 个中心，即篮球中心、排球中心、田径中心、游泳中心、体操中心，将摔跤、柔道等项目按项群理论原则与拳击中心合并成立了重竞技中心。2005 年，国家体育总局根据世界竞技体育发展趋势及我国体育事业发展的需要，新组建了手、曲、棒垒球中心，撤销了重竞技中心，分别建立了拳击、跆拳道中心和举重、摔跤、柔道中心。至此，共成立了 23 个运动项目管理中心，结束了运动项目管理的双轨制，以政事分开、管办分离为目标的运动项目管理体制改革全部到位。这种新的运动项目管理体制既不同于我国传统的计划经济体制下由政府直接操办竞技体育的具体事务，又与国外运动项目协会制有很大的区别，是一种符合我国当时国情的过渡性管理体制。

实践证明，以运动项目管理体制改革为龙头，既可以解决机关政事不分、管办合一的弊端，又可以带动训练、竞赛，乃至体育教育和体育科研体制改革，推动运动项目的普及与技术水平的提高，促进体育的社会化和产业化。

2. 推动竞技体育社会化

随着社会主义市场经济体制的逐步建立与完善，竞技体育举国体制依存的内外制度环境和社会价值观发生了深刻变化，原来计划经济体制条件下，利益一元化的制度基础不复存在，表现出利益主体多元化的显著特征，竞技体育向着社会化的方向发展成为我国竞技体育发展的必然选择。

党的十一届三中全会后，中国体育事业的发展开始步入正轨。经过 3 年调整期，开始着手对体育体制各方面进行初步的改革试点。1981 年，开始进行以提高体育总会、单项体育协会和行业体协的地位及作用为内容的改革试点；

1983 年，开始对训练体制和竞赛体制进行多方面改革；1986 年 4 月 15 日，国家体委正式颁布了《关于体育体制改革的决定（草案）》，为中国体育体制的改革拉开了序幕。这次体制改革的中心是由国家包办体育过渡到国家办与社会办相结合，转变国家体委等行政机构的职能，理顺体委与各方面的关系，恢复、发展行业体协和基层体协，放手发动全社会办体育，并对竞赛体制、训练体制、科研体制等分别进行了一系列的变革。

进入 20 世纪 90 年代，邓小平南巡讲话和党的十四大确定了社会主义市场经济体制的社会改革目标。1992 年 11 月中旬，国家体委在广东省中山市召开了以学习邓小平南巡讲话和党的十四大报告、探讨体育改革为主题的全国省（区、市）体委主任座谈会。经过激烈的讨论，达成了深化体育改革的共识，即按照社会主义市场经济的要求和现代体育运动的发展规律，进一步理顺国家与社会、集中与分散、体育行政与项目协会等之间的关系，走政府主导、社会广泛参与的以竞技体育社会化为改革方向的道路。1993 年，全国体委主任会议制定并下达了国家体委《关于深化体育改革的意见》和 5 个配套文件，确立了 20 世纪 90 年代体育体制改革的基本思路，即实现由计划经济体制下的体育体制向与社会主义市场经济体制相适应的体育体制转变，逐步建立符合现代体育运动发展规律、国家调控、依托社会、自我发展、充满生机与活力的体育体制和良性循环的运行机制。同时，国家体委机构也进行了相应的精简。1994 年，国家体委机关由原来的 15 个厅、司、局缩减为 13 个，工作人员由 470 人缩减为 381 人。1998 年，本着"精简、统一、效能"的原则，国家体委再次进行了机构改革，国家体育运动委员会改组为国家体育总局，改组后的国家体育总局由国务院组成部门改变为国务院直属机构，内设机构减少到 9 个，人员编制由 381 人减少为 180 人，但主要职责不变。这一系列的机构改革提高了我国体育行政机关的工作效率，更为重要的是，将政府在体育运动包括竞技体育管理中的职能，定位于政策制定、法规建设、提供基本的财政支持和加强体育场馆等公益性设施建设上，而将其他诸多具体体育事务交由各社会体育实体去完成，建立起精干高效、运转协调、调控有力的"小政府、大体育"的行政管理组织体系。

在这一时期中，通过深化改革，在政策、机制、措施等方面的大胆创新，使竞技体育管理体制不断完善，同时，借助社会力量办体育，充分调动社会的积极性，拓宽多元投资渠道，广泛吸纳社会资源为竞技体育发展提供支持，竞技体育的社会化程度在不断提高，国家办与社会办相结合的多元化竞技体育投入体系逐步形成，改变了国家或省市政府一家投资的状况，解决了我国长期培养人才渠道单一、训练体制一包到底的弊端,最终实现原来主要靠国家办体育的单一形式向多渠道、多层面、社会广泛参与的多元形式的转变。目前,我国各个运动项目的发展经费中一半左右来自于市场开发收入。地方体育部门的事业支出中,社会资金也占到了接近一半,部分地区市场开发收入已经大大超过了国家财政拨款,我国竞技体育大踏步地向着社会化的道路迈进。

3. 努力实现竞技体育资源的优化配置

坚持"有所为,有所不为",确保重点的基本方针,是中国根据社会主义初级阶段的基本国情,在通盘考虑社会经济发展水平、我国现有竞技体育基础,以及竞技体育发展方向和发展速度等因素,围绕运动项目内部结构改革这一重点所采取的战略方针。

自20世纪60年代,体育管理部门充分认识到体育发展与国民经济发展的关系,在社会资源极其匮乏的条件下,选择了"缩短战线,保证重点"的发展策略。按照有所为、有所不为的原则,调整了我国体育工作的重点,在侧重竞技体育发展的同时,将运动项目区分为重点项目与非重点项目,确定了优先发展重点项目的工作方针。将有限的资源用于保证乒乓球、登山、田径、游泳等重点项目发展的需要,在较短时期取得了一批重大的成果:打破了男子举重、女子跳高和100米男子蛙泳世界纪录、荣获中国第一个世界冠军(乒乓球)、从北坡登顶珠穆朗玛峰,开创了人类历史的先河……这些成绩,不仅使我们在部分项目上实现了赶超世界水平,而且产生了重大的社会影响。

20世纪80年代以来确定的"竞技体育适度超前"的体育发展战略、"奥运争光计划"为龙头的竞技体育发展战略、奥运项目与非奥项目区别对待的项目发展战略等,使中国的体育发展,特别是竞技体育发展的不同层面和重要环节都贯彻着"有所为,有所不为,确保重点"的思想原则。在体育投入总量不足的情况下,竞技体育实现了高速赶超、跨越式发展目标。

进入20世纪90年代,中国根据当前及今后一段时期中国竞技体育所面临的任务与条件,以及世界竞技体育发展趋势和基本走向,采取了更为细致的运动项目划分与分项管理,即按照项群理论与中国传统优势项目等,将现已开展的运动项目分为优势项目、潜优势项目与一般项目,基础项目与集体项目等。

优势项目指中国运动员在重大国际竞技体育比赛中,特别是在奥运会比赛中,运动成绩表现出比较稳定,经常在国际竞技体育比赛中,取得优异运动成绩的体育项目。包括射击、跳水、乒乓球、羽毛球、举重、体操、女子柔道七大传统竞技体育优势项目,采取"专项划拨、重点支持、确保优势"等措施,使之在以奥运会为最高层次的国际竞技体育大赛中屡建奇功。2000 年悉尼奥运会，上述七项共获得中国体育代表团金牌总数 28 枚中的 26 枚；2004 年雅典奥运会，共获得金牌总数 32 枚中的 23 枚；2008 年北京奥运会共获得 51 枚金牌中的 39 枚，为实现中国奥运战略目标作出了巨大贡献。

潜优势项目是近年来在国际重大竞技体育比赛中取得较大进步，现有的运动成绩已经达到了较高的水平，具有相当的国际竞争力，在重大国际竞技体育比赛中有可能夺取奖牌甚至是金牌的运动项目。包括击剑、女子跆拳道、女子自行车、女子摔跤、女子射箭等一批运动项目。在悉尼奥运会上，这些潜优势项目仅获得 1 金 2 铜和一个第 6 名；在雅典奥运会上，夺得了 1 金 5 银，取得了很大进步和发展；在北京奥运会上，这些项目夺得了 4 金 3 银 1 铜的好成绩。除此之外，在拳击、帆船、赛艇以及男女蹦床等项目也取得了金牌"零"的突破；女子曲棍球、女子沙滩排球、男子射箭团体、女子帆船、男子跆拳道、女子马拉松、女子链球、花样游泳等项目均获得奖牌。这些都是中国竞技体育综合竞争能力得到提升，取得进一步发展和突破的期望所在。

基础项目主要是指田径、游泳和水上等运动项目，这些项目不仅是奥运会比赛中设项的金牌大户，同时也是"世界性"的运动项目，在世界各个国家的开展和普及面广，影响力大。上述三大基础项目在奥运会比赛中的小项之和等于 119 项（约占整个奥运会比赛项目的 40%），也称之为"119 项目"。然而，中国却长期在这三大基础项目的奥运大赛中鲜有建树，悉尼奥运会中国只有田径项目获得了一枚竞走金牌，结果是 1 比 119。悉尼奥运会结束后，原国家体育总局局长袁伟民提出了"119 项目工程"，从组织领导、训练体制、资金投入、科技攻关等多方面，大力发展田径、游泳和水上运动项目，并成为中国备战 2004 及 2008 年奥运会的工作重点之一。时隔 4 年的雅典奥运会，中国选手在田径、游泳、赛艇、皮划艇等项目上收获了 4 枚金牌和 1 枚银牌，孟关良/杨文军的男子 500 米双人划艇金牌，终结了中国皮划艇甚至中国水上项目没有奥运金牌的历史。2008 年北京奥运会上，中国军团在三大项目上取得 4 枚金牌、4 枚银牌、5 枚铜牌的成绩。虽然金牌数与上届持平，但奖牌数量却有了较大增长，一些项目也取得了新的突破。

4. 改革国家队管理体制

国家队是实现奥运战略目标、勇攀世界竞技体育高峰的攻坚力量，代表着中国竞技体育的最高水平，也是坚持和贯彻奥运战略的重要组成部分。改革开放 30 年来，随着中国竞技体育事业的蓬勃发展，中国国家队的管理也走过了一条由简单到复杂、由传统管理到科学管理的与时俱进的发展和改革之路，初步形成了具有中国特色的国家队管理模式。

早期国家队的组建采取的是"三集中"的方式，即集中训练、集中学习和集中食宿模式。这种简单的管理模式与当时中国国家队项目较少、规模较小，以及国内各地竞技体育开展规模和水平十分有限等有着密切的关系。随着体育体制改革的不断深化和中国竞技体育水平的快速提高，早期的国家队的简单管理模式与管理体制已难以适应新形势下的国家队建设与发展的需要，逐渐形成了三种组建方式，即集中型、集中与分散结合型和分散型。

1993 年《国家体委关于深化体育改革的意见》指出，改革国家队的组建形式和选拔制度。按照"稳住一头，放开一片"的原则，只对少数奥运优势项目国家队实行集中管理长期集训，多数项目国家队放到有一定训练能力和训练条件的地方和部门，使国家重点项目布局点与承担国家队任务的单位结合起来。今后参加国际比赛，特别是奥运会、亚运会的运动员、教练员要根据项目特点进行选拔。实践证明，这种新的国家队组建方式有效地调动了国家与地方两个方面的积极性，强化了竞争机制，形成了较好的训练格局。如田径体操等项目每年根据成绩公布国家队队员和国家队教练的名单，列入名单者为当年国家队队员和教练员，同时享受国家队待遇。

进入 21 世纪，为了更好地备战 2004 年和 2008 年奥运会，中国进一步加强了国家队建设，发挥了国家队集中训练的举国体制优势，使国家队的训练更为充分发挥集体的智慧和力量，在时间、人力、经费等方面更好地保障了训练，集中型的国家队成为当前国家队赖以有效提高运动水平的主要训练组织形式。与此同时，适当扩大了国家队编制和集训规模，使国家队的数量由改革开放前的十来支国家队增加为目前的 44 支国家队、2700 名优秀运动员，涵盖了夏季奥运会的 28 个大项、35 个小项，以及 3 个冬季奥运会大项、2 个非奥运会大项。

在国家队的内部管理体制上同样走过了一条与时俱进的改革之路。改革开放以来至 1985 年，中国各项目国家队实行的是领队负责制，强调的是领队的政治领导作用；1985 年至 20 世纪末，国家队大多实行的是主（总）教练负责制，突出了主教练业务上的全面指挥权；进入 21 世纪，国家队的内部管理逐步向着队委会领导下的分工负责制方向转变，更为重视充分发挥集体的智慧与作用，调动起方方面面的积极性，最大限度地整合资源，进一步增强了国家队这个特殊群体的管理，又较好地体现了党的优良传统和组织作用。

现在的竞技体育的竞争仅仅依靠有限的知识和单一的手段已不能达到高

峰。因此，构建一种既有管理专家和专业领军人物结合的管理班子，亦有科技人才和医学专才参与的复合型国家队训练管理团队，符合竞技体育发展规律，既是适应当今竞技体育技术、管理更为复杂的需要，也是我国竞技体育整体水平不断提高的必由之路。通过打造复合型国家队训练管理团队，能使中心管理者、主（总）教练、领队、科研人员和医生组成一个知识更为系统，各方形成合力，实现"国家最高水平"的训练体系，充分体现举国体制的优势。

（三）全面推进竞赛体制改革

运动竞赛制度是国家为了有效地协调各类竞赛活动，提高运动竞赛管理的规范化和制度化而制定的有关组织竞赛的法规与准则。其主要内容包括竞赛的形式和名称、竞赛的目的、项目设置、竞赛时间、竞赛地点、参赛对象、计分办法、举办周期、竞赛奖励及赛区各项工作的组织管理等。经过改革开放 30 年的不断改革和完善，中国已经形成了一个以全国运动会为龙头，以全国城市运动会、全国冬季运动会、各单项运动会及为了培养高水平运动后备人才的青少年运动会和青少年单项锦标赛等系列竞赛为主体的竞技运动竞赛体系，制定并形成了全国综合性运动会制度、全国体育运动单项竞赛制度、全国综合性运动会申办办法、运动员参加全国比赛代表资格注册管理办法等具有中国特色的竞技体育竞赛制度体系。

在众多的竞技运动竞赛中，全运会的设立及其独特而巨大的作用，占据着十分突出和重要的地位。全运会不仅是推动我国竞技体育发展的重要环节，是实现竞技体育举国体制的重要手段，也是实施奥运争光计划的有力杠杆，对于推动我国竞技体育的发展和运动水平的提高具有不可替代的作用，并在促进群众体育和体育科学技术发展、加速城市现代化建设等方面，都作出了卓越贡献。更为重要的是，通过全运会，极大地调动和发挥了地方的积极性和创造性，推动了举办地城市建设的跨越式发展，改善了城市的环境，提高了市民的文明水平，对于塑造城市形象、打造城市品牌，也具有十分重要的意义。改革开放 30 年来，我国竞赛体制的改革紧紧抓住全运会改革这一"龙头"，带动和不断深化我国竞赛体制的全面改革，取得了显著成绩。

1979 年 9 月在北京举行的第 4 届全运会，是中国改革开放后举行的首届全国综合性运动会，也是在粉碎"四人帮"以后，全党工作重点转移到社会主义现代化建设、体育运动水平有了较快恢复的基础上进行的运动会。本届体育盛会不仅把中国运动技术水平推向了一个新的高度，更充分展现了体育战线解放思想、安定团结、大干快上、勇攀高峰的精神面貌。

　　1983 年 9 月，第 5 届全运会在上海市举行。这是新中国成立以来首次在首都以外举行的全运会。本届全运会不仅是对党的十一届三中全会以来中国体育运动取得的新成就的一次大检阅，是开创中国体育事业新局面迈出新步伐的一次体育盛会，更为重要的是从改革全运会举办地开始，拉开了中国以全运会为龙头的竞赛体制改革的序幕。

　　1985 年，《国家体委关于 1985 年全国体委主任会议情况向国务院的报告》中提出："在全国施行竞赛地点和经费试行招标和计划分配相结合的办法，推动竞赛社会化，调节供求矛盾，提高竞赛质量。"这一重要举措打破了过去长期存在的竞赛全部靠计划安排的方式，调动地方争办全国性比赛的积极性，同时也减轻了国家的压力。全国性竞赛进行招标和申办是竞赛体制改革的重大举措，是使竞赛走向法制化的重要步骤。1986 年，《国家体委关于体育体制改革的决议（草案）》中提出，竞赛改革是体育改革的一个重点，要充分发挥竞赛的杠杆作用，调动各方面办体育的积极性，促进多形式、多渠道、多层次造就大批优秀运动人才，推动体育运动的普及与提高。竞赛要向社会化、制度化方向发展。使国内比赛与重大国际比赛衔接好，优秀运动队比赛与业余比赛衔接好。从而为后期的竞技运动竞赛体系改革明确了改革方向、改革重点和改革思路。

　　1989 年 6 月，国家体委公布了《全国体育运动单项竞赛制度（试行）》，其中第 20 条规定，全国竞赛地点实行计划安排与招标相结合的办法。1993 年，在《国家体委关于深化体育改革的意见》中指出，体育行政部门主要负责制订竞赛的方针政策、规划和综合性运动会的组织管理工作，部门和行业综合性运动会由主管部门负责；单项比赛由各运动项目协会负责；其他类型比赛逐步放开。进一步开拓体育竞赛市场，加强竞赛管理。按照"谁举办、谁出钱、谁受益"的原则，拓宽竞赛渠道，扩大商业性、娱乐性、表演性比赛。建立和完善全国综合性运动会申办制度和全国单项竞赛招标制度，逐步实行竞赛许可证制度。文件还对全国城市运动会的项目设置，运动员的参赛年龄、参赛资格等作出了切实可行的改革措施，目的是要通过改革切实达到突出重点，引导运动队伍发展，培养后备人才，使参赛队伍既要与国际比赛相衔接，又要符合各项目训练成材的规律，并保持相对的稳定性。

　　从第 7 届全运会开始，为了有效贯彻"全国一盘棋、国内练兵、一致对外"的举国体制基本设计思想，实行了奥运奖牌带入全运会的政策，在奥运会上获得的奖牌按照 1:1 的方式计入到全运会的各参赛代表团，从而将参加奥运会取得的成绩与全运会的成绩联系起来，引导各个省、区、市把发展竞技体育的目标直指奥运会，以利奥运战略的顺利实施。在第 10 届全运会上，又进一步加大了奥运会奖牌带入的力度，规定 1 枚奥运会奖牌按 2 枚计入到全运会的各参赛代表团。在项目设置上，从第 8 届全运会开始，按照"缩短战线、突出重点"的原则，对全运会的项目设置逐步进行了调整，实现了项目设置与奥运会全面接轨。同时，为了进一步调动各方面积极性，加大对集体球类项目支持力度，促进竞技人才的合理流动，主动与国际竞技运动大赛接轨，实行了解放军运动员两次计分办法，即解放军运动员在全运会比赛中所取得的竞赛成绩，不仅计入解放军代表团，同时带入运动员的原籍省、区、市。通过计分办法的改革，既充分发挥了部队培养运动人才的优势，协调和调整部队与地方的利益关系，解决了后备人才来源问题，同时还化解了地方体育部门与军队争夺竞技体育后备人才的尖锐矛盾。在加强集体球类项目建设方面，对参加全运会决赛的足球、篮球、排球、手球、曲棍球、棒球、垒球、水球 8 个集体球类项目实行双倍奖牌和加分的竞赛办法，并将足、篮、排球的决赛参赛名额扩大到 12 支队伍，从政策层面加大了对我国集体球类项目支持力度。在促进竞技人才合理流动方面，采取了运动员注册制的办法，确定不同运动员的单位代表资格，为运动人才合理有序的流动，特别是后备人才的合理流动提供了制度保证，使对高水平运动员管理逐步走向规范化和法制化的轨道。在与国际竞赛接轨方面，明确规定射击、自行车、击剑、沙滩排球、田径等部分运动项目的决赛资格和选拔办法逐步与国际竞赛的要求接轨，采用席位赛、系列积分赛等形式确定参加全运会决赛的运动员资格。上述政策的强力推行，充分体现了"全运会为奥运战略服务"的思想，把各单位的工作目标都引导到支持备战奥运会的工作上来，进一步发挥了举国体制优势，起到了调动积极性、引导各地方和解放军体育部门调整项目布局、合理配置资源、为国家输送人才、为国家奥运战略作贡献的作用。

以全运会为龙头的竞赛体制改革，也极大地带动和促进了我国其他各类赛事的改革，全国竞赛数量快速增加。各运动项目管理中心从锻炼队伍、提高水平、推动项目发展出发，开发竞赛市场，不断设计和推出新赛事。继足球、篮球、排球、棒球、乒乓球、棋类等项目的主客场制改革后，一些项目的国内比赛也与国际赛事接轨，分站赛、系列赛、积分赛、大奖赛等相继出现。据统计，改革开放 30 年来，全国竞赛由每年 100 项次左右增至现在的 900 多项次，增长近 10 倍。另外，通过举办城市运动会，加大了优势项目和重点项目后备人才的培养力度，锻炼了后备力量，进一步促进了项目的可持续发展。一些高水平、高质量的体育竞赛为提高项目的运动技术水平、锻炼队伍、增强运动员的大赛经验和实战能力等提供了更多、更好的机会，我国竞赛体制进一步完善，竞赛组织水平和科学化程度不断提升，取得了显著的经济效益和社会效益。

（四）改革完善训练体制

改革开放 30 年来，经过不断的改革和完善，我国竞技体育形成了以国家队为龙头，以省区市专业运动队为中坚力量，以重点业余体校为后备军，以一般业余体校青少年运动员为基础的四级金字塔式的运动训练体系和训练网络。这样的运动训练体制结构，充分体现了"全国一盘棋"的举国体制所设计的运动训练基本思想，运动训练一条龙保证了当代运动训练系统化的本质要求和发展趋势，遵循了当代运动训练的规律，为我国竞技体育健康、持续、快速发展提供了坚实的体制保证。与此同时，我国的运动训练长期以来坚持"三从一大"的科学训练原则，深入研究竞技体育的发展规律、运动项目的制胜规律、体育竞赛的备战参赛规律、运动队伍的管理和训练规律等，使我国的竞技体育在较短时间里取得了快速发展。

1. 稳步推进训练体制改革

以三级训练网为标志的"一条龙"训练体制，多年来为国家培养了大批体育人才。但随着社会主义市场经济体制的建立与完善，以及体育体制改革的不断深化，原由体委系统一家办的单一训练体制已不适应新形势下竞技体育发展的需要，在继续巩固、发展"一条龙"体制的基础上，大力拓宽训练渠道，使各项目队伍向横向扩展、纵向延伸的多元体制呼之欲出。

1979 年，国家体委提出了"要广开才路，把培养优秀运动队员的路子搞宽。除现有各省自治区直辖市体委和解放军系统的队伍以外，积极支持和帮助产业系统逐步恢复优秀运动队"。1986 年《国家体委关于体育体制改革的决定(草案)》提出，建立科学的训练体制，形成多形式、多渠道、多层次的运动人才梯队。要坚持"全国一盘棋"的思想，落实奥运战略，解决好全局和局部的关系，改变过分集中于省以上体委办优秀运动队的状况，把训练路子拓宽，在不降低原有运动水平的前提下，积极鼓励有条件的城市和行业、厂矿企业、大专院校设立高水平运动队。1987 年，国家教委与国家体委联合审批了 59 所普通高等院校作为高校办高水平运动队的试点，打破了长期以来高水平运动队由体育系统"一统天下"的局面，迈出了竞技体育向着集中与分散相结合的多强对抗体制方向发展的坚实一步。

1993 年，《国家体委关于深化体育改革的意见》提出，改变目前训练工作分段管理、多头领导的体制，实行以运动项目协会为主的专项化管理；拓宽训练渠道，鼓励和扶持社会各行业、企业、高校、社会团体办优秀运动队或高水平体育俱乐部；中初级业余训练要扩大训练面，有些可办到有条件的普通中小学去；改变运动训练费用全部由国家包下来的做法，中初级形式的运动训练可根据地区和项目特点，实行自费或部分收费的办法，高级形式的运动训练要扩大社会资金投入比例，适当引入个人风险机制；建立若干项目综合管理与协会专项管理相结合的训练管理体制。

1994 年，随着中国职业足球联赛的创立，中国竞技体育职业化浪潮席卷而来，许多公司企业在原有的企业办高水平运动队、厂矿办高水平运动队基础上开始谋求建立职业体育俱乐部，并以足球为突破口，尝试将其所办高水平竞技体育队伍的性质由专业化过渡到职业化，越来越多的体育俱乐部（特别是足球俱乐部）逐渐开始由只能单纯依靠企业"输血"的业余、半职业俱乐部转变成为能够自主经营、自负盈亏且具有独立法人资格的职业俱乐部。此外，经过较长一段时间关于高校办高水平运动队的理论探讨和实践，普通高等院校创立高水平竞技体育队伍被证明具有一定可行性，并正在逐渐被采纳，如清华大学跳水队、射击队的选手已能代表中国参加国际比赛，而上海交大游泳队则代表上海市参加了全国运动会。

在后期的训练体制改革实践中，由于国家引导有利、社会响应积极，行业壁垒逐渐打破，改变了过去过分集中省以上体育局办优秀运动队的状况，且随着各种类型高水平竞技体育队伍的不断涌现，其管理主体的多元化趋势明显，除国家体育总局和各地方体育局外，军队、部门（行业）、企业、高校等都在高水平竞技体育事业发展中发挥了重要作用，中国运动训练多元化体制已具雏形，初步形成了符合社会主义市场经济要求的集中与分散相结合的多强对抗的训练体制和机制。

2. 不断探索科学训练和科学管理新模式

改革开放 30 年来，中国竞技体育所取得的辉煌成就，其原因是多方面的，但从运动训练的角度看，正确的指导思想和基本原则，则是引导我国运动训练从弱到强、从小到大，创造出世界竞技体坛一个个奇迹的关键因素之一。

1985 年底，国家体委召开了全国优秀运动队训练工作会议，就新时期运动队的训练工作、管理工作，思想政治工作和训练、管理体制等问题进行了总结和交流，明确提出了"从实际出发，依靠革命化、科学化、严格管理、严格训练、勤学苦练基本功，勇攀世界体育高峰"的训练指导思想，强调贯彻"两严"方针和"三从一大"的训练原则。在项目结构进行调整方面相继提出"缩短战线，调整结构，突出重点"的战略方针。项目布局方面体现集中力量发展我国优势项目和潜优势项目，提出竞技体育项目进行分类管理，明确"竞技体育以奥运会为最高层次和群众体育与竞技体育协调发展的战略方针"。

1995年召开的全国训练工作会议，对改革开放以来训练工作的发展、基本规律、基本经验进行了全面的回顾和总结。概括为：普及与提高相结合；中央与地方相结合；政治工作与业务工作相结合；训练与管理相结合；体育科技与运动训练实践相结合；训练与竞赛相结合；精神鼓励与物质奖励相结合；引进与走自己的路相结合的八条基本经验。这"八个结合"既充分了肯定举国体制的优势作用，也是对训练工作指导思想在深化实践基础上的科学总结。并提出，要在继续强化"一条龙"训练体制的基础上，以深化体制改革促进机制的转换，逐步形成集中与分散相结合、多强对抗的训练体制。在这一举措的推动下，我国训练体制的格局开始向集约型转变。

"三从一大"科学训练原则（从难、从严、从实战出发进行大运动量训练）是中国在学习前苏联和日本的训练理论和方法之后，于20世纪60年代提出的第一个具有理论意义的竞技体育训练指导思想。"三从一大"运动训练原则的提出是一个创举，特别是"大运动量训练"的要求，首先打破了中国20世纪60年代初在运动负荷上的保守观念，从理论上揭示了人体具有承受巨大负荷量的可能性；其次，它是针对3年自然灾害之后，我国教练员在运动负荷上的保守倾向提出的，具有极强的针对性。改革开放30年的运动训练实践证明，坚持"三从一大"科学训练原则，确实是促进中国运动训练水平和成绩的提高不可缺少的重要手段。

运动训练是一项复杂的系统工程。在这一过程中，科学训练与科学管理占据着极为重要的地位。中国在长期的运动训练实践中，探索和总结出了一整套独具中国特色、行之有效的科学训练与科学管理路子。例如，不同运动项目的运动技战术的专家会诊制度；专业科研人员长期跟队，结合运动训练实际进行科学研究的科研团队制度；优秀运动队的陪练制度，特别是男陪女练的方法、大级别运动员陪小级别运动员、练不同技术风格的多名运动员陪练一名运动员等，这些在其他很多国家很难做到的训练方法和手段，在中国竞技体育举国体制下形成了一种无法比拟的优势。在运动训练管理实践中，按照与时俱进的精神，在不同历史时期，根据不同运动项目技术特点和要求，采用不同的运动训练管理模式，如领队负责制、总教练负责制、领队领导下的主教练负责制、领队主教练分工负责制、队委会制、队委会领导下的分工负责制等，充分调动了管理人员、教练员和运动员的积极性，有效提高了运动训练的效率与效益。

3. 把握不同运动项目发展和制胜的规律

改革开放 30 年来，中国运动员、教练员以及体育科研人员在不断的探索和创新过程中掌握了许多具有实战意义的竞技体育制胜规律。例如，中国传统优势项目的乒乓球队，不仅历年来十分重视本项目的特点和规律的研究，总结出了"快准狠变和转"等技术特点，还在把握乒乓球竞技最高层面上的制胜规律上，走出了一条具有中国特色的技战术发展道路；中国女排的"全、高、快、变"的四项制胜因素，就是对当代女子排球运动特殊规律的认识和正确把握；女子体操的"难、新、美、稳"的制胜基本因素，反映了女子竞技体操必须达到的境界。在长期的运动训练实践中，广大竞技体育工作者根据不同运动项目的特点与世界该项目发展的基本趋势与规律，不断探索运动项目发展和制胜的客观规律，是我国竞技体育工作者在多年的竞技体育实践中得到的一条十分宝贵的经验。

（五）建立健全运动员保障体系

运动员是为国争光的生力军，是我国实施奥运战略和全民健身计划的宝贵财富。党和国家历来十分重视和关心优秀运动员的工作、学习和生活情况。贺龙同志曾经讲过："对于运动员，我们要管一辈子。"胡锦涛总书记也曾就退役优秀运动员、教练员的医疗保障问题作出过重要的批示。在党和国家的高度重视下，在有关部委的支持配合下，国家体育总局出台了一系列有关运动员保障方面的政策，取得了很大的成果，有力地促进了中国竞技体育水平的迅速提升和体育事业的持续发展。

五十多年来，尤其是改革开放的 30 年，围绕着服从和服务于竞技体育事业的发展，国家坚持从伤残抚恤、医疗照顾、文化教育、退役安置、收入分配、福利待遇等方面不断推进运动员保障工作。经过改革开放 30 年的发展和逐步完善，运动员保障工作不断得到加强，已经形成了包括社会保险、运动伤病治疗、文化教育、就业指导、聘用管理、收入分配等方面的一整套优秀运动员保障体系，基本满足了不同时期运动队的实际需要，对于激发运动员刻苦训练、奋力拼搏，不断提高运动成绩起到了积极的推动作用，保证了体育事业的健康快速发展，维护了社会的稳定与和谐。

改革开放之后，优秀运动员的社会保障工作得到了全面的发展，尤其是

1979 年恢复了我国在国际奥委会的地位后，竞技体育工作在我国受到了前所未有的重视，国家相继颁布了一系列法规、条例，极大地调动了运动员的积极性。

1980 年 4 月，民政部、国家劳动总局、国家体委联合制定了《关于招收和分配优秀运动员等问题的联合通知》。同年，国家体委印发了《关于优秀运动队建设的几个问题》，要求各级体育部门要"加强文化教育，认真解决优秀运动队文化学习的问题，建立正规的文化学习制度"。

1982 年，经国务院批准，国家体委颁发了《优秀运动员教练员奖励试行办法》，开始对在国际重大比赛中获得优异成绩的运动员、教练员给予国家奖励。

为切实提高运动员收入水平，按照全国事业单位收入分配制度改革的整体部署，1983 年，国家体委与教育部联合下发了《国家体委、教育部关于试办职工体育运动技术学校（学院）的意见》；1985 年，国家体委印发了《国家体委关于教练员和优秀运动员学习科学文化知识的几项规定的通知》；1986 年，国家体委针对优秀运动员专门印发了《关于执行"优秀运动队工作条例"中有关文化教育工作的暂行规定》。

1986 年 11 月 1 日，国家体委颁布了《优秀运动队工作条例（试行）》，对优秀运动员的生活、学习、工资、福利等社会保障的内容作了较为系统的规定。其中第 28 条规定："运动员的工资、福利、奖励、伤残劳保以及其他物质待遇，按国家有关规定执行；推行社会保险，对优秀运动队可以拨出一定经费缴付人身安全保险金，对于受伤致残的运动员，争取从社会保险中获得补偿。"

1987 年，国家体委与国家教委颁发了《关于著名优秀运动员上大学有关事宜的通知》，规定奥运会、世界杯、世界锦标赛单项前 3 名获得者和集体项目前 3 名的主力队员以及世界纪录创造者，可免试上大学。同年，国家体委颁发了《优秀运动队工作条例（试行）》，提出了"推行社会保险"的条款，并要求"认真建立运动员健康档案，定期进行体检和机能测试"。

在运动员管理方面，原劳动人事部制定了《关于招收运动员如何实行劳动合同制的通知》，要求原国家体委就运动员实行合同制的问题，会同有关部门和地区进行调查研究，制定招用运动员的具体方案。国家体育总局与劳动保障部、财政部联合制定了《关于进一步加强运动员社会保障工作的通知》，规范了运动员的社会保障问题，将"在国家现行保障制度体系下开展运动员的社会保障工作，随国家社会保障制度改革同步推进，坚持属地管理"确定为运动员社会保障工作的基本原则。按照文件规定，各级体育行政部门按照属地管理原则，逐步将各优秀运动队编制内运动员纳入当地社会保障覆盖范围。同时，积极落实"运动员退役时其所在单位要按照有关规定相应转移各项社会保险关系。运动员退役后执行新进入单位的社会保险制度"等方面措施，最大限度地解决了运动员的后顾之忧。这一时期的优秀运动员的社会保障工作与整个社会的社会保障相比较，处于领先的地位，与其他社会群体相比较，优秀运动员享有当时社会条件所提供的最为完善的社会保障，优秀运动员在就业、奖金、福利、教育、医疗等方面都享有一定的优惠政策。

1992 年以来，中国逐步确立了社会主义市场经济的新体制，各项事业的改革也取得了飞速发展。体育管理体制按照社会主义市场经济发展的要求，逐步实行管办分离，各运动项目的优秀运动队管理形式也发生了巨大变化。一些群众基础较好、观赏性较强的运动项目逐步与国际接轨，实行职业化的管理机制，如足球、篮球等；一些奥运金牌项目政府加大了投资的力度，实行强化管理；一些非奥运项目，政府削减了投资，让其在市场中生存。这一时期，国家体育总局针对优秀运动员的保障工作加大了工作力度，出台了一系列相关的法规，如扩大优秀运动员免试上大学的范围，提高优秀运动员工资、奖金和福利，鼓励优秀运动员自谋职业，国家队和部分省区市对优秀运动员实行商业保险。1993 年，国家体委在印发《国家体委关于优秀运动队文化教育工作深化改革的意见》的同时，印发了《优秀运动队义务教育小学、初级中学指导性教学计划》，进一步强化了优秀运动员九年义务教育工作。1995 年，为了培养适应社会主义市场经济体制需要的全面发展的竞技人才，国家体委下发了《国家体委关于加强和发展优秀运动队职业教育的意见》，尤其是 1995 年 10 月实施的《中华人民共和国体育法》第 28 条所规定的"国家对优秀运动员在就业或者升学方面给予优待"的精神，对我国优秀运动员的退役保障和文化教育更是从法律层面上予以确立。1999 年，国家体育总局针对退役优秀运动员接受再教育问题，印发了《关于国家体育总局直属体育院校免试招收退役优秀运动员学习有关问题的通知》。为鼓励运动员积极参加文化学习，适应退役后再就业的需要，2003 年，国家体育总局印发了《优秀运动员奖学金、助学金试行办法》。2006 年，国家体育总局还与教育部联合印发了《关于进一步推动体育职业教育改革与发展的意见》，要求加强体育职业教育工作，各级教育和体育行政部门要继续加大对体育职业院校和培训机构的经费支持力度，并力争每年有所增加。至此，我国优秀运动员文化教育从九年义务教育到中等教育乃至高等教育，已初步形成一个涵盖不同学历教育、各种成人教育以及职业培训的具有中国特色的优秀运动员文化教育体系。

2002 年，《中共中央　国务院关于进一步加强和改进新时期体育工作的意见》（中发 8 号文件）要求："体育、财政、人事、劳动保障等部门要研究制定非职业化运动队优秀运动员退役就业安置的政策措施，尽快建立对优秀运动员的激励机制和伤残保险制度，解除运动员的后顾之忧。"为促进运动员退役安置工作，2002 年 9 月，国家体育总局、中编办、教育部、财政部、人事部、劳动和社会保障部联合印发了《关于进一步做好退役运动员就业安置工作的意见》。2003 年 8 月，人事部、财政部、国家体育总局再次联合印发了《自主择业退役运动员经济补偿办法》。自上述两个文件印发至 2007 年 4 月底，全国已有 22 个省区市制定了具体实施办法，共安置退役运动员约 12000 人，其中货币化安置约 6200 人，货币化安置经费总额约为 2.2 亿元。为进一步加强运动员职业辅导工作，引导广大运动员根据市场需求，提高再就业能力，顺利实现职业转换，国家体育总局在总结各地区现有做法并借鉴国外有关经验的基础上，建立了运动员职业转换过渡期制度。规定职业转换过渡期原则上不超过一年，应包括在运动员的聘用合同期内，由体育行政部门负责做好技能培训、就业辅导等工作，帮助运动员完成再就业前的心理调整、知识结构调整和技能准备，指导退役运动员顺利实现职业转换和再次就业。在职业转换过渡期期间，体育行政部门开展技能培训、就业辅导等相关工作所需经费以财政投入为主。

2003 年，为帮助在生活和伤病治疗方面有重大困难的国家队老运动员、老教练员，国家体育总局制定并实施了《国家队老运动员、老教练员关怀基金实施暂行办法》。2004 年，按照中央领导的有关批示精神，总局与财政部、人事部、卫生部、劳动与社会保障部联合下发了《关于对部分老运动员、老教练员给予医疗照顾的通知》，决定对十一届三中全会以前获得世界冠军的运动员及其教练员给予医疗照顾，对十一届三中全会以前超破世界纪录的运动员给予医疗补助。对于运动员因训练比赛造成的运动损伤的治疗和康复问题，在积极争取政策纳入国家保障范畴外，国家体育总局还在加强科学训练的基础上，力所能及地采取了一系列措施。如从 2002 年开始，国家体育总局委托中华全国体育基金会推行了优秀运动员伤残互助保险制度。伤残互助保险和关怀基金补助金制度实施以来，得到了各地体育行政部门的积极配合和广大运动员的一致好评。截至 2007 年 12 月 31 日，全国 35 个省市区体育局、火车头体协、前卫体协和解放军，共 230 家基层单位参加了运动员伤残互助保险，总投保112538 人次，赔付 8785 人次，赔付金额 2425.3 万元。先后 6 次发放关怀基金补助金，受益老运动员、老教练员 408 人，补助金额 999 万元。2006 年 11 月，国家体育总局与财政部、人事部联合印发了《体育运动员贯彻〈事业单位工作人员收入分配制度改革方案〉的实施意见》，调整了与运动员成绩津贴相对应的比赛层次，将世界青年锦标赛纳入与成绩津贴挂钩的比赛范畴，将世界运动会纳入国家奖励比赛层次，提高了世界杯赛的奖励标准，将国家奖励的比赛层次由 7 个调整为 5 个，大幅度提高了运动员的津贴和奖金标准，从制度设计上基本解决了运动员与事业单位其他工作人员收入水平大体相当的问题。与工改前相比，运动员基础津贴起点由 515 元调整到 670 元；成绩津贴起点（全国前八名）由 140 元调整到 340 元，奥运冠军成绩津贴由 755 元提高到 2000 元；年度比赛奖金起点（亚洲第 8 名）由 600 元调整到 1800 元，奥运项目世锦赛（世界杯）冠军由 30000 元调整到 80000 元。

2007 年 7 月，国家体育总局与人事部联合印发了《关于体育事业单位岗位设置管理的指导意见》，运动员岗位作为体育事业单位独立的岗位类别，首次被列入国家职业管理体系中，将运动员岗位与事业单位专业技术岗位、管理岗位、工勤技能岗位并列管理。总局与教育部、公安部、财政部、人事部、劳动和社会保障部共同制定了《运动员聘用暂行办法》，进一步明确运动员岗位不划分岗位等级，不控制内部结构比例；中编办印发了《关于加强和规范体育事业单位编制管理有关问题的通知》，对运动员进行岗位管理，实行聘用制度和职业转换过渡期制度，为完善运动员保障体系奠定了重要政策基础。

经过不懈努力，关于运动员的社会保险、岗位管理、聘用办法、退役安置、职业转换以及试训运动员的保障等内容，国家已经初步完成了制度设计及制度建设等基础工作。同时，全国体育系统在继续做好运动员文化教育工作，着力提高运动员综合素质的同时，努力构建与我国社会主义市场经济和竞技体育发展相适应，与国家社会保障制度相衔接，国家、社会、行业、地方和个人共同承担、分级分类的多层面、全方位的运动员保障体系。

（六）高度重视思想政治工作

在我国提高竞技体育发展水平的历程中，加强对运动员的思想政治工作一直发挥着非常特殊而且是极为重要的作用。尤其是作为一种传统的对运动员的激励和教育手段，对我国体育健儿在国际大赛中屡创佳绩作出了不可估量的贡献，从 20 世纪 50 年代乒乓球运动员容国团勇夺世界冠军到 20 世纪 80 年代中国女排完成五连冠的伟业，他（她）们所表现出来的爱国主义、集体主义精神，不计个人得失、勇于拼搏的高尚品质，是我国在举国体制下竞技体育发展的一个巨大的成功之处，也是社会主义优越性在竞技体育领域的一个集中表现。

我国竞技体育领域的思想政治教育工作，经过改革开放30年以来的不断探索和经验总结，已经形成了一个以爱国主义为核心，以马列主义、毛泽东思想、邓小平理论教育为基础，以集体主义、革命英雄主义教育为特色的各级运动队思想政治教育体系。其中，爱国主义教育是以热爱自己祖国、为祖国作贡献作为德育内容的活动，是运动员思想政治工作的核心内容。爱国主义是千百年来形成、巩固和发展起来的对自己祖国的一种深厚的感情，是一种伟大的凝聚力和向心力，是推动各民族向前发展的巨大动力，也是激励运动员为国争光、勇攀运动高峰的精神力量。通过有计划地进行爱国主义教育，运动员增强了民族自尊心和自豪感，继承了民族优良的爱国主义传统，激发了振兴中华、为国争光的爱国热情，正确认识了自己对祖国的责任，并以自己的出色成绩促进了祖国体育事业的繁荣发展。

马列主义基本理论教育既是一种基础教育，同时也是一种人生观、价值观的教育，通过基础教育和人生观、价值观的教育，不仅提高了运动员的理论水平，使他们对社会主义现代化建设和体育事业的发展有正确的认识，并确保了运动队伍的社会主义性质和方向，使运动员树立了为祖国努力学习、奋勇拼搏、把一切献给体育事业的人生目标，引导其正确处理个人价值与社会价值的关系，时刻不忘国家的培养和人民的关怀，把个人价值的实现建立在社会价值实现的基础之上。

集体主义教育以热爱集体、维护集体利益为教育内容，以体育团队精神教育为核心，从而使运动员不仅具备了正确处理国家利益、集体利益和个人利益关系的社会主义集体主义精神，顾全大局，互助友爱，团结拼搏，同时也使运动员十分清晰地认识到，体育团队精神是一支队伍成长发展的灵魂和精神支柱，是一个运动团队共同的信念和追求、作风和战斗士气、凝聚力和纪律性等内容的综合反映。而革命的英雄主义教育则是培养运动员在艰苦训练和激烈角逐的条件下，具有敢于战胜一切困难、勇往直前的英雄气概。多年成功的实践证明，正是在卓有成效的集体主义和英雄主义教育下，中国的运动员在各类大赛中不仅具有敢于压倒一切对手、敢于拼搏、敢于胜利的良好精神状态，而且为实现团队目标所形成的共同义务感、责任感和使命感，往往成为运动员在比赛中最为直接的精神动力。

备战2008年北京奥运会期间，国家体育总局出台了《进一步加强和改进国家队思想政治工作的意见（试行）》，以励志教育为重点，在国家队发放并组织学习《备战 2008 年奥运会国家队励志教育和实战案例》读本，成立了备战 2008 年奥运会理想信念系列教育宣讲工作小组，组织了宣讲团。国家体育总局领导带头在射击、射箭、赛艇、皮划艇、女排、游泳、田径、体操、跆拳道、柔道、摔跤、网球、篮球、女曲、女手、垒球 16 个项目国家队进行了宣讲，1000 余名运动员和教练员听了宣讲报告。各项目中心和国家队也制定了宣讲计划，组织各种类型的宣讲报告活动。总局还组织了西沙部队艰苦奋斗事迹报告会、短道速滑教练孟庆余先进事迹报告会。形式多样的思想政治工作和励志教育活动进一步坚定了各级领导、运动员、教练员为国争光的理想和信念，激发了顽强拼搏、刻苦训练的精神和斗志，为夺取北京奥运会优异成绩奠定了坚实的思想基础。

（七）坚决反对在体育运动中使用兴奋剂

兴奋剂是指违反医学道德和体育道德，用来提高运动成绩的物质和方法。兴奋剂问题一直是国际体坛面临的严峻挑战之一。为应对兴奋剂对我国体育事业健康发展的威胁，国家体委于 1985 年、1987 年连续颁发文件，要求严格执行国际奥委会关于禁用兴奋剂的规定。多年来，中国政府长期以来一贯坚持反对使用兴奋剂的坚定立场，提倡健康、文明的体育运动，并积极加强反兴奋剂的宣传、教育、监督管理，始终坚持"严令禁止、严格检查、严肃处理"的反兴奋剂工作方针，禁止在一切体育运动中使用兴奋剂。

中国赞成《反对在体育运动中使用兴奋剂奥林匹克宪章》《洛桑宣言》（1999 年）、《哥本哈根宣言》（2003），承诺执行《世界反兴奋剂条例》，2006 年 8 月 17 日国务院总理温家宝签署联合国教科文组织颁布的《反对在体育运动中使用兴奋剂国际公约》，我国成为亚洲第一个、世界第 18 个签署公约的国家。充分表明了中国反对使用兴奋剂的坚定和积极参与国际反兴奋剂事务的鲜明态度。

经过多年坚持不懈的努力，我国反兴奋剂斗争取得了十分显著的成绩，有力打击了使用兴奋剂的行为。

1. 完善反兴奋剂法规体系

近 20 年来，中国在反兴奋剂法律建设方面取得了前所未有的进展，建立了日臻完善的反兴奋剂法律体系，为中国反兴奋剂工作提供了充分的法律依据和有力的司法保障。

（1）国家相关法规

1995 年 10 月 1 日，经全国人大通过颁布实施的《中华人民共和国体育法》（以下简称《体育法》）第三十四条明确规定："体育竞赛实行公平竞争的原则。体育竞赛的组织者和运动员、教练员、裁判员应当遵守体育道德，不得弄虚作假，营私舞弊。"针对兴奋剂问题，《体育法》第三十四条明确规定："严禁使用禁用的药物和方法。禁用药物检测机构应当对禁用的药物和方法进行严格检查。"针对有关法律责任问题，《体育法》第五十条明确规定："在体育运动中使用禁用的药物和方法的，由体育社会团体按照章程规定给予处罚；对国家工作人员中的直接责任人员，依法给予行政处分。"

2004 年 3 月 1 日，国务院颁布实施《反兴奋剂条例》（以下简称《条例》），《条例》有针对性地加强了对兴奋剂源头的控制，限制了兴奋剂目录所列禁用物质的流通渠道；强化了体育社会团体、运动员管理单位在反兴奋剂工作中的责任；同时把我国兴奋剂管理的制度与国际通行的规则和做法相一致，标志着我国的反兴奋剂工作从仅限于体育系统跃升到国家管理的层面。

（2）体育主管部门的法规性文件

以《体育法》为基本依据，近 20 年来中国政府体育主管部门先后制定颁布了三十多项法规性文件，构成了中国反兴奋剂法律体系的核心内容。综合类的法规性文件有《国家体委关于加大反兴奋剂工作力度的意见》（1994 年）、《关于禁止在体育运动中使用兴奋剂的暂行规定》（1995 年）、《关于严格禁止在体育运动中使用兴奋剂行为的规定（暂行)》（1998 年）等。

关于赛内和赛外兴奋剂检查的法规性文件有《全国性体育竞赛检查禁用药物的暂行规定》（1989 年）、《关于对禁用药物实行赛外检查的通知》（1993 年）、《赛外兴奋剂检查若干规定》（1995 年）、《兴奋剂检查工作人员管理暂行办法》（1998 年）、《关于在体能类项目中实行赛前血液检查的试行办法》（1999 年）等。

关于对使用兴奋剂行为进行处罚的法规性文件有《关于加大反兴奋剂工作力度，严肃处理违反兴奋剂检查规定的通知》（1995 年）、《对使用兴奋剂运动员的教练员处罚暂行办法》（1995 年）、《严肃处理违反兴奋剂检查规定的实施细则》（1997 年）、《六城会反兴奋剂管理办法》（2007 年）、《国家队运动员兴奋剂违规处罚办法》（2008 年）等。

关于加强纪检监察工作的法规性文件有《关于充分发挥纪检监察工作职能作用，保证体育竞赛禁用药物规定贯彻落实的意见》（1995 年）等。

关于加强运动营养保健品和用药管理的法规性文件有《运动员使用运动营

养补品管理暂行办法》（1993 年）、《运动员治疗用药豁免管理办法（试行)》（2007 年）等。

（3）其他法律法规

中国现行的其他法律法规，也直接或间接为反兴奋剂工作提供了有效的法律支持。在药品管理方面，在《中华人民共和国药品管理法》（1984 年）的基础上，中国政府的药品管理部门先后制定了一系列法规性文件，加强了对药品生产及药品流通的监督管理。特别是麻醉药品、精神药品、麻黄素以及处方药与非处方药等管理办法的制定，为涉及兴奋剂的药源控制提供了重要的法律依据。如 2006 年 9 月国家食品药品监督管理局、海关总署和国家体育总局联合下发了《蛋白同化制剂、肽类激素进出口管理办法（暂行)》。2007 年国家食品药品监督管理局下发了《关于<药品说明书和标签管理规定>有关问题解释的通知》，加强了对兴奋剂生产、销售和进出口的管理。

1987 年制定的《中药保健药品的管理规定》和 1996 年制定的《保健食品管理办法》，进一步规范了对中药保健药品和保健食品的管理。

1997 年重新修订的《中华人民共和国刑法》，对涉及海洛因、甲基苯丙胺、吗啡、大麻、可卡因等国际奥委会规定禁用物质的犯罪行为作了极为严厉的处罚规定。

此外，《中华人民共和国海关法》（1987 年）、《中华人民共和国未成年人保护法》（1991 年）、《中华人民共和国执业医师法》（1998 年）等，也为中国的反兴奋剂工作提供了有效的法律支持。

2. 建立健全反兴奋剂组织监管体制

（1）中国现行反兴奋剂监管体制的基本框架

自 20 世纪 80 年代末以来，中国建立并逐步完善了统一的反兴奋剂管理体制，由政府体育主管部门领导、协调、监督，中国奥委会反兴奋剂委员会组织实施，全国性单项体育组织积极参与并各负其责，为反兴奋剂工作的开展提供了有力的组织保证。

根据国家体育总局、中国奥委会及有关国际体育组织的规定，全国性单项体育组织负责组织实施本项目的反兴奋剂工作，配合中国奥委会反兴奋剂委员会对本项目进行兴奋剂检查，对违反规定的有关人员和单位进行处罚。

为了进一步深化体育改革，适应当前和今后国内国际反兴奋剂新形势的工作需要，保障反兴奋剂工作全面、有效的开展，进一步完善和加强反兴奋剂工作的组织机构和管理运行机制，在有关各方的努力和国务院有关部门的大力支持下，2007 年 5 月 10 日国务院正式批准成立中国反兴奋剂中心。该机构的建立，整合了中国奥委会反兴奋剂委员会和体育总局运动医学研究所的部分职能，加强了兴奋剂控制过程的计划、协调、执行、监督和改进，明确政府、国家分兴奋剂机构、国家体育组织各自在立法、执行、处罚的定位，重新构建新的反兴奋剂管理体系，为我国的反兴奋剂工作的健康发展提供强有力的组织和人力资源保障，为提高反兴奋剂专业化水平提供了条件。

（2）各组织监管主体的职责

1998 年 5 月国务院机构改革后，国家体委改为国家体育总局。根据国务院有关规定，其职责之一是"组织开展反兴奋剂工作"。国家体育总局负责制定全国反兴奋剂工作的重大方针、政策和措施；审批全国反兴奋剂工作的长期规划和年度计划并为此提供必要经费；领导、协调、监督各省、自治区、直辖市、解放军和全国性体育组织的反兴奋剂工作。

中国奥委会是主管全国奥林匹克事务的社会团体。为有效开展全国的反兴奋剂工作，1992 年 7 月 8 日中国奥委会正式成立了反兴奋剂委员会，下设办公室和检查处。受国家体育总局委托，中国奥委会反兴奋剂委员会负责组织实施全国反兴奋剂的各项业务工作。中国奥委会反兴奋剂委员会的主要职责是根据国家的法律法规和国家体育总局、国际体育组织的有关规定，研究、制定全国反兴奋剂工作的方针、政策和措施；编制全国反兴奋剂工作的规划和计划并组织实施；指导、协调、监督各有关体育组织的反兴奋剂工作。

中国反兴奋剂中心是经过中央编制委员会办公室批准，事业编制的正局级单位。它在原来的中国奥委会反兴奋剂委员会和国家体育总局运动医学研究所部分职能的基础上重新进行组建，并于 2007 年 11 月正式成立，下设办公室、业务处、宣传教育处、计划管理处、检查处和检测实验室 6 个部门。中心的主要职责是：参与研究制定国家反兴奋剂的发展规划、规则和相关标准；参与制定兴奋剂目录；组织、实施兴奋剂检查和检测，对检查结果进行管理；组织实施对兴奋剂违规事件的调查及听证；负责兴奋剂检测实验室的建设和管理；组织开展反兴奋剂的宣传、教育、培训、科研、咨询和国际交流等活动；监督各级各类体育组织开展反兴奋剂工作。

全国性单项体育组织是组织开展各运动项目的全国性管理机构。根据国家体育总局、中国奥委会及有关国际体育组织的规定，全国性单项体育组织负责组织实施本项目的反兴奋剂工作，配合中国反兴奋剂中心对本项目进行兴奋剂检查，对违反规定的有关人员和单位进行处罚。

1995 年以来，各省、自治区、直辖市政府的体育主管部门也结合自身的特点，相继建立了各自的反兴奋剂管理部门。

3. 严格的兴奋剂控制

兴奋剂控制是反兴奋剂工作的重要内容和有力手段，其核心过程包括制定检查分布计划、挑选运动员、组织实施兴奋剂检查，结果管理及处罚申诉等。近 20 年来，中国制定并实施科学、有效的检查计划，逐年大幅度地增加了兴奋剂检查数量，逐步建立了一支专业化的兴奋剂检查人员队伍，不断提高了兴奋剂检查质量，依法对使用兴奋剂行为的违规人员严肃处理。

（1）逐年增加兴奋剂检查数量

自 1990 年开始，我们在全国范围内实施了统一的兴奋剂检查，全国各单项协会注册的运动员、省级以上的体育竞赛的残疾运动员都被纳入兴奋剂检查的范围，检查数量逐年大幅度提高。1990 年，全年共实施兴奋剂检查 165 例，1995 年检查 1914 例，1999 年达到 3505 例，2000 年检查 3245 例，2004 年超过 5000 例，2005 年检查 8709 例，2006 年达到 9424 例，2007 年达到 10238 例，是 1990 年检查数量的 62 倍，2008 年仅针对备战奥运会的国家队运动员实施检查超过 5000 例，为历史最高水平。目前中国兴奋剂检查的规模，在世界上也是名列前茅的。1990 年中国的兴奋剂检查数量仅占全世界的 0.23%，1998 年则提高到 2.90%。相对于中国专业运动员人数，以及中国运动项目开展的状况和水平而言，我国目前实施的兴奋剂检查绝对数量处于国际领先地位。

中国的兴奋剂检查涉及的运动项目也不断增加，从 2000 年的约 40 个运动项目增加到 2007 年涉及包括全部夏季奥运会和冬季奥运会项目在内的 58 个运动项目。根据不同运动项目的特点，确定田径、游泳、举重、自行车、赛艇、皮划艇、柔道和摔跤等项目为检查重点，并根据兴奋剂检查的情况，进行相应的调整。同时，为防止滥用血红细胞生成素（EPO），保护运动员的身心健康，参照自行车和滑雪项目国际体育组织的做法，中国从 1998 年开始在国内体能类运动项目中进行赛前血液检查。众所周知，开展兴奋剂检查需要大量的经费投入。为此，中国政府的体育主管部门每年承担了绝大部分的所需经费。作为一个发展中国家，中国不仅认真开展了国内的兴奋剂检查，同时也为国际反兴奋剂斗争作出了自己积极的贡献。

随着我国兴奋剂检查力度的逐步加大，我国的兴奋剂阳性率逐年降低，从 1990 年的阳性为 1.82%，1995 年的阳性率为 0.68%，降低到 2006 年的 0.4% 左右，大大低于 2006 年国际上 1.98% 的水平。2007 年全年共执行兴奋剂检查

10238 例，共查出阳性 15 例（含国际组织查出 2 例），阳性率不到 0.2%，处于历史最低。在 1996 年亚特兰大奥运会、1998 年曼谷亚运会、2000 年悉尼奥运会、2002 年釜山亚运会、2004 年雅典奥运会、2006 年多哈亚运会和 2008 年北京奥运会等一系列国际综合性赛事中，中国体育代表团无一例兴奋剂检查阳性。这些都标志着中国的反兴奋剂工作已经取得了初步的但是卓有成效的进展。

（2）实施注册运动员行踪信息报告制度，不断提高兴奋剂检查的科学性和有效性

按照国际通行的办法，我国除了实施赛内检查以外，还实施"事先不通知"的赛外检查。为保证赛外兴奋剂检查的质量，确保运动员能够随时接受赛外检查。自 1995 年开始，我国逐步建立了重点运动员离开常驻地点 48 小时必须提前报告的制度，要求所有在全国单项协会注册的运动员及时报送行踪信息。2005 年建立了相对完善的运动员行踪信息报告系统，运动员应当无条件接受事先无通知的赛外检查，并制定了相应的管理和处罚办法，增加了赛外检查的威慑力。

在评价一个国家兴奋剂检查计划的科学性和有效性方面，赛外检查的比例是一个重要指标。为进一步提高兴奋剂检查的科学性和有效性，我国不断增加赛外检查的数量，从 1991 年开始与国际奥委会同步进行赛外检查，当年赛外检查所占检查总数的比例仅为 16.7%。之后，赛外检查占检查总数的比例逐年增加，1995 年赛外检查占检查总数的 37%，2001 年赛外检查占检查总数的 65%，2005 年赛外检查比例达到检查总数的 66%，2007 年赛外检查比例达到 74%，高于国际上 60% 的平均水平。

为进一步提高兴奋剂检查的质量，近 20 年来，逐步建立了一支相对稳定的、高水平的兴奋剂检查人员队伍，并逐步建立了相应的培训制度、考核制度及其他管理制度。同时开发建立了兴奋剂控制信息管理系统，包括运动员的行踪信息收集管理，检查计划制定、检查官信息管理、结构管理等兴奋剂控制的各个环节，进一步提高了兴奋剂检查的质量，加大兴奋剂检查的威慑力度。

（3）兴奋剂控制工作在标准化方面取得了显著进展

经过多年的努力，我国自主开发建立了兴奋剂控制质量管理体系。中国奥委会反兴奋剂委员会于 2001 年 3 月成立项目工作组，具体负责中国兴奋剂控制质量管理体系的开发。2003 年 5 月 1 日，中国兴奋剂控制质量管理体系投入试运行，8 月 1 日起正式运行。2004 年 3 月通过 ISO9001：2000 质量管理体系认证，成为世界上第 9 个获得该认证的反兴奋剂组织。中国兴奋剂控制质量

管理体系的建立，进一步完善了兴奋剂检查规则，加强了对兴奋剂控制过程、尤其是关键环节的有效管理，有利于提高反兴奋剂工作人员的能力和水平，增强国际、国内各有关方面对中国反兴奋剂工作的信任度，确保中国反兴奋剂工作的持续改进。这标志着我国的反兴奋剂管理水平跨入了一个新的阶段，我国反兴奋剂工作达到了国际水平，同时为 2008 年北京奥运会反兴奋剂工作的顺利开展奠定了良好的基础。

（4）对兴奋剂违规行为进行严肃处理

自中国开展反兴奋剂工作以来，对我国体育界发生的所有兴奋剂违规行为，所有涉案运动员及其辅助人员和单位都受到相应的处罚。处罚本着依法、严肃、公正、处罚与教育相结合的基本原则，内容包括法律的、行政的、技术的和经济的处罚。在认真执行有关国际体育组织处罚规定的同时，建立有中国特色的兴奋剂处罚规定，不断加大了对使用兴奋剂行为的处罚力度。1999 年开始施行、以国家体育总局令第 1 号颁布的《关于严格禁止在体育运动中使用兴奋剂行为的规定（暂行）》和 2004 年国务院颁布实施的《反兴奋剂条例》，是现行对使用兴奋剂行为进行处罚的基本法规。对使用兴奋剂的行为，除按照《世界反兴奋剂条例》国际统一的规则对运动员给予停赛、罚款等处罚外，我国还对相关责任人进行处罚，对运动员主管教练员以及其他的运动员辅助人员、运动员管理单位给予处罚，给予负有责任的国家工作人员撤职、开除公职的行政处分，以强化教练员和其他的运动员辅助人员反兴奋剂的责任意识，起到很好的威慑作用。

4. 积极开展反兴奋剂宣传教育和研究

反兴奋剂教育是防止使用兴奋剂的根本途径，在反兴奋剂工作中我国始终坚持"预防为主，教育为本"的原则，不断加大反兴奋剂的教育力度，教育广大体育工作者正确认识兴奋剂的危害，建立起自觉抵制兴奋剂的坚强防线。教育的基本内容包括常识教育、健康教育、道德教育、法制教育和思想教育。通过召开各种类型的反兴奋剂会议，举办培训班、反兴奋剂展览、讲座，在有关院校开设反兴奋剂课程，建立反兴奋剂网站等各种形式，不仅对教练员和运动员，更是针对公众尤其是青少年开展了大量的反兴奋剂的宣传教育，取得了积极的成效，也赢得了包括世界反兴奋剂机构在内的国际组织的一致好评。针对不同人群特点编辑出版知识手册、宣传画、反兴奋剂读本及声像制品，开展反兴奋剂宣传教育，普及反兴奋剂知识，提高运动员、教练员及其他运动员辅助人员的反兴奋剂意识，增强自觉抵制兴奋剂的能力。

2007 年国家体育总局还组织力量编写了《运动员反兴奋剂知识读本》和《教练员反兴奋剂知识读本》，并在国家队开展反兴奋剂集中教育活动，要求国家队的所有运动员都要认真学习《运动员反兴奋剂知识读本》，要求运动员签订《反兴奋剂承诺书》，承诺自觉遵守反兴奋剂规定，以不断提高广大运动员反兴奋剂的自律意识。2007 年 1 月开始举办"历史与未来——奥林匹克反兴奋剂四十年"主题展览，已先后在北京、香港、青岛、上海、武汉等地成功举办，获得了良好的社会反响。组织全体国家队运动员和运动员辅助人员开展面对国旗进行反兴奋剂宣誓和签订《反兴奋剂承诺书》的活动，庄严承诺为了国家荣誉和奥林匹克运动的纯洁性"珍爱健康，公平竞赛，远离兴奋剂"。

为了提高反兴奋剂教育的科学性和有效性，把握规律性，我国开展了一系列的研究。在社会科学、软科学和心理学方面，近年来先后组织了关于反兴奋剂管理体制、政策措施、运动员对兴奋剂的认知和态度、中国青少年运动员使用兴奋剂状况等问题的研究及社会调查，取得了一些有价值的成果，为有关部门管理决策和反兴奋剂教育提供了重要依据。

5. 加强对兴奋剂检测实验室的建设，不断提高兴奋剂检测水平

（1）兴奋剂检测实验室的建设

中国兴奋剂检测实验室自 1989 年建成以来，连续 20 年通过国际奥委会、世界反兴奋剂机构的认证，符合《世界反兴奋剂条例》及《实验室国际标准》的要求，获得授权进行兴奋剂检测，2000 年经中国实验室国家认可委员会评定获得了 ISO17025 认可，是国内唯一由国家体育主管部门认可的有资质的兴奋剂检测实验室。该中心在承担大量的国内兴奋剂检测任务以外，还完成了世界反兴奋剂机构，国际单项联合会等国际体育组织委托的检测任务，2006 年检测样品数量位居全世界 34 个实验室的第 5 位。

为了满足 2008 年奥运会对兴奋剂检测的需求，国家投资数千万元已经建成了 5600 平方米的新实验大楼，并更新了检测设备，为顺利完成 2008 年奥运会的兴奋剂检测任务奠定了良好基础。

（2）积极开展新型兴奋剂检测技术的研究，不断提高兴奋剂检测水平

在中国政府体育主管部门的全力支持下，在承担大量检测任务的同时，中国兴奋剂检测中心还开展了大量的科学研究工作，不断提高检测技术水平，密切跟踪国际发展动态，保持兴奋剂检测的国际先进水平。近年来开展对生产激素、新型输氧剂及有蛋白同化作用的新型非类固醇制剂等兴奋剂的检测方法研究；加强了对基因兴奋剂、生物芯片的前瞻性研究和新增禁用物质的检测技术

研究；同时与有关的科研机构合作，加强对药物人体代谢规律的研究。该中心与其他科研单位合作的研究成果《兴奋剂检测方法的研究与实施》曾获得1992 年国家级科技进步一等奖，该中心的其他成果也曾多次获得有关部门的奖励。同时于 2003 年承担了世界反兴奋剂机构委托的检测课题研究，并与悉尼兴奋剂检测实验室、巴塞罗那兴奋剂检测实验室和奥斯陆兴奋剂检测实验室等开展对新型兴奋剂检测技术的研究，不断提高我国兴奋剂检测的水平。

6. 加强反兴奋剂综合治理

随着我国改革开放的不断深入，体育对外交往不断扩大，反兴奋剂工作面临愈加复杂的局面。多年来的反兴奋剂实践证明，反兴奋剂工作已不再仅限于体育领域而是涉及多个领域，对兴奋剂问题进行有效治理需要各有关部门齐抓共管、紧密配合，必须通过法律、行政、教育等多种手段进行综合治理。2004 年《反兴奋剂条例》的颁布实施，使得我国对兴奋剂的管制从过去由体育一个部门进行管理，上升到了国家管理的层面。最突出的变化就是对兴奋剂药源的控制，即从生产、销售、进出口，包括研究兴奋剂源头的控制。随后，国家体育总局、商务部、卫生部、海关总署、国家食品药品监督管理局等联合发出《2004 年兴奋剂目录公告》。《反兴奋剂条例》的颁布，从政府层面和法律层面对加强反兴奋剂综合治理提高了有力武器。

为认真履行《反兴奋剂国际公约》，贯彻落实《反兴奋剂条例》，2007 年 8 月国务院特别召开了有国家体育总局、教育部、公安部、信息产业部、商务部、卫生部、海关总署、工商总局、质检总局、食品药品监督管理局、法制办11 个国家部委和北京奥组委参加的会议，研究兴奋剂综合治理问题。国务院要求有关方面协调配合，形成合力，进一步采取有力的措施，保证《反兴奋剂条例》各项规定的落实。一是建立协调机制，成立由国家体育总局牵头，相关部门负责同志参加的体育运动中兴奋剂问题综合治理协调小组，及时研究解决反兴奋剂工作有关问题。二是实施综合治理，包括开展集中清理，特别是对北京 2008 年奥运会举办城市的药品市场进行清理，依法查处非法生产、销售和进出口的企业和单位；关闭违法销售兴奋剂的网站，严格控制医疗机构的禁用药物流向社会和市场；打击非法进出口药品和通过各种方式出入境行为等。三是加大宣传力度，采取多种形式，阐明我国政府一贯坚持反兴奋剂的严正立场，介绍工作取得的成效。四是，加强对青少年兴奋剂问题的治理和疏导，通过在广大青少年中普及反兴奋剂知识，增强其反兴奋剂意识，提高其自觉抵制使用兴奋剂的能力，保护其身心健康。

2007 年 10 月国务院批准建立《体育运动中兴奋剂问题综合治理协调小组工作制度》，正式建立了由国务院 11 个部委组成的兴奋剂问题综合治理协调机制。体育运动中兴奋剂问题综合治理协调小组（以下简称协调小组）主要职责是研究部署贯彻《反兴奋剂条例》的各项规定，通报综合治理兴奋剂问题的措施，及时协调解决反兴奋剂工作有关问题，督促检查有关政策措施的落实。协调小组由国家体育总局牵头，教育部、公安部、信息产业部、商务部、卫生部、海关总署、工商总局、质检总局、食品药品监管局、法制办、北京奥组委等有关部门和单位参加。2007 年 10 月 18 日，国家体育总局、国家食品药品监督管理局、教育部、商务部、卫生部、海关总署、国务院法制办联合下发了《关于开展<反兴奋剂条例>执法检查的通知》，在全国范围内联合开展《反兴奋剂条例》执法检查，进一步推进了反兴奋剂工作的深入开展，为把北京 2008 年奥运会办成一届"有特色、高水平"的奥运会奠定了坚实基础。同时加大反兴奋剂宣传教育力度，在进一步加强对教练员、运动员及其有关人员的反兴奋剂教育的同时，重视加强对青少年使用兴奋剂的预防教育工作，增强其反兴奋剂意识，提高其自觉抵制使用兴奋剂的能力。

2008 年 3 月，国家食品药品监管局牵头 8 个部委成立了兴奋剂违法生产经营专项治理工作组，集中办公，开展兴奋剂生产经营专项治理工作。同时为了加强食品安全保障工作，国务院成立了由国务院副秘书长负责，北京奥组委、北京市政府及其他 12 个部委组成的北京奥运会食品安全工作协调小组，统筹协调北京和其他赛区城市奥运食品的质量安全工作，协调处理奥运食品安全跨境、跨地区的重大事项和重要问题。通过各部门的分兵把守、齐抓共管，兴奋剂非法生产、销售、进出口的情况得到初步遏止，反兴奋剂环境得到极大改善，社会各界反兴奋剂意识普遍增强，综合治理成效显著，有力推进了反兴奋剂工作的全面开展。

7. 积极开展对外交流与合作，推动国际反兴奋剂事业的发展

我国积极开展国际交流与合作，积极参与国际反兴奋剂事务，多次派代表参加国际奥委会、政府间组织或国际单项体育组织举行的反兴奋剂国际会议，支持国际社会为反兴奋剂所采取的政策措施，庄严承诺中国应履行的责任和义务。

从 1997 年开始，中国作为观察员参加了欧洲反兴奋剂公约监督组的活动。自 1999 年世界反兴奋剂机构成立以来，中国一直作为亚洲国家的代表之一担任理事，派代表出席世界反兴奋剂机构的会议及相关活动，积极履行相应的义

务。中国政府和中国体育界签署了 1999 年国际奥委会在洛桑召开的世界反兴奋剂大会上达成的《洛桑宣言》，2003 年在丹麦的哥本哈根举行的世界反兴奋剂大会上达成的《哥本哈根宣言》，2006 年 8 月 17 日国务院总理温家宝签署联合国教科文组织颁布的《反对在体育运动中使用兴奋剂国际公约》，我国成为亚洲第一个缔约国家。我国应国际奥委会、世界反兴奋剂机构、亚奥理事会及相关国际体育单项联合会的邀请多次派代表参与奥运会、亚运会以及其他国际重大赛事的反兴奋剂工作，在国际反兴奋剂事务中发挥着越来越大的作用。

我国还积极开展反兴奋剂领域的双边交流与合作，先后与挪威、瑞典、澳大利亚、加拿大、美国、西班牙等国家签署了双边合作协议，与法国、英国、日本等国家开展双边交流活动，增进了彼此的了解和互信。中国反兴奋剂专家积极参与了国际奥委会医学委员会的有关活动。中国兴奋剂检测中心也多次派专家参加国际学术会议，与国外其他实验室的同行们保持着密切的合作关系。通过交流与合作，深入交换反兴奋剂信息，提升了双方的反兴奋剂工作水平，推动了反兴奋剂事业的发展。

在整个备战北京奥运会期间，体育部门采取有效措施，反兴奋剂工作取得积极成效，为奥运会的成功举办营造了公平、干净的环境，确保中国运动员实现干干净净参赛的目标，维护了奥林匹克运动的纯洁性、维护了中国体育代表团的荣誉和国家的尊严，取得了运动成绩和精神文明双丰收。

国际体育界对中国反兴奋剂工作给予了充分肯定和高度评价。国际奥委会前主席萨马兰奇曾说，中国的反兴奋剂工作是世界上做得最好的国家之一。世界反兴奋剂组织前主席庞德曾高度评价中国的反兴奋剂工作，称中国的反兴奋剂工作堪称世界楷模，并表示："我现在完全可以说，中国的反兴奋剂工作已经走在了世界前列。"

第四章 生机勃发的体育产业

● 在社会变革中崛起的朝阳产业

● 体育产业正在成为国民经济新的增长点

改革开放 30 年的中国体育，一个最显著的特征就是体育与社会经济相融合，体育不仅作为一项社会文化事业在提高国家"软实力"方面发挥了重要作用，而且作为一个新兴的产业在提高国家"硬实力"方面也开始发挥作用。当代中国体育正在成为集政治影响力、经济生产力、文化传播力和社会亲和力于一体的综合社会价值实现平台。

一、在社会变革中崛起的朝阳产业

体育作为一项产业在我国的兴起，有其客观存在的外部环境和内在条件。

从外部环境看，1978 年，党的十一届三中全会在北京召开，全会提出了以经济建设为中心和进行经济体制改革，中国社会拉开了以市场为取向、涉及社会生活各个层面的经济体制改革的序幕。尽管这一时期还存在"计划为主，市场为辅"以及"计划与市场双重覆盖"等一系列的提法和争议，但是把商品和市场排斥在社会主义之外的传统观念，已经被彻底突破，各行各业都在自己的领域重新审视商品和市场在本部门、本领域应发挥怎样的作用。中国的体育产业正是在这种社会背景下，在对计划经济体制下体育事业发展模式的弊端作出深刻反思的情况下，悄然开始了自身的实践。

从内部环境看，20 世纪 70 年代末和 80 年代初，随着我国社会经济条件的变化和体育事业自身的不断发展，计划经济体制下体育事业发展模式存在的一些缺陷和弊端也开始显现。主要表现为：一是国家统得过多、管得过死，一切体育事务都由政府的体育行政部门来操办和控制。这种做法，一方面造成了政府体育行政机构政事不分、管办不分，致使体育事业很大程度上成了体育系统内的事业；另一方面也造成了社会体育组织职能虚化，社会各方面兴办体育的积极性、创造性无法发挥。二是排斥商品化经营和市场机制。在认识上把体育视为纯公益性事业，在实践上把体育机构统统当做事业型单位来对待，排斥公有制以外的体育企事业单位的生存和适度发展。这就忽视了社会主义初级阶段体育事业的所有制结构应当同较低的、多层次的社会生产力发展水平相适应的基本关系，从而在一定程度上制约了体育事业的发展。三是国家财政不堪重负。由于传统体育体制排斥体育职业化、产业化和市场化，体育事业单位不能搞经营创收，不能通过有偿服务来补偿消耗，更不能按市场需求和社会需要自主扩大体育服务，发展体育产业，致使政府财政拨款成为体育事业经费的唯一来源。而随着体育事业规模的不断扩大，尤其是现代体育日益呈现出资金密集的特点，体育经费需求与国家财政供给能力之间的矛盾也越来越突出。四是分配中的平均主义和用人制度的"铁饭碗",使得体育事业单位缺乏应有的活力和动力,人、财、物浪费严重,工作效率和效益不高,经费不足的矛盾更加突出,事业发展的后劲明显不足。

正是在这样的背景下,中国体育开始主动地"摸着石头过河",开始探索发挥自身经济功能的实践。尽管我国明确提出发展体育产业是在1992年的全国体育工作会议上,但是发展体育产业的实践,应该说始于十一届三中全会之后。从十一届三中全会至今,我国体育产业的发展大体上经历了三个阶段。

萌芽阶段(1978年底—1992年初)。党的十一届三中全会后,全党的工作重点转移到社会主义现代化建设上来。从此,中国经济进入了一个快速发展期。体育事业和其他事业一样,也有很大的发展,取得了举世瞩目的成绩。但与此同时,体育事业发展资金供给不足的问题日益突出。为解决这一问题,体育界开始探索打破单纯依靠国家拨款、由国家包办体育的格局,积极探索筹措体育资金的新路子。这一时期发展体育产业的初步探索,主要围绕着两个方面:一是鼓励体育系统有条件的事业单位开展多种经营,扩大服务范围,积极增收节支,提出了体育场馆要"以体为主,多种经营",由事业型向经营型转变。同时,各省市体委都在不同程度上将一部分非经营性资产转为经营性资产,并相继成立了一些体育经营实体,如体育服务公司等。二是吸引社会资金,以赞助和联办的形式,资助体育竞赛活动和办高水平运动队,相当一部分优秀运动队实现了与企业联办。应该说这两方面的实践,都取得了积极的成效,在一定程度上缓解了体育事业发展资金不足的问题,也出现了诸如上海虹口体育场和南京五台山体育中心那样的先进典型,为后一阶段深化体育改革、大力发展体育产业积累了初步经验。

起步阶段(1992—2000年)。这一阶段,以邓小平同志1992年南巡讲话和党的十四大为标志,随着我国社会主义市场经济体制目标的确立,体育事业发展的社会经济环境发生了巨大变化。体育界为建立与社会主义市场经济体制相适应的,符合现代体育运动发展规律的,国家调控,依托社会,充满生机与活力的体育体制和运行机制,加大了改革的力度。1992年,国家体委召开了"中山会议",把体育产业问题作为深化体育改革的一项重要内容列入议事日程;1993年,全国体委主任会议上制定了《关于培育体育市场,加快体育产业化进程的意见》,提出了体育事业要"面向市场,走向市场,以产业化为方向"的基本思路;1994年召开的体育经济问题研讨会和1995年全国体委主任会议,都把发展体育产业作为主题;1996年,国家体委下发了《体育产业发展纲要》；同年全国人民代表大会第八届四次会议通过的《国民经济和社会发展"九五"计划和 2010 年远景目标纲要》进一步明确了体育要走"社会化、产业化的道路"。

随着体育社会化和产业化方向的确立，发展体育产业工作开始从较多地注重经营创收的微观层面，逐步上升到与转换体制和转变机制结合起来的宏观层面；发展体育产业的指导思想，从"多种经营，以副养体"转向"以体为主，全面发展"；发展体育产业的重点，也从经营创收转向推动体育事业向产业化方向发展上来。这一时期，伴随着运动项目管理体制的改革和全民健身计划的全面实施，通过引导体育系统内部和社会各方面力量，努力挖掘体育自身的商业价值和经济功能，大力开拓体育市场，引导体育消费，体育产业发展取得了较好的社会效益和经济效益。同时，各级体委加大了体育系统国有资产经营管理的力度，争取国家对体育实行了一些优惠经济政策，加强了体育经济立法等工作，使我国体育产业进入起飞阶段。

起飞阶段（2000—2008 年）。进入新世纪以来，特别是北京申奥成功和党的第十六次代表大会胜利召开，以胡锦涛同志为总书记的党中央，高举邓小平理论伟大旗帜，制定了把中国特色社会主义事业全面推向 21 世纪新的行动纲领。在这样的新形势下，我国体育产业步入了快速发展起飞阶段。这一阶段的标志是，体育产业从体育部门走向社会，走向经济建设的主战场，体育产业作为国民经济新的增长点，得到了政府和社会的高度重视。具体表现在四个方面：一是体育消费持续活跃，体育市场不断健全，体育产业在扩大内需中的作用越来越突出。二是体育产业得到了各级政府的高度重视。朱镕基总理在九届全国人大二次会议上所作的《政府工作报告》中指出，要"积极引导居民增加文化、娱乐、体育健身和旅游消费，拓宽服务性领域"。这是新中国成立以来，历届政府工作报告中第一次在阐述经济发展问题时提及体育，具有里程碑的意义。它意味着政府确认体育的产业地位，标志着体育产业作为国民经济新的增长点、作为第三产业的重要组成部分，得到了政府的高度重视。在这之后，以北京为代表的发达省市纷纷把体育产业作为本地区社会经济发展的重点行业，纳入社会经济发展规划，并置于优先发展的位置。三是国家体育总局作为全国体育产业规划和管理的职能部门工作力度不断加大。2005 年和 2007 年国家体育总局连续召开了两次全国体育产业工作会议，提出了全社会共同发展体育产业的"大发展观"，并确立了"依托场馆、紧扣本体、全面发展、服务社会"的工作思路。四是体育产业发展规模迅速扩大。近几年体育产业发展最显著的特点，就是体育产业社会化、投资主体多元化。其中非国有体育企业在数量上迅速增加，个体、私营、外资和中外合资企业成为产业扩张的重要力量，并表现出极大的增长潜力。部分发达省市体育经营企业的数量成倍增长，体育市场规模不断扩大，体育消费持续火爆。体育产业作为国民经济新增长点的美好前景已经展现。

二、体育产业正在成为国民经济新的增长点

改革开放的 30 年，是我国体育产业从无到有逐步发展的 30 年，也是体育事业与社会经济良性互动、不断融合的 30 年。经过 30 年的不断摸索和艰苦创业，我国新生的体育产业正在成长为国民经济新的增长点。

（一）健身休闲业快速发展

健身休闲业是改革开放 30 年以来，伴随着我国经济持续高速增长和人民生活水平不断提高，以及体育社会化和产业化进程不断加快而逐步形成和发展的体育本体产业。目前国内大众健身休闲市场，已经成长为我国体育服务市场体系中的主体市场。

从体育健身休闲市场的规模看，截至 2001 年底，北京市有独立核算的体育健身企业 200 家，从业人员 11000 人，比 2000 年增长 12.2%；拥有固定资产 18.2 亿元，比 2000 年增长 26.4%；营业收入 5 亿元，比 2000 年增长 16.3%；上缴税金 5000 万元，比 2000 年增长 19.1%，形成了一批经营规模较大具有一定社会影响的体育健身经营单位。浙江省截至 2000 年底，有体育健身服务经营单位近 5000 家，其中体育行政事业单位约 200 家，体育服务经营企业 1100 多家，体育服务个体经营户 3700 多家。2000 年体育健身服务业总营业额为 15.05 亿元，比上年增长 8.65%。安徽省截至 2001 年底，全省共有体育产业经营单位 8597 家，其中健身服务类经营单位 4292 家，占总数的 49.9%；体育健身服务业从业人员 18064 人，占整个体育产业从业人员的 46.2%；体育健身服务业营业收入 49262 万元，增加值 31600 万元。从上述几个省市的统计资料看，目前我国体育健身休闲市场总经营收入，估计在 100 亿元左右。这些数据表明，第一，目前我国体育健身休闲市场总体规模与发达国家相比还有很大的差距，但市场的成长空间巨大，这是市场规模小的一面。第二，这一市场也存在小中见大的另一面，即体育健身休闲市场在我国各类体育服务市场中是规模最大、成熟度最高的市场。如江苏省体育健身休闲业在经营单位数、从业人员数和增加值三个指标上分别占整个体育服务业

的比重是 98.82%、97.63% 和 94.65%。浙江省体育健身休闲市场的营业收入占整个体育服务业的营业收入的 55.16%，远远高于其他体育服务类市场的营业收入。

从体育健身休闲市场的开放度和竞争度上看，目前这一市场已呈现充分开放、激烈竞争的态势。国际健身休闲市场上的龙头企业，如宝力豪、一兆韦德、亚力山、美格菲、克拉克海奇、美国 24 小时（加州健身）、fitness first 等已进入中国市场，还有一些企业以中外合资的形式进入中国市场，如中体产业股份有限公司与美国倍力健身公司合资成立的中体倍力健身俱乐部有限公司。近年来，我国本土商业健身俱乐部企业也呈现连锁化、品牌化的发展趋势，如青鸟、英派斯、浩沙、好家庭、马华、前进、奇迹、天行等。

从体育健身休闲市场的经营内容看，改革开放以来，国内市场日益呈现国际化的趋势，经营项目丰富多彩，基本与国际同步。既有高档的健身休闲项目，如高尔夫球、冰雪项目、航海航空项目、赛车等，也有新兴的极限运动和时尚运动，如轮滑、滑板、攀岩、悬挂滑翔、卡丁车、冲浪、帆船帆板、漂流、滑草、滑沙、跆拳道、射击射箭等。同时，还有一大批大众普及型健身休闲项目，如武术、保龄球、台球、棋牌、乒乓球、羽毛球、游泳、健身健美操、足球、篮球、排球、网球等。尽管目前我国健身休闲市场在经营内容上已逐渐与国际同步，但是从三类项目的实际市场运作看，我国体育健身休闲市场还处在低端服务产品为主体的阶段。根据《浙江省体育产业统计调查报告》，该省体育健身休闲企业开展的经营项目主要是台球、棋牌、乒乓球、游泳、保龄球、体操（包括各类健身健美操）、轮滑和网球。按各项目营业收入多少排，列在前 7 位的分别是棋牌、台球、保龄球、游泳、乒乓球、体操、羽毛球。另据《安徽省体育产业发展情况调查报告》，该省体育健身休闲市场的经营项目也主要集中在武术、健身健美操、游泳、保龄球、乒乓球和棋牌等项目上。由此可见，目前我国体育健身休闲市场在经营内容上尚有拓展的空间，产品结构还有待进一步完善。

总体上看，改革开放的 30 年是我国体育健身休闲业从无到有、快速发展的 30 年。目前这一产业在规模、结构、质量和效益方面都呈现不断提高态势。随着中国经济的持续稳健增长和人民生活水平的日益提升，我国大众健身休闲业将迎来更为宽广的发展空间。

（二）职业体育和赛事经济在探索中起步

我国职业体育和赛事经济起步于 20 世纪 90 年代中期的体育体制改革，经过十多年时间的培育，初步形成了以足球、篮球、排球和乒乓球职业联赛以及 F1、网球"大师杯"、高尔夫球"精英赛"等各类商业性赛事构成的体育赛事产业体系。

这一产业体系主要包括以下六个方面。

1. 三大球和一国球（乒乓球）构成的中国四大职业联赛初步成型

截至 2008 年，足球职业联赛运作了 16 个赛季，篮球职业联赛运作了 15 个赛季，排球俱乐部联赛和全国乒乓球超级联赛也运作了超过 10 个赛季。尽管四大联赛到目前为止仍存在这样或那样的问题和困难，但是整体上联赛的质量在稳步提高，特别是在联赛的组织、俱乐部的管理、裁判员的监控、联赛整体的市场开发方面都有显著的改善和提高。以改革"突破口"——足球联赛的市场开发为例，甲 A 联赛的冠名和赞助费，从 1994 年至 2003 年每年都保持较快的增长速度（表 4-1）。近年来，除了这四大联赛，近年来棒球、网球、羽毛球、围棋、国际象棋、自行车、高尔夫球、电子竞技等项目也开始组建和运作自己的俱乐部联赛。尽管这些后起的联赛在规模和影响力等方面均不及四大联赛，但也都形成了自己的特定观众群体，联赛的组织与管理水平也在不断提高。

表 4-1　1994—2003 年中国甲 A 足球联赛冠名和赞助收入情况　单位：万元

年份	冠名费	赞助费	总金额
1994	230	---	230
1995	253	---	253
1996	279	---	279
1997	307	---	307
1998	338	---	338
1999	450	640	1090
2000	472	672	1145
2001	496	705	1202
2002	520	740	1262
2003	546	777	1325
总计	3891	2829	6720

资料来源：中国足球协会

2. 职业体育俱乐部的数量和质量明显提高

职业体育俱乐部是竞赛表演市场最主要的供给主体。从 1992 年我国推进部分运动项目职业化以来，各项目职业体育俱乐部的数量都有明显的增长。截至 2008 年，我国四大职业联赛所辖的职业俱乐部总数超过 130 家，其中足球 28 家（中超 15 家，中甲 13 家），篮球 54 家（男子 35 家，女子 19 家），排球 32 家（男子 16 家，女子 16 家），乒乓球 20 家（男女各 10 家）。同时，随着职业俱乐部数量的增加，职业球员和联赛参赛队伍的数量也有了快速增长。

3. 观赏性体育消费群体不断扩大

体育竞赛表演市场能否形成除了要看供给者的规模与质量，还要看消费者的规模与质量。在市场经济条件下，后者决定前者，需求水平决定供给水平。自 1994 年以来，我国四大职业联赛（篮球、足球、排球和乒乓球）的现场观众人数不断增加。足球甲级联赛的现场观众由 1994 年的 237 万人次，增加到 2001 年的 720 万人次，增长了 3 倍。篮球 CBA 职业联赛自 1995—2008 的 13 个赛季，平均每个赛季的现场观众人数达到 76 万，平均上座率达到 80% 以上（表 4-2）。2000—2001 赛季全国男排联赛现场观众总数约 17.43 万人，平均每场观众 3418 人，上座率达到 66%；女排联赛现场观众总计为 16.58 万人，平均每场观众 3200 人，平均上座率达到 66%。2000—2001 赛季全国乒乓球联赛第一阶段比赛观众总数达到 24.9 万人。除联赛之外，各类商业性比赛的观众人数也在不断增加，特别是一些热点赛事，如在广州举行的"中巴足球对抗赛"、在上海举行的网球"大师杯"、在北京举行的"中国龙之队"与皇家马德里队的友谊赛以及 NBA 在北京、上海举行的季前赛等，上座率基本上都达到了 100%。

表 4-2　CBA 职业联赛 13 个赛季现场观众及转播情况

赛季	参赛队伍（支）	现场观众人数（人）	平均上座率（%）	电视转播（小时）
1995—1996	12	450200	68	296
1996—1997	12	601106	84	398
1997—1998	12	593300	77	696
1998—1999	12	643900	83	1137.5
1999—2000	12	536048	82	1010.5
2000—2001	12	565950	85	1020.6
2001—2002	14	746500	87	1805 场

（续表）

赛季	参赛队伍（支）	现场观众人数（人）	平均上座率（%）	电视转播（小时）
2002—2003	13	765000	82	800 场
2003—2004	12	401285	85	730 场
2004—2005	14	1231830	82	1240 场
2005—2006	16	1328390	78	2717
2006—2007	16	997981	72	2371
2007—2008	16	1023080	77	2028

资料来源：中国篮球协会

4. 为竞赛表演市场服务的中介机构开始出现

自 20 世纪 90 年代我国推进单项运动协会实体化改革以来，部分运动项目开始进行职业化试点，联赛、商业性比赛的数量和规模不断扩大，这也在一定程度上创造了赛事和运动员代理的需求，从而促进了体育中介机构的培育和发展。国际著名的体育中介公司，如美国的国际管理集团、八方环球，瑞士的盈方公司等均已进入中国市场。国内最有商业价值的联赛和最有人气的体育明星基本上都由中介机构来代理进行商业开发和推广活动。近年来一些在全国引起哄动效应的赛事，如 F1、网球的"中网"和"大师杯"、篮球的 NBA 中国赛和斯坦科维奇杯、足球的中巴对抗赛、皇家马德里队与中国龙之队的友谊赛都是由体育中介公司运作的纯商业性比赛。应该说，中外体育中介机构不断介入中国的体育竞赛表演市场，也是该市场已经形成并在逐步发展的一个重要标志。

5. 全运会市场开发能力显著提高

每 4 年一届的全国运动会，在计划经济下是完全由中央和地方两级财政出资举办的。随着国内体育竞赛表演市场的逐步发育，全运会的商务开发工作也取得很大进展。1997 年在上海举行的第八届全国运动会，组委会通过运动会无形资产开发获得了 1.68 亿元的直接收入，其中广告、专有权收入 1.23 亿元，捐赠收入 0.12 亿元，其他收入 0.33 亿元。2001 年广东省举办的第九届全国运动会，组委会在汲取上海经验的基础上大胆创新，使这届全运会的市场开发收入达到了 2 亿多元，其中火炬传递活动的冠名权收入 1380 万元，足球冠杯收入 800 万元，出售电视转播权收入 900 万元，广告收入 1.3 亿元，门票收入 3000 万元，开创了全运会以市场运作为主的新的商务开发模式。2005 年在江苏南京举行的第十届全运会，市场开发又实现了新的发展。第一次提出了维权的概念，构建了更为完整的资源体系和清晰的市场开发专门机构。市场开发收入也首次突破了 4 亿元大关，创下了全运会市场开发收益新的纪录。

6. 作为竞赛表演市场物质载体的各类体育场馆建设、管理和运营水平不断提高

2006 年 10 月，为充分发挥行业协会作用，积极配合业务主管部门做好体育场馆工作，在国家体育总局的推动下，中国体育场馆协会进行了换届改组。协会改组后，在组织建设、业务准备等方面开展了大量的工作。与此同时，各地在体育场馆的建设和运营方面也进行了积极的探索。2008 年奥运会，北京共建比赛场馆 31 个，训练场馆 45 个，国家会议中心等相关设施 5 个。在场馆建设投融资方面，广泛采用政府拥有产权，企业筹资建设并在允许期限内拥有经营、管理权的模式和政府、企业共同投资建设，责任、风险共担，利益共享的模式。奥运场馆的建设还坚决贯彻绿色奥运理念，广泛采用了节能、环保等新技术、新工艺，在很多方面达到了国际领先水平。江苏第十届全运会体育场馆的总体规划和体育强省的建设相结合，把体育场馆的功能、规模和长远规划相协调，用经营城市的理念来规划、建设体育场馆，拓展了城市发展空间，并注重体育场馆与自然、生态环境以及旅游资源的综合开发利用。在场馆建设投融资方面，吸引民间资本参与十运会场馆建设，尝试投资主体多元化。十运会马术赛场建设总投资 2 亿多元，民营企业南京红龙集团参股，占 40% 股份；激流回旋比赛场地，与中山陵园管理局合作建设，政府投资 1500 万元，中山陵园管理局投资 600 万元，赛后在保证运动队日常训练的同时，面向社会开放经营。上海市将体育场馆的建设、改造、扩建与运营通盘考虑、规划，实现场馆功能与实际运营的结合。安徽省就体育场馆的规划、建设出台了奖励补助办法，从体育彩票公益金中拿出 10% 用于场馆的奖励和补助。福建省 9 个设区市都在抓紧建设或规划大型体育中心，初步形成了"海峡体育走廊"。

在管理体制和运营模式上，各地大胆探索，积极实践，运营模式日益多元化。如南京奥体中心是企业化运营，归口国资部门管理；苏州体育中心是事业单位企业化管理；南京龙江体育馆是自收自支事业单位；宁波市游泳健身中心通过公开招标，委托美国西格集团进行专业化管理，实现了所有权与经营权的分离。

从经营方向上看，体育场馆的业务内容日益多样化，形成了一定的产业链。体育场馆的运营效益也有所提高。南京奥体中心 2006 年创收 2000 多万

元，2007 年形势好于 2006 年；江苏省五台山体育中心年收入 5561 万元，实现利润 852 万元；杭州游泳健身中心年收入超过 1200 万元。

总之，经过多年的改革与探索，我国体育竞赛市场已初步形成了以职业联赛为主体、各类商业性比赛为补充的基本格局。随着 2008 年北京奥运会的成功举办，中国正在成为全球商业性赛事的热点国家，体育竞赛市场将在未来呈现快速发展的态势。

（三）体育中介服务业日渐活跃

体育中介服务业是直接为体育本体产业提供专业化技术支持的行业，这一行业的形成与发展对培育与规范体育市场，提高体育产业的运营水平发挥了重要作用。20 世纪 90 年代初期，我国体育体制和运行机制以社会化和产业化为方向进行了全面的改革，以足球为突破口的运动项目管理体制的改革，把部分项目推向了市场，职业体育开始在我国起步。随着职业体育的兴起，体育资源也开始逐步由原来的政府计划配置向市场配置转变，各类体育组织、体育人士和企业对体育中介服务开始产生了实际的需求，体育经纪人随之应运而生。但是，最早在国内体育中介市场上从事体育经纪活动的并非专业化的经纪公司，而是国内的一些广告公司、公关公司、咨询公司、投资公司和文化传播公司等。有影响的体育经纪活动主要有，北京高德体育文化中心（高德公司）策划和运作的一系列商业比赛，如北京国安与阿森纳队的比赛、中英、中巴（巴拉圭）、中韩、中美、中伊等足球对抗赛，以及运作范志毅、孙继海转会英国水晶宫队。2003 年，该公司运作西班牙皇家马德里足球俱乐部来华进行商业比赛，仅皇家马德里俱乐部在京的各项活动，活动组织方就获得了高达 4000 万元的收入。

另外，国外著名的体育经纪公司也纷纷抢滩中国体育中介市场，如前几年作为足球甲 A 联赛和篮球甲 A 联赛赛事推广商的国际管理集团（IMG），作为足球"中国之队"和 CBA 联赛及国家队推广商的北京盈方体育咨询公司（Infront Sport & Media），作为 CBA 篮球联赛商务咨询公司、公关公司和执行公司的前锐公司、实力媒体和拓亚公司以及活跃在中国市场上的八方环球、SFXsport 等。与此同时，国内专业化的体育经纪公司也开始起步。1997 年我国著名跳高运动员朱建华在上海注册成立"希望国际体育经纪有限公司"，成为国内第一家专业化的体育经纪公司。此后，广州成立了"鸿天体育经纪有限公司"、北京成立了"中体产业体育经纪公司"等。1999 年国家体育总局为培育我国的体育中介市场，稳步、健康地推动我国体育经纪人的发展，开始着手与国家工商管理局共同加强对体育经济人才培养和管理工作，并选择北京、上海、江苏、广东等地进行体育经纪人立法、培训和资格认定的试点工作，取得了一定成效。

（四）体育用品制造和销售业迅速成长

体育用品制造和销售业是我国体育相关产业中开放度与竞争度最高、增长最快、发展最为成熟的行业。这一行业从早期的来料加工、贴牌生产起步，经过 30 年的快速发展，迅速由产品经营向品牌经营转变，目前我国已成为全球最大的体育用品制造基地。

我国体育用品业已呈现出产业集群化发展的新趋势。福建、广东、江苏三省成为我国体育用品企业集聚之地（表 4-3）。运动鞋的生产企业主要集中在福建晋江、莆田，广东的东莞，浙江的慈溪；运动服装的生产企业主要集中在福建的石狮，广东的中山，浙江的海宁；体育器材的生产企业主要集中在浙江的富阳、苍南，江苏的江都、泰州，河北的沧州；篮、足、排三大球的生产主要集中在上海市、天津市和浙江省奉化、富阳。

表 4-3　我国体育用品主要产业集群地

地区	主要产品	企业数（家）	销售收入（亿元）
福建晋江陈埭镇	运动鞋（运动休闲鞋）	300	49.80
福建石狮灵秀镇	运动服装（运动服、运动休闲服）	625	12.61
广东中山沙溪镇	运动服装（运动服、运动休闲服）	639	53.21
浙江海宁马桥镇	运动服装（运动服、运动休闲服）	240	47.18
浙江富阳上官乡	体育器材（球拍、赛艇、三大球）	321	约 8.00
江苏江都武坚镇	体育器材（球拍、铁件、木件）	140	约 6.00
江苏泰州野徐镇	体育器材（球网、球、垫子、铁件等）	150	约 2.00
河北固安礼让店乡	体育器材（渔具）	160	约 3.00

资料来源：中国服装协会 http://www.cnga.org.cn 以及调查资料整理

从体育用品业的产值及销售额看，表 4-4 展示了 2001—2003 年全国及主要省份体育用品制造业累计产品的销售收入情况。2001 年、2002 年、2003 年全国体育用品制造业累计产品销售收入分别达到 110.93 亿元、140.07 亿元和 212.64 亿元。浙江省 1999 年体育用品业的增加值为 38.62 亿元，2000 年为 47.37 亿元，增长率约为 22%（表 4-5）。另据《2003 年北京市体育产业统计报告》，截至 2002 年底，全市体育用品业总产值为 74.2 亿元，增加值 22.3 亿元。

表 4-4　2001—2003 年全国及主要省份体育用品制造业累计产品销售收入　单位：亿元

地区	2001 年	占全国的%	2002 年	占全国的%	2003 年	占全国的%
全国	110.93		140.07		212.64	
上海市	23.69	21.36	29.94	21.37	42.64	20.05
江苏省	10.09	9.09	17.54	12.49	33.92	15.95
浙江省	17.99	16.22	19.54	13.95	33.02	15.53
福建省	14.60	13.16	15.84	11.30	25.44	11.96
广东省	27.87	25.13	36.50	26.06	42.71	20.09

〔注〕1. 资料来源于国家统计局；2. 统计范围为全部国有及年销售收入 500 万元以上的非国有企业；3. 产品范围为《国民经济行业分类》体育用品制造业（242）部分，不包括运动鞋、运动服装等。

表 4-5　1999—2000 年浙江省体育用品业增加值　单位：亿元

	1999 年增加值		2000 年增加值		
	增加值	占全省体育产业增加值的比率	增加值	占全省体育产业增加值的比率	增长率
体育用品业	38.62	83.54%	47.37	85.12%	22.66%
体育用品制造	23.20	50.18%	33.29	59.82%	43.49%
体育用品销售	15.42	33.36%	14.08	25.30%	-8.69%

资料来源：浙江省体育产业调查研究报告

　　从我国体育用品业的出口情况看，根据中国海关总署的统计，1997 年我国体育用品出口总额 38.8 亿美元，1998 年为 45 亿美元，1999 年为 53.87 亿美元，其中运动鞋为 23.69 亿美元，运动器材为 25.44 亿美元，运动服装为 4.74 亿美元。2002 年中国大陆向美国出口的体育用品占该国总进口额的 52.3%，居第一位（排在第二至第五位的分别是，台湾地区 10.3%，加拿大 4.3%，墨西哥 4.2%，韩国 3.1%），比 2001 年的 45.3% 又提高了 7 个百分点。

　　从体育用品企业所有制结构看，整体上呈现混合所有制特征，既有国营也有民营，既有中资也有外资，且民间资本开始占据主导地位。以浙江省为例，"2001 年全省共有体育用品生产企业 1281 家，注册资本金为 36.2 亿元。从单位注册类型上看，私营个体单位占 61.9%，有限责任公司占 18.4%，股份合作企业占 7.6%，外商及港澳台投资企业占 7.0%；从注册资本金构成看，个人资本占 42%，法人资本占 30.4%，外商资本占 23.4%，集体资本占 3.9%，国有资本占 0.3%"。这种所有制结构在一定程度上说明，我国体育用品市场是一个开放、竞争度较高的市场。

从体育用品市场的产品结构看，目前我国体育用品企业已能生产包括运动服装（含鞋、帽、手套、护具等）、球类器材设备、运动器械及器材、健身器械、娱乐及场地设备、体育科研测试器材、户外运动（含旅游、休闲装备）装备、渔具系列、运动装备及奖品、运动保健用品、裁判教练用品共 12 大类产品。只是在个别大类的高端产品中还有缺项，如户外运动中的航海、航空器材以及健身器械中的科技含量较高的大型商用器械和运动队专用器材等。

从中国体育用品博览会的形成与发展看，体育用品市场也呈现高速发展的态势。1993 年由国家体育总局、中国体育用品联合会以及承办省市政府共同开始举办的中国体育用品博览会每年举办一届，到 2008 年已举办了 22 届，其中前 8 届为国内展会，从第 9 届开始改为国际展会（表 4-6）。目前，中国体育用品博览会已经成为亚太地区最大的专业展会，规模仅次于德国慕尼黑博览会和美国拉斯维加斯博览会。

表 4-6　历届中国体博会情况一览表

时间	地点	名称	展位（个）	面积（m²）	观众（人）
1993	西安	第 1 届中国体育用品博览会	230	4150	--
1994	福州	第 2 届中国体育用品博览会	370	6660	--
1995	天津	第 3 届中国体育用品博览会	450	8100	--
1996	武昌	第 4 届中国体育用品博览会	840	1.62 万	--
1997	武汉	第 5 届中国体育用品博览会	1400	2.52 万	--
1998	福州	第 6 届中国体育用品博览会	2000	3.6 万	--
1999	成都	第 7 届中国体育用品博览会	2100	3.78 万	6 万
2000	长沙	第 8 届中国体育用品博览会	2439	5 万	10 万
2001	北京	第 9 届中国国际体育用品博览会	3402	6.5 万	12 万
2002	长沙	第 10 届中国国际体育用品博览会	4000	7.5 万	13 万
2002	北京	第 11 届中国国际体育用品博览会	400	1.2 万	3 万
2003	上海	第 12 届中国国际体育用品博览会	因 SARS 停办		
2003	北京	第 13 届中国国际体育用品博览会	3000	6.5 万	12 万
2004	上海	第 14 届中国国际体育用品博览会	4500	10 万	15 万
2004	北京	第 15 届中国国际体育用品博览会	800	1.5 万	3.5 万
2005	上海	第 16 届中国国际体育用品博览会（夏季）	5000	10 万	15 万
2005	北京	第 17 届中国国际体育用品博览会（冬季）	600	1 万	3 万
2006	成都	第 18 届中国国际体育用品博览会（夏季）	5000	10 万	16 万

(续表)

时间	地点	名称	展位（个）	面积（m²）	观众（人）
2006	长春	第19届中国国际体育用品博览会（冬季）	600	1万	1.5万
2007	成都	第20届中国国际体育用品博览会（夏季）	4500	10万	15万
2007	北京	第21届中国国际体育用品博览会（冬季）	—	—	—
2008	北京	第22届中国国际体育用品博览会（夏季）	3000	12万	5万

〔注〕2008年5万人为专业贸易观众。

资料来源：国家体育总局体育器材装备中心

从品牌企业的成长情况看，改革开放以来，我国一批知名的体育用品品牌脱颖而出，并逐步走出国门，积极参与国际市场竞争。李宁体育用品已与NBA和ATP进行深入合作，努力开拓国际市场，打造国际品牌，并先后成为瑞典和西班牙奥委会的官方合作伙伴，逐步打破了国外体育品牌垄断国际顶级赛事的局面。红双喜乒乓球产品已成为世界名牌，占据了国际比赛用球的80%。浙江富阳的"无敌"牌赛艇曾被确认为2004年雅典奥运会赛艇比赛唯一的中标产品。同时，品牌企业借助资本市场实现跨越式发展也取得了新突破。2004年6月，李宁公司成为国内首家在香港上市的体育用品制造企业。2007年7月，安踏公司也成功在香港上市，这标志着我国体育用品企业开始进入新的发展阶段。

正如世界体育用品联合会委托KSA独立顾问公司对全球体育用品业现状所作的调查报告中指出的，"中国是世界体育用品生产商的可靠基地，是名副其实的世界体育用品制造大国""中国已经拥有全球65%以上的体育用品生产份额"。经过改革开放30年的历练，我国体育用品制造和销售业已经成长为竞争力强、比较优势突出、具有广泛国际影响力的优势产业。

（五）体育旅游业快速启动

体育旅游业是改革开放以来，我国体育事业与文化旅游事业不断互动融合产生的新的业态。随着我国经济的持续发展和人们消费水平的提高，人们的体育健身休闲需求日益增长，体育旅游作为一种新兴的健身休闲方式，正在受到越来越多人的喜爱。为体育旅游提供相关服务的组织机构和企业单位日益增加，目前已达6万多家。各省市风格迥异的体育场馆和运动休闲设施已成为城市标志性建筑和特色旅游景点。各种国际知名体育赛事和极具地方民族特色的赛会纷纷在我国许多城市和地区举行，体育旅游项目不断丰富，吸引了大批国内外游客前往观摩。在这方面，中西部地区的工作取得了很好的效果。如内蒙古充分发挥民族传统体育优势和草原、沙漠等特点，努力开发马术培训、竞技、表演、那达慕、冰雪那达慕等体育旅游项目；青海省把体育、旅游、文化结合起来，打造环青海湖民族体育旅游圈；四川省以培育体育旅游市场为突破口，计划组建体育旅游企业联盟，开发登山、滑雪、漂流、自驾游等项目；宁夏打造的沙漠体育项目成为地区的名片；东北和华北地区的滑雪产业快速发展。为加强体育旅游的宣传和推广，构筑体育旅游交流和展示的平台，集中展示我国的体育旅游资源和项目，国家体育总局、国家旅游局和上海市政府还共同举办了 2007 中国体育旅游博览会。

（六）体育传媒产业开始形成

当代体育的一个重要特征就是体育运动与大众媒介的不断融合。一方面大众媒体历史性的介入，催生和做大做强了体育产业；另一方面体育产业的勃兴和持续发展，也为大众媒体的生存与发展开辟新的"蓝海"，以至于专业体育媒体不断从传统媒体中"分崩离析"，并进而使自己也成为了现代体育产业不可分割的组成部分。

我国体育媒体在改革开放之后，特别是 20 世纪 90 年代中期试行体育职业化改革以来，有了快速的发展。目前这一行业大体上由 5 个部分组成。首先是最具影响力的电视体育媒体，它以 CCTV-5 为龙头，包括各地方台的体育频道以及在我国落地的 ESPN 和星空体育（Star Sports）。其次是重新崛起的广播体育媒体，它主要由全国性和地方性广播网的体育广播构成，有影响力的主要是北京体育广播电台、上海体育广播电台、南京体育广播电台、青岛音乐体育广播电台、楚天交通体育广播电台等。第三是具有广泛群众基础的体育报纸，它包括全国性和地方性综合类报纸的体育版和专业性体育报纸两类。专业性体育报纸目前在我国成长较快，截至 2003 年我国拥有专业体育报纸 40 种，其中知名度、美誉度较高的有《中国体育报》《体坛周报》《南方体育报》《竞报》《足球报》《篮球报》《东方体育日报》《中国足球报》《篮球先锋报》《球报》等。第四是传统的体育杂志。目前我国有专业体育杂志 135 种，其中大众体育期刊 73 种，有影响力的期刊主要是《新体育》《中国体育》《体育画报》《健与美》《中华武术》《围棋天地》《乒乓世界》《车王》《尺码》《网球天地》《高尔夫》《NBA 时空》《运动休闲》等；专业期刊 62 种，主要是学术性期刊，有代表性的是《体育科学》《中国体育科技》《运动医学杂志》《北京体育大学学报》《上海体育学院学报》等。第五是被称为新媒体的体育网站，主要有各大门户网站的体育频道，如新浪体育、搜狐体育、雅虎体育等，以及各级各类体育机构的官方网站，如国家体育总局官方网站、第 29 届奥林匹克运动会网站、中国足球协会官方网站、中国篮球协会官方网站等。随着 2008 年北京奥运会的成功举办，新生的体育媒体产业将在有效传播现代体育中不断开拓自己的成长空间，并以自身的发展促进我国体育产业总量的增长和结构的优化。

（七）中国奥委会和 2008 北京奥运会市场开发取得丰硕成果

从 1984 年洛杉矶奥运会开始，中国奥委会即开始探索自身无形资产的开发途径。1995 年，国家体委将这方面的职能统一交给体育器材装备中心。在随后的 2000 年悉尼奥运会和 2004 年雅典奥运会两个奥运周期的开发中，中国奥委会的市场开发逐渐形成了一定的规模，制定了相应的规则，在赞助市场培育、专业化操作、专业团队建设等方面都获得了长足的进展，在法律保护、赞助级别划分、产品类别设定、赞助企业标准、赞助商权益回报等方面积累了一定的经验，形成了从谈判、签约到合同管理全过程的较为严格、规范的程序，初步建立起了开发和保护并举的可持续发展机制。从开发效果看，包括实物和现金在内，1995 年之前合同收入为 6830 万元，1996—2000 周期为 8300 万元，2001—2004 周期为 1.5 亿元，为中国体育代表团完成奥运比赛任务发挥了重要作用。

北京 2008 年奥运会的市场开发工作也取得了丰硕成果。中国经济持续增长的势头，吸引了众多企业参与到国际奥委会和北京奥组委的市场开发中来，仅从国际奥委会获得的电视转播权收入和国家奥委会第六期合作伙伴获得的赞助收入中划分给北京奥组委的就超过 10 亿美元。北京奥组委的市场开发，包括合作伙伴、赞助商、供应商和独家供应商等赞助企业 52 家，15 家奥运体育器材供应商，35 家残奥会赞助企业，5 家火炬接力赞助企业。奥运会的赞助收入、门票收入和特许计划收入等，各种收入累计超过 10 亿美元，为北京奥运会的成功举办发挥了重要作用。

表 4-7　2008 北京奥运会赞助征集情况

国际奥委会全球 合作伙伴（TOP）	北京 2008 合作伙伴	北京 2008 赞助商	北京 2008 供应商
1.Coca-cola	1.中国银行	1.UPS	1.梦娜
2.Kodak	2.中国网通	2.海尔	2.贝发文具
3.GE	3.中国石油	3.百度	3.华帝
4.Lenovo	4 中国石化	4.搜狐	4.亚都

（续表）

国际奥委会全球 合作伙伴（TOP）	北京 2008 合作伙伴	北京 2008 赞助商	北京 2008 供应商
5.ATOS ORIGIN	5.中国移动通讯	5.伊利	5.士力架
6.MANULIFE	6.大众汽车（中国）	6.青岛啤酒	
7.OMEGA	7.阿迪达斯（中国）	7.燕京啤酒	
8.VISA	8.强生（中国）	8.恒源祥	
9.PANASONIC	9.中国国际航空公司	9.必和必拓 （bhpbilliton）	
10.Samsung	10.中国人保财险		
11.Mcdonald's	11.国家电网		

（八）体育产业政策法规不断完善

体育产业是当代中国体育事业改革开放的产物。作为新兴的产业，它的培育和发展都离不开适时有效的政策法规的引导、支持、规范和激励。改革开放30 年间，特别是近十年，我国的各级体育行政部门作为体育产业宏观管理的职能部门，在不断制定和完善促进体育产业健康有序发展的政策法规方面做了大量的工作，有力地推动了我国体育产业的培育和发展。

在体育产业政策法规的制定方面，1993 年国家体委制定并发布了《关于培育体育市场，加快体育产业化进程的意见》，提出了体育事业要"面向市场，走向市场，以产业化为方向"的基本思路；1995 年国家体委组织力量编制《体育产业发展纲要》，并于 1996 年正式发布。进入新世纪之后，国家体育总局先后开展了全运会市场开发、体育事业与体育产业关系、体育风险管理等方面的研究工作，制定下发了《体育产业"十一五"规划》。同时，为鼓励各地区根据当地经济、社会发展情况和自然、人文环境等特点，创建体育产业园区，发挥聚集效应和规模效应，带动体育产业的发展，国家体育总局先后批准深圳、成都、晋江建设国家体育产业基地。各地在研究制定和争取有关体育产业政策方面也取得了一定的突破。2004 年经过体、税务等部门多次沟通和研究，国家税务总局正式下文将保龄球、台球的营业税税率从 20%降到了 5%。北京市以 2008 年奥运会为契机，经过认真研究和全面准备，于 2007 年 7 月，以市委、市政府名义下发了《关于促进体育产业发展的若干意见》，制定了许多具有突破意义的政策和措施。浙江省在有关文化、第三产业等方面的一系列重要文件中，都对体育产业的发展提出了明确的要求。在此基础上，浙江省体育局积极争取有关优惠政策，将体育经营场所用电价格降低了 20%。

在体育市场监管工作方面，行政审批制度改革以来，国家体育总局积极研究体育经营活动管理的思路和办法。参照国际通行的做法，国家体育总局联合国家标准化委员会出台了 26 项体育服务标准。2005 年 10 月颁布了《体育服务认证管理办法》，为体育市场监管提供了技术支撑。推动建立了我国首个体育服务认证机构——华安联合认证中心。针对新的形势和需求，国家体育总局还组织力量对体育服务监管制度进行了研究，会同国家安监局和国家认监委初步草拟了《体育服务安全监督管理办法》和《体育场地场所检查办法》。各级体育部门也在体育市场监管方面进行了积极探索，多数省市都制定了有关管理法规或规章。北京市出台了《北京市体育运动项目经营单位安全生产规定》，广东省出台了《广东省体育市场管理暂行规定》《广东省高危险性体育项目经营管理规定》，山西、黑龙江、福建、河南、湖南、甘肃、宁波颁布了体育经营活动管理条例、办法、规定，江苏、安徽出台了体育经营监督管理办法，内蒙古、重庆、宁夏制定了体育市场管理条例、规定，河南省体育局、工商局联合下发了《河南省体育经纪人管理办法》，浙江省制定了《浙江省游泳场所管理办法》。在加强立法的基础上，不少地方还组建了市场执法队伍，对体育经营活动进行执法检查。围绕贯彻体育服务标准，北京、上海、宁波、深圳积极参加了体育服务认证试点工作。

为规范全国体育产业统计工作，建立我国体育产业统计制度，全面、客观地反映我国体育产业发展的状况，国家体育总局联合国家统计局，于 2006 年 6 月启动了体育及相关产业统计研究工作。提出了体育产业统计分类、体育产业统计指标体系和体育产业统计实施方案，并根据国民经济普查数据推算出 2004 年我国体育产业发展的有关数据。2008 年 6 月 18 日，国家统计局和国家体育总局正式颁布了《体育及相关产业分类（试行）》，这是迄今为止我国体育行业首个具有约束力的国家统计标准，也是继旅游、文化和海洋等产业后，第三产业部门出台的又一个重要国家统计标准。该标准将体育及相关产业的概念界定为："为社会公众提供体育服务和产品的活动，以及与这些活动有关联的活动的集合。"根据其概念和活动范围，将体育及相关产业划分为 3 个层次，8 个大类，具体包括：（1）体育组织管理活动；（2）体育场馆管理活动；（3）体育健身休闲活动；（4）体育中介活动；（5）其他体育活动；（6）体育用品、服装鞋帽及相关体育产品制造；（7）体育用品、服装鞋帽及相关体育产品销售；（8）体育场馆建筑活动。在上述 8 个大类的基础上《分类》还进一步细分为 24 个中类，57 个小类。

《体育及相关产业分类（试行）》的颁布为完善体育及相关产业统计制度奠定了基础，为全面、准确地获取体育及相关产业统计数据提供了前提，也为各级政府有关部门科学制定体育及相关产业发展政策，积极培育体育消费市场，促进体育及相关产业可持续发展提供了科学的依据和参考。

另外，各级地方体育行政部门也高度重视体育产业统计工作，从 20 世纪 90 年代中期到 2008 年，已先后有北京、上海、天津、重庆、广东、浙江、江苏、安徽、辽宁、陕西、四川、云南和内蒙古共 13 个省市自治区做了体育产业专项统计，摸清了家底，制定并出台了一系列支持和促进本地区体育产业发展的政策和法规。

（九）体育产业在经济社会发展中的作用日渐凸显

体育产业是伴随着工业化和城市化进程而不断形成和发展的新型文化娱乐产业，是国民经济的重要组成部分，它的不断成熟和发展对于推动国民经济的持续增长，促进经济结构和产业结构的调整与升级，带动社会就业和提升国民的生活质量，都具有重要的意义。我国作为体育产业后发国家，经过改革 30 年，特别是进入 21 世纪后的快速发展，体育产业在拉动经济增长和带动就业方面的作用已经开始显现。

2006 年，国家体育总局体育经济司"体育产业统计课题组"依据 2004 年全国经济普查数据测算，2004 年我国体育产业增加值为 590 亿元，占当年全国 GDP 的比重为 0.5%。同时，从全国已进行体育产业专项统计省市的统计资料上看，体育产业总产值超过百亿元的有 4 个省市，分别是浙江省 252.37 亿元、广东省 250.13 亿元、辽宁省 146 亿元、北京市 128.40 亿元；体育产业增加值超过 30 亿元的有 4 个省市，分别是广东省 67.90 亿元、浙江省 55.65 亿元，北京市 52.70 亿元、辽宁省 39.40 亿元；体育产业增加值占本省市 GDP 比重超过 0.5% 的有 5 个省市，分别是北京市 1.7%、陕西省 0.92%、浙江省 0.9%、云南省 0.86%、广东省 0.57%。上述统计数据表明，体育产业作为新兴的第三产业已经在拉动我国经济增长中发挥了实际的作用，并且随着我国产业结构的不断优化和升级以及体育社会化和产业化进程的不断加速，作为增量的体育产业在促进国民经济增长中的作用将越来越显著。

另外，现代体育产业也是一个民生产业，是一个能广泛吸纳社会就业的产业。目前发达国家体育产业就业人数占全社会从业人数的比重一般都在 1%~3%。我国尽管是一个体育产业的后发国家，但近年来体育产业在促进社会就业方面的作用已经开始显现。根据有关统计资料，2000 年浙江省体育产业共吸纳就业人数为 20.76 万人，比上年增长 14.3%，占全省全社会从业人员总数的 0.76%；2002 年广东省体育产业共吸纳就业人数为 54.46 万人，占全社会从业人员总数的 1.3%；2002 年北京市在体育产业中就业的人数达到 6.7 万人；2001 年辽宁省在体育产业中就业的人数为 17.4 万人；2001 年，陕西省、安徽省、四川省在体育产业中就业的人数也分别达到 5.5 万人、3.9 万人和 1.5 万人。这表明，在现阶段我国面临较大社会就业压力的情况下，通过加快发展体育产业来化解和缓解就业矛盾，是一个现实、有效的途径。

改革开放以来中国体育产业从无到有的发展历程，是国家改革开放伟大事业的一部分，是我国经济社会不断发展，人民生活水平不断提高，现代体育多元功能不断完善的显著标志。北京奥运会的成功举办后，中国体育正在进入一个体育事业与体育产业协调发展的新阶段。可以预计，在这样的新阶段、新格局中，中国的体育产业必将赢得更为广阔的发展空间，它在促进经济增长、社会和谐、文化繁荣和体育事业可持续发展方面，必将发挥更加突出的作用。

第五章

与时俱进的体育科技与体育宣传

● 体育科研为体育发展提供强劲动力

● 繁荣体育哲学社会科学研究

● 体育宣传与体育新闻出版事业

改革开放以来，我国的体育科技工作在机构建设、科技发展与交流、科研攻关与科技服务等方面都取得了显著成绩。可以说改革开放的30年，是我国体育科技不断完善体制、深化改革、开拓创新的30年。

一、体育科研为体育发展提供强劲动力

（一）体育科技意识明显增强

现代科学技术的迅猛发展，对体育产生了前所未有的影响。日趋激烈的世界高水平体育竞争，越来越显示出科技的力量。科学技术已成为提高运动技术水平的关键因素之一。

为了提高体育科技水平，尽快赶上体育发达国家，1978年5月，国家体委下发的《国家体委关于加强体育科学技术工作的意见》中指出："为了尽快把体育搞上去，迅速赶超世界先进水平，在本世纪内成为世界上体育运动最发达的国家之一，希望各级体委切实重视加强体育科学技术工作的领导，把这项工作抓好。"1979年5月在北京召开的第二届全国体育科技工作会议上，对如何全面开展体育科学技术工作作出了更为具体的要求和部署。会议集中讨论了建立健全体育科研机构，进一步开展体育科研工作的问题，初步总结了体育科研工作正反两方面的经验，研究了国际体育科研的新动向。

1984年10月5日，中共中央发出《关于进一步发展体育运动的通知》（中发〔1984〕20号），在充分肯定新中国成立以来，特别是近几年体育事业取得的巨大成绩基础上指出："目前我国体育事业的发展规模和发展水平同世界先进水平相比，还有很大的差距。为了尽快地缩小这个差距，必须积极发展体育科研、教育事业，及时掌握体育情报信息，采用国内外先进技术和设备，加强科学训练，不断革新技术。"

1984年底，在云南昆明召开了第三次全国体育科技工作会议。会议确定了"体育振兴要依靠科学技术进步，体育科学技术要面向体育运动发展"的方针，这是"科技兴体"口号比较早的表述。这次会议重点研究了体育科技工作如何面向运动训练主战场，尽快提高我国运动技术水平的问题。同时也研究了体育科技体制改革、科研机构调整和改善科研条件等问题。这次会议以后，各级体委认真贯彻落实会议精神，结合本地区本单位的具体情况，制定了许多具体办法和规定，体育科技工作呈现出蓬勃发展的好势头。

1989年12月，第四次全国体育科技工作会议在山东泰安召开。这次会议提出"要把发展体育科学技术放在体育发展战略的首要位置"，进一步要求加

强体育科技工作与运动训练实践的结合。会议还研究了深化体育科技体制改革的问题，制定并开始组织实施《1991—2000年体育科技发展规划》。

1994年12月，第五次全国体育科技工作会议在山东淄博召开。会议认真贯彻落实中央关于"稳住一头、放开一片"的科技体制改革方针，重点研究了体育科技体制改革问题。同时围绕全民健身和奥运争光两个计划，研究制定并开始组织实施《全民健身计划科技工程》和《奥运争光计划科技工程》，使群众体育和竞技体育科技工作得到了进一步的协调发展。

1996年召开的以"科技进步和人才培养"为主题的全国体委主任会议，专门研究了体育科技改革和发展问题，极大地推动了体育科技事业的发展。会议颁布了《国家体委关于贯彻科教兴国战略，加速体育科技进步的意见》。该文件比较全面地表述了我国体育科技事业发展的基本方针、基本政策、基本任务和基本措施，提出以"科技为翼，人才为本"的基本方针，成为20世纪末我国体育科技工作重要的指导性文件。

1999年11月，第六次全国体育科技工作会议在辽宁沈阳召开。这是1998年国务院机构改革后组建国家体育总局以来召开的第一次全国体育科技工作会议。这次会议是贯彻全国技术创新大会和《中共中央、国务院关于加强技术创新，发展高科技，实现产业化的决定》精神，总结、研究、规划我国体育科技工作的改革与发展的一次重要会议。会议倡导的"加强创新，深化改革，全面推进体育科技进步"主题，对我国体育科技创新，体育科技体制改革及今后10年我国体育科技工作的发展起到极为重要的指导和推动作用。

为了进一步加强新时期体育科技工作，中共中央、国务院在《中共中央国务院关于进一步加强和改进新时期体育工作的意见》中明确提出，要"重视体育科学技术研究工作，不断提高体育运动训练的科学化程度"。随后国家科技部、国家体育总局等九部门成立了"奥运科技行动领导小组"，制定和实施了《奥运（2008）科技行动计划》。国家体育总局制定和实施了《2001—2010体育科技发展规划》《全民健身科技行动计划》《奥运争光科技行动计划》。

《2001—2010年体育科技发展规划》提出："新世纪前10年体育科技发展的总目标是建立适应社会主义市场经济体制和体育事业发展、与体育运动实践密切结合、结构优化、布局合理、精干高效、纵深配置、全面开放的体育科技服务体系和与之相适应的体育科技管理体制和运行机制，全面推进体育科技进步，在增强人民体质和提高运动技术水平中发挥越来越重要的作用。"

2005年全国体育科技工作会议提出要求，各级体育部门要确立"体育事业发展要依靠科学技术进步，科学技术必须发挥先导作用"的指导思想，紧紧抓住 2008 年北京奥运会的机遇，加速体育科技发展，以扎实的科技实力和完善的服务体系，满足广大人民群众对科学健身的需求，保障竞技体育从整体上全面、稳步、健康地发展，为我国运动员在 2008 年奥运会上再创辉煌作出新的贡献。

回顾改革开放以来我国体育事业的发展历程，体育科技工作得到了高度重视，采取了一系列的政策、措施，从"科技兴体"到"科教兴体"，表现出体育科技意识的不断深化。进入 21 世纪后，借助北京奥运的东风，体育科技工作不断取得新的成果，大众科学健身意识明显增强，各级领导及广大体育工作者的科技意识进一步提升，体育科技体制改革顺利完成，体育科技攻关和服务体系基本建成，并取得显著进展。

（二）体育科研管理体制逐步完善

改革开放 30 年，我国体育科研组织、机构逐步完善，科研管理逐步走向规范化、制度化、法制化的轨道，逐步形成了以科技部、国家体育总局、教育部、国家自然科学基金委员会和国家社会科学规划办公室、中国体育科学学会等为宏观管理，以国家和地方体育局的科研所及体育院校为组织实施的体育科学研究的网络。

1. 建立科教管理和研究机构

（1）加强管理与指导，成立科教司

1978 年 5 月，为了适应新形势下体育事业发展的需求，国家体委发出《关于加强体育科学技术工作的意见》，《意见》要求国家体委和省、自治区、直辖市体委建立科技工作管理机构，负责统一规划、协调和组织管理体育科技工作。1978 年，国家体委成立了科学教育司等体育科技领导、决策机构，负责制定我国体育科教政策、法规和发展规划，组织体育科学研究和科技攻关服务，审查和鉴定成果，建立重点实验室，指导直属院校的教学科研工作，以及科技成果推广和教练员、运动员的教育与培训等工作，为我国科教事业的发展做了大量的工作。

（2）科研机构大发展

改革开放之前，我国体育科研工作十分薄弱。1979 年 5 月，在北京召开了第二次全国体育科技工作会议。这次会议集中讨论了建立体育科研机构和科研机构怎样进一步开展体育科研工作的问题。根据会议要求，1979 年对国家体委科研所、各体育学院、各地方体育科研所、解放军体育科研机构、高等院校体育系、各级专业运动队等作了任务分工和科研布局，并对研究领域和课题提出了建议。此后，全国体育科学研究的机构建设得到了很大的发展。

为了推动体育科技工作，原国家体委加强了直属科研机构建设。直属科研机构除了创建于 1958 年的体育科学研究所外，改革开放后，又先后组建了昆明电子设备研究所、成都运动创伤研究所、运动医学研究所、体育信息研究所等直属科研机构。多年来，这些科研机构分别在机构建设、人才培养、科学研究、成果推广应用、科研攻关与科技服务，以及开展国际体育科技合作与交流等方面都取得了突出成绩，为促进体育科技进步和我国体育事业的可持续发展作出了贡献。

与此同时，国家体育部门还高度重视体育院校在科研方面的优势和作用。原国家体委共有北京体育大学、成都体育学院、西安体育学院、沈阳体育学院、武汉体育学院和上海体育学院 6 所直属体育院校。改革开放以后，各直属体育院校均设立了科研科或科研处，按照"建设教育、科研、训练三结合基地"的办学指导思想进行了各种有益的尝试。多年来，随着"科技兴体"意识的逐渐加强，各体育院校科研队伍不断壮大，科研实力不断增强，形成了一支服务于"奥运"和"全民健身"的科研队伍，在历届奥运会的科技备战以及全民健身科技服务中发挥了举足轻重的作用。2001 年 2 月 19 日，国务院转发了教育部、国家体育总局、国家计委、财政部《关于调整体育总局所属学校管理体制的实施意见》，除北京体育大学继续由体育总局直接管理外，从 2001 年起，其余 5 所体育学院实行中央与地方共建、以地方管理为主的管理体制。原直属体育院校实行中央与地方共建后继续沿着"建设教育、科研、训练三结合基地"的发展方向努力。

除了国家体育部门直属科研机构外，地方体育科研机构也是一支重要的科技力量，承担着各地的"竞技体育"和"全民健身"的科研攻关和科技服务任务。部分省属体育科研机构文革时期遭破坏，1978 年全国科学大会后大多恢复和设立。20 世纪 90 年代以来，在奥运战略和全运会推动下，各省（市）体科所取得了很大的发展，过去在计划经济条件下形成的结构雷同、课题重复、任务相似的竞技体育科研状况，正在向以特色求生存，以优势求发展的方向转变。

（3）中国体育科学学会组织体系日趋完善

1980 年 12 月 15 日，中国体育科学学会成立大会在北京召开。从此以后，中国体育科学学会成为促进和推动体育科学发展的重要组织和力量，其组织体系不断完善，各项工作全面推进。

中国体育科学学会成立以来，其组织机构不断健全，各省、自治区、直辖市的体育科学学会及各地、市、县的学会也逐步健全了办事机构，配备了专职或兼职的工作人员。与此同时，学会的分支机构也不断完善，由建会初的 5 个增加到 17 个，成为联系广大会员的主渠道和组织学术交流的主要力量。分支机构的领导班子发挥了专家组的作用，根据学科的发展趋势指导学术活动的开展，使学术活动的实效性和理论层次也得到相应提高。根据体育运动实践发展的需要和体育学科交叉、融合的发展趋势，中国体育科学学会在分会的基础上增设了三级专项委员会，进一步夯实了学会工作的基础。

中国体育科学学会一直高度重视会员的发展工作，将此作为组织建设的重中之重。为提高会员发展与管理工作科学化、规范化水平，2000 年学会对全体会员进行了重新登记，建立了会员档案、会员信息库和会员管理服务系统。为进一步扩大会员队伍，2003 年学会将会员发展工作重点向高等院校倾斜，并制定了专门的管理办法，同时也加强了单位会员的发展工作。仅 2003—2004 年度就发展单位会员 147 个，占单位会员总数的 83%；发展个人会员 1986 人，占个人会员总数的 35%。1980—2007 年会员发展情况见表 5–1。

表 5–1　中国体育科学学会会员发展情况

年份	1980	1984	1988	1992	1998	2004	2007
个人会员（人）	184	5164	8205	15016	7500	5675	2667

从 1980 年到 2008 年，中国体育科学学会共完成 5 次换届工作。在理事会的领导下，学会努力团结广大体育科学工作者，认真贯彻党的体育工作方针，积极开展学术交流、科普和培训工作，创办学术刊物，提供咨询服务，开展国际学术交流，为促进体育科技进步和体育事业发展发挥了很大作用。

2. 体育科技管理制度和激励体系逐步建立

1982 年，五届全国人大第五次会议通过的新宪法规定："国家发展自然科学和社会科学事业，普及科学和技术知识，奖励科学研究成果和技术发明创造。"1985 年经国务院批准设立了国家科学技术奖励工作办公室，设立了"国家科技进步奖""国家自然科学奖""国家技术发明奖"。1985 年 7 月，国家体委公布了《国家体委体育科学技术进步奖条例》。为配合该《条例》的施行，又颁布了《国家体委体育科学技术进步奖的奖励范围和评审标准实施细则（试行）》，分别对新的体育科学技术成果，已有的科学技术成果的推广、应用，体育科研攻关的成果，体育科学技术管理和体育科学技术情报五大类成果的奖励范围、评审标准等方面进行了详细规定。

随着体育科技进步奖的设立，体育科技管理制度和激励体系也逐步完善起来。1987 年 2 月 11 日，国家体委颁发了《国家体委体育科学技术保密规定》，要求对国家体委管理的科研课题和科技成果等进行保密管理，对其知识产权予以法律上的保护。为加强体育科研课题和成果的管理，1987 年 2 月 25 日，国家体委颁发了《国家体委体育科学技术研究课题管理条例（暂行）》和《国家体委体育科学技术研究成果管理条例（暂行）》；1989 年 7 月 10 日又公布了《国家体委体育科学技术成果鉴定办法》。至此初步形成了以体育科技进步奖评审为引导，以体育科研课题和成果管理为约束的体育科技管理制度和激励体系。

1999 年后，国家颁布了取消部委奖的有关规定，根据这一规定，"国家体育总局体育科学技术进步奖"停止评审。为了进一步提高体育科学技术水平，加速体育科技事业的发展，充分调动体育科技工作者从事体育科学研究的积极性，鉴于体育学科的特殊性，2000 年后，国家体育总局围绕夏冬两季奥运会科技备战，对高水平的科技攻关与科技服务成果和有突出贡献的科研团队及个人实行奖励和表彰。与此同时，中国体育科学学会也于 2004 年设立了"中国体育科学学会科学技术奖"。制定了《中国体育科学学会科学技术奖励章程》及《中国体育科学学会科学技术奖励章程实施细则》。中国体育科学学会体育科技奖的设立开创了中国体育界社会力量设立科技奖励的先河。2004 年和 2006 年已评审和颁发了两届中国体育科学学会科学技术奖。

改革开放以来，国家和体育部门科技激励体系的建立，极大地调动了广大体育科技工作者的积极性和创造性，体育领域近 800 项科技成果获国家级科技进步奖、国家体育总局体育科技进步奖、体育科技攻关与科技服务奖和中国体育科学学会科学技术奖。

3. 体育科研机构改革取得进展

根据国家科技体制改革的精神，2002 年，国家体育总局各直属科研机构开始实施分类管理改革，其核心和关键是要建立起既适应社会主义市场经济体制和体育事业发展的要求，又符合体育科技自身发展规律的、结构比较优化、布局比较合理的现代体育科技进步体系，促进和保证体育科技事业的可持续发展。主要措施有：第一，保留并加强体育科学研究所作为非营利性科研机构，重点完成国民体质监测、备战亚运会和奥运会科研攻关与科技服务等工作，形成精干、高效的高水平体育科研中心；第二，调整并充实运动医学研究所，把总局科研所的运动医学研究室、训练局的医务处充实到运动医学所，科研所的运动医学研究室和训练局的医务处合并成立体育医院。运动医学研究所主要开展运动性伤病防治及运动营养研究和开发应用，为国家队运动员服务，同时面向社会开放，开展兴奋剂检测方法的研究并承担反兴奋剂具体工作。第三，组建国家体育总局体育信息中心，把体育信息研究所、电子信息中心、训练局的电教室合起来组建体育信息中心。体育信息中心承担体育信息化建设的开发、管理和服务工作，广泛收集、整理体育信息，为领导决策和体育事业发展提供研究成果和咨询服务。同时成都运动创伤研究所转制为医疗机构，划转四川省；昆明体育电子研究所转制为企业，划转云南省。

（三）加强学术交流，促进成果推广

1. 全国体育科学大会

组织广泛的学术交流，促进科学技术繁荣，是党发展科技事业的一项重要手段。从 1980 年到 2008 年，中国体育科学学会成功举办了 7 届全国体育科学大会，得到社会的广泛认可。1964 年 11 月，国家体委科学委员会在北京组织召开了第 1 届体育科学报告会（即第 1 届全国体育科学大会），至 2008 年，我国共召开了 8 届全国体育科学大会，其中 7 届是改革开放后召开的。全国体育科学大会应征和录用的论文数逐届增加，充分反映了我国体育科技交流活动日益加强的巨大变化。

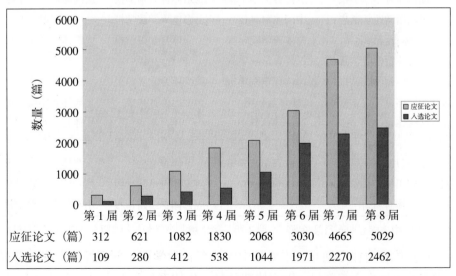

	第1届	第2届	第3届	第4届	第5届	第6届	第7届	第8届
应征论文（篇）	312	621	1082	1830	2068	3030	4665	5029
入选论文（篇）	109	280	412	538	1044	1971	2270	2462

图 5-1　历届全国科学大会应征与入选论文情况

数据来源：历年《中国体育年鉴》

2. 体育科技期刊

出版学术期刊是学术交流的重要平台和手段。中国体育科学学会主办的学术刊物《体育科学》自 1981 年创刊以来，坚持以交流促创新、以创新促发展的办刊宗旨，始终注重反映高层次、高水平、新近的体育科技成果和动态，保持刊物的权威性和导向性，连续多年被评为中文体育类核心期刊第一名，发行到 40 多个国家和地区，被国际体育文献库等重要检索机构收录，被国家科技部选为典藏期刊；学会主办的学术刊物《中国运动医学杂志》自 1982 年创刊以来，坚持以学术为本、质量第一的办刊宗旨，确保了杂志的高质量和高水准，在国内外运动医学界享有较高荣誉。

改革开放 30 年来，我国体育类科技期刊已达 52 种，以综合类学术期刊为主，在 159 种中国体育类期刊中，约占 33%。从 1992 年开始，由北京大学图书馆牵头，原国家教委、科委立项并组织各学科专家成立的中国核心期刊研制与评定组，采用文献计量法，滚动式对全国学术期刊进行鉴定，先后 4 次评审出若干种中文体育类核心期刊（表 5-2）。

表 5-2　我国 4 次 G8 体育类核心期刊一览表

序号	1992 年	1996 年	2000 年	2004 年
1	体育科学	体育科学	体育科学	体育科学
2	中国体育科技	中国运动医学杂志	中国运动医学杂志	北京体育大学学报
3	成都体育学院学报	北京体育大学学报	北京体育大学学报	武汉体育学院学报
4	中国运动医学杂志	中国体育科技	上海体育学院学报	体育与科学
5	体育与科学	上海体育学院学报	天津体育学院学报	成都体育学院学报
6	上海体育学院学报	武汉体育学院学报	体育与科学	体育学刊
7	北京体育学院学报	天津体育学院学报	武汉体育学院学报	中国体育科技
8	天津体育学院学报	体育与科学	中国体育科技	上海体育学院学报
9	武汉体育学院学报	浙江体育科学	体育学刊	体育文化导刊
10	学校体育	成都体育学院学报	广州体育学院学报	西安体育学院学报
11	气功与科学	广州体育学院学报	体育文史	天津体育学院学报
12	四川体育科学	中国学校体育	西安体育学院学报	广州体育学院学报
13	体育科研		成都体育学院学报	山东体育学院学报

[注] 根据《中文核心期刊目录总览》（第 1 版、第 2 版、第 3 版、第 4 版）"G8 体育"排序

这些体育类核心期刊，主要是中国体育科学学会、各高等体育院校学报和省级以上体育主管部门（国家体育总局、省体育局及下属的体育科研单位）主办的体育科技类刊物，其学术地位在我国体育科技界占举足轻重的地位。

多年来，体育学术期刊在广大体育科技工作者的共同努力下，已发展成为一个学科覆盖面较宽，学术水平较高，作者、读者群庞大的体育学术期刊园地，成为国内体育学术宣传、交流的主阵地。

3. 国际体育科技合作与交流

改革开放以来，作为体育对外开放战略一个重要内容的国际体育科技合作与交流工作空前活跃，双边、多渠道、多层次、多形式的体育科技交流合作广泛展开。

1990 年，中国体育科学学会成功举办了北京亚运会科学大会。这是我国首次举办的大型综合性国际体育学术会议，与会代表分别来自亚洲及世界各地31 个国家和地区的千余名专家学者。大会先后收到申报论文千余篇，共录用论文 674 篇，其中境外作者论文 256 篇，境内作者论文 418 篇。本次大会无论是从规模、参加国家（地区）的数量，还是从学术水平、大会的组织工作，都是一次成功、圆满、高水平的国际学术会议。

改革开放 30 年来，中国体育科学学会和各地体育科研机构及体育院校举办和承办了多次各种级别的国际学术会议，涉及运动医学、运动训练学、运动心理学、体育史学、体育社会学、体育教育学等各个学科领域。各级体育科研机构、体育科学学会和各体育院校每年都派出学术代表团参加各类国际体育科学学术会议，加强人员交流和互访，有力地促进了与国际体育科学组织、科研机构及各国专家学者之间的交流与往来。

2008 年 8 月 1—4 日，以 "21 世纪的体育科学与和谐社会" 为主题的2008 年奥林匹克科学大会在广州举行。大会共特邀和征集来自 61 个国家和地区的论文 3667 篇（特邀 203 篇，征集 3464 篇），正式录取论文 2199 篇（国际论文 900 篇，国内论文 1299 篇），其中大会主报告 12 篇，专题会议 175 篇，Workshop16 篇，口头发言 371 篇，墙报交流 998 篇，特别交流 627 篇（表 5-3）。近 2000 名世界权威的体育科学学者在大会上交流最新、最前沿的体育学术研究成果和实践体验。

表 5-3　2008 年奥科会（广州）论文录取情况（篇）

类别		国际论文	国内（中方）论文	合计	
特邀录用	大会主报告	10	2	12	203
	专题会议	27×5=135	8×5=40	（35 组×5）=175	
	Workshop	6×2=12	2×2=4	（8 组×2）=16	

(续表)

类别		国际论文	国内（中方）论文	合计	
征集 录用	口头发言	286	85	371	1996
	墙报交流	285	713	998	
	特别交流	172	455	627	
合计		900	1299	2199	

说明：大会共征集论文 3464 篇，其中国际 743 篇，国内 2721 篇。

资料来源：根据科教司提供的材料整理

（四）面向体育运动实践，加强体育科技开发与服务

体育科技要在提高我国运动技术水平、推动全民健身运动中发挥更大的作用，其中关键的一点就是科学技术与体育实践紧密结合。1984 年全国体育科技工作会议明确提出了"振兴体育必须依靠科学技术，体育科技必须面向体育运动的发展"的体育科技方针，从此揭开了"科技兴体"的序幕。在体育科技方针的指引下，我国体育科技主动面向体育实践，积极为"奥运争光计划"和"全民健身计划"服务。

1. 体育科技面向竞技体育主战场

现代科技的发展为现代竞技体育的发展提供了坚实的科技基础，人们开始摒弃经验训练，崇尚科学化训练，训练效果和运动成绩飞速提高，竞技体育比赛实际成了各个国家科技水平的较量。1979 年我国重返国际奥林匹克大家庭时，竞技运动水平很低，相当一部分项目达不到奥运会报名的标准。1979 年全国体工会议明确提出，要迅速提高我国体育运动技术水平，为国争光。同年召开的体育科技工作会议提出，今后几年体育科技工作应侧重于提高运动技术水平。1984 年《中共中央关于进一步发展体育运动的通知》指出："积极发展体育科研、教育事业，及时掌握体育情报信息，采用国内外先进技术和设备，加强科学训练，不断革新技术。"同年召开的第三次全国体育科技工作会议重点研究了体育科技工作如何面向运动训练主战场，尽快提高我国运动技术水平的问题。1989 年召开的第四次全国体育科技工作会议明确提出"体育科技工作要面向运动训练主战场，从翌年开始组织实施备战历届奥运会、亚运会的科研攻关与科技服务"，进一步强化了体育科技工作与运动训练实践的结合。

在上述方针指导下，我国的体育科技工作者团结协作，深入运动队，将科研与训练比赛实践紧密结合，取得了大量突破性成果，为提高我国的运动技术水平，为在国际赛场上取得优良成绩作出了重要贡献，提供了有力保障。

北京奥运会申办成功后，体育科技与竞技体育的结合更加受到重视，2001年7月27日，由科技部牵头，包括北京市、国家体育总局、教育部、国防科工委、中国科学院、中国工程院、中国科协和国家自然科学基金9个单位联合成立了"奥运科技（2008）行动计划"领导小组，制定了《奥运科技（2008）体育行动计划》，围绕如何依靠科技，保证中国运动员在第29届奥运会上取得好成绩，针对运动训练中多年存在的主要问题组织攻关研究。2002年《中共中央 国务院关于加强和改进新时期体育工作的意见》中明确提出，要"重视体育科学技术研究工作，不断提高体育运动训练的科学化程度"。随后体育总局制定了《奥运争光科技行动计划》，该计划面向竞技体育主战场，针对运动训练中需要解决的关键问题开展攻关研究，涉及信息、技战术分析、训练监控、运动心理、运动营养、伤病防治、体能与疲劳恢复等多个领域。

（1）组织科研攻关与科技服务

20世纪80年代后期，为保证我国运动员在亚运会、奥运会等国际大赛上取得优异成绩，国家体委集中体育科研力量，狠抓重点项目的攻关研究和科技服务。进入20世纪90年代，体育界更加大了重大赛事的科研攻关与科技服务力度。据统计，为备战1990年北京亚运会和1992年巴塞罗那奥运会，仅国家体委就组织了近600人次参加了109个科研攻关组，投入500多万元的科研经费，对29个运动项目进行了重点科研攻关。为备战1996年亚特兰大奥运会，国家体委从1995年2月开始就组织21个单位466人组成63个课题组直接为运动队服务。

进入21世纪，国家体育总局高度重视备战雅典、北京奥运会科技工作。悉尼奥运会刚一结束，就开始着手研究、组织科技备战工作，先后制定下发了《奥运争光科技行动计划》《备战奥运会科技工作重点研究领域实施方案》等文件，从"组织科研攻关、加强科技创新、开展科技服务、促进'科训结合'、加强科技建设、改善科研条件"三个方面对科技备战工作进行全面部署，确定了11个领域的60个重大科研项目作为重点攻关课题。2001—2004年间，国家体育总局为备战雅典奥运会的科研攻关和科技服务工作直接投入经费共计4800万元，近1500人次直接参与了147个科研攻关和科技服务项目。经费投入比上一个周期（1997—2000年）增加了3倍，直接参与人次和组织攻关课题数分别增加了58%和65%。

从 2002 年开始，国家体育总局逐步为 7 个国家队训练基地配备具有国际先进水平的力量训练、科研测试、体能恢复、医疗康复等器材设备，并在训练局建立了康复中心；启动了训练监控、运动心理、运动医学、运动营养、体育信息、体能训练与恢复 6 个重点实验室建设。2004 年又为国家队配备了一批先进、实用、便携的测试、医疗及训练辅助器材，使国家队的科学训练条件得到明显改善。

国家体育总局还制定了国家队医务人员和科技人员管理办法，将医务人员和科技人员的岗位正式列入国家队编制，并发放驻队岗位津贴，从制度上和政策上调动了医务人员和科技人员随队服务的积极性。该周期各运动项目管理中心和国家队的科技意识普遍增强，把科技备战工作列入重要议事日程，许多中心领导和国家队的主教练、总教练及领队直接参与或主持了科研攻关项目的研究。通过备战雅典奥运会，历史上长期存在的科研、训练"两张皮"的问题初步得到解决，体育科技的攻关能力和服务水平明显提高，涌现了一批深受运动队欢迎和好评的科技骨干，为深入开展备战 2008 年奥运会科技工作创造了良好条件。

在备战 2008 北京奥运会的历程中，国家体育总局组建了包括 1000 多名课题组成员，37 支国家队科研团队，近 100 名国内知名专家组成的"奥运科技专家组"，从而构建了我国竞技体育科技保障系统。它包括运动员科学选材、竞技能力诊断和监测、体能恢复与营养补充、心理训练与咨询服务、伤病防治与医疗服务、体育信息服务、反兴奋剂、运动竞赛科技服务八大系统。

为了备战北京奥运会，国家体育总局还立项 372 个课题，拨付经费 3592 万元，约 3600 人次参与科研攻关与科技服务。各地方对体育科技的投入也成倍增长，科技投入规模无论是人力还是财力，都达到了历史新高。

(2) 组织重大科技项目研究

围绕体育事业发展和运动训练中亟需解决的带有方向性、综合性的关键问题，有关体育部门高度重视，组织科技力量，开展重点科技项目研究，多年来形成了一套完整的科学选材、科学训练、科学比赛体系，以及对训练比赛过程先进的综合性的监测和调控系统。

在运动员科学选材研究领域，早在 20 世纪 80 年代初，国家体委就有组织、有计划地开展运动员科学选材工作，组织了国家体委科研所、上海体育科研所、广东体育科研所等 8 个单位承担"优秀青少年运动员选材研究"课题，对优秀运动员及青少年运动员的身体形态、机能、素质、心理、遗传等指标进行测试，为建立全国统一的选材标准奠定了基础。在广泛开展科学选材研究的基础上，原国家体委组织力量，研究制定全国统一的各运动项目的中级选材标准，统一组织实施了"儿童少年运动员选材标准的研究"委管课题，包括田径、游泳、体操、举重、篮球、排球、足球、羽毛球、乒乓球等 14 个项目选材标准研究组。在此基础上，吸收运动员科学选材的最新成果，编著了国家体委科学技术成果专辑《运动员科学选材》，初步形成了具有中国特色的运动员科学选材的理论与方法体系。

在运动训练科学化研究领域，1986 年国家体委组织全国 30 余名主要学科的专家、学者，成立了"运动训练科学化探索"课题组，从运动训练的系统观、现代体育运动训练的发展趋势、运动训练科学管理、科学选材、科学诊断、现代运动训练计划制订与控制、运动营养等近 40 个专题开展大型的综合性应用研究。从理论与实践结合上，科学系统地论述和总结了提高运动训练科学化水平的方法和手段，具有较高的学术水平和实用价值。雅典奥运周期，国家皮划艇队通过对专项训练规律的研究与探索，提出了"坚持以有氧训练为基础、坚持以提高个体能力为主导、坚持以每一桨划船效果为重点"的训练指导思想，开发出一系列行之有效的训练手段，在奥运会比赛中取得重大突破。为跳水、举重、蹦床等国家队研制的"技术图像分析系统"，帮助教练员和运动员科学、直观、量化、及时地掌握运动员技术能力的主要参数及变化规律，对优秀运动员改进技术动作提供了有效的帮助。自行车、赛艇、帆板、摔跤、拳击等项目通过科研攻关研制了一批专项训练辅助器材，为提高运动员的竞赛能力或专项力量素质提供了有效的训练手段。

在优秀运动员机能评定研究领域，1987 年，根据我国实际情况和科学训练的需要，国家体委组织了国家体委科研所、训练局、北京医科大学等单位的 56 名专家，对"我国优秀运动员的机能评定"进行了研究。该项研究包括如何制定机能评定制度和机能评定的新指标、新方法等问题。阐述了优秀运动员机能评定的内涵和外延，运动医学检查的目的、内容、要求、注意事项、结果评定和处理原则，系统介绍了 25 个运动项目运动员机能评定的特点和各指标的具体应用。在这些研究成果的基础上，编著了国家体委体育科技成果专辑《优秀运动员机能评定手册》，这是一部科学性和实用性很强的专著，是国内第一部运动员机能评定综合性研究成果。2003 年 12 月，国家体育总局体育科研所牵头完成的"不同项目运动员身体机能的生理生化检测与评定系统"通过课题验收。该成果系统、全面地提出优秀运动员身体机能评定的理论基础、生理生化指标体系和综合评定事项的重大科研成果，在备战雅典奥运会和北京奥运会过程中得到了推广应用，进一步提高了我国竞技体育的科学化训练水平。

在优秀运动员科学选材领域，2005 年由北京体育大学主持的"奥运优秀运动员科学选材研究"，选择了体操、跳水、羽毛球、乒乓球、举重和柔道 6 个我国优势运动项目和跆拳道、自行车、击剑、射箭、游泳、艺术体操、摔跤、皮划艇、棒垒球 9 个运动项目的国家队运动员、国家青年队运动员为研究对象，经过严格的科学程序，采用调查法、实验法和数理统计法筛选并建立了优秀运动员选材指标体系、评价标准和选材方法，编写了《优秀运动员选材手册》。同时，还建立了我国优秀运动员人才库，以及优秀后备人才追踪监控体系的理论框架和运动模式。

我国学者不仅从身体形态、机能指标等方面深入探讨了不同项目运动员的特点，还从分子生物学角度探讨了通过特异性基因预测运动员潜能的可能性。北京体育大学的专家选取 102 名来自哈尔滨、吉林、辽宁、河北、天津、山东等北方平原地区男性进行每周 3 次，持续 8 周的 5000 米匀速跑训练，测定了耐力训练前后身高、体成分、动态心功能、有氧运动能力的相关指标，共分析了 60 多个核基因及 mtDNA 的多态性，发现了一批能够反映训练敏感性的基因标记，这些标记对今后科学选拔优秀耐力运动员具有重要意义。

在优秀运动员营养推荐标准领域，国家体育总局运动医学研究所专家根据多年来在运动员营养评价、营养补充等方面工作中所积累的数据和经验，建立了优秀运动员营养推荐标准，有针对性地采用科学的膳食营养调整和特殊营养品补充的措施，以保障运动员身体良好的健康状况和体能水平。该标准主要包括优秀运动员膳食营养状况评估、膳食营养评价标准和干预指南三部分。

在我国优秀运动员生理、心理常数和营养状况研究领域，国家体育总局科研所（2004）主持完成了"我国优秀运动员生理、心理常数和营养状况研究"，对我国参加奥运会的主要优秀运动员的生理、心理常数和营养状况作了全面、系统的调查与实测。调查涉及 28 个运动项目，主要调查内容包括我国优秀运动员的一般身体形态参数 11 项、心血管生理参数 6 项、有氧运动能力参数 10 项、无氧运动能力参数 5 项、心理功能参数 6 项及运动训练基地运动员的营养膳食调查和营养状况评价。涉及运动项目全、调研人数多，充分反映了现阶段我国优秀运动员身心机能特征和营养状况，为备战 2008 年奥运会各项目优秀运动员的身心机能诊断与评定提供了有益的参考。

在体能项目运动员消除疲劳及综合体能恢复系统的研究领域，国家体育总局运动医学研究所专家根据我国体能类运动项目的特点，从多学科着手，综合应用营养学、生理生化学、训练学、计算机等方面的高新技术，与运动员的训练实践结合，构建了能够适用于多个体能项目的、多学科的疲劳诊断与体能恢复综合指导系统，取得了显著效果。

在兴奋剂重组生长激素检测方法的研究领域，国家体育总局运动医学研究所主持完成的"兴奋剂重组生长激素检测方法的研究"，根据国内外研究进展，通过直接和间接两种方法，检测使用兴奋剂重组人生长激素。直接方法是检测血清样品中生长激素各种单体（iso2formers）的比例。间接方法是检测血清样品中与使用生长激素相关的其他生理、生化指标的变化。根据国外相关研究成果，结合课题组长期检测的统计结果，初步将血清 GH 浓度、IGF21 浓度、IGFBP3 浓度以及 PIIIP 浓度确定为间接方法筛选指标。

在高原训练方法与应用研究领域，国家体育总局科研所、北京体育大学等单位联合主持完成了"高原训练的方法与应用研究"，总结了我国优秀运动员的高原训练经验，探讨了优秀运动员高原训练的个性化特征、高原训练与平原训练的适应、高原训练与比赛的合理安排、高原训练中的技术特点和高原训练中的力量训练的问题，建立了不同项目、不同年龄和性别高水平运动员的个体化高原训练方法，并从医务监督、运动生理生化、技术分析、运动营养和疲劳消除手段等方面，建立了我国体能类项目优秀运动员高原训练的监控和营养恢复方法。

2. 体育科技为全民健身服务

20 世纪 70 年代末至 80 年代中期，为掌握我国青少年体质、健康状况，国家体委两次与有关部委对青少年体质进行调查研究。进入 90 年代，随着我国经济和社会的发展，人民生活水平的提高，追求健康的生活方式逐渐成为人们的需求。为进一步推动群众性体育活动的开展，增强国民体质，1995 年 6 月国务院颁布了《全民健身计划纲要》。纲要的颁布标志着我国的全民健身工作进入了一个新的阶段。为顺应时代发展的潮流，把全民健身运动引入科学化的轨道，1997 年，国家体委制定了《全民健身计划科技工程》，旨在建立一个与《全民健身计划纲要》相配套的科学技术系统。依据《全民健身计划科技工程》的任务，从 1997 年到 21 世纪初，我国体育界组织了几个大课题，投入了大量的人力、物力和财力进行研究。如国民体质监测系统研究、筹建国民体质监测中心、进行较大规模的全国性群众体育调查等，取得了一批宝贵的数据和研究成果。

（1）开展青少年体质研究

1978 年至 1986 年，国家体委会同教育部、卫生部等国家部委对我国大中小学生的体质进行两次大规模调查研究工作，分析了我国青少年儿童体质的现状和特点，完成了一批科学研究成果，研究制定了我国青少年儿童生长发育、机能、素质的评价标准，建立了我国学生体质监测系统。此外，在上述研究的基础上，还通过对学生骨龄的鉴别、身体形态、机能、素质及心理等方面的大量测试与分析研究，形成了具有中国特色的体质研究理论和方法，为青少年运动员的科学选材与科学训练提供了大量的、有参考价值的基础数据。体质研究工作为我国群众体育的开展打下了良好的基础，尤其是为加强和改善学校体育、卫生和民族工作提供了重要的科学依据。同时还为制定《国家体育锻炼标准》《学生体育锻炼标准》《军人锻炼标准》等提供了科学依据，也为《全民健身计划纲要》的制定提供了基本情况和宝贵的前期研究成果。

（2）开展国民体质监测系统研究

中国国民体质监测系统研究是实施《全民健身计划纲要》的重要组成部分。此项研究开始于 1995 年底，1996 年获国家科委批准立项，作为"八五"国家科技攻关计划研究课题。1996 年 7 月至 1998 年 6 月，课题组同步完成了《幼儿体质监测指标体系和标准的研究》《青少年体质监测指标体系和标准的研究》《成年体质监测指标体系和标准的研究》《老年体质监测指标体系和标准的研究》《国民体质监测网点布局的研究》和《国民体质诊断、评价与处方的研究》各子课题。1999 年 4 月，"中国国民体质监测系统的研究"课题通过验收。课题完成了一套包括幼儿（3~6 岁）、学生（7~18 岁）、成年人（男 19~60 岁，女 19~55 岁）、老年人（男 60 岁，女 55 岁以上）四个人群的完整的国民体质监测系统（包括监测指标、评价标准和比较科学的监测网点布局等）。

2000 年国家体育总局、教育部、卫生部、国家计委等 11 个部委联合开展了首次全国性国民体质监测。2005 年，国家体育总局、教育部等 10 个部门联合组织了在全国 31 个省（区、市）开展的第二次国民体质监测工作。

（3）群众体育现状调研，提高决策的科学化水平

由国家体育总局群体司组织，北京体育大学承担的《中国群众体育现状调查研究》于 1996 年启动，1997 年被批准为国家哲学社科课题，它是我国体育系统首次进行的全国性社会调查。抽取 10 个省（区、市）的近百个街道进行调查，获取各类指标近百个。此次调查获得了大量的有关数据，较完整地概括了我国群众体育的基本状况及存在的主要问题。为进一步了解不同社会发展时期我国群众体育的发展状况，检验《全民健身计划纲要》第一期工程实施效果，探索新世纪群众体育的发展规律和趋势，2001 年国家体育总局又组织实施了第二次全国群众体育现状调查，2007 年启动了第三次全国群众体育现状

调查。在各级体育部门的高度重视和有关方面的大力支持下，经过广大群体工作者和科研人员的共同努力，前两次调查圆满完成，研究成果《1996年中国群众体育现状调查报告》《2001年中国群众体育现状调查报告》，已正式出版。第三次调查工作的主要任务已基本完成。

（4）开展各类人群体育锻炼标准研究

20世纪70年代中期，国家体育总局在《劳卫制》和《青少年体育锻炼标准》的基础上，颁布实施了《国家体育锻炼标准》。1989年，结合国家体育锻炼标准制定实施了《军人体育锻炼标准》（1994年正式颁发）。1995年国家颁布《全民健身计划纲要》之后，为了深入贯彻该纲要，先后又颁布了《公安民警体育锻炼标准》（1997）、《学生体质健康标准（试行方案）》（2002）。2003年5月，《普通人群体育锻炼标准（试行）》正式颁布施行，作为《国家体育锻炼标准》的重要组成部分，《普通人群体育锻炼标准（试行）》是继《学生体质健康标准》《军人体育锻炼标准》《公安民警体育锻炼达标标准》之后的又一人群的锻炼标准，上述4个锻炼标准一起构成一个综合的、更加完整的《国家体育锻炼标准》体系。

（5）征集出版科学的健身方法，编辑《全民健身指导丛书》

20世纪90年代中期，国家体委同国家教委、国家科委、卫生部等10部委联合向全国展开征集体育健身方法活动，1996年出版了《中华体育健身方法·征集第一卷》，1997年又连续出版了3卷，向社会推广体育健身方法。为了进一步提高全民健身活动的科学化水平，更好地引导和指导广大人民群众积极投身全民健身活动，科学合理地从事体育锻炼，2000—2003年，国家体育总局委托北京体育大学组织了数名国内知名专家学者编辑出版了《全民健身指导丛书》该丛书分理论篇和实践篇共15个分册，内容涉及全民健身宏观理论、全民健身科学基础、各种人群的健身理论与方法等内容。

二、繁荣体育哲学社会科学研究

（一）体育哲学社会科学研究工作不断加强

1. 体育哲学社会科学研究受到高度重视

党的十一届三中全会以来，为了解决新形势下我国体育运动在实践中遇到的大量理论问题，体育哲学社会科学的研究工作受到高度重视。1987年，国家体委下发了《关于加强体育理论建设的决定》，强调要加强体育理论工作，明确理论研究的根本任务就是"要着力研究和解决体育实践中提出的重大理论问题和实践问题，探索建设中国特色社会主义体育事业的规律"。该《决定》还提出了加强体育理论建设的一系列具体措施。2004 年，国家体育总局下发了《国家体育总局关于进一步繁荣发展体育社会科学的意见》，该《意见》明确体育战线要切实贯彻中共中央《关于进一步繁荣发展哲学社会科学的意见》的精神，进一步做好体育社会科学工作。并根据我国全面建设小康社会对体育事业发展的需要，确立了新时期繁荣发展体育社会科学的总体目标，即努力建设面向现代化、面向未来、面向世界的，具有中国特色的体育社会科学体系。具体说，就是要努力造就一支学科结构、年龄结构、梯队结构合理的研究队伍，产生一批德才兼备的学科带头人；产生一批能够对体育决策提供重大参考价值的研究成果，使体育社会科学研究水平在总体上有明显提高；形成有利于充分调动体育社会科学工作者积极性和创造性，有利于多出成果和成果转化的管理体制和运行机制；建立运作经常化、渠道多样化的体育社会科学宣传网络；建立与整体体育事业发展相适应的体育社会科学经费投入机制。

2. 体育哲学社会科学研究队伍不断发展壮大

研究队伍建设是加强体育哲学社会科学的前提性和基础性工作。自 1986 年始，国家体育部门多次召开体育政策研究工作和政策法规工作座谈会，通过学习交流，提高队伍素质；1991 年举办了全国体育系统软科学学习研讨班，进行较为系统的人才培训；与此同时，还先后举办两届全国中青年体育理论工作者高级研讨班，提高体育理论工作者的研究水平，培养跨世纪的学术带头人和体育理论骨干队伍。

为巩固和壮大体育社会科学研究队伍，稳步提高研究水平，新世纪之初，国家体育总局开始着手体育社会科学研究基地的创建工作。2001 年 12 月，国家体育总局批准了清华大学、上海体育学院等 9 个单位为第一批体育社会科学重点研究基地。这一举措对推动全国各地体育社科研究和组织建设起到了积极作用。在此基础上，2003 年和 2005 年，又先后两批批准了北京大学、北京体育大学、西安体育学院和上海大学等 16 个研究基地。在 25 个体育社会科学研究基地中，不仅有体育学院和师范院校体育院系等体育专业院校，也包括了一些综合性大学。研究基地的建立，搭建了稳定的研究平台，吸引了多学科研究人员的广泛参与，扩大了研究的领域，促进了研究水平的提高。

除此之外，在全国近 40 个省级以上的体育科研机构中，不少设有体育理论研究室。一些省、区、市体育局在政策研究部门还设置了专职政策和理论研究人员。中国体育科学学会下设体育社会科学、体育管理、体育产业、体育新闻传播、体育史、学校体育等分会。此外，在全国相关学术研究团体中，也相继成立了体育学科的分会，如中国体育哲学发展研究会、中国教育学会体育研究会、中国社会学会体育社会学专业委员会等。各系统、各专业体育社会科学的研究机构和社团的成立，团结了大批体育和相关学科的研究人才，有力地促进了体育社会科学研究水平的提高。

3. 体育哲学社会科学研究投入不断加大

1991 年国家体委设立体育社会科学课题。到 2008 年止，总受理立项 17 次，立项课题共 1311 项。年资助经费总额从"九五"以前的不到 8 万元增加到如今的 100 多万元。

1996 年 7 月，经全国哲学社会科学规划领导小组批准，体育社会科学被正式列为国家哲学社会科学一级学科，成立了全国体育社会科学规划评审小组，该小组于 1997 年起承担起制定年度研究计划，受理和评定体育社会科学方面的国家社科基金项目的工作。体育学科地位的提升，提高了体育社会科学研究的层次，有效地改善了体育社会科学的发展结构和研究质量。至 2008 年，国家哲学社科基金已先后 13 次受理了体育学课题的立项申请，经国家社科规划办批准，立项课题总数达 411 项。

随着体育哲学社会科学研究领域的扩大和研究质量的不断提高，各省、区、市社科规划管理部门对体育哲学社会科学研究也给予了重视和相应投入，一些省、自治区和市的教育厅、体育局，甚至人大、政协也设立了体育的科研立项。一些社会团体和企业也主动出资赞助或资助一些体育社会科学研究项目。体育哲学社会科学研究的资金投入开始出现多元化的发展趋势。

4. 体育哲学社会科学管理工作不断完善

为加强以决策研究为主的软科学研究和体育社会科学研究工作，1985 年国家体委成立理论工作处，1990 年又决定全国体育哲学社会科学研究的规划和管理工作由政策法规司负责，管理力度明显加强。自 1990 年起，政法司相继制定了《国家体委软科学研究管理暂行办法》《国家体委体育社会科学、软科学研究项目管理办法》《国家体育总局体育社会科学研究项目管理办法》等文件，进一步强调了体育社会科学研究在促进体育事业发展中的意义，明确了总局社科项目规划和管理工作的职责，对项目申请和立项、项目中期管理、项目结项、成果宣传与奖励、项目经费管理与使用等作出了明确的要求。制定下发了《关于加强体育社会科学重点研究基地管理的通知》，明确了基地建设的工作方针、基地的工作任务等，对基地建设的制度、人员、交流、经费、设备，以及动态管理和定期评估等方面作出了规定。

为促进体育哲学社会科学研究更好地服务于我国体育事业，自 1991 年始，每年定期发布课题指南，加强对体育哲学社会科学研究的规划和引导，坚持把体育改革和发展中的重大理论问题和现实问题作为研究的重点和主攻方向。加大对前沿性课题的立项比例和扶持力度，并以调研的方式向研究单位和学者介绍体育哲学社会科学研究的现状、发展趋势和体育改革发展中一些急需解决的理论和实际问题。每年年底召开体育哲学社会科学规划会议，邀请全国的专家参加讨论，总结一年来研究的进展，研讨存在的问题和次年的规划。1993 年国家体育总局启动对体育哲学社会科学研究进行优秀成果奖的评奖，迄今已进行了三次，调动了广大体育社会科学研究人员的积极性。

努力促进成果的宣传、推广和转化是社会科学管理工作的重要环节。国家体育总局定期召开体育社会科学工作会议，及时交流研究成果和工作经验。并将研究成果结集出版，分送有关部门参考应用。自 1995 年第一册汇编起，已精选汇编了 11 册。与此同时，在国家体育总局官方网站上设立了体育研究成果网页，构建了一个科学、高效的网络平台，促进了全国范围的体育哲学社会科学研究协作网络的形成与完善。

5. 体育发展战略研究持续推动体育实践发展

改革开放以来，国家体育部门高度重视体育发展战略研究。党的十一届三中全会后的 1983 年，国家体委就提出了要在 20 世纪末把我国建设成为世界体育强国的战略目标。1984 年国家体委组织编写了《2000 年的中国体育》，作为《2000 年的中国》总报告的一个专题报告，上报国务院参阅。

1985 年 8 月，全国 150 多位体育专家、学者和体育工作者在青海省西宁市召开了我国第一次规模盛大的体育发展战略讨论会，成立了中国体育发展战略研究会。明确了研究会是研究中国体育发展战略、为体育决策服务的全国性学术团体和咨询机构。有如此众多的理论工作者和实际工作者一起对体育发展战略进行学术讨论，这是我国体育发展史上的一次创举。会议认识到，研究体育发展战略是领导科学决策的需要，是指导体育改革的需要，是建设体育强国的需要，是为四化建设服务的需要。

此后，国家体育总局（原国家体委）又在 1987、1990、1994、1998、2001、2005、2006 年和 2007 年召开了全国体育发展战略研讨会。全国体育发展战略研讨会的研讨主题从体育发展大局出发，明确而具体。1998 年的主题是筹划 21 世纪中国体育发展大计，围绕 2010 年体育发展战略问题和关系体育改革与发展全局的重大问题进行研讨，以及讨论《2010 年中国体育改革与发展纲要》（征求意见稿）；2001 年的主题是"面向 21 世纪的中国竞技体育发展战略"，探讨我国竞技体育面临的机遇与挑战，探讨怎样更好地实现我国竞技体育的可持续发展，同时推动体育决策的民主化、科学化和制度化，进一步提高我国竞技体育的综合实力，提高国际竞争能力，为社会主义祖国争光；2005 年的主题是"全面建设小康社会中的中国群众体育"；2006 年的主题是"'十一五'时期中国体育的发展与改革"；2007 年的主题是"中国体育产业的现状与未来"；2008 年的主题是"继承、创新、发展"。

全国体育发展战略研讨会成立以来至 2008 年，共进行了五次换届，历任会长均由国家体育总局（原国家体委）主要领导担任。中国体育发展战略研究会着眼于中国体育事业的全局和长远发展，着眼于中国体育事业发展的实际，积极开展体育战略研究，在不同的历史时期，为我国体育事业发展提出了很多重要的理论观点和战略思想，为国家制定体育发展的目标、任务、方针、政策和措施，提供了有力的智力支持和科学依据，对我国体育事业发展起到了重要的推动作用，丰富了当代中国体育的思想宝库。

（二）体育哲学社会科学研究取得丰硕成果

1. 理论研究空前繁荣

在党的十一届三中全会所确立的路线、方针指引下，我国体育哲学社会科学研究坚持了"解放思想，实事求是"的思想路线，贯彻"百花齐放，百家争鸣"和"理论联系实际"等方针，体育哲学社会科学研究得到了全面重视和加强，理论研究空前活跃，积极开展对体育哲学社会科学新领域的探索。

改革开放初期，为了适应新形势下体育理论发展的需要，体育理论界对体育的概念、本质、功能和体育科学体系等体育基本理论问题开展了热烈的讨论，随着观点的相互碰撞，人们的认识不断深化，从而为我国体育哲学社会科学的发展奠定了理论基础，也为体育理论的发展提供了思想武器。随之而来的是理论研究和讨论的热潮、引进和创建体育新学科的热潮，体育社会科学获得了空前的发展。

从 20 世纪 90 年代开始，我国的体育哲学社会科学研究进入全面繁荣的新时期。较高层次的科研项目申请和立项数量越来越多，"九五"期间，省部级课题的申报数平均每年近 260 项，2000 年申报数达 370 项；2008 年省部级以上课题的申报数超过 2000 项；"九五"期间省部级以上科研立项总量是"八五"期间 4.24 倍，年均立项 57.6 个。2007 年据不完全统计，立项数超过 300 项；课题申报者的学科领域也越来越宽，许多体育系统外的专家、学者也积极申报体育社科研究课题，研究主题扩展到体育与政治、体育与经济、体育与社会、体育与文化的各个方面。发表的体育社科学术论文也大幅度增长。1980 年，在全国期刊以"体育"为主题的文章年发表约 500 篇，而 2007 年统计，当年以体育为主题的文章有 2.5 万余篇。据不完全统计，1980—2007 年期间，共发表以体育为主题的文章共有 20 余万篇。这期间，在全国体育科学大会、各级运动会同期举办的学术会议中也有大量社科论文发表，反映出体育哲学社会科学研究的活跃学术氛围。

近十几年来，体育哲学社会科学研究主要研究领域集中在体育发展战略研究，体育与经济、社会发展关系的研究，实施全民健身计划和奥运争光计划的理论与实践研究，体育产业的理论与实践研究，体育管理体制改革研究，体育法制建设研究，奥林匹克研究，体育社会科学学科体系的研究等。研究领域宽阔，研究内容深入，体育哲学社会科学研究呈现一片繁荣景象。

2. 优秀成果不断涌现

随着研究队伍的不断扩大，研究的层次不断提高，优秀研究成果也不断涌现。"六五"期间的国家哲学社会科学重点项目《2000 年的中国体育》获国家科技进步奖。一些成果在全国哲学社会科学规划办公室的《成果要报》中得以介绍，如《2010 年我国竞技体育发展战略研究》《我国体育中介市场发展与管理的综合研究》《国际体育大赛与大城市发展之关系研究》等。同时，一些研究成果还被《新华文摘》等期刊摘转。一大批优秀成果被评为国家体育总局（原国家体委）体育哲学社会科学优秀成果奖。1993 年评出了 5 项一等奖，10 项二等奖和 20 项三等奖；2001 年评出 5 项一等奖，14 项二等奖和 27 项三等奖；2006 年评出一等奖 12 项，二等奖 33 项和三等奖 45 项。

一些优秀研究成果引起了广泛的社会关注。2001 年的国家哲学社会科学重点项目《国球长盛考》经过两年的调查研究，对中国乒乓球队四十多年长盛不衰的经验进行总结，党和国家领导人对论文《星光为何这般灿烂》作了重要批示。《人民日报》《求实》杂志、《中国体育报》等相继全文发表了该文，六十多家各地报刊杂志先后全文或摘要进行了转载。以此课题研究为契机，全国体育界掀起了一股向乒乓球队学习的热潮。《中国群众体育现状调查》课题也取得良好的社会效果，为指导和推动全民健身运动的普及和开展提供了科学依据。《完善中华人民共和国体育法配套立法的研究》课题得到了国家立法机关的关注，为体育法制建设的推进发挥了积极作用。

3. 成果转化作用明显

体育哲学社会科学研究成果向体育事业实际的转化是体育哲学社会科学发展的重要环节，是科学研究效益的体现，也是研究目的真正意义上的实现。许多理论观点和操作方案的提出，为制定体育改革和体育事业发展的目标、任务、方针、政策和措施提供了依据，对体育事业的宏观决策和体育事业的方针产生了全面、深刻和持久的影响。如 1983 年到 1984 年，国家体委组织力量完成了国家"六五"期间哲学社会科学重点项目《2000 年的中国体育》，该项目调查分析了我国体育发展的现状，对未来社会对体育的需求和我国体育发展的趋势进行了预测，提出了 2000 年中国体育发展的目标及实现的对策。

1984 年在全国体育改革和发展战略研讨会上提出的奥运战略、全民体育战略、科技战略、人才战略。1985 年全国体育发展战略研讨会上确立"以革命化为灵魂，以社会化、科学化为两翼，实现体育腾飞"的体育改革指导思想。

1987 年全国体育发展战略研讨会上提出了"以全民健身为重要内容的群众体育和以奥运会为最高层次、以训练竞赛为主要手段的竞技体育协调发展"的战略思想。

1986 年上海体育学院牵头华东六省一市体委参加的《2000 年我国竞技体育发展战略的对策研究》，以及而后由国家体委政策研究室组织山西、吉林、上海、江苏、安徽、河南、四川、云南等 9 省市参加的《重点项目教练员队伍现状分析和提高教练员素质的对策措施》等，这些研究对国家体委 1986 年制定《体育体制改革决定（草案)》，1991 年制定《体育改革与发展纲要》，"八五"计划和十年规划都起到相当积极的作用，推动了体育事业的改革与发展。

《中国 2010 年竞技体育战略发展研究》《2010 年我国竞技体育发展战略研究》《体育可持续发展研究》《从本世纪末到 2010 年中国体育发展战略研究》等课题，为我国体育发展问题的宏观决策和国家体育总局制定《2001—2010 年体育改革与发展纲要》提供了重要的依据。

1993 年，国家体委制定并颁发了《关于深化体育改革的意见》，同时推出了《关于运动项目管理实行协会制的若干意见》《关于改进训练体制的意见》《关于竞赛体制改革的方案》《关于群众体育改革的方案》，这些改革方案都吸收了体育哲学社会科学研究的成果。

一些体育哲学社会科学的研究成果直接促成了新政策的出台。其中有"奥运模式""缩短战线，突出重点，分类指导""协调发展"等宏观政策，也有诸如奖励、工资福利、运动员退役安置、职称评审等微观政策。一些体育经济类课题在推进我国体育产业化进程中发挥了先导作用。其中部分成果已经转化为体育政策法规，如《体育经纪人管理办法》《全国保龄球馆星级划分及评定标准》和体育市场管理等方面的法规等。也有相当部分正在推动我国体育经济工作的快速发展，如《中国体育产业发展现状调查与研究》《体育产业与市场研究》和《体育及相关产业统计实施方案》等，直接推动了全国体育产业的调查和我国体育产业统计指标体系的建立。

为使规划的编制更为科学，在编制全国体育事业"十一五"规划前，国家体育总局组织了 12 个课题组，分别对中国体育事业发展战略、体育事业全面协调可持续发展、体育改革与制度创新、群众体育、竞技体育、体育产业、体育法制建设、体育人才资源、体育科技与教育、体育宣传、体育社会科学 11 个方面进行研究。研究成果在体育事业"十一五"规划和相应的群众体育、竞技体育等 8 个"十一五"规划中有非常直接的体现。

众多的体育哲学社会科学研究成果转化为政策、法规、规划和决策，促进了体育事业的发展，体现了体育哲学社会科学研究的价值。同时，促进了自身的发展和繁荣。

4. 学科体系初步形成

30 年来，体育哲学社会科学的学科体系不断充实，哲学、经济学、社会学、法学、历史学、心理学、教育学、传播学、政治学、美学、伦理学、文化学等理论陆续被引入，应用于研究体育运动的不同层次和不同侧面，为体育哲学社会科学研究提供了新的理论基础和工具。同时，具有方法论性质的信息论、系统论、控制论等横断学科，以及采用抽象方法研究事物某一方面规定性及规律的学科，如科学学、未来学、统计学等，也运用于体育哲学社会科学研究之中。老学科推陈出新，新学科不断涌现。体育史、学校体育学、社会体育学、体育管理学、体育经济学、体育社会学、体育法学、体育伦理学、体育美学、比较体育学、奥林匹克运动、体育哲学、体育心理学、体育概论、体育信息学、体育人才学、运动竞赛学、体育新闻传播学、民族体育学、体育文化学等在体育专业学校教学中已经形成或者基本形成，体育哲学社会科学的学科体系已初步形成，不断孵化出新的为体育实践服务的研究成果。

三、体育宣传与体育新闻出版事业

(一) 体育宣传成效显著

体育宣传工作是我们党和国家宣传战线一个十分重要的领域，也是体育工作和社会主义精神文明建设的重要组成部分。改革开放 30 年来，体育宣传更是为我国体育事业的发展作出了积极的贡献。体育宣传热情讴歌了我国体育事业发展和改革开放的成就，弘扬了爱国主义精神和中华体育精神，凝聚鼓舞了全国亿万人民，普及了体育文化和体育知识，扩大了我国在国际体坛的影响，推动和促进了我国体育事业的发展。回顾 30 年来我国体育事业发展历程，体育宣传工作无疑成为了我国体育事业可持续发展的重要环节和推动力量。

1. 体育宣传工作成为体育事业发展的重要环节

宣传工作历来是中国体育事业的重要组成部分。改革开放以来，随着体育事业的迅速发展，体育宣传工作成为促进中国体育事业普及发展的重要保障和对外扩大交流的重要手段。1979 年底，中国奥委会在国际奥委会的合法地位得到恢复以后，不少单项国际体育组织也相继承认或恢复了中国有关项目协会的会籍，中国竞技体育开始迅猛发展起来。20 世纪 80 年代，随着体育健儿在一系列国际重大赛事中取得优良成绩，体育引起了全国人民的高度关注，成为当时鼓舞全国人民"团结起来，振兴中华"的旗帜和号角。为了适应这一形势，国家体委高度重视加强和改进体育宣传工作，先后下达了一系列有关体育宣传的文件。1981 年 10 月 12 日，国家体委下发了《关于加强和改进体育宣传工作的意见》；1983 年 5 月 6 日，国家体委下发了《关于发布体育新闻的几点意见》；1984 年 5 月 7 日，国家体委颁布了《关于统一发布重要体育新闻的规定》；1985 年 7 月 1 日，中共中央宣传部转发国家体委党组《<关于改进体育竞赛宣传的意见>的通知》等。在这一时期，不仅国家体委设有专门主管体育宣传工作的宣传司，而且全国大多数省、市、自治区体委相继建立了宣传处，具体负责体育宣传工作，各地县一级体委也设专人或兼职分管体育宣传工作。

这一时期内，体育宣传工作主要围绕"普及与提高相结合，重点抓提高"这一中心任务展开。一方面，各级体育宣传部门和机构配合体育部门的主要任务开展工作，另一方面，体育系统也开始重视利用电视、广播、报刊等媒体开展体育宣传工作，使体育宣传的形式多样、内容丰富，收到良好的宣传效果。

随着 20 世纪 80 年代中国体育健儿在奥运会等一系列重大国际赛场上取得优异成绩，极大地激发了全国人民的爱国主义热情，使体育宣传工作的重要性和影响力极大提高，中国乒乓球队、中国女排等先进集体以及国内外重大赛事中国体育健儿的顽强拼搏精神和优异表现成为体育宣传的中心，媒体的体育报道不仅成为人民群众生活中不可缺少的一部分，而且成为我国这一时期精神文明建设的重要内容。这一时期，中央电视台对奥运会等重大国际赛事的现场直播成为广大观众最欢迎的节目；《中国体育报》和《新体育》杂志等体育报刊的发行量创造了历史纪录；许多单项运动协会和学会都创办了专业杂志；电影界也摄制了不少以体育为题材的故事片、纪录片、科教片和教学片。

20 世纪 90 年代，随着体育事业新的变化与发展，体育宣传工作也出现了新的变化。一方面，随着足球、篮球、排球、乒乓球、围棋等项目走向市场化，这些项目的国内联赛以及国外的很多赛事成为各类大众传媒体育报道的日常性主要内容，体育新闻成为新闻媒体的支柱性报道内容之一，体育记者的数量成倍增长。与此同时，体育界也适应这种变化，部分协会、赛区和俱乐部逐渐建立了新闻发布机构和新闻发言人制度，探索在体育市场化背景下利用新闻媒体扩大宣传和影响的方式以及与新闻媒体互动的机制。

90 年代中后期，随着我国经济体制改革的深入和人民群众生活水平的提高，人们参与体育的意识不断增强，体育宣传工作开始围绕竞技体育与群众体育同步协调发展的战略方针展开。1995 年 6 月，《奥运争光计划纲要》与《全民健身计划纲要》先后出台。同年 8 月 29 日，在第八届全国人民代表大会常务委员会第十五次会议上通过了《中华人民共和国体育法》。各级体育部门围绕"一法两纲要"作了广泛深入的宣传工作，有力地推动促进了这一时期体育事业的全面发展。

随着 20 世纪 80 年代以来人类社会进入信息时代，中国体育界越来越认识到，在信息技术、通讯技术、传媒技术和网络技术高度发达的背景下，体育宣传是体育事业发展不可或缺的组成部分，是全民开展和普及体育运动、引导大众建立科学的体育观、满足广大人民群众体育需求的重要环节和保障。在新的形势下，体育宣传工作必须要有新的思维，探索新的路子，借助新的传播平台和传播手段。

2. 体育宣传工作为我国体育事业发展作出重要贡献

改革开放 30 年来，尤其是进入 2000 年后，我国体育宣传工作取得了显著成绩，基本满足了人民群众日益增长的精神文化需求，配合了各阶段国内体育事业中心工作的开展，促进了体育事业和体育新闻文化事业的共同发展。30年来，我国的体育宣传工作总体上坚持了正确的舆论导向，积极、健康、向上的宣传基调占据了我国体育宣传的主导地位，为我国体育事业发展创造了良好的舆论环境与氛围；体育宣传的主体和范围不断扩大，宣传效果与影响不断提高；体育宣传的内容日益丰富，形式多样，信息发布及时，信息量逐年增大，透明度不断提高，体育宣传的效果有所提高；体育宣传阵地进一步扩大，各类媒体对体育的报道量逐渐增大；体育新闻出版事业进一步繁荣；体育对外宣传工作取得成就，扩大了中国体育在国际体育界的地位和影响；体育文化活动丰富多彩，促进了体育精神和奥林匹克精神在大众的传播和普及。

与改革开放前相比，体育宣传的一个最显著的变化就是全国各类型综合性报纸都设有专门的体育版和体育编辑部，而且报道量不断增大。全国各地的晚报、晨报以及新兴的都市报都把体育新闻作为支柱性报道内容之一，在奥运会、世界杯等重大赛事举行期间，比赛消息更是成为这些报纸报道的重头戏。据不完全统计，截至 2000 年，全国体育专业报刊已达 100 多种，有的专业体育报纸发行量已超过 100 万份。此外，全国 8000 余种期刊杂志也有相当数量的杂志涉及体育报道的内容。我国现有的两家国家级通讯社——新华社和中新社，每年都要向国内外播发上万条体育信息。

截至 2000 年，我国已有广播电台 306 家，电视台有 360 余家。随着观看体育节目越来越成为广大群众日常生活中重要的娱乐活动，体育节目所占电视台、电台时段和传播时间也呈上升趋势。除了中央电视台体育频道以外，各地电台、电视台也开办了体育频道和体育专题节目，每日播出大量的体育方面的内容。

新的电子传播平台——网络媒体体育报道也异军突起，成为体育宣传的新亮点。各新闻网站和商业网站都大量编发体育消息，有许多网站还建立体育频道或体育网页，专业体育网站也纷纷建立。

随着北京 2008 奥运会的申办成功，我国的体育宣传工作进入了一个全面快速的发展阶段。

2005 年后，我国参与和举办的大型综合性体育运动会较为密集，其中包括第 20 届冬奥会、第 4 届东亚运动会、第 10 届全国运动会、第 3 届全国体育大会等。围绕这些大型综合性运动会的主办和举行，我国体育宣传工作也形成有效的运转机制，通过与各地宣传部门、新闻出版部门和各类媒体、教育部门等建立有效的合作机制，进一步建立健全了组委会系统和各参赛代表团的宣传工作网络，形成了比较完整的国内体育宣传工作体系，从国家体育总局到各省

（区、市）体育局初步建立起《体育新闻发言人制度》；制定了《"十一五"体育宣传规划》及《备战 2008 年奥运会体育宣传工作规划》。一些地方体育局先后建立并不断完善新闻通气会制度、新闻宣传工作审核制度、宣传工作考核制度及接受媒体采访、新闻宣传管理的有关规定。总局和一些中心、地方体育局还加强了舆情研判工作，为进行及时、正确的舆论引导提供了基础。

2007 年 8 月 30 日，《中华人民共和国突发事件应对法》由第十届全国人民代表大会常务委员会第二十九次会议通过，并于 2007 年 11 月 1 日起开始施行。在此背景下，体育部门也为发生重大体育突发事件制订了事件处置工作方案和体育突发事件新闻报道的组织、管理和引导工作。从而进一步提高体育宣传舆论引导水平，积极主动引导舆论。

国家体育总局主办、各地方体育局分别参加的"全民健身与奥运同行"新闻发布会工作不断取得进展，从 2006 年 5 月至今，共举办了 24 场新闻发布会。总局领导、有关职能部门、各地体育局对此项工作高度重视。配合"全民健身与奥运同行"工作，全国各地开展了丰富多彩的群众体育活动。各地方体育部门组织媒体对上述活动进行了充分的宣传报道，营造了浓郁的全民健身与奥运同行的氛围。配合以群体活动为主的各项体育活动，结合各地特点，各地方体育局还组织开展了新闻报道、宣传展览、征文、知识竞赛等多种形式的宣传活动，创造了良好的"我参与、我奉献、我快乐"的社会氛围。

我国对外体育宣传工作也取得了很大的进展。仅 2007 年，国家体育总局即协助 700 多名境外记者办理了来华采访比赛的签证审批手续。在重大时间、节点上，为一些国际主流媒体安排了集体采访和拍摄活动。不少地方结合承办的国际体育赛事，认真做好境外记者采访接待工作。一些中心、地方体育局还利用出国参加体育比赛、会议、交流活动等机会，利用多种手段，扩大对外宣传。2008 年 5 月，第 71 届国际体育记者协会代表大会在北京举行，国际体育记者协会是体育记者的唯一全球性组织，在国际体育界和国际体育新闻界发挥着重要作用。本次代表大会有来自世界各地的近 400 名代表与会。会议的召开，是我国利用体育扩大外宣的一个极好机会，不仅将扩大中国体育新闻界和国际体育新闻界的沟通与交流，更将扩大中国体育、北京奥运会的对外宣传。

各项大型体育比赛的宣传组织工作顺利进行。第 6 届全国城市运动会和第 11 届全国冬季运动会分别于 2007 年 10 月和 2008 年 1 月举行。这是 2008 年奥运会前国内最大的综合性运动会。在运动会宣传组织工作中，注意加强正面引导。在具体组织工作上，注意尊重竞赛规律和新闻宣传规律，为媒体采访报道提供便利的工作条件；注意发挥参赛代表团的作用，在代表团设立新闻发言人和宣传联络员，建立宣传网络，发挥整体优势。各地、各项目举办了很多体育比赛，在宣传组织管理、舆论引导方面都很好地完成了任务。

　　国家体育总局和各地方更加重视体育文化活动的组织，分别开展了各具特色和形式多样的体育文化活动。如国家体育总局和湖南卫视合作，举办了以运动员保障为主题的文艺晚会；中国奥委会、北京奥组委和有关机构合作，举办了"同一个世界·同一个梦想"国际奥委会奥林匹克珍藏品中国巡展，这是国际奥林匹克博物馆藏品首次在欧洲以外地区展出；和中国体育摄影学会合办改革开放 30 年来体育摄影大奖赛；浙江省推出"全民健身与奥运同行"摄影作品征集活动；上海市组织全市性的"奥运知识竞赛"及"我与奥林匹克"征文、奥运会老照片征集活动等。

（二）新闻媒体成为推动体育事业发展的重要力量

1. 体育新闻成为国内报纸的主要报道内容

　　改革开放 30 年来，随着中国体育事业的发展和新闻事业改革的不断深入，体育新闻逐渐成为国内报纸的主要报道品种和支柱性报道内容。对于各地的综合性日报而言，体育新闻版已经成为其不可缺少的基本版面。同时，专业体育报纸也发展成为重要的体育媒体，深受广大读者和体育爱好者的欢迎。

　　20 世纪 80 年代，随着体育事业的发展，特别是中国体育健儿在一系列重大国际赛事中取得优异成绩，《人民日报》《光明日报》等中央级大报和一些省市级党报陆续开辟出专门的体育版或体育专栏。如《人民日报》的"体育之角"、《中国青年报》的"体育爱好者"、《光明日报》与《解放军报》的"体育场"，以及《工人日报》的"体坛纵横"等。同时，《解放日报》《天津日报》等省市报纸也辟有体育专栏。每逢国内、国际重大赛事，各报刊纷纷增加体育版面或者推出体育特刊和专刊。如 1990 年第 11 届北京亚运会期间，《人民日报》就增出了《亚运新闻报》，《北京日报》增出了《亚运专刊》，《工人日报》《解放军报》等行业报也用了大量版面报道亚运会。

　　为了适应体育报道的特殊需要，从 20 世纪 80 年代中后期起，许多报社先后建立了独立的体育新闻部，如《羊城晚报》《新民晚报》《北京晚报》《成都晚报》等都在这一时期先后设立了体育新闻部，并配制了固定的体育版。至 20 世纪 90 年代初，国内大多数中央级报纸及许多省市的报纸都开设了体育专栏，全国近 50 家晚报均设有体育专版。考虑到这一时期国内报纸普遍只有四到八个版，这一变化反映了体育新闻在报纸媒体中的地位日益上升。

与此同时，专业体育报纸也开始形成由《中国体育报》为龙头的多层次、多样化的报业结构，从 20 世纪 70 年代的 1 种上升到 80 年代的 35 种左右，发行量也成倍增长。20 世纪 90 年代初，《中国体育报》陆续派生出《中国足球报》《棋牌周报》《世界体育周报》等多个子报。1979 年底创刊于广州的《足球》报成为地方办的第一份专业性体育报纸，其后《体坛周报》《球迷报》等相继诞生，并成为广受球迷喜爱的体育媒体。

1994 年开始的中国足球职业联赛在各地球迷中引起的巨大反响，刺激了各地报纸媒体的体育新闻报道大发展。在此期间，以足球报道为中心的体育报道数量和类型呈现出前所未有的井喷状态。各地不少综合性日报将体育新闻作为媒体市场竞争的主战场之一，成为与时政新闻版、财经新闻版、社会新闻版、文化新闻版等相并列的必不可少的版面之一。至 20 世纪 90 年代后期，国内有将近 72% 的报纸将足球作为相对固定的报道内容。

国内职业联赛的开展，也推动体育专业报纸数量迅速增加、覆盖面迅速扩大。仅 1994 年一年就新成立或复刊了包括《中国足球报》在内的 9 家专业体育报。至 1995 年，我国的专业体育报纸的数量增加到 42 种，1999 年达到 44 种。体育报纸的发行格局也发生了很大改变，由原有的以《中国体育报》为龙头的多层次、多样化的报业格局演变为以《体坛周报》和《足球》报为代表的地方体育报为主体的多元竞争格局。

国内报纸媒体的体育新闻竞争在 2002 年韩日世界杯足球赛期间达到顶峰。由于中国足球队首次参加决赛，极大刺激了国内球迷的关注和各类媒体的投入。正式申请采访这届世界杯的中国报社有 73 家，仅次于主办国韩国（100 家报社）和日本（78 家报社）。比赛期间国内各地的综合性报纸体育版均以大量版面、长时间、重点版位充分报道比赛情况，创造了国内报业史上的纪录。如北京的《京华时报》投资近 2000 万元打造了每天 24 版的《世界杯特刊》；《北京青年报》与韩国《东亚日报》合作在韩国汉城、光州、济州印刷发行《北京青年报》，为前去观看世界杯赛的中国球迷提供即时的报道。

20 世纪 90 年代以来，报纸媒体的影响力和市场地位日益受到电视媒体尤其是网络媒体的挑战。但是，报纸媒体作为传统媒体的龙头，仍然拥有自己独特的优势与地位。为了适应媒体市场的变化，国内报纸媒体积极寻找对策，拓展报道面和报道深度，增加信息内容的层面。体育新闻报道也开始更多地向深度化和杂志化方向发展，不断探寻自己在新的媒介竞争环境下的发展方向。

2. 大众体育期刊的繁荣发展

改革开放 30 年以来，我国大众体育期刊取得巨大成就，体育期刊数量成倍增长，办刊质量显著提高，成为体育宣传和体育传播的重要平台和媒介形式。

改革开放之初，国内大众体育期刊仅有《新体育》等很少品种。30 年来，我国大众体育期刊的数量成倍增长，1994 年已达到了 60 种，截至 2006 年，增加到了 85 种。其增长率明显高于期刊整体增长率。另外，期刊的种类越来越多。截至 2008 年，国内共有综合体育消费类期刊 13 份，单项体育消费类期刊 72 份，其中足球、篮球杂志分别有 9 份和 8 份，占到总数近 1/4，武术、健美、高尔夫、象棋等杂志也占有一席之地。

随着改革开放的深入，国内大众体育期刊也开始寻求国外合作的路子。1994 年中国《新体育》杂志社与法国著名的桦榭·菲力柏契集团（HFM）进行海外图文资料版权合作，创办国内第一本彩色综合性体育杂志《搏》，开辟了国内体育期刊办刊的新路子，引起了较大反响。

与数量增加同步，国内体育期刊办刊质量也有了显著提高，无论是刊载文章、图片质量、版式设计，还是装帧工艺及印刷水准等各个层面和环节都发生了质的飞跃。1994 年，《搏》杂志的出版给国内体育期刊带来了新的办刊理念，该杂志引进的精美图片和版式设计、铜版印刷、大开本在当时国内清一色低成本运营、普通印刷、小开本的体育期刊中独树一帜，深刻影响和改变了国内大众体育期刊的运营理念与设计理念，成为国内众多期刊追逐的目标和模仿的样板。此后，国内体育期刊开始陆续采用全铜版纸印制，配之以精美的体育图片、引人入胜的版式设计，大大提高了体育期刊的审美趣味和鉴赏品味，受到读者的欢迎。

进入 21 世纪以来，国内大众体育期刊竞争格局发生了变化。由于篮球、足球等热点项目的专项类大众体育期刊杂志市场竞争激烈，因而促使媒体投资方将目光放在一些发展前景良好并拥有一批忠实爱好者的项目上，推动了如《F1》《高尔夫》《体育画报》《网球天地》等一批面对高端人群的大众体育期刊出现。这些体育期刊的特点是针对小众群体、印刷精美、定价较高。如2001 年 1 月中国体育报业总社与美国著名的《Golf Magazine》版权合作的《高尔夫》杂志拥有大批国内高尔夫球迷读者群体，成为国内声誉最佳的体育期刊之一，并获得了可观的广告利润。

虽然大众体育期刊也同样受到电视和网络媒体的挑战，但与国外发达国家的体育期刊市场相比，中国的国内体育期刊市场还处于起步阶段，还有极大的发展空间。随着中国经济的发展和人民生活水平及文化消费能力不断提高，大众体育期刊还将获得更大的发展。

3. 电视媒体与体育互相促进

改革开放 30 年来，随着电视在我国城乡家庭的全面普及，电视体育节目成为深受人民群众喜爱的观赏内容，同时也成为宣传体育精神、传播体育知识和满足人民大众观赏体育比赛需求的主要传播平台和手段，对推动体育运动的发展起到了巨大的作用。

20 世纪 80 年代初，我国电视尚未普及，电视频道稀缺，人们很少通过电视观看到精彩的体育节目。1979 年，中央电视台成立体育节目组，1985 年扩大为体育部，下设新闻传播、专题和播音 3 个组。央视设立单独的体育部建制对国内电视体育的发展具有里程碑意义，标志着中国体育电视终于起步。随后，中央电视台陆续开办了《体育之窗》《世界体育》《体育纵横》《体坛内外》《体坛巡礼》《体育大看台》等体育栏目，受到广大电视观众尤其是体育爱好者的欢迎。

从 20 世纪 80 年代上半期起，随着体育事业的腾飞，国内电视拥有了越来越多深受观众喜爱的体育赛事转播资源，各类体育比赛开始成为中国电视重要的转播内容。尤其是奥运会等有中国运动员参加的重大国际赛事，更为全国广大群众所关注，希望能够通过电视及时看到精彩的体育比赛。

1978 年 6 月，中央电视台同中央人民广播电台合作，首次从卫星上接收信号向全国转播了第 11 届世界杯足球赛的比赛实况。这是我国第一次通过通讯卫星实况转播体育比赛，也是世界杯第一次与中国观众见面，在全国体育爱好者中间引起了巨大反响。从此，体育赛事转播成为国内最受欢迎的体育节目。同年 12 月，在泰国曼谷举行了第 8 届亚运会，中央电视台第一次组织了报道团前往采访并作了现场报道。这是中国大陆首次从国外现场直播体育比赛，从此揭开了中央电视台记者赴国外直播体育赛事的历史。

除了赛事转播外，体育新闻节目和体育专题节目也日臻成熟。1989 年 1 月 2 日，中央电视台开始推出每天 5 分钟的《体育新闻》栏目。这是中国最早的固定电视新闻栏目。1991 年推出的《体育大世界》成为中央电视台第一个杂志性专题节目。与此同时，各地电视台相继推出了自己的体育栏目，如安徽电视台的《体育大观》、福建电视台的《体育世界》、湖南台的《体育世界》、贵州电视台的《五环广场》、上海东方电视台的《国际体育新闻》等，这些体育栏目的出现都在观众中产生了很好的反响。

1994 年开始的中国足球职业联赛是地方体育电视发展的重要契机。各地电视台大规模参与对主客场制比赛的直播和报道，有力地促进了各地体育电视的发展，提升了全国体育电视的整体水平。至 20 世纪 90 年代末，全国大多数省会城市电视台都能够独立地转播体育比赛和制作高水平的体育节目。1984年，中国还没有一个专业体育频道。进入 21 世纪以后，中国各地已经拥有了42 个专业体育频道。

1995 年中央电视台体育频道的成立，标志着中国体育电视发展到了专业化新高度。在这一时期，中国体育电视已经能熟练地进行较大难度的转播，还能在世界最高层次的奥运会上提供赛事公用信号，并作为主要传播机构进行国际性大型赛事的信号提供。1996 年亚特兰大奥运会，中央电视台派出了创纪录的 59 人大型报道团，并在亚特兰大国际广播电视中心建立了将近 300 平方米的独立报道中心，制作了近 600 小时的奥运节目。这标志着中国体育电视已经步入了世界先进行列。

进入 21 世纪以后，中国的体育电视迎来了更大的发展机遇。2000 年悉尼奥运会是中国体育电视走向成熟的标志。在这届奥运会上，央视派出了 126 人的大型报道团队，做到了同步报道，并围绕中国队可能拿金牌的项目向"体育大片"发展。至 2004 年雅典奥运会，央视派出了 170 人的超大型转播团队，租用了 400 平方米的工作间，央视 3 个主频道加上两套数字付费电视，共播出节目时长超过 1400 小时，是悉尼奥运会的两倍以上，其规模超越了以往任何一届奥运会及大型国际赛事。

2001 年北京申奥的成功，进一步推动中国体育电视进入新的发展阶段。2006 年 8 月 8 日，以中央电视台体育频道推出北京奥运会倒计时两周年特别节目《好运北京》为标志，中国体育电视全面启动了奥运宣传报道。随后中央电视台陆续推出了一系列奥运栏目，如《唱响奥运》《我爱我的 2008》《谁将解说北京奥运会》《奥运 ABC》等。在北京奥运会举行期间，中国体育电视全面介入奥运会开、闭幕式和比赛的电视转播。中央电视台一、二、五、七套节目和一个高清频道以及两个付费频道全面参与北京奥运会的转播和报道，中国电视台还独立承担 7 个项目的电视转播任务。这标志着中国体育电视转播的能力已逐步为国际体育电视界所认可。

中国体育电视的迅速发展，有力地促进了中国体育事业的发展。通过电视对国内外高水平赛事的报道，尤其是有中国体育健儿参加的奥运会等重大国际体育赛事的报道，使各种体育运动在中国得到了空前的普及和传播，不仅影响了更多的人参加体育锻炼，而且使通过电视观看高水平体育赛事成为广大人民群众最喜爱的休闲娱乐方式。

4. 网络媒体成为体育报道的新兴力量

1994 年 4 月 20 日，中国正式接入国际互联网络。从此互联网在中国飞速发展，根据有关资料显示，截至 2007 年 12 月，中国网民数已达到 2.1 亿人，网站数量已达到 150 万。互联网的发展，对体育新闻报道产生了重大影响。由于网络具有即时性、多媒体服务、大容量性、互动性等优势，它不仅为中国的体育报道提供了更加迅速、快捷、方便的信息传递手段，而且还促进了新的网络新闻媒体和网络体育新闻报道方式的出现。根据有关调查显示，尽管与电视差距还比较明显，但互联网已经无可否认地超越了其他传统媒体，成为人们获取体育信息的重要途径。

门户网站体育频道是网络体育报道的主力。我国网络体育报道始于 1997 年。这一年的世界杯亚洲区预选赛（十强赛）期间，新浪网前身"四通利方"首次采用网上视频、音频技术直播了比赛。这是我国第一次利用网络报道体育新闻事件。1998 年 7 月，"四通利方"推出"法国 98 世界杯风暴"，全程报道了法国世界杯，并创下了当时中文站点访问量的最高纪录。

新浪网体育报道的成功，开启了网络体育新闻报道的大门。此后，新浪竞技风暴、搜狐体育频道、雅虎体育频道、李宁网易体育、TOM-鲨威体坛等门户网站的体育频道相继出现，并成为网络体育报道的主力军。除了奥运会、世界杯等大型赛事的报道，各门户网站的体育频道还纷纷开设了足球、篮球、跳水、体操等专版，内容涉及国际国内的各项重要赛事，以满足大家不同的需要。进入 21 世纪后，随着我国体育运动的不断发展，网球、台球、高尔夫、F1 等新兴的体育项目也纷纷在各个体育频道落户，极大地丰富了网络体育报道的内容。

传统媒体上网成为网络体育报道的重要力量。从 1996 年年底开始，中央电视台、《人民日报》、中国国际广播电台先后建立了自己的网站。依托着自身强大的采编队伍、规范化的采编运作流程、稳定的信息采集资源网和高知名度的节目（栏目）和评论员，传统媒体的网站成为网络体育报道的重要力量。2000 年 8 月 23 日，新华网开通奥运专题网站。在随后召开的悉尼奥运会上，新华网依托新华社整体优势，组成了强大的奥运前方一线报道团，在比赛现场直接发稿，夺得了奥运会网络报道的金牌，改变了此前商业网站主导网络传播的局面。同时，也拉开了传统媒体网络版与网络媒体在体育新闻报道方面竞争的帷幕。据不完全统计，截至 2004 年，国内 40 余家体育报纸中已有半数建立网站。一些规模较大的体育专业报纸如《中国体育报》《体坛周报》《足球》

等除了建立自己的网站之外，还相继办有各种体育期刊，甚至已经建成或在建媒体集团。体育类媒体的集团化和网络化，表明我国体育新闻事业的发展又迈上了一个新的台阶。从2004年雅典奥运会开始，报纸、电视、网络等不同的媒体开始整合资源，组成报道联盟，在各个层面进行合作，出现了在竞争中求发展的趋势。

随着互联网的普及，国内一些大型体育赛事纷纷设立了自己的网站。这些官方网站成为重要的信息发布渠道，为公众提供了更为广泛的信息源。2000年悉尼奥运会期间，新浪网作为中国体育代表团官方网站唯一互联网合作伙伴，就设立了奥运会专题网站，并创造了24小时1070万浏览量的纪录。韩日世界杯期间，新浪又成为中国足协的唯一互联网合作伙伴并开通了中国之队官方网站。2003年11月18日，在国家体育总局、中华全国体育总会、中国奥委会的支持下，中国数字体育互动平台启动并同时开通了中国奥委会网站（中英文版）、中华全国体育总会网站、华奥星空网站，成为我国最有影响力的体育官方网站。

搜狐成为北京2008年奥运会互联网内容赞助商，在奥运会比赛期间，搜狐组织了六百多人的报道队伍，充分利用官方的实时数据及资讯的资源，第一时间向网民提供最全面、最权威的奥运信息。其中既有奥运赛事的文字及数据播报，也有图文及视频报道，并创造了奥运频道1小时访问量超过1亿的互联网中文网站纪录。这也是奥运史上和互联网史上第一次如此全面、快速、准确的奥运赛事播报。

（三）体育图书出版事业的发展与贡献

改革开放30年以来，我国体育图书出版始终坚持以马克思列宁主义、毛泽东思想、邓小平理论和"三个代表"重要思想为指导，坚持以人为本、全面协调可持续的科学发展观。贯彻百花齐放、百家争鸣的方针，唱响主旋律，提倡多样化，贴近实际、贴近生活、贴近群众。积极宣传党的体育方针和政策，传播体育思想和精神，满足广大人民日益增长的体育文化的需求，持续、深入地普及健康、科学的体育健身、娱乐知识，并在此基础上引导受众树立健康、科学的体育意识和体育观，营造我国体育事业发展的健康、和谐的舆论环境。

改革开放30年间，我国体育图书出版业的面貌发生了深刻变化，取得了辉煌的成绩，出版实力大为增强，主要体现在：出版体育图书的出版社越来越多；随着时代的发展，体育出版领域得到了拓宽，体育出版工作中融汇了体育音像制品和电子出版物，成为体育出版业新的经济增长点，并保持了较强的增长势头；体育出版物的品种数量迅速增长，质量显著提高，精品不断涌现，买方市场初步形成；反映体育出版规律的出版管理体制和运行机制正在逐步形成，出版管理水平有所提高，为人民日益增长的对体育文化需求服务出版的意识增强；体育出版对外交流不断扩大，1995—2002年，北京地区开展版权输出的115家出版社中，目前国内唯一的国家级体育专业出版机构——人民体育出版社位居首位。

在改革开放的30年间，我国体育图书出版逐步形成自己的发展特点，主要表现为：

第一，体育图书出版为体育事业的中心任务服务。改革开放以来，我国体育图书出版紧跟时代，积极宣传党的体育方针和政策，普及健康、科学的体育健身、娱乐知识，并在此基础上引导受众树立健康、科学的体育意识和体育观。30年来，既出版了大量普及性体育知识读物和各种健身方法的图书，同时，也出版了很多反映最新体育科研成果的图书，还引进了一批体育较发达国家的成果，为我国体育科学和体育产业的发展提供借鉴。

第二，非体育专业出版社介入体育图书出版。除了人民体育出版社和北京体育大学出版社这两家体育专业出版社外，30年来参与体育图书出版的出版单位超过400家，占全国出版社总数近80%。30年来体育专业出版社共出版体育图书8000多种，约占体育图书出版总数的46%。这说明，体育图书的出版形成了体育专业出版社与非体育专业出版两轮驱动的格局。

第三，体育图书出版的内容极大丰富。随着当代体育事业的发展，体育已不再局限于简单的运动训练及竞技项目，而向着科学化、现代化、产业化、多元化方向发展，也极大地丰富了体育图书出版资源。20世纪下半叶以来，各类新兴体育项目的不断涌现，如体育舞蹈、沙滩排球、软式排球、蹦极、蹦床、激流回旋等，向大众介绍这些新兴体育项目成为体育图书出版的一个重要方向。另外，随着当代体育产业化、职业化和信息化发展步伐的加快，需要大量新的体育相关领域知识，如体育市场、体育金融、体育中介、体育商业、体育经纪与代理、体育信息、体育人才、体育媒介等，这些新的体育知识领域为体育图书的出版提供了丰富资源。

第六章

坚强有力的物质与人才保障

● 体育经费保障与基础设施建设

● 体育人才培养力度不断加大

● 体育人才队伍整体实力不断增强

改革开放 30 年来，我国体育事业经费不断增长、体育彩票公益金持续增加、体育场馆建设发展迅速、体育人才培养力度不断加大、人才队伍整体实力不断增强，为体育事业发展提供了坚强有力的物质和人才保障。

一、体育经费保障与基础设施建设

（一）政府为体育发展提供了公共财政保障

财政保障是我国体育事业全面、持续、快速发展的重要条件。党的十一届三中全会以来，国家从法律、规章、政策等层面逐步为体育事业的发展建立制度体系，各级政府对体育事业的财政投入不断增长，为我国体育事业的发展提供了政策支持与资金保障。

1. 制定与改善体育财政投入的政策体系

改革开放以来，国家颁布了一系列旨在发展我国体育事业的法律、法规。1995 年 8 月 29 日通过的《中华人民共和国体育法》中明确规定"县级以上各级人民政府应当将体育事业经费、体育基本建设资金列入本级财政预算和基本建设投资计划，并随着国民经济的发展逐步增加对体育事业的投入"。从而明确了政府在体育事业发展中的责任，并为制定和完善体育公共财政政策提供了法律依据。

我国政府依据国家有关法律、法规，制定的一系列促进与发展我国体育事业的财政方针和政策，为保障体育事业财政投入提供了行政依据和制度保障。1983 年，国务院批转了《关于全国农村体育工作会议纪要》，指出："各级政府在可能的条件下，应该拨出一定的经费，扶植农村文化、体育事业的发展。"1983 年，国家体委在《关于进一步加强学校体育工作的意见》中提出："教育部门应制定规划，要不断投入经费改善学校的体育场地设施，体育经费应不低于教育经费的 1%。"1986 年，在《国家体委关于体育体制改革的决定（草案）》中提出："成立全国体育基金会，有计划、有控制地发行全国性的'发展体育基金奖券'。"自 1996 至 2000 年，我国体育财政政策进一步保障了竞技体育、群众体育、学校体育的发展。1995 年，国家体委发布了《奥运争光计划纲要》，明确提出"继续扩大国家拨款的主渠道，逐年增加对竞技体育的资金投入"。1999 年，在财政部、国家体育总局颁布的《全国体育高水平后备力量专项经费管理办法》中，核定了用于加强亚运会、奥运会后备力量培训，改善训练场地、设备、科研、教学条件的专项经费。在扶持群众体育的财政政策中，1995 年国家体委发布了《全民健身计划纲要》，明确提出"体育部门要逐步增加群众体育事业费在预算中的支出比重"。1996 年，针对基层群众体育发展较缓慢的情况，国务院转发了《关于深化改革，加快发展县级体育事业的意见》，特别对体育经费来源、体育场地设施等内容作出了明确的规定。1999 年，财政部、国家体育总局为进一步推进《全民健身计划纲要》和《奥运争光计划纲要》设立了体育场馆维修专项补助费用，规定"维修经费是中央财政为加强全国体育场馆维修而设立的专项资金，同时用于遭受严重自然灾害和老、少、边、穷地区体育训练基地及体育设施、设备的维修与改造"。为了弥补 1994—1995 年国内、国际大赛举办经费的不足，经国务院批准，给予国家体委两年发行 10 亿元额度体育彩票的政策性支持。1997 年，国家体委根据《体育彩票公益金管理暂行办法》，从中央提存的体育彩票公益金中提取 60%用于发展群众体育事业。在扶持学校体育的财政政策中，2000 年，为了加强青少年学生校外体育活动场所的建设，各级体育行政部门使用体育彩票公益金共 6000 万元，资助现有体育场馆创建了 593 个青少年体育俱乐部。

进入 21 世纪，国家逐步健全体育公共财政体制，进一步明确了各级政府对体育财政支出的责任。在这一时期，政府为鼓励教练员、运动员为国家作出更大的贡献，颁布和实施了一系列关心他们的体育财政政策。例如，在《国家队老运动员、老教练员关怀基金实施暂行办法》《优秀运动员奖学金、助学金试行办法》《关于对部分老运动员、老教练员给予医疗照顾的实施办法》《关于进一步加强体育人才工作的意见》中，对生活与医疗等方面确有困难的老运动员和老教练员、对优秀运动员学习科学文化知识、深化分配制度改革等方面作出了明确的财政政策规定。为体现对青少年身体健康的关心，在《中共中央办公厅、国务院办公厅关于加强青少年学生活动场所建设和管理工作的通知》《关于增加彩票发行额度筹集青少年活动场所建设及维护资金的通知》《全国青少年学生校外活动场所建设及维护资金管理办法》《国家扶持青少年学生校外活动场所建设项目设备采购管理办法的通知》《2000—2005 年全国青少年学生校外活动场所建设与发展规划》《关于 2003 年在全国创建青少年体育俱乐部的通知》以及《中共中央、国务院关于加强青少年体育增强青少年体质的意见》中，反复强调指出"各级党委和政府要把加强青少年体育工作摆上重要议事日程，纳入经济社会发展规划，加大对体育事业尤其是中小学体育设施的投入"，并特别增加彩票发行额度以用于补助青少年学生校外体育活动场所的建设。对革命老区、边疆少数民族地区、贫困地区、资源枯竭和下岗职工较多的地区、受灾受损严重的地区，国家也特别制定了援助计划。此外，政府从税收免征、减免等方面加大了对体育事业的支持力度，财政部、国家税务总局为此颁布了一系列税收免征、减免等方面的政策以促进体育事业的发展。

2. 体育事业的发展资金持续增长

改革开放以来，随着国家经济形势的好转，财政收入的增加，政府不断加大对体育事业的投入，体育事业经费一直保持较高的增长率。从我国体育事业经费的投入看，1978—2006 年各级财政对全国体育系统共投入资金 1196.6 亿元，其中中央财政投入共 218 亿元，地方财政投入共 978.6 亿元。新中国成立初期至 1977 年，国家对体育事业的财政投入为 22.8 亿元。将两个历史时期作比较，政府对体育事业的财政投入扩大了 52 倍。1978 年体育事业的财政投入为 2.5 亿元，2006 年增加到 215.7 亿元，扩大了 86 倍。从全国人均体育财政投入看，1982 年体育事业的财政投入为 4.14 亿元，人均 0.4 元；2005 年财政投入 180.18 亿元，人均 13.8 元，扩大了 34 倍。近 30 年来，全国体育事业经费以每年平均 12.13% 的速度增长，其中，2001 年至 2006 年，其平均增速达到了 23.12%（表 6-1）。可见，国家投入是我国体育事业资金来源的重要渠道，是我国体育事业迅速发展的有力保障。

我国体育事业经费自 1978—1993 年一直处于平稳增长期，但在 1994 年，

表 6-1 1978—2006 年体育事业经费情况一览表　　　　　单位：万元

年 度	体 育 事 业 经 费 情 况			
	中　央	地　方	合　计	增长率（%）
1977	1474.0	16899.0	18373.0	
1978	2657.0	22729.0	25386.0	27.63
1979	4417.8	24620.5	29038.3	12.58
1980	3672.3	26644.0	30316.3	4.22
1981	4685.1	29739.6	34424.7	11.94
1982	4810.0	36619.0	41429.0	16.91
1983	5705.3	39761.0	45466.3	8.88
1984	6739.4	53127.7	59867.1	24.06
1985	8592.3	66865.0	75457.3	20.66
1986	9808.3	89116.5	98924.8	23.72
1987	11534.7	88665.8	100200.5	1.27
1988	11397.4	105271.9	116669.3	14.12

（续表）

年 度	体 育 事 业 经 费 情 况			
	中 央	地 方	合 计	增长率（%）
1989	11445.2	126274.9	137720.1	15.29
1990	12439.1	133837.1	146276.2	5.85
1991	13184.3	153391.9	166576.2	12.19
1992	14100.0	172400.0	186500.0	10.68
1993	18600.0	190800.0	209400.0	10.94
1994	22626.5	85481.1	108107.6	−51.63
1995	41172.1	93331.6	134503.7	19.63
1996	61031.8	124752.6	185784.4	27.60
1997	67386.5	139784.0	207170.5	10.32
1998	68789.1	146380.8	215169.9	3.72
1999	107897.5	167840.9	275838.4	21.99
2000	82178.0	200810.7	282988.7	2.53
2001	85270.1	300094.2	385364.3	26.57
2002	216197.0	1201949.9	1418146.9	72.83
2003	285153.3	1267986.2	1553139.5	8.69
2004	346020.0	1391454.0	1737474.0	10.61
2005	276123.0	1525708.0	1801831.0	3.57
2006	376575.0	1780273.0	2156847.0	16.46
合计	2180208.1	9785710.9	11966019.0	12.13

除中央政府事业经费继续保持小幅增长外，地方政府投入和经费总额都开始下降，直至 1998 年，经费投入又恢复到 1994 年同期水平。2002 年起，地方政府投入和经费总额都陡然上升，至 2004 年又开始在较高的水平上趋于相对平稳增长期。在 2004、2005 年，中央政府对事业经费有一个短暂的调整之后，至 2006 年，其增长曲线又开始平稳上升（图 6-1）。

在 2002—2006 年的 5 年期间，全国体育事业经费在体育基本建设上共支出 145.7 亿元，在体育竞赛费上共支出 49.2 亿元，在优秀运动队经费上共支出 151.2 亿元，在业余训练费上共支出 47.2 亿元，在体育场馆补助费上共支出 77.2 亿元，在教育事业费上共支出 66.3 亿元，其他共支出 329.9 亿元（表 6-2）。

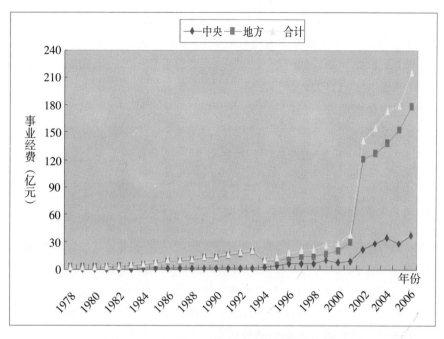

图 6-1 1978—2006 年体育事业经费发展状况图

表 6-2 2002—2006 年全国体育事业经费支出结构一览表 单位：万元

年份	体育基本建设支出	体育竞赛费	优秀运动队经费	业余训练费	体育场馆补助费	教育事业费	其 他
2002	198228.8	98186.6	253407.6	80758.2	158605.0	104825.7	524135.1
2003	251560.5	72293.9	258308.0	86055.7	127078.4	124321.8	633521.3
2004	372698.0	90352.0	294582.0	94338.0	147395.0	130565.0	607543.0
2005	256385.0	82745.0	360912.0	100814.0	156735.0	151467.0	692774.0
2006	377647.0	148496.0	344954.0	110413.0	182086.0	152027.0	841224.0
合计	1456519.3	492073.5	1512163.3	472378.9	771899.4	663206.5	3299197.4

〔注〕其他包括教育基建支出、科技三项收费、其他事业费、科学事业费、其他部门事业费、行政事业单位离退休经费、社会保障补助支出、政府机关经费、外交外事支出、国际组织支出、其他支出。

（二）发行体育彩票为体育事业发展提供了重要的经济支撑

中国体育彩票是国家批准，部门发行，社会受益的国家彩票，是改革开放的产物。自 1984 年 10 月诞生新中国第一张体育彩票"发展体育奖·一九八四年北京国际马拉松赛"奖券以来，新中国体育彩票发行已经走过了 24 年的历程。

发行体育彩票是国家为支持体育等社会事业发展而实行的一项特殊政策。目前体育彩票公益金已成为我国体育经费的重要来源，为我国"全民健身计划"和"奥运争光计划"的顺利实施提供重要的资金保障，为我国体育事业的改革与发展提供了强有力的经济支持。体育彩票属社会公益事业，其公益金除了用于发展体育事业外，还在充实社会保障资金、支持残疾人事业、促进青少年校外活动场地建设、补助地方农村医疗救助基金、资助红十字事业发展、资助 2008 北京奥运会等方面发挥了积极的作用，成为我国筹集公益事业发展资金的重要渠道之一。

1. 体育彩票在改革开放中成长壮大

在传统的计划经济体制下，彩票一直被视为"资本主义货色"而长期被视为"禁区"。党的十一届三中全会之后，我国开始了以市场为导向的经济体制改革，人们的思想观念和行为方式也随之发生了很大变化。在这一背景下，原国家体委着手探讨我国发行体育彩票的有关理论问题。同时，部分省（市）也开始了小规模的类似体育彩票的销售活动。

1984 年 10 月 10 日，北京为举办第 4 届北京国际马拉松赛发行了"发展体育奖"彩票，这是新中国的第一张体育彩票，开创了中国体育彩票发行之先河。1984 年 11 月 1 日，福建省发行的"福建省体育中心建设纪念奖券"紧随其后。此后，全国有二十多个省纷纷发行了地方性的体育彩票。1985 年，处在改革开放前沿的广东省率先建立了全国第一个体育彩票发行管理机构，组织发行了第 6 届全运会体育基金奖券。1989 年 5 月初，国务院总理办公会议批准了亚运会奖券的发售计划，这是中国首次为大型国际运动会进行筹集资金而发行的体育彩票，也是首次在全国范围内发行体育彩票。

此后，原国家体委进一步加大了对体育彩票工作的领导力度，多次召开专题研讨会，并吸取国外发行体育彩票的经验，先后发行了亚运会、全运会、城运会、农运会与亚冬会等大型综合性运动会彩票以及足球彩票，取得了较好的经济效益和社会效益，积累了一些成功的经验，为我国体育彩票业的建立和发展奠定了基础。

为确定统一发行体育彩票的合法地位和政策，使体育彩票业纳入法制化管理轨道，原国家体委会同有关部门征询了部分省市的意见，起草了《关于建立全国统一的体育彩票发行制度的请示》，经中国人民银行、国家计委和财政部会签后，于 1992 年 6 月 28 日呈报国务院审批。为便于做好体育彩票统一制度的申报批准工作，1992 年 7 月国家体委正式成立了体育彩票筹备组。

1994 年初，国家体委向国务院办公厅报告发行体育彩票的理由以及统一发行、销售体育彩票的管理办法。此报告得到了国务院的认同，获准在 1994—1995 年两年内发行 10 亿元额度的体育彩票。为了做好首次体育彩票发行工作，国家体委对体育彩票工作进行了统一部署，明确了统一发行、统一印刷和统一销售的管理原则。全国统一的体育彩票制度的初步形成，开创了我国体育彩票业发展的新局面。

为落实国务院对体育彩票管理的要求，加强全国体育彩票工作的统一规划和宏观管理，经中央机构编制委员会批准，国家体委于 1994 年 4 月 5 日正式成立了体育彩票管理中心，使体育彩票的统一发行和管理在组织上得到了有力的保障。体育奖券也正式更名为体育彩票，由国家统一发行，其特点是全国的体育彩票实行"三统一"，即由国家体委"统一印制、统一发行、统一管理"，发行收益仍然用于各级体育部门发展体育事业。体育彩票管理中心成立后立即会同国家体委有关部门起草了《1994—1995 年度体育彩票发行管理办法》，经中国人民银行批准，于 7 月 18 日以国家体委第 20 号令公布实施。这是我国第一个专门的体育彩票管理法规，它标志着我国体育彩票开始走上了法制化、规范化的发展轨道。

各地、各级体育行政机构对体育彩票工作给予了高度重视，先后有 30 个省、市、自治区设立了体育彩票管理中心和机构，培养和建立了一支体育彩票管理和营销队伍，初步形成了一定规模的市场分级管理网络，体育彩票的市场覆盖面不断扩展，管理力度不断加大，体育彩票销售工作的市场运行环境初步形成。体育彩票的销售量迅速增长，销售方式不断更新。从 1994 年 12 月起，广东、福建、江苏等 6 省（市）先后开始试点发行电脑彩票。

2000 年以后，中国体育彩票进入了快速发展期。体育彩票管理体制更加完善，体育彩票销量迅速增长，社会影响日益扩大。国家体育总局在试点成功的基础上，将电脑型体育彩票拓展到全国。这种发行方式不仅安全、快捷、方便、公正，而且趣味性强，极受公众喜爱。2001 年 10 月，中国足球彩票正式上市。2003 年，国家体育总局体育彩票管理中心在上海开始了热线销售系统的试点工作。2004 年 5 月，全国热线体育彩票销售系统基本建成。

2006 年，面对新的发展形势，为满足体育彩票事业健康稳定发展的需要，贯彻科学发展观的要求，按照《2006—2010 年体育彩票发展规划》确立的总目标，国家体育总局体育彩票管理中心开展了全国性的体育彩票发展战略研究，制定了《2007—2009 年体育彩票发展实施纲要》。自此，全国体育彩票工作全面改善，玩法格局逐渐优化，技术水平不断提高，管理手段日趋科学，市场获得了巨大的发展。

(1) 销量增长明显

中国体育彩票 1994 年正式发行，发行量从最初的 10 亿元，至 2007 年增长至 385 亿元，仅 13 年的时间，年发行量增长了近 40 倍，年平均增长率为 22%，发展速度十分可观（表 6-3）。

表 6-3　1994—2007 年体育彩票销量表　　　　　单位：万元

年份	即开型	乐透型	竞猜型	合计	增长率
1994—1995	100000			100000	
1996	120000			120000	20%
1997	124810	25190		150000	25%
1998	189567	60433		250000	66.7%
1999	213397	190154		403551	61.4%
2000	175021	736378		911399	125.8%
2001	93526	1265940	133462	1492928	63.8%
2002	106917	1364064	706333	2177314	45.8%
2003	68751	1153590	791113	2013454	−7.5%
2004	43695	994784	585880	1624359	−19.3%
2005	3872	2644100	378578	3026550	86.3%
2006	310	2656189	579966	3236465	7.07%
2007	15227	3256799	579345	3851371	19%
合计	1155093	14347621	3754677	19357391	

(2) 玩法逐渐丰富

中国体育彩票玩法最初是传统型的，主要以奖券的名义为某个赛事或体育场馆发行。1994 年之后，体育彩票主要是以规模即开型彩票为主。2000 年电脑体育彩票在全国上市则为丰富体育彩票玩法提供了很好的平台，数字型、乐透型、竞猜型彩票先后上市，尤其是 2001 年 10 月 22 日竞猜型足球彩票的上市，使中国体育彩票真正具有了体育内涵。目前体育彩票的玩法涉及乐透型、竞猜型、即开型等，主要玩法有超级大乐透、排列 3、七星彩、足球彩票，以及奥运主题即开型体育彩票等。

(3) 技术不断进步

体育彩票统一发行 15 年来，其发行方式也在不断进行革命和创新。从大型的规模销售发展为分散零售，从人工销售发展为电脑销售，销售系统从半热线到全热线，尤其是全热线销售系统的建成，可以快速实现区域联网与全国联网和同时兼容系统支持多玩法交叉、同时开奖，简化了联网玩法开奖过程操作，并可支持附属玩法，支持多种投注方式。安全性和保障性水平的提高为体育彩票事业的未来拓展提供了坚实的基础。

（4）管理模式各异

各省（市）分别建立了适合本地特点的体育彩票管理机构，省级体彩管理机构的模式主要有三种：垂直管理模式，即省级中心在省辖的各市直接设立分中心，这些分中心脱离当地体育部门，其人员构成由省中心直接选拔、委派，省中心根据一定的标准划拨分中心经费；行政属地管理模式，即市级分中心的建立直接由当地体育部门负责，其人员构成也由当地负责，分中心负责人一般是当地体育部门的工作人员，省级中心对分中心是业务指导关系，经费采取定额划拨；半垂直管理模式，是介于以上两种模式之间的一种管理模式。

2. 体育彩票对体育事业发展的作用

随着体育彩票事业的不断发展，它在我国体育事业经费支持中发挥出日显重要的作用，扮演的角色也越来越重要。从 1994 年开始在全国统一发行至2007 年，体育彩票累计贡献公益金 639.86 亿元（图 6-2），全部用于支持体育事业和社会公益事业。1994—1995 年度发行体育彩票筹集的公益金主要用于补充大型体育赛事举办经费，除承办大型运动会的省（市）所发行体育彩票筹集的公益金全部用于举办运动会外，其他省（市）发行体育彩票所筹公益金 2/3 用做大型赛事经费，其余 1/3 用于补充本地区全民健身活动经费。

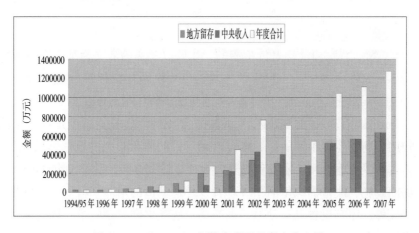

图 6-2　1994—2007 年体育彩票公益金收入图

1996 年以后，体育彩票公益金的用途扩大到落实全民健身计划和奥运争光计划的实施，在比例上侧重全民健身活动以及建设向社会公众开放的体育活动场所、设施等。截至 2006 年底，全国实际安排使用体育彩票公益金 241.2 亿元，其中用于奥运争光计划 101 亿元，占 41.87%；用于全民健身工程 140.2 亿元，占 58.13%。

（1）资助全民健身活动

体育彩票公益金是近年来我国群体工作开展的重要资金来源。在体育彩票筹集的公益金中，有 60% 左右被用于全民健身活动（图 6-3）。体育彩票公益金在全民健身活动中的用途主要有建设全民健身工程、建设青少年体育俱乐部、资助各类群众体育活动、开展国民体质监测、维修体育场地等。近年来，在全国各地的街头巷口、公园、社区、校园等活动场所，陆续建设了多种多样、形式各异的健身路径，这些健身路径适合不同年龄人群，目前已初步形成了以公园广场为中心，街路、社区为辐射，区区有特色、县县有亮点的基本格局。国家体育总局于 2004 年开始举办"国家国民体质监测车西部万里行"活动，自 2006 年起资助全国元旦登高活动，自 2007 年开始农民体育健身工程建设，缓解了广大人民日益高涨的健身需求与场地设施严重不足的矛盾，被群众亲切地称为"顺民心、暖民意"的工程。

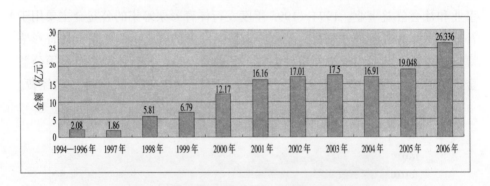

图 6-3　历年用于全民健身活动的体育彩票公益金

（2）资助竞技运动发展

体育彩票公益金用于提高竞技运动水平的途径主要有添置训练器材、研制购进辅助设施、改善训练生活条件、青少年运动员的培养、科研经费的保障等方面。此外，还有设置老运动员、老教练员医疗保健专项资金，国家队运动员备战奥运会资金等（表 6-4）。体育彩票也为成功举办北京奥运会提供了重要支持。自 2001 年北京奥运申办成功以来，国家在以体育彩票为主体的彩票公益金中每年安排超过 3 亿元，共计安排专项资金 27.5 亿元支持 2008 年北京奥运会。

表 6-4   2001—2006 年体育彩票公益金在竞技体育领域支出统计表　　　单位：万元

	添置竞训器材	研制购进辅助设施	改善训练生活条件
2001 年	7582	1587	17126
2002 年	8933	1853	16428
2003 年	10050	1000	20200
2004 年	9047	1067	17160
2005 年	12882.39	3278.04	21767.89
2006 年	9120.22	1810.77	30983.76
合计	57614.61	10595.81	123665.65

（3）资助体育场馆建设

每年体育彩票公益金中都有一部分被用于体育场馆的建设、维修、设备更新等工作（图 6-4）。近年来，不少地方利用体育彩票公益金建设了新的、设施齐全的体育场、体育馆、体育训练基地等。

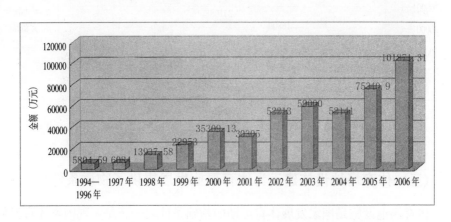

图 6-4   1994—2006 年体育彩票公益金在体育场馆修建上的支出

2001 年，国家体育总局利用体育彩票公益金，分期、分批在"老、少、边、穷"等经济欠发达地区援建经济实用的小型公共体育设施的行动，简称"雪炭工程"。井冈山、遵义、延安、西柏坡等革命老区，新疆、西藏、内蒙古、广西、宁夏等少数民族地区，西部及边远地区的许多地方，都已从"雪炭工程"中受益。

(4) 资助主办体育赛事

早期体育彩票公益金主要用于国内外大型体育赛事的举办经费，1994—1996年所筹公益金支持的大型体育赛事主要有第5届农运会、第3届城运会、第3届亚冬会、第43届世乒赛等；1997年筹集的公益金支持的赛事主要有第8届全运会、第4届城运会、天津世界体操锦标赛等；1998年筹集的公益金支持的赛事主要有第4届城运会、第9届冬运会等；1999年筹集的公益金支持的赛事主要有第9届全运会、第5届残运会、第21届大运会等。体育彩票不仅是我国承办国家大型综合性运动会的重要资金来源，也为中小型运动会的举办提供了重要支持。近年来，体育彩票为许多省（市）举办国内外体育赛事提供了资金，尤其是一些市场开发难度较大的青少年体育比赛、非热门项目体育赛事，都不同程度得到体育彩票公益金的支持（图6-5）。

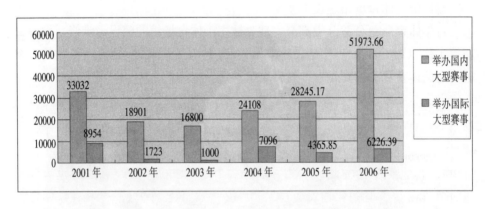

图6-5　2001—2006年体育彩票公益金资助大型体育赛事统计表（单位：万元）

（三）体育场地设施建设为体育事业发展提供了物质条件

体育场地设施是国家发展体育运动的基础条件之一，是实现国家体育发展目标、完成国家体育基本任务的重要物质保障，是国家和地区体育发展水平的重要标志。改革开放以来，随着我国经济的持续高速发展和人民群众对体育需求的不断增长，体育场地设施建设日新月异，政府的投入大幅度增长，体育场地设施对竞技体育、群众体育以及体育产业发展的推动作用日趋显现，为我国体育事业的发展提供了重要的物质条件。

1. 我国体育场地设施建设发展迅速

党的十一届三中全会以后，体育场地设施的建设逐步纳入各级政府的规划。在 1978 年召开的全国体育工作会议上，国家体委提出了建设现代化体育场地设施的目标。1984 年，中共中央在《关于进一步发展体育运动的通知》中进一步提出："体育设施必须增加数量，提高质量，有条件的省、自治区、直辖市要逐步建成能够承办全运会和国际比赛的设施，有计划地发展高等院校的体育活动场所。"该通知以及国家体委《关于进一步发展体育运动的通知》意见的下发，为体育场地设施建设提供了良好的政策环境，全国体育场地设施建设呈现一派繁荣景象。

在加强体育场地设施建设的同时，原国家体委十分重视体育场地统计普查工作。在改革开放 30 年里，分别于 1983 年、1988 年、1995 年和 2004 年先后开展了四次全国范围的体育场地普查。最近的一次体育场地普查于 2004 年 5 月—2005 年 1 月进行，调查登记了截至 2003 年 12 月 31 日以前新建和改扩建的场地，这是我国进入新世纪的第一次体育场地情况调查，也是 2008 年北京奥运会之前关于我国体育场地设施的大摸底，调查结果全面反映了我国体育场地设施的基本情况。

（1）规模不断扩大

随着我国经济的持续、稳定发展，我国体育场地建设取得了显著的成绩。1978—2003 年间共投资建设符合第五次体育场地普查要求的各类体育场地设施 758572 个，其中体育系统 17236 个，占 2.27%；教育系统 510524 个，占 67.3%；其他系统 230812 个，占 30.43%。1978—2003 年间，我国新建体育场地 667070 个，平均每年增长 26683 个，较 1978 年之前 91502 个相比，体育场地设施建设总量增长了 7.3 倍（表 6-5）。

表 6-5　分系统历年体育场地建成情况统计表　　　　单位：个

系统 年份	体育系统	教育系统	其他系统	合计
1978 年之前	1245	47520	4781	91502
1978—2003 年	17236	510524	230812	758572
合计	18481	558044	235593	850080

此外，我国体育场地设施的规模也有了较大的提高。主要表现在：截至2003 年底，全国范围内（除台湾、香港、澳门地区）各系统、各行业、各种所有制形式共有各类体育场地 850080 个，其中标准场地 547178 个，占全国体育场地设施总数的 64.4%；非标准场地 302902 个，占全国体育场地设施总数的 35.6%。全国所有体育场地设施总占地面积达到 22.5 亿平方米，建筑面积为 7527.2 万平方米，场地面积约为 13.3 亿平方米，历年累计投入体育场地建设资金 1914.5 亿元。以 2003 年底全国总人口 129227 万人（未含港澳台地区）计算，平均每万人拥有体育场地 6.58 个，人均体育场地面积为 1.03 平方米，人均体育场地建设资金为 148.15 元。

（2）投入不断增长

改革开放 30 年来，我国体育场地设施建设资金投入稳步增长，1978 年至2003 年间，体育场地设施建设共投入资金约 1858.5 亿元，其中财政拨款 632.8亿元，占 34.05%；单位自筹资金 1015.9 亿元，占 54.66%；社会捐赠资金 44.4亿元，占 2.39%；体育彩票公益金投入约 24.9 亿元，占 1.34%；其他经费投入140.5 亿元，占 7.56%。1978—2003 年间，平均每年投入体育场地设施建设的资金为 71.48 亿元，2003 年我国体育场地设施建设的资金投入数额是 1978 年投入数额的 81.3 倍（表 6-6）。

表 6-6 历年体育场地设施投资情况统计表　　　　　　单位：万元

投资 年份	财政拨款	单位自筹	社会捐赠	体育彩票	其他经费	合计
1978	16615	20561	1035	—	744	38955
1979	8962	20711	300	—	554	30527
1980	23607	38033	1421	—	2637	65698
1981	14189	22570	404	—	491	37654
1982	31693	32984	958	—	1105	66740
1983	34384	124995	721	—	1285	161385
1984	34213	40520	1868	—	6449	83050
1985	69247	108921	2742	—	23664	204574
1986	101979	79821	3023	—	15389	200212
1987	77351	59671	2311	—	5354	144687
1988	81523	62608	3139	—	6576	153846
1989	137414	74088	8824	—	9721	230047

（续表）

投资年份	财政拨款	单位自筹	社会捐赠	体育彩票	其他经费	合计
1990	114013	143216	9048	–	21689	287966
1991	94801	60523	7997	–	20934	184255
1992	111650	278157	22358	–	50780	462945
1993	121831	461806	13110	–	26364	623111
1994	240498	298977	17273	–	35983	592731
1995	262526	470255	26800	–	45522	805103
1996	272144	506855	48060	–	101364	928423
1997	383128	1046278	34544	–	80309	1544259
1998	321616	791688	22058	–	174206	1309568
1999	440372	924930	25046	42723	79692	1512763
2000	549846	907075	48296	30427	99523	1635167
2001	707922	911871	44659	29300	143131	1836883
2002	881643	1131911	33820	61191	170316	2278881
2003	1194899	1539974	64433	84803	280994	3165103
合计	6328066	10158999	444248	248444	1404776	18584533

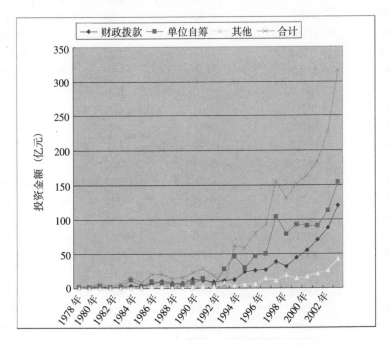

图 6-6　1978—2002 年体育场地设施投资示意图

（3）投资以政府为主，呈现多元化趋势

由于体育场地设施具有典型的公共产品性质，因此，在改革开放30年里，政府一直承担着体育场地设施建设投资主体的角色。1978—2003年，国有经济成分的体育场地设施数量为598286个，占体育场地设施建成总数的78.9%；集体经济成分的体育场地设施数量为118809个，占体育场地设施建成总数的15.7%；私有经济、港澳台经济和外商经济三种经济成分的体育场地设施数量为41477个，占体育场地设施建成总数的5.4%（表6-7、图6-7）。

表6-7　1978—2003年不同经济成分历年体育场地设施建成情况统计表　　单位：个

	国有经济	集体经济	其他经济	合计
1978	5789	997	33	6819
1979	3019	446	38	3503
1980	9477	1777	98	11352
1981	3417	576	33	4026
1982	7580	1195	75	8850
1983	5899	952	48	6899
1984	9277	1532	108	10917
1985	13306	2178	193	15677
1986	12406	1958	161	14525
1987	10098	1510	139	11747
1988	11101	1722	198	13021
1989	12222	1957	242	14421
1990	20180	3680	350	24210
1991	10455	1720	181	12356
1992	19744	3403	410	23557
1993	14789	2651	562	18002
1994	19262	3502	714	23478
1995	28439	5409	1167	35015
1996	38324	6831	1701	46856
1997	36293	6524	1931	44748
1998	52091	9752	2946	64789
1999	39187	7599	2961	49747
2000	54084	11419	5243	70746
2001	45885	10511	5305	61701
2002	53669	13023	7012	73704
2003	62293	15985	9628	87906
合计	598286	118809	41477	758572

[注] 其他经济包括私有经济、港澳台经济和外商经济三种经济成分。

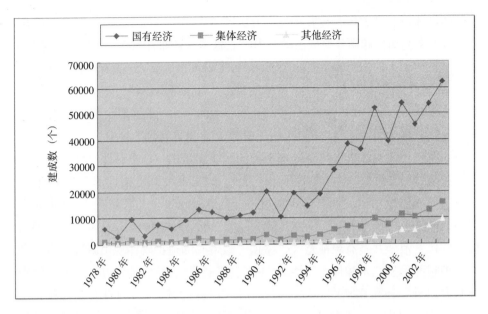

图 6-7　1978—2002 年不同经济成分体育场地设施建成示意图

此外，2003 年数据与 1978 年相比，国有经济成分的体育场地设施增长了近 103.3 倍，而集体经济成分的体育场地设施则增长了 119.2 倍，但增长速度最快的还是其他经济成分的体育场地设施，其速度达到了近 1256.9 倍，这说明私有经济、港澳台经济和外商经济成分的体育场地设施在我国体育场地设施中的比重稳步提高，我国体育场地设施投资逐渐呈现出多元化的发展趋势。

2. 举办大型赛事促进了体育场地发展

改革开放 30 年来，随着我国体育的发展，各种规模的体育赛事不断增加，亚运会、全运会、城运会、农运会、民运会、世界大学生运动会等大型综合性运动会以及世界 F1 赛车锦标赛、网球大师杯赛、世界乒乓球锦标赛等体育赛事有力地推动了我国体育场地设施的建设，一批功能齐全、设施完善、造型新颖的体育场馆纷纷建立，如上海体育场、广州奥林匹克体育场、南京奥林匹克中心体育场、上海国际赛车场等。

● 第 8 届全国运动会主场馆——上海体育场

上海体育场是为第 8 届全国运动会新建的体育场馆，是上海的标志性建筑之一。上海体育场占地面积 19 万平方米，建筑面积 17 万平方米。建筑外型采用具有国际先进水平的马鞍型、大悬挑钢管空间层盖结构，覆以赛福龙涂面玻璃纤维成型膜。层盖最长悬挑梁达 73.5 米。场内设有符合国际标准的、四季常绿的足球场和塑胶田径比赛场地，并配置了多功能草坪保护板供举办不同规模的大型文艺演出和商业推广活动使用。上海体育场拥有 500 个座位的主席台、300 个座位的记者席和 100 套豪华包厢，可容纳 5.6 万名观众观看体育比赛以及 4.3 万名观众观看大型文艺演出。1998 年，上海体育场被评为"上海市最佳体育建筑"；1999 年，又评为"新中国 50 周年上海十大经典建筑金奖"之一。

- ● **第 9 届全国运动会主场馆——广东奥林匹克体育场**

广东奥林匹克体育场位于广州市天河区东圃镇的广东奥林匹克体育中心南部，占地 30 万平方米，可容纳观众 8 万人。它是第 9 届全国运动会的主场馆，举办了第 9 届全国运动会开幕式和田径、足球等比赛。体育场投资 10 亿元人民币，于 1998 年 2 月 31 日动工兴建，2001 年 6 月交付使用。体育场造型新颖、雄伟、浪漫并富有象征意义，屋顶"缎带"的造型既体现出飘逸、自由翱翔的理想并彰显艺术和体育特性。广东奥林匹克体育场除能举办国际最高级别体育赛事外，还可多功能开发经营，在体育场巨大的看台内设有体育科技中心、新闻会议中心、药检中心、体育俱乐部、会所、商场、宾馆以及大型休闲、娱乐、康复设施。目前该场馆与整个广东奥林匹克体育中心共同构成了集竞技体育、群众体育、旅游观光、医疗康复、休闲娱乐于一体的大型体育文化中心。

- ● **第 10 届全国运动会主场馆——南京奥林匹克体育中心体育场**

南京奥林匹克体育中心体育场是举办第 10 届全国运动会的开、闭幕式以及田径、足球比赛的大型体育场，可容纳观众 6 万人。该体育场的主要特征是多功能性、灵活性、通用性。体育场钢屋顶上那两道彩虹般的大拱，向外倾斜 45 度，跨度 361.58 米，使双曲面顶部构造超越了所有看台。精妙的设计为观众提供了最佳空间，确保所有观众席位都具有良好的礼堂效果。建筑设计大规模地运用了品质世界一流而又环保经济的材料、设备，并充分考虑 6 万观众的行、观等特点，做到全程无障碍，达到了国际先进水平。该场馆在硬件上既能够满足运动员、裁判员、赛事官员、记者等的需求，还能够满足在突发事件下公安和消防工作的迅达性，以及观众疏散的安全性。

- ● **F1（中国站）赛场——上海国际赛车场**

上海国际赛车场位于上海市嘉定区安亭镇的东北角，占地总面积 5.3 平方公里，由赛车场区、商业博览、文化娱乐区等板块组成。核心的赛车场面积 2.5 平方公里，主体建筑及其他主要建筑约 15 万平方米，由主副看台、赛场指挥中心、新闻中心、车队生活区和维修站等部分组成。看台容量约 20 万人，其中主副看台 5 万个座位，其余为坡道临时看台。上海国际赛车场的设计是对中国传统文化、历史渊源的继承与发展：通过形状、色泽和材料的表达，使创新演绎和传统的延伸得以完美的结合；以主看台、车队维修区、控制塔、行政塔、空中餐厅和新闻中心为主建筑群，表现了中国传统文化中浑厚、壮美的一面；主看台两根红色立柱，相对应的两座塔楼，取意于中国的"门"和左右两边的守门石狮，看台顶部的透光孔设计构思取自中国的灯笼，主色为红色和黄色，象征着幸运和力量。赛道呈"上"字造型，单圈长度 5.541 公里，宽度介于 13 至 20 米之间，拥有 6 个不同转弯半径的弯道和 9 个不同长度的直道，路面最大落差近 8 米，赛道设计最高时速达到 327 公里，是当今世界施工难度最大、科技含量最高和综合功能最全的国际标准 F1 赛车场之一。

3. 北京奥运会场馆规划与建设成为亮点

2008 年北京奥运会的申办成功以后，我国体育场地设施的建设规模和资金投入迅速增长，极大地促进了我国体育场地设施水平的提高。

（1）北京奥运场馆规划

2008 年北京奥运会共改建和新建 37 个体育场馆，耗资 16 亿美元。所有的 37 个比赛场馆分别建在北京、青岛、天津、上海、沈阳和秦皇岛。作为本届奥运会的主办地，北京承接了 32 个场馆的建设，其中新建比赛场馆 19 个，改扩建比赛场馆 13 个。另外的 5 个奥运场馆则分别安排在青岛、天津、上海、沈阳和秦皇岛。

在北京的奥运场馆主要分布在以奥林匹克公园为中心的 5 个大的区域。奥林匹克公园位于北京中轴线的北端，在北四环和北五环之间。奥林匹克公园的中心是国家体育场，周围分布着田径、体操、游泳等 14 个场馆。整个公园占地 1215 公顷，总建筑面积约 200 万平方米。

此外，以北京体育大学体育馆、北航体育馆和首都体育馆等组成的大学区，主要承担排球、举重等 5 个比赛项目；而以石景山为主的西部社区包括五棵松体育场、北京射击场、老山自行车馆和山地车场等 8 个比赛场馆，主要承担射击、自行车等 7 个比赛项目。另外新建的顺义奥林匹克水上公园将构成东部风景区，承担赛艇、皮划艇 2 个比赛项目。

（2）北京奥运会场馆

● **国家体育场**

国家体育场俗称"鸟巢"，位于北京奥林匹克公园中心南部，为 2008 年第 29 届奥林匹克运动会的主体育场，工程总占地面积 21 公顷，建筑面积 258000 平方米。场内观众座席约为 91000 个，其中临时座席约 11000 个。国家体育场工程为特级体育建筑，主体结构设计使用年限 100 年，耐火等级为一级，抗震设防烈度 8 度。地下工程防水等级 1 级。工程主体建筑呈空间马鞍椭圆形，南北长 333 米、东西宽 294 米，高 69 米。主体钢结构形成整体的巨型空间马鞍形钢桁架编织式"鸟巢"结构，钢结构总用钢量为 4.2 万吨，混凝土看台分为上、中、下三层，看台为地下 1 层，地上 7 层的钢筋混凝土框架—剪力墙结构体系。钢结构与混凝土看台上部完全脱开，互不相连，形式上呈相互围合，基础则坐在一个相连的基础底板上。国家体育场屋顶钢结构上覆盖了双层膜结构，即固定于钢结构上弦之间的透明的上层 ETFE 膜和固定于钢结构下弦之下及内环侧壁的半透明的下层 PTFE 声学吊顶。国家体育场承担了北京奥运会、残奥会开闭幕式、田径比赛及足球比赛决赛。在奥运会后它将成为北京市民广泛参与体育活动及享受体育娱乐的大型专业场所，并成为地标性的体育建筑和奥运遗产。

- **国家游泳中心**

国家游泳中心又被称为"水立方"（Water Cube），位于北京奥林匹克公园内，是北京为 2008 年夏季奥运会修建的主游泳馆，也是 2008 年北京奥运会标志性建筑之一。它的设计方案是经全球设计竞赛产生的"水的立方"（$[H_2O]^3$）方案，其设计理念融建筑设计与结构设计于一体，设计新颖，结构独特，功能上完全满足 2008 年奥运会赛事要求，而且易于赛后运营。国家游泳中心 2003 年 12 月 24 开工，2008 年 1 月 28 日竣工，与国家体育场（俗称鸟巢）分列于北京城市中轴线北端的两侧，交相辉映，共同形成相对完整的北京历史文化名城形象。国家游泳中心规划建设用地 62950 平方米，总建筑面积 65000~80000 平方米，其中地下部分的建筑面积约 15000 平方米，长、宽、高分别为 177 米、177 米、30 米。场馆内可容纳观众座席 17000 座，其中永久观众座席为 6000 座，奥运会期间增设临时性座位 11000 个。在 2008 年奥运会和残奥会期间，国家游泳中心承担游泳、跳水、花样游泳等比赛；奥运会结束以后将建成具有国际先进水平的，集游泳、运动、健身、休闲于一体的中心，使得"水立方"在赛后仍然可以创造可观的经济价值。

- **国家体育馆**

国家体育馆位于奥林匹克公园中心区的南部，是北京奥运会三大主场馆之一，与"鸟巢"和"水立方"和国家会议中心比邻而居。工程总占地面积 6.87 公顷，总建筑面积 8.09 万平方米，可容纳观众 1.8 万人。国家体育馆以中国"折扇"为设计灵感，充分体现"绿色奥运、科技奥运、人文奥运"的奥运理念和"节俭办奥运"的原则。人性化、环保的设计成为此工程最大亮点，采用多功能技术的复合屋面解决了屋面雨点噪声问题，减少对体育馆正常使用的干扰。屋顶采用国内比较罕见的九层复合结构，最大限度地减少屋外噪音的影响。观众席正北侧面积超过 300 平方米的平台，是专门为残疾人观众准备的轮椅看台，整个区域约可容纳 120 名乘坐轮椅的残疾人。在北京奥运期间，国家体育馆主要承担竞技体操、蹦床和手球比赛项目。奥运会后，国家体育馆作为北京市一流体育设施，将成为集体育竞赛、文化娱乐于一体，提供多功能服务的市民活动中心。组织国际国内专业体育赛事和商业性大型体育、文艺表演活动，将成为该馆的主导功能。此外，国家体育馆还拥有休闲娱乐、餐饮、购物、开办运动俱乐部、旅游参观、设施出租、展览展示、全民健身等辅助功能。

●北京奥林匹克篮球馆

北京奥林匹克篮球馆又名五棵松体育馆，其建筑规模 6.3 万平方米，分为地下 1 层、地上 6 层，建筑总高度 27.86 米。馆内固定座位数 14000 个，临时座位数 4000 个，可容纳观众约 1.8 万人。作为北京奥运场馆优化调整计划中涉及的最重要的工程项目之一，北京奥林匹克篮球馆在"节俭办奥运"原则的指导下，对其设计方案进行优化，设计优化后的体育馆造价大幅下降，减小了施工难度，增强了安全性能。另外，作为国内为数不多的纯为篮球项目设计的比赛场馆，北京奥林匹克篮球馆借鉴了美国职业篮球比赛场地的优点，在现场设置多个大屏幕，有助于营造火爆的赛场气氛。在北京奥运会期间，北京奥林匹克篮球馆主要承办篮球比赛。奥运会结束后，作为国内最先进的体育场馆，北京奥林匹克篮球馆将以承接篮球比赛为主，还可以进行羽毛球、乒乓球、手球等大型比赛和各种大型文艺演出，实现场馆赛后的综合利用。

●青岛奥林匹克帆船中心

青岛奥林匹克帆船中心位于青岛市浮山湾畔，占地面积 45 公顷，奥帆赛比赛用地面积约 30 公顷。整个工程项目包括陆域工程和水域工程两部分，陆域工程主要包括行政与比赛管理中心、运动员公寓、运动员中心、媒体中心、后勤保障与功能中心五个建筑单体以及环境等配套工程；水域工程包括主防波堤、次防波堤、突堤码头、奥运纪念墙码头、护岸改造等水域工程。其中，奥运纪念墙码头、次防波堤、突堤码头围合的港区面积约 15.5 公顷，主防波堤与突堤码头围合的港池面积约 7.5 公顷。

4. 体育设施建设促进了体育事业发展

随着城乡居民生活水平的提高、健身意识的增强和体育场馆的对外开放，体育场地设施越来越受到人民群众的关注。体育场地设施数量的多少、质量的优劣，直接关系着体育活动开展的广度和深度，也与人民群众的健康水平和生活质量密切相关。体育场地设施作为国家推行"奥运争光计划"和"全民健身计划"的重要物质基础，是广大人民群众进行体育锻炼、丰富人们社会文化生活和提高我国竞技运动水平的重要物质条件，也是我国体育产业发展的重要载体。

改革开放 30 年来，各级政府和体育行政部门始终将群众健身的场地设施的建设、管理和使用作为全民健身的重点环节和重要问题，在全国范围内开展"全民健身工程""中国体育彩票全民健身活动中心""雪炭工程"等项目推进群众体育场地设施建设，多方筹措资金，新建各类体育场馆，积极推进场馆开放，提高场馆综合效益，加强体育场馆保护，不断加大体育场地设施建设的步伐，使全民健身的物质条件有了很大的改善。

功能齐全的训练和竞赛场馆是满足高水平运动员训练和举办高级别比赛的重要基础。第五次全国体育场地普查数据显示：1978—2003 年，仅体育系统的标准体育场地数由 1275 个增长到 14453 个，增长了 11.3 倍。体育场地的规模、现代化程度明显提高，为提高我国竞技体育的科学化程度，举办综合性运动会、大型国际体育赛事提供了强有力的支持。国内举办的各类体育赛事日趋增多，网球、游泳、赛车等项目的世界顶级赛事纷纷落户中国。所有这一切与我国体育场地设施建设不无关系。

改革开放 30 年来，我国体育产业从无到有、从小到大，蓬勃发展，正逐步走向规范和成熟，在国民经济中的比重逐步提高，这与我国体育场地设施的建设密切相关。体育场地设施作为体育领域的基础设施，是体育行业的宝贵资源，不仅为竞技体育和群众体育的发展发挥了至关重要的作用，也是发展体育产业的重要载体。无论是比赛、表演、健身、娱乐、休闲、咨询、培训等都需要各种各样的场、池、馆，以及适宜的环境作为依托，良好的体育场地设施，促进了体育资源的整合，使体育为社会提供健身休闲、竞赛表演、体育培训等服务成为可能。大量事实表明，体育场地设施已经成为促进我国体育产业发展壮大的强有力的物质基础。

二、体育人才培养力度不断加大

改革开放以来，在《中共中央关于教育体制改革的决定》《中国教育改革和发展纲要》的指引下，体育教育作为全国教育的组成部分，同样进入了快速发展的历史时期。体育院校得以全面恢复发展，体育人才培养体系逐步建立健全，运动员的文化教育受到普遍关注，体育系统的继续教育体系初步形成。

（一）体育教育事业快速发展

1. 体育院系快速发展

（1）体育院系的恢复与发展

伴随 1977 年高考制度的恢复和招生规模的扩大，体育院校得以迅速恢复和发展，1979 年体育院校数量恢复到 11 所，1982 年恢复、发展到 13 所，1985 年发展到 16 所，2004 年又调整到 14 所。1981 年 10 月，国务院批准首批硕士学位授予单位及其学科，北京体育学院、上海体育学院和国家体委科研所三个单位被批准为我国体育学科首批硕士学位授予单位，共 6 个学科 8 个硕士点。普通高校的体育专业教育发展迅速，到 1989 年全国共有普通高等学校体育教育本科专业院系 49 所。2000 年我国约有体育院（校）系 138 个。2004 年全国约有体育院（校）系 205 个。到 2008 年全国具有体育专业教育授予权的高等院校达到了 340 所。

从 1978 年到 2008 年，我国开设体育专业教育的院校数量逐渐扩大，近些年虽然增长幅度有所放缓，但是整体数量上一直处于不断的增长之中。不少非体育类和非师范类学校都将体育专业纳入招生计划之中。体育教育专业从 2000 年后以平均每年 23 所学校的速度增长；运动训练专业在 2000 到 2003 年间以平均每年 7 所的速度增长；社会体育专业则以平均每年 25 所的速度递增，其中仅 2003 年就新增 53 所；民族传统体育专业以平均每年 5 所的速度增加；运动人体科学专业则以平均每年不到 3 所的速度缓慢增长，基本保持稳定。

（2）体育专业结构的调整与规范

1978 年 7 月，国家体委根据教育部《关于高等学校专业设置与改造工作的意见》制定下发了《关于办好体育学院的意见》。该《意见》指出，各体育学院根据需要和可能设置运动系，以培养专项体育教师和教练员。1980 年，国家体委《关于体育学院的任务、系科设置、专业设置和修业年限的意见》下发。该《意见》规定了系、科及专业设置，设体育系，不分专业；设运动系，可按田径、体操、篮球、排球、足球、乒乓球、游泳、武术分设专业；设基础理论系，可设运动解剖学、运动生理学、运动医学、运动生物力学、运动生物化学专业；设研究生部及运动医学系等，专业多达 14 个。

1988 年我国第 2 次颁布了《全国普通高等学校本科专业目录》。目录中体育本科专业的设置包括 9 种专业，它们分别是：体育学类的体育教育专业、运动训练学专业；应用文理类的体育管理专业；理学类的体育生物科学专业；武术专业。试办专业有体育保健康复、体育新闻、运动心理、警察体育 4 个专业。这次专业目录调整使一些按运动项目设置的专业和一些按学科课程名称设置的专业得以归并，专业设置的名称和数量得到了适当的规范和控制。

1993 年 7 月，第 3 次修订的《普通高等学校本科专业目录》颁布。新目录中列出体育类专业 7 种。1998 年又进行了第 4 次普通高校本科目录修订。此次体育本科专业设置突出的变化有：一是将体育学专业总数减少为 5 个，但增设 4 个非体育学专业方向，即心理学专业应用心理方向、新闻学专业体育新闻方向、公共事业管理专业体育管理方向，医学专业医骨伤科方向；二是将新设的社会体育专业列入了正式专业，及时反映了社会体育的发展对专门人才的需求；三是将武术扩展为民族传统体育专业；四是将原体育生物科学、体育保健专业统归于新设的运动人体科学这一内涵更宽的专业名下，体现了拓宽专业口径的思想；五是取消了体育新闻专业、运动心理专业和体育管理专业。目前本科专业设置一直沿用 1998 年目录的设置。

根据教育行政部门的规定，全国各体育院系也从各自实际出发，进行了相应的调整，进一步规范了专业设置。

(3) 研究生教育体系的建立与健全

1978 年我国研究生教育得以恢复，当年全国报考研究生的人数达 6.3 万人，录取 10708 人，其中体育专业研究生 59 人。1980 年 2 月，中华人民共和国第五届全国人民代表大会常务委员会第 13 次会议通过了《中华人民共和国学位条例》（以下简称《学位条例》），1981 年国务院批准了《中华人民共和国学位条例暂行实施办法》，1986 年我国体育学硕士研究生在学人数达到 568 人，毕业人数突破百人大关，硕士生导师达到 332 人。1998~2006 年是研究生教育发展最快的阶段，我国体育硕士招生人数从 331 人增长到 2006 年的 3473 人，在学研究生总人数由 1998 年的 833 人提高到 2006 年的 8744 人，毕业生数从 1998 年的 178 人增长到 2006 年的 1870 人，其增长均超过 10 倍。

1986 年，我国建立了首批体育学博士学位授予单位和授予点，即北京体育学院运动生理学、体育教学理论与方法（排球）和上海体育学院体育理论 3 个专业，标志着我国体育学博士研究生培养体系的初步建立。

到 1996 年底，我国体育学设有运动生理学、体育教学理论与方法、运动训练学、体育理论、运动生物化学、体育保健学、运动生物力学、武术理论与方法、运动解剖学、体育史、体育管理学、运动心理学 12 个硕士学位授予学

科 (专业)，设有运动生理学、体育教学理论与方法、运动训练学、体育理论、运动生物力学、武术教育理论与方法、运动生物化学 7 个博士学位授予学科 (专业)；共有 62 个硕士学位授予点和 7 个博士学位授予点，分布于全国 24 个体育院系和体育科学研究所。

截至 2007 年底，我国体育学共有 28 个硕士学位一级学科授予单位，235 个硕士学位二级学科授予点 (不包括医学门类下 3 个运动医学二级学科点)，分布在全国 122 所高等院校和科研机构；共设有 26 个二级学科博士授予点，分布在 3 个体育学院、11 个综合性大学、5 个师范院校；以体育学为主攻方向的硕士点、博士点日益增多，体育学研究生教育已基本涵盖了体育科学领域的各个专业，规模不断扩大。

从 2006 年开始，体育硕士专业学位试点工作有序推进，2008 年招生人数达 1094 人，有效加强了高校体育专业师资力量，从根本上改变了高校师资队伍的学历结构，提高了办学的整体水平。

(4) "三结合" 基地建设的探索与建设

1980 年国家体委在厦门召开了体育学院工作会议，研究和部署体育学院的恢复和发展问题。此次会议对于开创体育学院发展的新局面起到了十分重要的作用。会议的主题就是落实当年全国体工会议提出的："创造条件，把体育学院 (首先是几所老体院) 办成教学、科研、训练'三结合'的中心，既培养体育师资，又承担培养教练员、科研人员、体育干部和优秀运动员的任务。要调整、改革系科、专业和学制。"之后，直属体院相继开办了竞技体校，把它作为建设"三结合"基地的一个试点。1985 年体育学院工作会议强调，"体育学院要办成以教学为主，教学、训练、科研'三结合'的高水平基地，为建设体育强国培养攀登高峰的人才"。

1986 年全国直属体育学院工作会议根据体育教育改革和发展的形势，总结了体育院校几十年来办学的经验，首次提出了把直属体育学院建设成教学、训练、科研"三结合"基地的战略思想 (以下简称"三结合")。1989 年 5 月 20 日，国家体委向国务院呈报的报告中正式提出了体育学院要调整办学目标、任务，使之成为教学、训练、科研"三结合"的基地，积极承担培养高级体育专门人才，包括一些优秀运动员的任务。从此，体育院校围绕"三结合"的目标进行了积极、艰苦、努力的探索，取得了可喜的成绩。

随着高等教育体制改革的深入，2001 年 2 月，国务院办公厅下发的〔2001〕15 号文件提出，把北京体育大学重点建设成为综合性、高水平的教育、训练、科研"三结合"基地。根据文件精神，从 2001 年起除北京体育大学继续由国家体育总局直接管理，其他 5 所原国家体育总局管理的体育学院实行了中央与地方共建。《2001—2010 年体育改革和发展纲要》提出，要"充分发挥体育院校知识密集、科技含量高的优势，尽快把体育院校办成名副其实的教学、科研、训练'三结合'的基地。"进一步确立了体育院校今后的发展方向与奋斗目标。

经过二十多年"三结合"基地建设的探索和实践，各院校积累了一些有益的经验：一是以运动训练专业和竞技体校为依托，培养了一批优秀运动员，体育院校与运动训练脱离的状况有所缓解，竞技体育与体育教育体系初步结合；二是开展了多种形式的教练员岗位培训，通过培训增加了院校教师接触高水平训练的机会，更多地了解了项目训练领域的前沿，提高了教师的教学训练能力，同时也加强了学校与各项目中心的联系；三是为亚运、奥运备战提供科技攻关服务，组成科技攻关课题组，直接为运动训练提供科研保证，在攻关服务中发现问题、解决问题，提高体育科研的针对性和运动训练的科技含量。

2. 运动员文化教育受到高度重视

长期以来，党和国家十分重视运动员的文化教育，各级体育部门和教育部门积极采取措施，制定了一系列运动员文化教育的政策，并不断改善办学条件、创新办学形式、改进教学方法、探索运动员文化教育体制改革，取得了可喜的成绩。

（1）党和国家十分重视运动员文化教育

改革开放以来，我国体育部门高度重视优秀运动员的文化教育问题，并制定出一系列的政策法规予以支持和保障。

1978 年，为适应社会的发展、提高科学训练水平和运动员的文化素质、缓解运动员"二次就业"的矛盾，国家体委提出了"优秀运动队向院校化过渡"的方针。1983 年，国务院批转国家体委《关于进一步开创体育工作新局面的请示》，文中提出："要继续实验运动队向学校化过渡……有条件的省、市、区，应积极试办运动技术院校，包括职工运动技术院校、体院分院等。"同年，国家体委和教委联合下发文件，对试办职工体育运动技术学校及学院问题提出了具体意见。此后，各地相继建立了二十余所成人中专和大专院校。

1984 年，国家体委召开全国优秀运动队文化教育工作会议。会议提出"必须从实际出发，量力而行，认真抓好优秀运动队初中、高中（中专）教育"。在以后几年国家体委的有关会议或文件中更进一步明确了优秀运动队文化教育的"重点是搞好基础教育，大力开展中专、高中教育"。

国家体委从 1986 年开始受教育部委托组织运动训练专业和民族传统体育专业单独招生考试及运动训练专业成人单独招生考试，为在役和退役的优秀运动员，以及具备二级（含）以上运动员技术等级资格的后备人才进入高等学校学习开辟了绿色通道。

1986 年，国家体委在《优秀运动队工作条例》中对优秀运动队开展文化教育的目的、标准、办学形式、课时、教师、管理人员等都作了具体规定，为了使各部门落实此项工作，又颁发了《关于执行优秀运动队工作条例中有关文化教育工作的暂行规定》。

1987 年，国家教委下发了《关于部分普通高校试行招收高水平运动员工作的通知》，首次确立了 51 所招收高水平运动员的试点学校，并对招生对象、招生方法、教学管理等作了初步规定，为运动员步入高等学府打开了大门。

根据中央和体育、教育部门的一系列文件精神，80 年代，在体工队的基础上，北京、辽宁、上海、广东、山东、陕西等 10 个省市先后组建了体育运动技术学院。国家体委训练局及其他省市成立了体育运动技术学校，也有部分省市将优秀运动员文化教育附设在体育运动学校。江苏省形成了以南京体育学院为代表的教学、训练、科研三结合体制。

1993 年，国家体委召开全国优秀运动队文化教育工作会议，下发了《国家体委关于优秀运动队文化教育工作深化改革的意见》，提出要培养既能攀登竞技体育高峰又能适应现代社会发展的合格人才，建立基础教育、职业教育、成人教育、高等教育统筹安排，多形式、多层次、多规格的办学体系。

1995 年颁布的《中华人民共和国体育法》第二十八条提出，国家对优秀运动员在就业或者升学方面给予优待。这从法律上为优秀运动员的文化教育提供了保障。同年，在《国家体委关于加强和发展优秀运动员职业教育的意见》中对深化和发展优秀运动员文化教育工作提出了许多具体的意见。

1999 年，国家体育总局与教育部联合发文，获奥运会项目全国比赛前 3 名运动员可免试进入 6 所直属体育院校学习。翌年进一步放宽政策，上述运动员可免试进入成人高校非体育专业学习。《2001—2010 年体育改革与发展纲要》中，进一步明确提出，保证优秀运动员完成九年义务教育，扩大大专以上学历教育的比例，运动队逐步向院校化过渡，为优秀运动员提供更为便利的入学、深造条件。

2002 年 7 月 22 日，《中共中央 国务院关于进一步加强和改进新时期体育工作的意见》（中发〔2002〕8 号）明确提出，"要把提高运动技术水平与培养有理想、有道德、有文化、有纪律的新一代体育队伍结合起来""努力抓好运动训练和文化教育，开拓培养高水平运动员、教练员的新途径，为优秀运动员、教练员升学深造创造条件，提高运动队伍的科学文化素质"。

2002 年，《关于进一步做好退役运动员就业安置工作的意见》（体人字〔2002〕411 号）第七条规定：获得全国体育比赛前 3 名、亚洲体育比赛前 6 名、世界体育比赛前 8 名和获得球类集体项目运动健将、田径项目运动健将、武术项目武英级和其他项目国际级运动健将称号的运动员，可以免试进入高等学校学习。

2003 年，《关于进一步加强运动员文化教育工作的意见》（体科字〔2003〕6 号），从深化运动员文化教育体制改革，构建多元化办学体系；遵循运动员文化教育特殊规律，努力改进教学的形式、内容和方法；加强领导，明确职责，完善各项保障措施等方面进一步进行了明确。同年，参加世界大学生运动会的外联和组团任务由国家体育总局移交到教育部，促使教育部更加重视高校高水平运动队建设，更加重视竞技体育人才的培养。

随着高校高水平运动队规模的不断扩大，为了保证建设质量，规划建设工作，2005 年，教育部颁布了《关于进一步加强普通高等学校体育工作的通知》（教体艺〔2005〕3 号），并对 303 所高校高水平运动队进行了评估，最终确定北京大学等 235 所高校具备办高水平运动队的资格。

2005 年，国务院颁布了《国务院关于大力发展职业教育的决定》。2006 年，国家体育总局与教育部联合下发了《关于进一步推动体育职业教育改革与发展的意见》。《意见》提出体育职业教育要坚持面向运动员、面向体育特长生，以就业为导向的原则，并配合开展体育职业技能培训，为运动员的再就业创造条件。积极鼓励运动员参加体育职业技能培训和进入体育职业教育体系学习。目前已有 13 所高等体育职业技术学院经当地政府正式批准设立。

30 年来，中央和体育、教育行政部门制定了大量的有关运动员文化教育的政策法规、制度，各省市体育部门按照中央和国家体育总局的文件精神，结合各地实际也建立很多地方性规章制度。各级政策法规的制定和执行，使优秀运动员文化教育工作获得了较大发展。

（2）运动员文化教育工作取得显著成绩

● 设置教育管理机构，完善运动员文化教育体系

1978 年，国家体委首次设立科教司，作为主管运动队文化教育的职能部门。1982 年，国家体委在科教司设置"优秀运动队文化教育处"，专门负责运动队文化教育和教练员培训工作。经过多年探索，我国体育系统逐步形成了与运动训练体制相适应的运动员文化教育的"一条龙"体制，其机构设置主要包

括三个组成部分：

一是体育系统自办的"一条龙"文化教育机构，包括各省市体委主办的运动技术学院或进修学院、体育运动技术学校。这是我国运动员文化教育的主体机构，承担着大部分优秀运动员和二、三线运动员的文化教育工作。

二是全国体育学院系统，经教育部批准，面向退役和现役运动员单独招生。其中全日制本科以退役运动员和少体校学生为主，函授本、专科招生以现役运动员、教练员为主。

三是由省市体育局办的普通中专，即业余训练层次的体育运动学校，包括中、小学。

除此之外，我国运动员文化教育形式还有进入普通高校系统的高水平运动队、高校与省市共建的运动队和运动员借读的中小学等形式。

随着运动员文化教育"一条龙"体制的形成，"面向社会、多向分流、竞技体系与教育体系相结合"的多层次、多渠道运动员文化教育的多元结构体系逐步完善，体育系统基本形成了包括小学、初中、高中（职中）、大学不同层次的办学体系。

● 创新"体教结合"办学模式

30年来，各地在体教结合的形式上不断创新，采用"共建、调整、合作、合并"等方式推动了多元化办学体系建设。使运动员文化教育有了新的发展空间，归纳起来有7种模式：一是体教联办体校模式；二是体教共建体育特色学校模式，体育部门把一些项目直接放在学校进行训练；三是走读模式，运动员在体校训练，到指定学校就读；四是体教依托社会或企业共建单项体育俱乐部模式，社会或企业出资，教育部门负责文化教育，体育部门负责运动训练；五是高校高水平运动队模式，2005年经教育部评估，确定235所高校具备招收高水平运动员资格；六是高校一条龙培养模式，培养"小学—中学（竞技体校）—本科—研究生"多个学历层次的竞技人才；七是体育职业院校一体化管理模式，包括体育中、高等职业学校（运动学校或运动技术学院），均是采取集教学、训练、食宿、管理于一体的方式。截至2007年，我国已有13所高等体育职业技术学院经当地政府正式批准设立。这些学院以"就业为导向"，以"社会需要为宗旨"，紧密结合社会需求设置专业。

● 高校高水平运动队建设取得一定成效

从1987—2007年的20年间，高校高水平运动队建设蓬勃发展，取得了一些明显的成效。自1987年国家教委首次确立51所招收高水平运动员试点学校以来，高校高水平运动队规模不断扩大，到2005年已发展为303所高校高水平运动队。经评估，有 235 所大学被确定为 2006 年办高水平运动队的高校。高校高水平运动队的办队模式呈现出百花齐放的局面。主要有：独立办队模式，学校招收中学或少体校的学生入校后进行培养，代表学校运动队参赛；联合办队模式，学校与当地体育部门联合办队，学生在高校学习，平时训练及竞赛主要由体育部门负责，可代表学校比赛；"一条龙"模式，高校跟中学、小学直接挂钩，形成教育系统内部的"一条龙"独立培养体系；大学与企业联合投资的俱乐部模式。

- 为运动员文化学习提供经费保障

通过经费支持促进运动员文化学习是加强运动员保障工作的重要内容。在文化教育方面，为鼓励运动员积极参加文化学习，适应退役后再就业的需要，2003 年，国家体育总局印发了《优秀运动员奖学金、助学金试行办法》。截至 2007 年 12 月 31 日，已累计资助运动员 3465 人，资助金额约为 1658 万元。这项政策的实施，解除了运动员的后顾之忧，激发了他们在从事运动训练的同时，学习文化知识的热情，增强了他们全面提高自身素质的自觉性，培养了他们面向社会需求、实现职业转型、成功再就业的自信心。

（二）继续教育体系逐步形成

改革开放 30 年来，体育部门积极倡导持续培训、终身学习的理念，加强各项制度建设，确立了统一领导、归口管理、各部门各司其责、密切配合、齐抓共管的继续教育工作格局，体育继续教育事业得到了迅速发展，为体育队伍综合素质和业务能力的提高作出了重要贡献。

1. 教练员岗位培训工作成效显著

我国的教练员培训工作始于 1987 年，至今已走过 21 年历程。一个以学历教育为基础，以教练员岗位培训为重点，包括各类短期培训和信息服务等多种形式的体育教练员继续教育体系已经形成，我国教练员队伍建设步入了规范化、制度化轨道，取得了显著成绩。

30 年来，国家体育总局（原国家体委）十分重视教练员岗位培训制度建设。早在 1989 年就下发了《国家体委关于实行教练员岗位培训制度有关问题的通知》，随后又下发过《国家体委关于大力发展教练员岗位培训的意见》《教练员继续培训暂行办法》《教练员岗位培训制度师资条件及审批办法》《自学与面授相结合教学形式管理办法》《国家体育总局对教练员岗位培训经费管理的意见》《关于深化教练员岗位培训教学改革，探索建立"能力本位"

教学模式的意见》等 18 项相关文件，对广大教练员接受岗位培训提出了明确要求，对经费保障和管理、教学大纲和教材的编制、师资队伍建设、教学方式等事项作了明确的规定，初步建立了一套比较完善的教练员岗位培训制度。为了使岗位培训工作与教练员的使用挂钩，1994 年 11 月 4 日，国家体委与人事部公布实施了《体育教练员职务等级标准》，明确将教练员岗位培训合格证列为教练员在相应岗位任职以及晋升的必备条件之一，各单项协会、各省区市体育部门都明确提出了"先培训、后晋升"，以及"持证注册、持证带队"等方面的规定，教练员岗位培训工作的重要性得到充分体现。

　　在制度建设的基础上，教练员岗位培训工作管理体系也逐步确立（图 6-8）。国家体育总局教练员岗位培训领导小组统领全国教练员岗位培训工作以及国家级教练员培训工作，各运动项目管理中心和省区市体育部门都将教练员岗位培训工作纳入竞技体育工作计划，设立了相应的管理部门，各中心负责组织高级教练员培训班，各省市则负责本地区的中初级教练员培训工作。

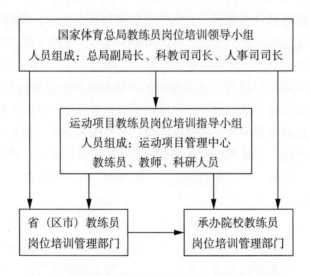

图 6-8　我国体育教练员岗位培训组织管理系统框图

　　为了保证教练员岗位培训工作的质量，各个项目根据 "能力本位"教学要求，在教学组织形式、教学内容、教学方法、教材建设等方面进行了广泛的探索和积极有效的改革。国家体育总局各项目管理中心根据本项目的特点以及不同的培训级别，组织人员编写了系统性的培训教材。截至 2003 年，共编写出版了田径、游泳、跳水、举重、摔跤、柔道、武术（套路和散手）、射击、射箭、速滑、赛艇、皮划艇、足球、网球、乒乓球、羽毛球 17 个项目的教学大纲，田径、足球、羽毛球、射击、速滑、赛艇、皮划艇、武术（套路）、武术（散手）9 个项目的教材。其中羽毛球、射击、赛艇、皮划艇等教材的出版还填补了该项目无系统理论的空白。乒羽中心出版了中英文对照的教材并进入国际市场。在教学方法上普遍采用启发式教育，注重培养教练员的科学精神、创新精神，培养他们的独立思考能力、职业技能和适应能力。

体育部门非常重视教练员岗位培训师资队伍的建设，在多年的教学实践中已形成了一支教师、教练员、科研人员和管理干部"四结合"的师资队伍。随着教练员培训工作的进一步深入，很多运动项目已开始聘请外籍著名教练和讲师来华承担培训任务，为我国教练员开阔眼界、及时了解世界竞技体育发展趋势发挥了重要作用。

在备战 2008 北京奥运会的过程中，国家体育总局为提高国家队教练水平，采用了更加丰富、灵活的教练员培训形式。比如组织多学科专家组，开展了"送教下队"活动。根据各国家队实际需求，组织国内各方面专家，形成多学科专家组，到国家队训练现场，针对训练的实际情况和存在的问题举办讲座，帮助国家队教练员提高分析问题、解决问题的能力；开办了国家队教练员培训网站，为教练员培训工作建立了更为开放、广阔、实用、即时的交流平台。既可以通过网站开展远程教育，动态地向国家队教练员输送最新科学技术知识，为教练员提供更方便的学习机会，还可以组织专家力量，在网上即时解答国家队教练员在训练和比赛中遇到的实际问题；另外还采取了"请进来"与"走出去"相结合的办法，每年都组织几十名国家队教练员赴美国、德国、法国等竞技体育强国进行培训，学习他们的先进训练理念、技术和方法以及实用的操作技巧，对我国教练员综合素质的提高起到了积极作用。

二十多年来，教练员岗位培训工作成绩显著，上万名初、中、高教练员经过不同层次的培训走上了工作岗位，成为我国竞技体育队伍的中坚力量，为我国竞技体育水平不断提高奠定了坚实基础。近年来随着体育社会化、产业化的推进，教练员培训工作也开始面向市场、面向社会，培养了大批羽毛球、网球等项目的教练人才，他们在各种形式的俱乐部任职、任教，为项目的普及、为群众体育活动的开展发挥了重要作用。

2. 干部培训活动形式多样

改革开放以来，体育系统以全面提高干部队伍的政治素质、理论水平、业务能力为目的，举办了内容丰富、形式多样的培训班和业余培训活动，取得了良好效果。

"国家体育总局干部培训中心"是国家体育总局进行管理干部培训工作的专门机构。从 1995 年成立以来，培训中心共举办了 96 期各种培训班，4480 多名体育系统的管理干部接受了政治理论、公共管理知识等方面的培训。

近年来国家体育总局针对筹办北京 2008 年奥运会和体育工作的需要，举办了外语等多方面的培训活动。2002 年总局印发了《关于加强干部外语学习与培训工作的意见》和《关于加强国际体育组织人才培养工作的意见》，从 2002 年开始连续几年举办脱产外语培训班，1000 多人参加业余培训。从 2003 年起，总局连续委托国家行政学院举办了六期司局级干部公共管理及人力资源管理知识培训班，还自行组织了面向省区市体育局长的体育发展战略高级研修班，参加培训司局级干部达 300 多人。此外，还针对体育人才的特殊需要，面向国际体育组织任职人员、国家队管理人员等举办专门的管理培训，参加培训人员近 700 人；为培养中国体育产业高级人才，总局与复旦大学、清华大学合作开办了体育产业方向工商管理硕士学位及体育赛事管理硕士学位项目。2003 年到 2007 年，共选拔推荐 87 名优秀退役运动员免试进入北京第二外国语学院英语系英语专业本科学习；推荐选拔 49 名优秀退役运动员进入中央财经大学体育经济与管理专业学习。另外根据北京奥运会备战工作的需要，总局还举办了科研、医务、体能康复等多种培训活动，为备战工作作出了积极贡献。

三、体育人才队伍整体实力不断增强

改革开放 30 年，是我国社会主义现代化建设取得辉煌成就的 30 年，也是中国体育人才队伍蓬勃发展的 30 年。党和国家历来十分重视人才工作，特别是改革开放以来，党中央、国务院高度重视人才工作，实施人才强国战略，确立了新的历史条件下人才工作的基本思路和宏观布局。

在国家人才强国战略的推动下，在体育工作中也实施了"人才强体"战略，充分发挥举国体制优势，整合全国体育人才资源，以改革创新为动力，注重以高层次体育人才培养为龙头，抓住培养、吸引和使用三个重要环节，营造良好的用人机制和环境，形成了重点突破、全面推进的工作思路，使各类体育人才的总量不断得到增加，结构更加合理，素质不断提高，为体育事业全面、协调和可持续发展奠定了强有力的人才支持。

（一）体育人才队伍规模结构更为合理

1. 人才总量大幅提高

改革开放迎来了人才事业的春天，"尊重知识，尊重人才"是人才工作的基本纲领和灵魂。党的十六大将这一纲领进一步发展为"尊重劳动，尊重知识，尊重人才，尊重创造"，使人才工作的视野更加开阔，深刻地揭示了知识、人才与劳动和创造之间的内在的、本质的联系。改革开放以来的我国体育人才工作正是在这一大背景下起步，始终坚持以邓小平理论和"三个代表"重要思想为指导，围绕体育事业全面、协调、可持续发展的目标，以队伍建设为重点，以骨干培养为核心，以教育培训为基础，以优化人才资源结构为主线，以结构调整和管理监督为手段，以深化改革和创新制度为动力，以加大人才资源投入为支撑，充分开发、合理配置体育人才资源，不断提高体育人才队伍的思想道德素质和业务工作水平，全面实施"人才强体"的体育人才发展战略，进一步壮大了体育人才队伍规模。人才工作体制和机制更加健全，全国各级种类体育部门党政领导干部队伍、公务员队伍、专业技术队伍人才总量不断增加，高水平优秀运动员、教练员、社会体育指导员队伍不断壮大，适应经济社会发展需要的场馆管理、体育产业经营管理、场地救生员、场地工等新型体育人才不断涌现，从而使我国体育人才队伍的整体实力不断增强。截至 2005 年，我国体育系统共拥有 17038 名优秀运动员，分布于田径、游泳、体操等 98 项运动项目（后有专述），120384 名各类人才涵盖于体育、经济、管理、法律、理工、外语等不同专业，体育管理人员、体育教练员、运动员、裁判员、社会体育指导员、体育教师及其他专业技术人员等各系列专业人才分工完备（表6–8）。一支规模可观、门类齐全、素质优良的体育人才队伍正在形成。

2. 学历结构进一步优化

接受高等教育的体育人才数量及其在体育人才总量中的比例，不仅反映了一个国家体育人才的基本数量状况，更是代表了一个国家体育人才发展的潜力，是评价一个国家体育人才竞争力的极为重要的指标。改革开放 30 年来，我国体育人才工作不断推进体育人才教育培训基地建设和师资队伍建设，大力加强体育系统人才培养基地建设，构建了分工明确、优势互补、布局合理、竞争有序的培训机构体系；始终坚持推进和完善有体育特色的教育培训体系的建

表6-8 我国体育系统人才资源性别、年龄构成统计表

性 别			年 龄			
性别	数量(人)	%	年龄划分	数量(人)	%	累计(%)
			24岁以下	4537	3.7	3.7
			25~35	30317	25.2	28.9
男	80422	66.8	36~45	42655	35.5	64.4
			46~55	35495	29.5	93.9
女	39962	33.2	56~60	6655	5.5	99.4
			60岁以上	617	0.5	99.9
			年龄不明	108	0.1	100.0
合计	120384	100.0	合计	120384	100.0	100.0

设，加大教育培训经费投入，不断拓宽经费筹措渠道，深入开展体育业务知识培训，广泛开展文化素养培训和技能训练，全面提升体育人才的业务能力和综合素质；大力加强运动员文化、职业教育工作，推进教育、训练和科研三位一体化的建设，在提高运动员运动技术水平的同时，全面提高运动员综合素质，使我国体育人才队伍整体素质和学历结构得以大幅提升。尤其与我国20世纪80年代体育系统人才队伍以初等学历为主体、大学专科以上人才少、学历层次低的现象相比较，我国体育系统人才资源学历层次有了质的提高，大学专科以上学历人才（83096人）已近体育人才总体的70%，从其内部构成情况看，形成了以专科学历为主体的人才学历结构特征（图6-9）。

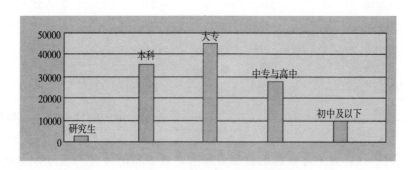

图6-9 体育系统人才学历结构

3. 专业分布更为广泛

改革开放初期，我国体育人才队伍的专业结构也多局限于体育教育、运动训练等少数几个本体专业。随着我国社会经济的快速发展，尤其是体育事业向着服从、服务以经济建设为中心的需要，以及以提高全民族健康素质、全面融入国民生活为主线的方向转变，各类新型体育人才不断涌现，我国体育人才队伍建设开始面向几乎涵盖各个领域的不同专业，吸纳适应新时期体育事业发展需要的各类专门人才，原有体育人才队伍专业结构发生了质的转变，如体育类专业中，不仅有体育教育、运动训练等传统专业人才，更涌现出体育管理、体育经济、体育新闻、运动心理、运动人体科学、社会体育、休闲体育等新兴体育专业人才，从而构成了我国体育系统人才资源的又一大特点，使之与体育事业涉及面广、社会不同阶层参与性强的特点保持了高度一致。

在涵盖体育、经济、管理、法律、理工、外语等各类专业中，除其他类外（播音、船舶、海关等各小群体人才的集合），排在前三位的依次为体育类、管理类和经济类人才（表6-9），完整体现了我国体育人才队伍建设工作"紧密围绕和服务于我国体育事业发展总目标"的战略指导思想。

表6-9　我国体育系统人才专业构成统计表

最高学历	数量（人）	百分比（%）	累计百分比（%）
体育类	42718	35.5	35.5
经济类	7734	6.4	41.9
管理类	13478	11.2	53.1
法律类	3362	2.8	55.9
理工类	4378	3.6	59.5
外语类	1752	1.5	61.0
其他类	19007	15.8	76.8
不明专业	27955	23.2	100.0
合计	120384	100.0	100.0

同时，在体育人才资源的社会分布上，近80%的体育人才分布于各类体育事业单位之中，他们在运动训练、运动竞赛、群众体育以及体育产业等不同领域中，充分发挥其聪明才智，进行创造性劳动，为推进社会主义物质文明、政治文明、精神文明建设，在发展中国特色体育事业中作出了积极贡

献，为实现不同时期的体育事业发展目标提供了坚强的人才保证和广泛的智力支持(表6-10)。

表6-10 不同类别单位体育系统人才资源及其年龄构成

类别	总 体			性 别			
	数量(人)	百分比(%)	累计百分比(%)	男(人)	百分比(%)	女(人)	百分比(%)
机关	22844	19.0	19.0	17021	74.5	5823	25.5
事业	93722	77.8	96.8	61195	65.3	32527	34.7
企业	3454	2.9	99.7	1991	57.6	1463	42.4
其他	364	0.3	100.0	215	59.1	149	40.9
合计	120384	100.0	100.0	80422	—	39962	—

（二）竞技体育人才队伍实力雄厚

改革开放以来，中国已经成为国际竞技体育舞台上一支不可忽视的重要力量。竞技体育成绩的取得离不开包括优秀运动员、教练员和裁判员在内的体育工作者的辛勤付出，更是我国重视加强竞技体育人才队伍建设的丰硕成果。

1. 优秀运动员队伍

改革开放30年来，我国优秀运动员队伍从小到大、由弱到强，国际级和国家级运动健将不断涌现，优势项目运动员实力突出，已成为世界竞技体坛中一支不可忽视的强大力量。

在优秀运动员队伍中，健将级运动员组成了我国高水平运动队参加国际竞技大赛的"核心"，他们代表和反映了我国竞技体育的基本实力和水平。1978—2005年间，我国共累计培养国际级运动健将2515人，国家级运动健将25839人。其中，1978—1985年我国累计培养国际级运动健将103人，国家级运动健将5735人；1986—1995年累计培养国际级运动健将1016人，国家级运动健将10161人；1996—2005年累计培养国际级运动健将1386人，国家级运动健将9943人（图6-10）。

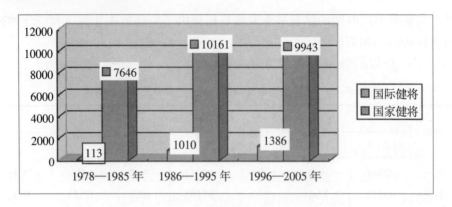

图 6-10　1978—2005 年我国培养运动健将数量示意图

　　截至 2005 年，我国各类优秀运动员总计 17038 人，其中国际级健将 444 人，国家级健将 4282 人，占优秀运动员总数的 28%；一级运动员 5271 人，占 30%；二级及以下运动员 7041，占 42%，形成了我国优秀运动员的绝对数量大、基础厚的约 1∶1.2∶1.5 运动技术等级的特色结构（图 6-11）。

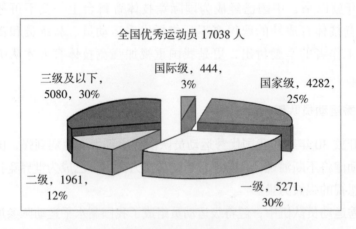

图 6-11　全国优秀运动队运动员技术等级构成图

　　其次，在众多运动项目中，我国优势项目运动员实力突出，如跳水优秀运动员队伍中，仅国际级和国家级健将运动员数量高达优秀运动员总数的 57.2%，体操优秀运动员中国际级和国家级健将运动员数量也达优秀运动员总数的 38.1%，射击、乒乓球和羽毛球的国际级和国家级健将运动员比例分别为 28.4%、33.4% 和 39.0%。尤其是我国起步晚、基础薄弱的冬季运动项目，经过近 30 年的发展，优秀运动员队伍发生了巨大变化，队伍数量不断增长，质量也在大幅提升，其中，短道滑冰优秀运动员中，国际级和国家级健将运动员占优秀运动员总数的比例已高达 81.0%，速度滑冰、花样滑冰、跳台滑雪、高山滑雪、自由式滑雪国际级和国家级健将运动员也分别占各类优秀运动员总数的71.3%、65.4%、52.0%、38.9% 和 36.3%，使我国冰雪项目优秀运动员国际级和国家级健将运动员在整支队伍中的比例平均达到 78.5%。总体上讲，我国优秀运动员队伍的人才能级结构及已具备的攀登世界竞技高峰的突出实力均显示出了强劲的发展后劲。

在不断提高优秀运动员运动技术水平的同时，以培养适应社会主义市场经济需要的全面发展的人才为目标，我国始终关注和重视优秀运动员的文化教育问题。随着运动员文化教育体系的完善和训练水平的进一步提高，优秀运动员的学历层次也有了明显的提高。运动员具有高中以上学历的人数占总数的71%，长期以来一直困扰体育界的运动员学历过低、文化教育缺失的问题有了明显的改观（图 6-12）。

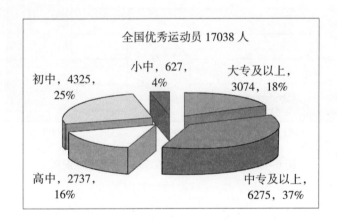

图 6-12　全国优秀运动队运动员学历层次构成图

2. 教练员队伍

教练员执教水平的高低直接关系我国竞技体育发展的水平。培养一支事业心强、思想作风过硬、业务精通的教练员队伍是不断提高训练水平、提高运动成绩的根本保证。改革开放以来，我国十分重视教练员队伍建设工作，制定了"高层次教练员培训规划""基层教练员岗位培训规划""引进国外优秀教练员计划"等系列教练员人才资源开发规划，采取了"送出去、请进来""以老带新"等有效措施，使这支队伍无论在数量还是在质量上均取得了显著的进步。

目前，我国体育系统教练员总数为 29317 人，分布在 98 个运动项目中，其中，在岗教练员 25403 人，待岗教练员 3914 人；平均任教时间 13.70 年，优秀运动队教练员占教练员队伍总数的 18.4%，各类体校教练员占教练员队伍总数的 71.5%，体育院校、职业俱乐部及其他岗位教练员占教练员队伍总数的10.1%。

我国教练员队伍的整体素质和执教水平也不断提高。从职称结构上看，1979—1981 年国家体委共批准国家级教练员 504 人。1995 年获得高级职称的教练员人数则达到 2621 人。截至 2005 年，获得高级职称的教练员人数为 4989 人（图 6-13），占全国体育系统教练员总数的 18%；中级职称教练员 11043 人，占 38%；初级教练员 13038 人，占 44%，形成了较为合理的类金字塔的职称结构（图 6-14）。

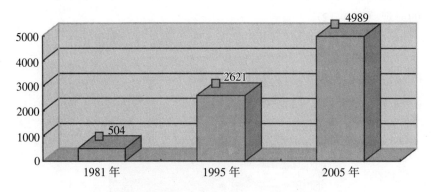

图 6-13 具有高级职称的教练员人数增长状况图

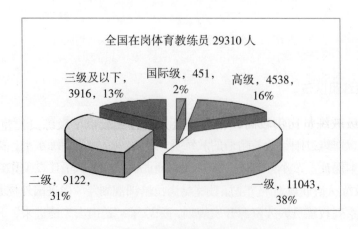

图 6-14 全国体育教练员职称等级构成图

这种结构不仅易于不同层次间教练员的正常流动，为优秀人才的脱颖而出创造了条件和发挥能力的空间，同时利于教练员队伍中的新老交替，使长期形成和积累的优秀传统和实践经验得以有效传承，保证了我国教练员队伍的健康和可持续发展。

在学历结构上，按照"年轻化、知识化、专业化"的要求，加大了对教练员的学历教育和业务培训工作力度，通过在职进修、学历教育、岗位培训和自学成长等多种途径，使我国体育教练员学历结构得到了大幅提升，不仅实现了博士学历和硕士学历教练员的"零"的突破，而且具有专科以上学历的人数占到了教练员总数的84%（图6-15），与20世纪80年代以中专和高中学历为主体的教练员队伍学历结构相比较，发生了重大变化，我国教练员队伍的整体文化程度和科学化训练水平得到了有效提高。

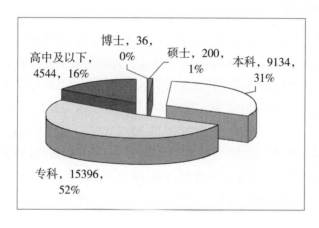

图6-15　全国体育教练员学历层次构成图

更为突出的是，我国优势项群及部分潜优势项目教练员队伍凸现出人才能级高、实力强的显著特点，跳水（234人）、羽毛球（450人）、体操（1105人）、举重（1515人）、射击（1589人）、乒乓球（1327人）等优势项目中，不仅国家级教练员比例较高，相对数量大，且三级以下教练员比重基本在15%以下，中等级别教练员的能级分布较为均衡，1/3的优势项群中的高级职称教练员占教练员总数的比例超过20.0%；在6个优势项目中，高级职称教练员人数（974人）占教练员总数的15.66%；田径、篮球、游泳教练员数量大、基础厚（表6-11），对于我国保持当前在世界竞技体坛中的地位乃至冲击更高目标能够起到突出作用。

表6–11　田径、游泳、三大球项目教练员职称等级构成

项目等级	总数	国家级		高级		一级		二级		三级	
		数量(人)	占比(%)	数量(人)	占比(%)	数量(人)	占比(%)	数量(人)	占比(%)	数量(人)	占比(%)
田径	7403	59	0.8	923	12.4	2536	34.3	2119	28.6	1766	23.9
游泳	1853	27	1.5	280	15.1	637	34.4	490	26.4	419	22.6
足球	1474	11	0.7	195	13.3	595	40.4	475	32.2	198	13.4
篮球	2435	8	0.3	367	15.1	923	37.9	806	33.1	331	13.6
排球	871	16	1.8	186	21.4	383	44.0	211	24.2	75	8.6
合计	14053	121	8.1	1951	13.9	5074	36.1	4101	29.1	2789	19.8

3. 裁判员队伍

　　裁判员作为体育竞赛中的执法者，是竞技体育人才队伍的重要组成部分。为了适应国内外竞争日益激烈的高水平比赛，建设一支数量适宜、具有承担奥运会等世界大赛和国内各级比赛任务能力的高水平裁判员队伍是中国体育事业发展的需要。改革开放30年来，我国共累计培养了国际级裁判1289人、国家级裁判11702人。从1979年、1989年和2005年三个不同时间段看，1989年我国培养的国际级裁判员是1979年的11倍，国家级裁判员是1979年的2.89倍；2005年我国培养的国际级裁判员是1979年的50倍，是1989年的4.55倍，国家级裁判员是1979年的11.2倍，是1989年的3.87倍（图6–16）。

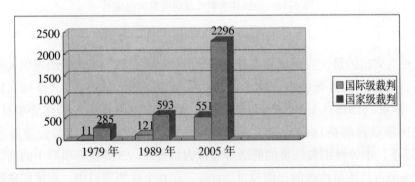

图6–16　1979—2005年等级裁判员人数增长状况图

目前，我国体育系统裁判员队伍共计 20080 人，分布在 98 个运动项目之中。其中，5891 人具有执裁两个不同运动项目的裁判员资格；平均执裁时间 11.18 年。该队伍年龄结构较为均衡，45 岁以下人数占总人数的 73%，56 岁以上者不足 4%，在未来一定时期内没有年龄结构失衡的危险。在项目分布上，我国体育系统裁判员主要分布在田径、游泳、三大球、乒羽、射击、体操、举重等基础项目和优势项目上，上述项目裁判员人数占到总数的 72%，此外武术作为民族传统项目也拥有为数不少的裁判员队伍。在等级结构上，国际级裁判员占裁判员队伍总数的 2.75%；国家级裁判员占 11.43%；一级裁判员占 46.77%；二级及以下裁判员占 39.05%。与此同时，我国裁判员队伍的学历结构也随着体育事业的快速发展而不断提高，不仅具有一定数量的博士（74 人）和硕士（347 人）裁判员，而且具有本科学历的裁判员也高达 7647 人，占裁判员队伍总数的 38.08%。此外，我国裁判员队伍还呈现出一种随着裁判员职称结构的提高，其学历结构也随之提高的可喜现象（表 6-12）。可以说，我国已经建设了一支知识化程度较高、年龄结构合理、业务精、外语通、作风硬的裁判员队伍，不仅满足了国内各级各类体育竞赛的需要，也在各种国际大赛中占有十分重要的地位。

表 6-12　各技术等级体育裁判员学历层次对比

等级\学历	总数	博士		硕士		本科		专科		高中及以下	
		数量(人)	占比(%)	数量(人)	占比(%)	数量(人)	占比(%)	数量(人)	占比(%)	数量(人)	占比(%)
国际级	552	15	2.7	27	4.9	261	47.3	217	39.3	32	5.8
国家级	2296	25	1.1	95	4.1	1050	45.7	934	40.7	192	8.4
一级	9391	29	0.3	182	1.9	3827	40.8	4130	44.0	1223	13.0
二级	6798	3	0.04	40	0.6	2340	34.4	3087	45.46	1328	19.5
三级	1043	2	0.2	3	0.3	169	16.2	514	49.3	355	34.0
合　计	20080	74	0.37	347	1.73	7647	38.08	8882	44.23	3130	15.59

（三）群众体育人才队伍日益壮大

1. 群众体育人才队伍整体结构优良

提高全民族整体素质，形成较完善的全民健身体系，是我国发展体育事业的核心目标。改革开放 30 年来，我国体育事业始终围绕增强人民体质、提高全民族健康素质这一根本任务，从指导思想、管理体制、组织机构、资源投入等方面，不断加大发展力度、加快发展进程，并高度重视群众体育工作组织者和骨干队伍建设，已初步形成了一支以国家体育公职人员为核心，以体育社会团体和乡镇街道体育工作人员为骨干，以社会体育指导员和体育健身场所从业人员为基础的群众体育队伍。截至 2004 年底，我国省、市、县各级体育行政部门共有群众体育干部 5461 人，比 2000 年增加了 39.6 个百分点，占地方各级体育行政部门职工总数的 24.2%，比 2000 年增加了 2.5 个百分点。省、市、县体育事业单位中从事群众体育工作的人员 14072 人，比 2000 年增加了 37.9 个百分点。省、市、县各级体育总会、各类人群体协和各类项目体协常设机构专兼职工作人员 94771 人，其中，专职工作人员 14738 人，比 2000 年增加 36.5 个百分点。乡镇街道专兼职体育工作人员 44982 人，其中，专职工作人员 7396 人，比 2000 年增加了 59.9 个百分点。

2. 社会体育指导员队伍成为骨干力量

社会体育指导员作为群众体育的组织者、指导者和传播者，对发展我国体育事业，增进公民身心健康，提高生活质量，建设社会主义精神文明，促进群众体育进一步社会化、科学化、产业化和法制化都具有重要的基础意义。随着《全民健身计划纲要》《社会体育指导员国家职业标准》的相继颁布与实施，我国社会体育指导员队伍已初具规模，并且在结构上呈现出一定的特点。到 2004 年末，全国共有各级体育指导中心、体育指导站 326970 个、体育活动点 243028 个。体育指导站和体育活动点分别比 2000 年增加了 51.0 和 17.9 个百分点。经常在各级体育指导中心、体育指导站参加活动的人数达到 5093 多万人。据《2001 年中国群众体育现状调查报告》显示，在所调查的 348 个调查点中，有 151 个活动点有社会体育指导员，占 43.4%；在有社会体育指导员的活动点中，有 75.5% 的活动点有 1~2 名社会体育指导员，24.5% 的活动点达 3 名以上。目前，一个在政府领导下，以体育社团为线、以基层体育指导站（点）为点的点线结合的、覆盖面广的全民健身组织网络初步形成。与此同时，我国社会体育指导员队伍也从无到有，不断壮大，从 1999 年的 15 万余人，发展到 2004 年末的 430491 人，是 5 年前的 2.87 倍，突破了 2005 年预计达到 35 万人的目标。尤其是在 2002 年、2003 年和 2004 年三年间，社会体育指导员队伍每年一个台阶，呈现出逐年递增态势（图 6-17）。

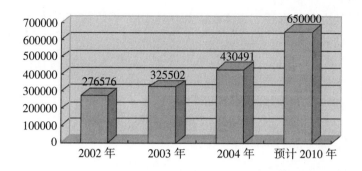

图 6-17　2002—2004 年我国社会体育指导员总数递增示意

　　这支队伍的足迹遍布城乡各个角落，在近百万计的城乡体育活动站点中，社会体育指导员不仅担负着组织管理者的责任，还担当着技能传播者的角色。他们不仅是体育主管部门联系群众的"桥梁与纽带"，而且是帮助健身者"解疑释惑"的良师与益友。在服务基层、服务大众的长期实践中，各级社会体育指导员不计名利，无私奉献，在各种青少年儿童、农民、职工、老年人和妇女的大型体育健身活动中，在各地纷纷举办的全民健身活动周、体育节、全民健身节、体育文化节、体育健身旅游节等活动中，在风筝、龙舟、舞龙舞狮、健身秧歌、武术、冰雪运动、沙漠运动等具有民族特色和地方特色的体育活动中，社会体育指导员积极参与组织和指导工作，得到基层群众的普遍认可和好评，充分说明这支队伍在构建全民健身服务体系过程中所发挥的不可替代的重要作用，成为推进我国全民健身事业发展的一支重要力量。

　　为了不断提高各级社会体育指导员的业务素质和服务水平，国家体育总局把社会体育指导员培训工作逐步纳入科学化、规范化发展的轨道，先后在北京体育大学，上海、武汉、沈阳、西安、成都、天津、广州体育学院设立了 8 个国家级社会体育指导员培训基地，各省市区和基层县区也按要求相应建立了培训基地或培训站点，形成了国家、省区市、地市、县四级培训体系，我国社会体育指导员队伍建设工作步入快速发展轨道。随着社会体育指导员队伍的日益壮大，其结构与质量也不断变化、日臻完善。以体育系统社会体育指导员为例，9879 名社会体育指导员中，国家级社会体育指导员 863 人，占社会体育指导员总数的 9.0%；一级社会体育指导员 3489 人，占 35.0%；二级及以下社会体育指导员 5527 人，占 56.0%。更为重要的是，社会体育指导员队伍中的学历结构层次也出现较大变化，与 1999 年的社会体育指导员学历结构相比较，不仅出现具有硕士学位的社会体育指导员，博士学位的社会体指导员也实现了"零"的突破，形成了以专科及以上学历为主体的社会体育指导员队伍结构（图6-18）。

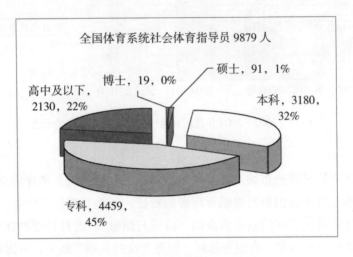

图 6-18　全国社会体育指导员学历层次构成图

（四）体育教科人才队伍成绩显著

1. 体育教育人才队伍发展迅速

体育教育肩负着培养各级各类体育人才、增强青少年体质的重任，更是推动我国群众体育和竞技体育发展的基础性工作。1980年，国家体委会同国家教委于当年暑期举办了142名特级体育教师、关心体育的优秀班主任、体育先进学校领导干部的夏令营。引起了社会上对体育教师的极大关注。1992年，新华社、《人民日报》《中国体育报》《中国教育报》等12家新闻单位发起了评选全国千名优秀体育教师和全国十佳体育教师活动，并得到了国家体委和教育部支持，进一步提高了体育教师的社会地位。为解决体育教师数量不足、业务水平不高的问题，1986年2月，国家教育部在下发的《关于加强中、小学体育师资队伍建设的意见》中提出要加速培养中小学体育新师资，体育教育人才队伍得以迅速发展。现在，全国已经有170多所高等师范院校开设了本科体育教育专业，每年能培养万余名中小学体育教师。目前，全国各级各类体育教师已经增加到30余万人，仅体育系统内部就有教师15632人，占全国体育系统专业技术人才总数的63%（图6-19）。

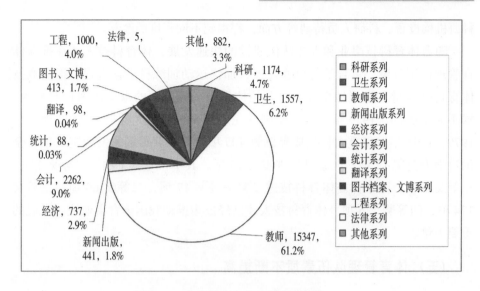

图 6-19 专业技术人才专业系列构成

2. 体育科技人才队伍阵容整齐

改革开放 30 年来，我国体育科技工作始终坚持面向体育实践、主动服务体育实践的基本原则，充分发挥体育科技的先导支持作用，科研体制和机制逐步完善，体育科技实力和水平有了较大幅度提升，科技基础设施得到显著改善，科研攻关和科技服务在竞技运动训练和全民健身指导中发挥着越来越重要的支持和保障作用。尤其在体育科技学术带头人和学术骨干的选拔和培养方面，不断加大投入力度，有计划地组织中青年学术带头人主持、承担高水平研究项目，为优秀中青年科技人才脱颖而出营造了良好的环境和条件，同时加强了体能、康复、心理等国家队攻关服务紧缺人才的培养，以及全民健身领域的学科建设和科技人才培养，使我国体育科技人才队伍建设得到快速发展，形成了一支结构合理、高效精干的体育科技队伍。1985 年以前，全国独立体育科研机构有 28 个，体育科技人员 729 人，到 1993 年，独立科研机构已经发展到 62 所，体育科技人员发展到了 1539 人。2005 年的全国体育人才资源调研统计，仅体育系统内的体育科技人才就已达到 1146 人。"十五"期间，全国省级以上体育部门的科技投入达到 6.9 亿元，其中，国家体育总局直接投入科研经费 4800 万元，是"九五"期间的 4 倍，近 1500 人次直接参与了 147 个科研攻关和科技服务项目，直接参与人次和组织攻关课题数分别较"九五"期间增加了 58% 和 65%。各地方对体育科技的投入也成倍增长，科研基础条件建设、科研机构设置、科研人员待遇等方面，都得到不同程度的改善。

随着体育科技事业和人才队伍建设的快速发展，体育科技人才在推动体育管理体制改革、体育教育事业发展、加快运动训练科学化进程、提高竞技体育科技含量、发展体育经济、开拓体育市场等方面的重要作用日益显现。据不完全统计，1979 年以来，全国共完成体育科研重大课题约 1500 项，仅1979—1994 年取得重大科技成果总数 405 项，其中获得国家发明奖 3 项；全国科学大会奖 12 项；国家科技进步奖 13 项，其中一等奖 1 项，二等奖 5 项，三等奖 7 项；国家体委体育科技进步奖一等奖 17 项，二等奖 60 项，三等奖124 项，四等奖 176 项。体育科技人才已经成为推动我国体育事业快速发展的重要力量。

（五）体育管理队伍素质不断提高

体育管理人才包括体育行政机关公务员、体育事业单位管理人员及其他体育行政管理相关人员。体育管理人才涵盖了包括体育行政单位、体育事业单位，甚至体育企业、体育新闻等在内的几乎所有体育组织的体育管理人员，这支队伍的质量高低也就成为影响我国体育事业发展的关键因素之一。据国家体育总局 2005 年全国体育人才资源调查数据表明，我国现阶段体育管理人才总量为 62473 人，占全部体育人才总数的 45.5%，也是数量最多的一类人才队伍，其职级构成如表 6-13 所示。

表 6-13　我国体育管理人才职级构成

职级	人数	百分比（%）	累计百分比（%）
正厅局级	132	0.2	0.2
副厅局级	382	0.6	0.8
正处级	2881	4.6	5.4
副处级	4763	7.6	13.0
正科级	12351	19.8	32.8
副科级	10689	17.2	50.0
科员	20346	32.5	82.5
办事员	10929	17.5	100.0
总计	62473	100.0	100.0

在学历构成上，随着"革命化、年轻化、知识化"的要求逐步深入人心，以及国家体育总局不断加大对体育管理干部队伍的建设力度，体育管理人才队伍的整体文化水平不断提高，博士、硕士学历人数逐年增加，近80%人员均为专科及专科以上学历，与20世纪80年代的专科及专科以上学历体育管理人员不足50%的现象有着质的突破（图6-20）。更为突出的是，高层次管理人才（正、副厅局级，514人）的学历结构变化更为显著，仅博士、硕士学历人数已达122人，占高层次管理人才总数的24%；大学本科及以上学历人数达357人，占其总数的70%。

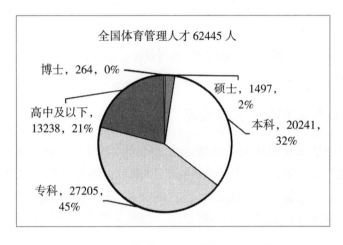

图6-20 全国体育管理人才整体学历层次构成图

在年龄结构上，我国体育系统体育管理人才整体年龄构成较为合理，56岁以上管理人员（1879人）只占管理人员总数的5%，46~55岁人员（18560人）占30%，36~45岁人员（22316人）占35%，35岁及以下人员（18690人）占30%，形成了以中青年为骨干队伍的体育管理人才群体（占总体的65%）。在专业结构上，我国体育系统体育管理人才体育类专业占据主体地位，体现了"专业化"人才队伍建设指导思想的成功实践。同时，管理类、法律类、经济类专业的比重进一步增加（占体育管理人才总体的28%，图6-21），不仅与我国社会主义市场经济体制的建立与完善、中国社会法制化进程加快的时代背景要求相一致，对于顺利推进体育管理体制改革与创新、加快体育事业建设和体育产业化发展进程也具有积极的作用和巨大的潜力。

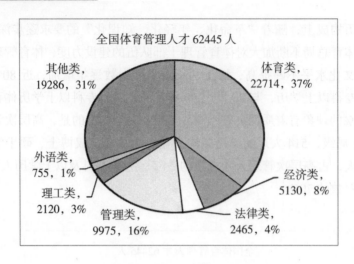

图 6-21 全国体育管理人才整体专业状况构成图

(六) 新型体育人才不断涌现

随着全面建设小康社会的发展进程，我国体育事业全面与国际接轨，体育的现代化程度不断提高，体育与经济广泛融合，体育事业的规模不断扩大。特别是知识经济和信息化社会的到来，体育人才的服务领域开始突破传统体育范畴，体育人才的专业门类不断分化、调整并扩大，出现具有创新特征的专业门类。

进入 21 世纪，我国社会的文明程度越来越高，体育与社会其他领域的融合程度更为广泛，体育人才服务领域继续扩大，中国经济社会对人才的需求也呈现出多领域、多层次、多样化的特点。同样，中国体育人才的专业种类也将在这一进程中表现出多样性特征，涌现出了体育产业经营、体育经纪人、体育保健康复、体育心理咨询、体育保险、体育翻译、体育广告等新型体育人才。新型体育人才是用现代体育科学知识武装起来的人才，是体育运动实践及其不断发展过程中培养起来的人才。

中国改革开放，不但使人们的物质生活有了根本性的改变，而且人们受各种思想观念影响的渠道增多、程度加深，参与社会生活的独立性、选择性、差异性增强，体育需求的多元化趋势也日益彰显，以强身健体、休闲、娱乐、交往、探险等为目的的体育成为人们生活的重要组成部分。不再满足于走亲访友、读书看报等传统闲暇生活方式的人们，争相走出户外，积极投身于户外体育活动、时尚体育运动、极限运动之中，从中寻找和体验新型体育活动提供给人们美的感受、惊险的刺激、情绪宣泄的快感、体育社会交往获得的愉悦以及归属感，为满足人们对体育的知识、技能、强身、美体、教育、消闲、娱乐、观赏等文化需要或职业需求，户外运动指导员、休闲体育经营者、体育旅游专门人才等则应运而生。与此同时，体育产业作为国民经济的重要组成部分，经营体育的教学、训练、竞赛、表演、娱乐、康复、新闻、出版，以及相关的设施、器材、服装和文化产品等，各类体育经纪人、体育科技咨询、体育营销等专门人才也活跃在当今中国大地上。

人类社会步入信息时代，体育信息作为重要的体育资源，在体育事业的发展中起到重要作用，因此，体育信息资源的创新、搜集、管理、传播等工作，都需要大量的体育信息人员来完成；体育广告人才、体育新闻人才、体育 IT 人才等也应运而生。

除上述新型体育人才外，体育保健康复、体育心理咨询、体育保险、体育翻译等新型体育人才，也将随着我国社会的发展和体育事业现代化进程的加快而凸显其独特的作用和功能。

中国体育人才，不仅在运动技术、知识结构及其水平上正在朝着现代高水平迅速发展，而且在人才种类、专业门类等方面也正在发生着蜕变。他们不仅在体育系统内，而且在全民范围内有效地发挥体育运动能动主体的作用，促进着体育现代化、科学化、社会化和大众化进程，并成为体育事业全面、协调、可持续发展的决定性因素，为中国体育全面赶超世界先进水平奠定了坚实的基础。

第七章

体育发展纳入法制轨道

- 体育法制建设的地位逐步提高
- 体育立法工作取得重要进展
- 《体育法》的实施力度不断加大
- 体育法制宣传与研究持续开展

　　以 1978 年党的十一届三中全会为标志，社会主义中国进入改革开放的新纪元，我国的社会主义现代法治就此启程。由这一时代特征所决定的体育法治也在新时期体育事业的恢复发展中拉开帷幕。随着依法治国、建设社会主义法治国家方略的普遍实施，体育发展逐步纳入法制轨道，体育法制建设步伐不断加快，体育法治局面日趋形成。体育法制在促进和保障新时期体育事业的改革与发展中，发挥着愈来愈显著的重要作用。

一、体育法制建设的地位逐步提高

　　改革开放以来，我国体育事业的蓬勃发展和民主法治建设的逐步推进，对体育法制建设提出了迫切要求。体育法制建设成为新时期我国体育改革与发展的一项重要任务，受到了党和国家、体育系统和社会各界的高度重视。体育法治理念逐步形成，体育法制建设步伐日益加快。

（一）体育法制工作得到高度重视

　　"为了保障人民民主，必须加强社会主义法制，使民主制度化、法律化"，是党的十一届三中全会为开启中国特色社会主义现代化征程所确立的一项重大方针，为我国民主政治的发展指明了航向。随后，以立法为重点的法制工作得以恢复并取得重大突破，体育法制也在我国法制建设的全面推进中得到了高度重视。1982 年，第五届全国人大第五次会议通过的新宪法，载入"国家发展体育事业，开展群众性的体育活动，增强人民体质"的专门条款，并对国家培养青少年儿童德智体全面发展、公民拥有进行包括体育活动的文化活动的自由、国务院与地方各级人民政府以及自治机关领导和管理体育事业的职责等作出规定，指明了体育事业发展的地位、方向和任务，广大人民群众的体育权利在国家根本大法中得到了确认和保障。

　　新时期体育事业的改革发展和法制建设，得到党中央、全国人大和国务院的重视与指导，并体现在相关工作决策之中。1983 年，国务院批转了国家体委《关于进一步开创体育新局面的请示》，其中包括"着手制定体育法"的内容。1984 年，我国首次全面参加奥运会并实现金牌"零"的突破，体育工作受到更多的社会关注。党中央发出《关于进一步发展体育运动的通知》，提出全党全社会都要重视加强体育工作的要求。时任全国人大常委会委员长的彭真同志也针对体育领域启动法制建设的需要，指示国家体委要抓紧起草体育法。在其后制定《中华人民共和国体育法》（以下简称《体育法》）的过程中，全国人大常委会和国务院及其工作部门给予热情支持，在当时立法任务十分繁重的情况下，将其列入立法计划，并顺利审议通过，为我国体育法制建设的全面展开构筑了坚实的法律基础。

《体育法》实施以来，在党和国家对体育工作的各项部署中，更加突出了体育法制建设的重要地位。党中央、全国人大和国务院的有关部门，对学习宣传和贯彻执行《体育法》提出了一系列要求。国务院的有关领导同志，多次对体育工作的依法管理作出指示。全国人大教科文卫委员会就实施《体育法》和体育法制的发展情况多次听取国家体育总局（原国家体委）的工作汇报，并就贯彻《体育法》发布文件、召开座谈会、开展检查和调研。2002年，党中央国务院下发了《关于进一步加强和改进新时期体育工作的意见》，在对现阶段我国体育改革发展的全面部署中，明确将"坚持依法行政，加强体育工作的法制建设"作为新时期发展体育事业的一项方针，并设置了"加强法制建设，将体育工作纳入法制化轨道"的专条规定。近年来召开的全国人大、政协会议上，体育法制工作也经常成为代表们热议的论题，除了在有关的工作建议中包括体育法制方面的内容，还有一些专门关于加强体育立法或执法等方面的提案，有力促进了体育法制建设。

在各地体育事业和法制建设的迅速发展中，体育法制建设也逐渐被提上党政工作的日程。从20世纪80年代中期以来，就有一些省市逐步将体育工作纳入地方立法规划，制定了加强体育工作的决议或决定。《体育法》颁布实施后，我国地方的体育法制工作得以全面启动，各省、自治区、直辖市的党委、人大、政府普遍制定文件，确立法制建设在体育发展中的重要地位，将体育法制工作列入地方人大和政府的发展规划或工作安排，加强了对体育行政部门法制工作的领导和指导。一些省的人大、政府进行了执行体育法的责任分解或签署体育法制工作责任状，成立了体育法制工作领导小组。各地在体育法制宣传、地方体育立法和体育执法监督检查等方面，做了大量富有成效的工作，体育法制工作取得了很大的进展。

（二）确立和坚持依法治体的方针

国务院和地方各级人民政府的体育行政部门担负着管理和发展体育事业的工作职责，在加强我国体育法制建设的过程中，持续开展了各种富有成效的组织与推动工作。早在1980年召开的全国体育工作会议上，体育部门积极贯彻党的十一届三中全会加强法制建设的精神，专门提出了体育立法的问题。1986年，国家体委下发的《关于体育体制改革的决定（草案）》，提出了建立健全体育法规的任务，要求制定好符合我国国情的《体育法》和加强地方体育立法。1987 年，国家体委召开法制工作会议，就贯彻落实全国法制工作会议精神作出安排。与此同时，原国家体委一面积极进行各体育领域法规制度的恢复和建设，一面抓紧《体育法》的起草，并扩大体育法制的宣传，带动了各方面体育法规的制定和体育法制工作地位的提升。

《体育法》颁布后，国家体委抓住宣传贯彻《体育法》的有利时机，将体育法制建设确定为当时体育工作的一大重点。1996 年，国家体委召开了新中国成立以来首次全国体育法制工作会议，认真总结了我国体育法制建设的工作经验，明确提出体育工作要从主要依靠行政手段管理向主要依靠法律手段管理转变，做到依法行政、依法治体，并确定了我国体育法制的奋斗目标和工作规划。1997 年，国家体委下发了《关于加强体育法制建设的决定》，认真分析了我国体育法制建设面临的形势，全面提出了加强体育法制建设的指导思想、工作任务和主要措施，要求各级体育行政部门要从适应社会主义市场经济改革和体育事业发展全局的战略高度，将体育法制建设作为体育工作的一项根本任务常抓不懈，不断开创我国体育法制工作的新局面。

加强体育法制建设，成为多年来国家体育总局予以高度重视的重要工作。在每年对全国体育工作的整体部署中，都包括着体育法制工作的内容和要求。国家体育总局于 1999 年下发了《关于进一步加强国家体育总局体育法制建设的通知》，又在 2000 年制定的《2001—2010 年体育改革与发展纲要》中，明确"坚持依法行政，依法治体，保障体育事业健康有序地运行"是新世纪我国体育改革发展的一项基本方针，专门规定了加强体育法制建设的工作内容。2005 年 8 月底，国家体育总局召开了"《体育法》颁布实施十周年纪念大会暨全国体育法制工作会议"，总结了《体育法》颁布实施以来体育法制工作的情况，强化了体育法制建设所承担的重要使命和依法治体的艰巨任务，对借北京奥运契机进一步推动我国体育法制建设提出了新的工作要求。2005 年 10 月，根据国务院推进法治政府建设的要求，国家体育总局下发了《关于贯彻落实〈全面推进依法行政实施纲要〉的意见》。

2006 年，根据国家对国民经济和社会发展的规划部署与体育事业发展的形势任务，国家体育总局编制并颁布了《体育事业"十一五"规划》，再次明确"十一五"时期我国体育事业发展应当坚持依法行政、依法治体的基本原则，规定了加快体育立法步伐、加强体育执法监督和开展体育法制宣传教育的重点任务。同时，作为专项配套规划，《体育法制建设"十一五"规划》一并出台，提出了"十一五"时期我国体育法制建设的发展目标、主要任务和重点工作措施，为体育法制建设的可持续发展提供了政策保证。此外，国家体育总局（原国家体委）还坚持年度全国体育政策法规会议制度，积极推动体育法制工作的交流和发展，并组织开展了对十多个国家体育法制状况的考察与交流，为促进我国的体育法制建设开拓了更加开阔的国际视野。

各地方体育行政部门在重视和加强体育法制工作方面也取得了显著的成效。改革开放不久，就有一些省市的体育部门聘请法律顾问，依法维护体育工作合法权益；有的省采用"政策法规年"等各种形式推动体育立法工作的开展；还有的地方体育部门提出要学会"以法争位"，依靠法律为体育工作在经济和社会发展中获得应有地位。1995 年，为适应体育产业与市场发展对体育法制工作的新要求，很多省市体育部门的同志一起研讨体育市场管理法规的建设，为各地启动相关立法工作奠定了基础。《体育法》颁布实施以来，各级地方体育行政部门普遍抓住加强体育法制建设的难得契机，将法制工作纳入领导议程，制定和完善相应的制度和机制。很多地方体育部门的中心组学习都将体育政策法规作为重要内容，促进体育管理队伍法制工作水平的提高。各地的体育行政部门还注重加强与当地人大、政府等有关部门的紧密配合，争取对体育法制建设的支持与配合，创造性地开展了多样化的地方体育法制工作，促进了各地体育事业的改革与发展。

（三）体育法制工作机构和队伍逐步建立

为适应体育法制建设发展的需要，1987 年，国家体委成立法制工作领导小组，并在办公厅内增设了法规处。1989 年，国家体委正式组建了政策法规司，将法规处划归政策法规司领导，全面加强体育法制的业务管理和体育系统内外的法制协调，并承担行政复议办公室和全国体育系统普法办公室的工作，为加强体育法制建设提供了重要的组织保证。

1993 年以来，广西、山西等省级地方体育行政部门开始设立法制工作机构。在 1998 年普遍压缩内设机构的政府机构改革中，几个省级体育局却增设了法制机构。在"十五"期间，又有部分省市新建或恢复了体育法制机构。目前，全国绝大部分省级体育行政部门都设立了体育法制工作机构，少数未专设机构的也都明确了体育法制工作的责任部门，还有一些地市或区也设立了体育法制机构，初步形成覆盖全国的体育法制工作行政组织网络。

各级体育行政部门还特别注重加强体育行政执法队伍的建设，组织体育行政人员参加行政执法培训并获得资格证书，加强体育行政执法人员的资质管理，不断提高这支队伍的素质和水平。各省级体育行政部门普遍建立了体育系统行政执法人员资格管理制度和培训工作制度，与法制工作部门一起或集中或分散地组织了各级体育行政人员的法制培训，一些省参加培训的人数达到千人以上，很多省都有数百名人员获得了资格证书，形成了专业性较强的各级体育行政执法队伍。一些地方注重做好体育行政执法和执法监督人员资格的审查认定管理，专门组建了体育市场管理的执法队伍，制定了体育行政执法人员守则，形成了体育执法督察网络。

为了保证北京奥运会的顺利举行，北京奥组委也专门设立了法律事务部，负责北京奥运会法律事务的协调与监管，在确保北京奥运会依法运行以及防范化解各种法律风险方面，承担着十分重要的使命。很多全国性体育单项协会等大型体育社团也设立了法律工作机构，一些体育组织还聘请了法律顾问，参与体育法律事务和为体育法制工作服务的律师机构和人员也越来越多。这些社会机构和队伍也成为体育法制工作力量的重要组成部分。

二、体育立法工作取得重要进展

体育立法是整个体育法制工作的基础。30 年来，我国体育立法全面展开，在立法数量迅速增长的同时，立法质量和层次也不断提高。特别是《体育法》的制定与实施，不但使体育领域有了国家法律，而且以其为核心的配套体育立法也不断推进，覆盖体育各个领域、位阶层次丰富的体育法规框架正在逐步形成。

（一）《中华人民共和国体育法》的颁布

制定《体育法》是改革开放以后我国体育领域的一件大事，是我国体育事业不断发展和社会主义法制建设日益加强的必然产物。1980 年，全国体育工作会议提出要及早拟出中华人民共和国第一部体育法草案后，国家体委开始组织力量，收集和翻译国外体育法律资料，为起草工作进行了各种准备。1988 年，《体育法》起草领导小组和起草小组成立，研制工作正式启动。经过一系列调研起草工作和反复论证修改，1992 年和 1994 年，国家体委先后两次向国务院呈报了《体育法（草案）》送审稿。1995 年 8 月 29 日，第八届全国人大常委会第十五次会议全票通过了《体育法》。国家主席第 55 号令对该法予以公布，于 1995 年 10 月 1 日起施行。至此，经过从酝酿到起草的十多年努力，历经 25 次重大修改的《体育法》终于诞生。

《体育法》是指导、规范和保障我国体育事业发展的重要法律，在我国法律体系中占有重要的地位。体育是我国社会发展事业的重要组成部分,在国家的法律体系中有这样一部专用于体育发展的高位阶法律,结束了我国体育工作长期没有专门体育法律可依的历史,是国家重视体育事业和我国体育取得重大发展的生动体现。《体育法》从高度宏观的层面为我国体育发展作出了全面规范与保障,规定了涉及体育发展整体性、全局性的主要内容,确立了体育在国家和社会生活中的地位以及国家发展体育事业的方针、任务、原则与主要措施,调整事关国家、社会、各种组织的体育工作责任,维护公民体育权利和促进体育持续协调发展等一系列重大体育问题的基本关系,是我国发展体育事业、开展体育工作的基本法。

《体育法》通过八章五十六条的内容规定,体现了国家发展体育事业的根本意志和坚持依法治体的总体要求。《体育法》明确了为"发展体育事业,增强人民体质,提高体育运动水平,促进社会主义物质文明和精神文明"的根本立法目的,规定了"国家发展体育事业,开展群众性的体育活动,提高全民族身体素质。体育工作坚持以开展全民健身活动为基础,实行普及与提高相结合,促进各类体育协调发展"的体育工作基本方针,确立了维护和保障公民的体育权利、体育为经济建设国防建设和社会发展服务、国家和社会共同办体育、依靠科技进步发展体育事业、保障和推进体育管理体制改革、积极开展对外体育交往等体育工作的基本原则,并对社会体育、学校体育、竞技体育、体育社会团体、保障条件以及法律责任等进行了全面而重点的规范。

《体育法》的颁布实施,是我国体育法制建设进入依法治体新阶段的重要标志,是新中国体育发展史上一座光辉的里程碑。《体育法》为贯彻宪法规定的体育原则、保障公民体育权利提供了重要的法律依据,为实现体育工作依法行政和依法治体创立了直接的法律规范,为巩固扩大体育改革开放成果、促进体育发展建立了全面的法律保障,为健全体育法规、进行配套体育立法奠定了坚实的法律基础,为加强社会主义法制建设、促进经济与社会发展增添了新的法律内容,无论对于推动体育法制和体育事业发展,还是促进国家法制与经济社会建设,都具有重要的作用和深远的意义。

(二) 体育法规体系逐步建立

1. 体育行政法规和法规性文件的相继颁行

改革开放以来,在国家立法层面上,除了《体育法》以外,国务院分别在两个时期相对集中地批准或制定了多部体育方面的行政法规,同时还公布了一些体育法规性文件，为体育改革发展的依法推进奠定了基础。

第一个体育行政法规出台比较集中的阶段是 1989 年至 1991 年。根据开展群众性体育锻炼活动的需要，在过去建立和实行体育与卫国体育制度和青少年体育锻炼标准、国家体育锻炼标准制度的基础上，1989 年 12 月，经国务院批准，国家体委令第 10 号发布了《国家体育锻炼标准施行办法》。为规范学校体育工作的发展，在总结改革开放初期试行高校和中小学体育工作暂行规定以来工作经验的基础上，1990 年 2 月，经国务院批准，国家教委令第 8 号和国家体委令第 11 号发布了《学校体育工作条例》。为了加强对外登山活动的管理，促进我国登山事业的发展，1991 年 7 月，经国务院批准，国家体委令第 16 号发布了《外国人来华登山管理办法》。

第二个体育行政法规颁布比较集中的阶段是 2002 年至 2006 年。在北京市取得第 29 届奥运会主办权后，为履行我国政府保护奥林匹克知识产权的庄严承诺，2002 年 2 月，国务院令第 354 号公布了《奥林匹克标志保护条例》，对北京奥运会的顺利筹办发挥了重要的作用。为了满足群众不断增长的体育与文化需求，解决体育场地数量不足、利用率不高和侵占破坏现象严重等问题，2003 年 6 月，国务院令第 382 号公布了《公共文化体育设施条例》，有力地保障了全民健身活动的开展。为加大反兴奋剂的工作力度，积极参与反兴奋剂的国际合作，2004 年 1 月，国务院令第 398 号公布了《反兴奋剂条例》，规定了反兴奋剂的严格方针和严厉措施，表明了我国政府的坚决态度和鲜明立场。根据举办奥运会的国际惯例，为做好北京奥运会的新闻传播，2006 年 11 月，国务院第 477 号令发布了《北京奥运会及其筹备期间外国记者在华采访规定》。

国务院立法层面的一些法规性文件，对规范和保障体育事业发展也发挥了重要的作用。改革开放初期主要有：1981 年的《国务院批转国家体委关于省、自治区、直辖市体委主任会议的几个问题的报告的通知》和《国务院办公厅关于重申 1954 年政务院关于在政府机关中开展工间操和其他体育运动的通知》，1983 年的《国务院批转国家体委、文化部、共青团中央关于全国农村体育工作会议纪要的通知》和《国务院批转国家体委关于进一步开创体育新局面的请示的通知》等。20 世纪 90 年代中期以来，相继有 1995 年国务院颁布的《全民健身计划纲要》，1996 年国务院办公厅转发的《国家体委关于深化改革加快发展县级体育事业的意见》，1998 年国务院办公厅发布的《国家体育总局职能配置、内设机构和人员编制规定》，1999 年国务院办公厅转发的《国家体育总局、民政部、公安部关于加强健身气功活动管理有关问题的意见》，2002 年中共中央、国务院颁发的《关于进一步加强和改进新时期体育工作的意见》，

2007 年中共中央、国务院颁发的《关于加强青少年体育增强青少年体质的意见》和国务院办公厅下发的《关于进一步加强残疾人体育工作的意见》等。目前，体育系统和各界热盼的《全民健身条例》等法规起草工作正在进行之中。

2. 部门规章和规范性文件的大量出台

为实施《体育法》和国务院体育行政法规，国家体育总局（原国家体委）和有关部委单独或联合制定了大量具体调整各类体育关系和实施体育管理的规章以及规范性文件，立法的范围逐步扩大到体育工作的各个方面，并从过去主要局限于本系统管理向越来越重视社会服务方面发展。这些部门体育规章和规范性文件主要包括以下内容。

在体育综合性组织管理方面，主要有：1986 年关于体育体制改革的决定、1993 年关于深化体育改革的意见和 2000 年体育改革与发展纲要等对体育改革与发展进行部署的规范性文件；关于规范和改革体育组织管理的规章与规范性文件，如关于国家体育总局运动项目管理中心、体育俱乐部、体育类民办非企业单位、全国性体育社会团体的发展意见或管理办法；关于体育项目立项管理的规章和公布体育项目的规范性文件；在体育机关内务管理方面制定的规章和规范性文件。

在群众体育和全民健身方面，除了与《全民健身计划纲要》配套的各阶段实施性文件外，主要有：关于开展县级体育、农村体育和城市社区体育工作的规章与规范性文件；关于加强老年人、残疾人、少数民族体育和其他人群的体育健身活动，特别是加强学校体育工作、开展学生体育活动的规范性文件；关于开展国民体质监测工作和施行国民体质测定标准、学生体质健康标准、普通人群体育锻炼标准等方面的规章；关于开展广播体操和其他群众体育活动、推行业余运动员技术等级标准等促进全民健身活动发展的规范性文件；关于加强社会体育指导员队伍建设和青少年体育俱乐部、社区体育俱乐部、全民健身户外活动基地等群众体育组织建设的规定；关于加强全民健身工程、"雪炭工程"、农民体育健身工程、学校体育器材设施和社区体育设施建设等全民健身物质保障方面的规章与规范性文件。

在竞技体育方面，主要有：《奥运争光计划纲要》；关于组建国家队和运动队伍管理、业余训练和后备人才培养、各类运动竞赛制度、体育竞赛纪录审批等竞赛训练方面的规章与规范性文件；关于加强赛风建设和赛纪管理的规范性文件，特别是一系列反兴奋剂方面的专门规章；关于运动员、教练员和裁判员守则，优秀运动员的招收与分配、上学与退役、津贴与奖励、伤残与保险等各种待遇以及运动员注册与交流管理，教练员职务评定、岗位培训和工作管理，裁判员的工作管理等运动人才管理方面的规章和规范性文件；关于退役运动员就业安置、自主择业补偿和运动员社会保障、运动员聘用管理等新的规定。

在体育科技教育与人才工作方面，20世纪80年代以来已有多部体育科技奖励、体育科研课题、鉴定和成果管理的规章与规范性文件；1995年以后为推行"全民健身计划"和"奥运争光计划"配套了科技计划，并发布《2001—2010年体育科技发展规划》以及繁荣发展体育社会科学的意见和管理办法；关于体育学院、体育运动学校、少年儿童体校办学和社会力量办体校、武校管理的规定，以及体育专业技术人才培养、开展体育职业教育、加强体育人才工作的规范性文件；开展体育职业技能鉴定工作、推行体育职业证书制度的规章。

在体育经济与产业服务方面，主要有：关于全国性运动会和体育竞赛的经费管理，体育事业单位、体育运动学校、体育训练基地、体育场所的经费与财务管理等方面的规定，以及专项体育基金、体育彩票公益金等方面的管理规章；1995年制定的《体育产业发展纲要》，以及对体育市场与体育经营管理、体育广告赞助管理、某些体育项目经营管理所作出的各种规范；2000年以来，又有一些规范市场开发、运动员商业活动合同管理和体育服务认证管理的规定，并出台了各种体育设施与服务标准近20个。

在对外体育交往方面，分别就出国体育团队和出访纪律、加强体育外事管理和审批工作、外派体育技术人员及其待遇和财务管理、加强国际体育组织人才培养等，制定了一些规范性文件。

3. 地方体育立法的步伐不断加快

《体育法》实施后，地方体育立法发展迅速，全国绝大部分有地方立法权的省市都制定了地方性体育法规和政府规章，而且地方权力机关的体育立法不断增多，近年来很多地方又着手进行体育法规和规章的修改。地方体育立法紧密围绕体育改革发展的现实需求，反映了各地的不同特色，主要包括以下内容。

在综合性地方体育改革发展方面，1996年以来，先后有5个省级地方颁布了实施《体育法》的地方性法规；1997年以来，又有7个省市出台了体育条例或体育发展条例；几乎所有省级地方和较大的市都为推进地方体育事业改革发展制定了大量的规范性文件，包括地方人大或政府及其与党委联合制定的体育发展决议或贯彻实施方面的文件。

在全民健身方面，1998 年以来，一些省市政府相继制定了促进全民健身工作的规章和规范性文件；自 1999 年开始，先后有近 20 个省、市人大常委会颁布了全民健身条例或促进条例；还有很多地方就加强某方面的全民健身工作作出规定，包括促进青少年体育、老年人体育、残疾人体育、体育后备人才管理以及健身气功管理等多个方面。

在体育场地设施方面，1982 年起就有几个省市出台了这方面的政府规章，《体育法》实施后，体育场地设施立法成为地方体育立法的一个重点，先后有 12 个省市的人大常委会通过了体育场地设施方面的条例，9 个省市政府制定了相应的规章，还有些地方是先制定这方面的政府规章后又上升为地方性法规；还有 10 多个省市先后出台了游泳场所的管理规章或其他体育设施管理与开放方面的规范性文件。

在体育市场与经营方面，1994 年就有地方出台了政府规章，《体育法》颁布后，这方面成为数量较多的地方体育立法，先后有 25 个省市人大常委会发布了体育市场或体育经营条例，30 个省市出台了相应的政府规章；根据实施行政许可制度与体育市场管理改革的需要，很多省市都对上述法规规章进行了将管理重点由事前审批转为后续监管的修订，有的省出台了对高危险性体育项目经营实行行政许可的地方性法规；许多地方还对某类或某方面体育市场的经营分别制定了有关规章。

在其他方面，从 1996 年开始，有 10 余个省市制定了体育竞赛管理的政府规章，一些地方出台了登山或其他体育项目活动管理的地方性法规，还有一些省市就运动员的培养、安置、奖励等作出规定。为举办北京奥运会，北京市加强奥运相关的地方立法，自申奥成功以来已制定（修订）了近 20 项相关的地方法规和规章，其他省市也作出了一些与奥运相关的专门规定。

4. 体育社会团体规章制度逐步完善

体育活动的行业系统性和民间自治性以及高度国际一体化的特征，使得体育社会团体在体育的管理过程中具有重要的地位和作用。《体育法》就专门设立了"体育社会团体"一章，赋予各类体育社团一定的管理权力。因此，中华全国体育总会、中国奥委会，特别是各全国性单项体育协会，根据《体育法》和有关法律法规，依照《奥林匹克宪章》和国际单项体育组织的有关规定所制定的社团章程和规章制度，成为其自我管理和开展工作的重要自治规范，是体育法律法规的重要补充和依法治体的必然延伸。

改革开放以来，随着我国体育管理体制改革的不断深化，全国性单项体育协会等各类体育社团在体育管理和发展中的地位日益突出，社团自身的建设工作不断加强，并随着国家的法治化进程日益重视其规章制度的建设。经过多年的发展，我国正式注册的全国性单项体育协会已达 60 多个。这些协会除了基本的章程以外，还根据自身的项目特点和发展情况，分别就协会基层组织和俱乐部的管理、项目活动的普及开展、竞赛计划和申办承办以及安全管理、参赛运动员的选拔和选派、运动员的登记注册和权益保障、教练员的注册培训选拔与考核管理、裁判工作和裁判员管理、竞赛纪律和反兴奋剂管理、竞赛仲裁与申诉制度、运动员教练员的奖励和处罚、各种商业开发活动的管理、运动器材与装备的审定和管理、对外交往和新闻宣传以及各种内部事务的管理等方面，制定了大量具体的规章制度，并在实践中不断调整与修订，日趋丰富与健全，逐步构建起具有鲜明体育行业特色的内部规范体系。这些逐步完善的体育社团内部规范，对于推动协会和各运动项目的有序发展，促进依法治体的深入和实现，具有不可替代的重要作用。

（三）体育立法逐步科学化和系统化

面对大量的体育立法任务，国家体育总局（原国家体委）根据有关的立法法律法规，加强对体育立法工作的组织领导，不断提高体育立法质量和科学化、规范化、系统化水平。1987 年，国家体委出台体育法规立法程序的规章，1999 年，国家体育总局对其进行了修订。《中华人民共和国立法法》颁布后，国家体育总局于 2005 年再次发布了《国家体育总局规章制定程序规定》，提高了对制定体育规章的科学性、规范性要求。部分省级体育行政部门也制定了地方体育立法的程序规定。

1987 年，国家体委为贯彻落实全国法制工作会议精神，开始研究制定体育立法计划。《体育法》实施后，国家体委逐步建立体育立法的规划和计划制度，于 1996 年编制印发了《1996—2000 年体育立法规划》和《1996—1997 年度重点体育立法项目》，保证了当时体育立法工作的顺利进行。在其后陆续制定的体育法制五年规划中，均把体育立法的规划内容作为重点。根据体育立法的程序规定，国家体育总局（原国家体委）每年还编制年度立法工作计划。各省级体育行政部门，也根据需要编制了各种地方体育立法工作的规划和计划。

为保证体育法规的有效实施，维护国家法制和体育法制的统一，1984 年和 1988 年，国家体委对 1949 年以来的体育法规进行了两次清理。2003 年、

2006 年和 2007 年，国家体育总局又多次进行全面清理，并公布了清理情况和废止决定。根据 2007 年初国家体育总局公布的清理情况，我国现行有效的体育规章和规范性文件共 115 件，地方性体育法规、规章和规范性文件共 207 件。1989 年，国家体委对 1949 年至 1988 年的现行体育法规进行了汇编出版。其后，国家体育总局（原国家体委）又分别于 1993 年、1997 年、2000 年、2003 年、2005 年和 2007 年，先后六次对之前发布的各级各类体育法规进行了出版，实现了我国体育法规汇编工作的规范化和制度化。

三、《体育法》的实施力度不断加大

实施是法律的生命，《体育法》的实施在体育法制建设中具有重要的意义。在体育立法不断加强的同时，特别是《体育法》颁布以来，对《体育法》的贯彻实施和在体育领域的各项工作中切实依法办事，越来越成为体育法制工作的重点。通过《体育法》实施机制的不断健全和执法水平的逐步提高以及必要的司法介入，促进了我国体育法治局面的形成和体育事业的发展。

（一）体育执法与检查监督工作不断加强

随着体育法制建设的日益加强，《体育法》的贯彻实施和体育执法与监督被越来越多地列入各级人大、政府和体育行政部门的工作内容。《体育法》颁布后，中共中央宣传部、全国人大教科文卫委员会、国务院法制局等部门联合发出贯彻执行的通知，对实施《体育法》提出了一系列要求。1996 年以来，全国人大教科文卫委员会充分发挥其职能作用，分别派出执法检查和调研组，先后对浙江、福建、江西、云南、广西、北京、湖南、四川、辽宁等地进行了《体育法》的执法检查和执法调研，听取地方人大、政府和体育部门的汇报，到城市社区、农村和基层单位实地考察，与体育工作者和当地群众进行座谈，并撰写和发表了《体育法》检查和调研报告，有力地促进了各地对《体育法》实施的重视和体育法制工作的加强。为进一步推动《体育法》的实施，1998 年，全国人大教科文卫委员会还联合国家体育总局共同下发了《关于进一步做好〈体育法〉贯彻执行工作的通知》，针对贯彻执行《体育法》中存在的一些亟待解决的问题，要求各级人大和政府体育部门认真履行执法与监督职责，健全配套制度措施，在全国范围内尽早形成上下衔接、协调有序的体育执法机制，切实保证《体育法》的贯彻执行。

体育行政执法是《体育法》和许多法律法规赋予各级体育行政部门行使的

重要管理职权。1998年国务院机构改革后，有关法规继续强化国家体育总局监督实施体育法规、开展体育行政执法和配合全国人大、国务院有关部门进行体育执法检查的职能。多年来，国家体育总局（原国家体委）通过各种会议和文件，对加强体育执法和监督检查工作作出了各种部署，组织各级体育行政部门，或者联合国务院有关部门，对有关行政法规的实施以及体育先进县、先进社区等先进典型的评定、全民健身工程以及其他体育彩票公益金援建项目的建设、反兴奋剂工作、公共体育场地设施的建设与使用等，开展了各种执法检查，不断强化与落实体育法规实施检查和体育行政执法的工作职能。

为推进和保证《体育法》的贯彻执行，很多地方人大、政府出台了实施《体育法》的地方性法规和规范性文件，开展了多种内容形式的《体育法》执行情况检查和体育执法监督。地方各级体育行政部门也不断强化依法行政的意识和职能，单独或联合人大、政府有关部门开展体育法规的综合或专项执法检查工作，体育行政执法的地位不断提高。

（二）体育行政执法行为日趋规范

随着依法行政和行政管理体制改革的不断深化，体育行政执法越来越成为体育行政部门行使管理权力的主要方式，对体育行政执法的依法进行提出了越来越高的要求。多年来，各级体育行政部门对体育行政执法机制进行了积极的探索，不断加强体育执法的规范化建设。《体育法》实施之后，大部分省、自治区、直辖市的体育行政部门就体育行政执法建立了相关的工作制度，制定了各种文件和方案，明确规定体育行政执法机构和执法人员的任务、权限、程序和行为规范，有的地方还专门制定了体育文明执法标准或文明执法目标。各省级体育行政部门普遍建立了体育行政执法责任制，明确执法主体责任和执法岗位责任，实行错案和执法过错责任追究，逐渐健全和完善体育行政执法人员管理、体育行政执法检查程序、体育行政处罚听证、体育行政执法公示和承诺、体育行政执法文书档案等各方面管理措施，不断加强各项体育执法环节的管理。部分省、自治区、直辖市体育部门对执法机构和承办岗位进行了责任分解，体育行政执法责任制得到层层落实和系统管理。部分地方体育行政部门还分别建立了体育行政执法质量考评或目标考核制度，实行了体育行政执法失职追究或首问责任制度。根据实施《行政复议法》的需要，各省级体育行政部门普遍确定了体育行政复议机构，有的已受理和解决了一些体育复议纠纷。

随着《行政许可法》的制定与实施，国家体育总局和地方体育行政部门配合各级政府，积极做好体育行政审批制度的改革。国家体育总局成立了行政审批制度改革工作领导小组和工作班子，对体育行政审批项目进行了清理。经国务院对行政许可项目的调整和确认，国家体育总局进一步明确了对各种体育行政许可项目、非行政许可体育审批项目和其他非许可项目的规范管理，先后发出《关于做好〈行政许可法〉贯彻实施工作的通知》《关于受理行政许可申请有关事宜的公告》《行政许可项目审批条件及程序》等文件，对行政许可事项的条件、程序、期限等作出明确规定。截至 2008 年，经国务院确认继续保留的体育行政许可，包括从事射击竞技体育运动单位批准、举办攀登山峰活动审批、举办健身气功活动及设立站点审批、开办武术学校审批、开办少年儿童体育学校审批 5 项。经国务院确认暂予保留的非行政许可体育审批项目，包括举办全国性和国际性体育竞赛审批、国家正式开展的体育竞赛项目立项审批。其他非许可项目，包括社会体育指导员技术等级称号授予、教练员专业技术职务等级评聘、裁判员技术等级称号授予、运动员技术等级称号授予等。2006 年，国家体育总局发布第 5 号公告，公布了行政许可、行政审批、行政确认等 7 类 35 项行政执法项目及其执法依据，使其执法职权更为明确和规范。近年来，国家体育总局已按照规定程序办理了大量举办攀登山峰活动等各类行政许可事项，并通过网络予以公告。

各省、自治区、直辖市体育行政部门根据《行政许可法》的精神和国务院、当地政府的要求，也普遍对原有的体育行政审批事项进行了清理并获得确认。各地多取消了体育行政部门对开展体育经营活动、开办体育经营场所的行政审批。有些地方在保留的体育行政许可中，还根据有关法规对临时占用公共体育设施审批、拆除公共体育设施或改变其功能用途审批、体育类民办非企业单位登记审核等予以了保留。也有的地方根据地方性法规保留或增加了对高危险性体育项目经营的行政许可。各地体育行政部门根据体育审批制度的改革需要，转变工作方式和工作作风，进一步加强和完善体育行政许可的规范管理。一些地方还对体育行政执法项目进行了分类确认和公布，确保体育行政执法的规范化发展。

（三）体育执法工作成效显著

改革开放以来，特别是《体育法》实施以来，通过不断加强体育执法与监督检查工作，《体育法》与其他体育法规的实施形成了良好的局面。在很多体育领域和体育工作中，体育执法取得了日趋明显的效果。

根据体育场地设施工作的重要地位和体育场地不足以及被侵占破坏现象时有发生的现实状况，很多省市依据《体育法》的规定和体育场地设施的地方性法规规章，将建设和保护体育场地设施作为体育法实施检查和体育执法的一个重点。通过体育执法检查的积极干预，全国有数十起体育场地设施违法挪用、挤占、拆除、改变用途的行为得到了制止和纠正，有效地保护了现有体育设施免遭破坏或予以重新规划修建。2005年，国家体育总局和文化部等联合开展了《公共文化体育设施条例》的执法检查，地方政府有关部门普遍进行了相应的自查，之后国务院法制办、国家体育总局和文化部等又组成检查组赴山东和广东进行检查，有力地促进了体育设施的建设、开放和保护工作。

随着我国体育产业和市场经营活动的日趋活跃，为保障体育经营秩序和维护体育消费者权益，体育市场的监管执法成为各地体育行政执法的又一重要内容。根据《体育法》和有关的地方性法规与规章，各地体育行政部门与工商等政府部门紧密配合，有的还建立了专门的执法机构和队伍，依法加强对各种体育活动经营场所和营利性体育培训、竞赛表演活动的监管与检查，对各种无证经营、不具备经营资质或不符合经营条件以及经营混乱等问题，依法予以查处和纠正，取得了良好的执法效果，维护了体育市场的正常秩序。在实行体育经营许可改革之后，随着2005年《体育服务认证管理办法》的实施，各地体育等部门在加强体育经营备案监管的同时，进一步开展了体育经营服务场所和服务活动的认证管理与监督检查。2007年初，全国有11家体育健身经营机构首批获得了国家认证认可监督管理委员会和国家体育总局颁授的体育服务认证证书和标牌。

在北京奥运会筹办和举办阶段的服务和保障方面，也取得了积极的执法成效。国务院体育、工商、海关、版权、知识产权等部门以及北京市等地方政府，以各种形式对贯彻有关保护奥林匹克标志的法律法规进行部署，发布各种管理公告，采取积极的行政措施，不断加大保护奥林匹克标志的执法力度。中央和地方各级工商部门依法履职，完成了数百件奥林匹克标志相关的备案、登记、注册、公告等工作，同时，对各种侵犯奥林匹克知识产权的违法行为进行严厉打击，处罚了大量的侵权行为，有的还移送司法机关追究了刑事责任。通过执法工作和社会各界的共同努力，有效地维护了奥林匹克权利人的合法权益，全社会奥运知识产权的保护意识显著增强，得到了国际奥委会的高度评价。同时，有关部门还在奥运工程建设、环境保护、安全保卫、城市管理、食品卫生、交通运输、市场开发、物资采购等多方面加强执法监管，确保了北京奥运会的顺利筹备和举办。

兴奋剂问题是当今国际体坛面临的严重挑战。我国政府及其体育和相关部门以及各体育组织，认真落实《体育法》和反兴奋剂法规规章，建立了统一的反兴奋剂体制与管理系统，积极开展反兴奋剂教育、管理和检查。我国自主开发并实施的《中国兴奋剂控制质量管理体系》通过国际标准认证，兴奋剂检测中心连续16年通过国际组织考试。我国兴奋剂检查数量逐年增加。体育等部门坚持反兴奋剂的"三严方针"，对各种兴奋剂违法案件进行严格的查处和追究。2008年6月，国家食品药品监督管理局、国家体育总局等八部委又联合开展兴奋剂生产经营专项治理督查，各地自查与向重点地区派督查组相结合，取得显著的执法成效。这些行政执法的实施以及其他有效的工作，保证我国反兴奋剂工作达到了世界先进水平，产生了良好的国际反响。

进入21世纪以来，中央和各地政府的有关部门还开展了学校体育活动和场地开放的督导检查、某些体育资质与事务的依法审批、体育安全卫生等标准的监管、扰乱体育活动秩序的治安处罚等其他专项执法检查活动，促进了体育工作和各项事业的发展。

（四）司法逐渐介入对体育纠纷关系的调整

在体育事业蓬勃发展、各种体育关系越来越复杂、体育利益矛盾日益增多的情况下，随着我国体育法制建设不断加强，体育工作者与社会各界法治观念与维权意识日趋增长，司法介入体育领域的必要性逐渐凸显，运用诉讼方式解决体育纠纷的现象不断增多。国家司法活动对保障《体育法》和其他体育法规的实施、维护体育事业的发展起到了重要的作用。

20世纪90年代以后，我国开始出现有关体育的诉讼案件。1994年上海长宁区法院受理了我国首例赞助单位诉运动员违约案。江西省兴国县法院分别于1995年和1999年受理了两起因篮球比赛引发的意外伤害赔偿案。另外还相继出现了多起学校体育活动的伤害事故纠纷案件，在社会体育活动和竞赛中也出现了运动猝死、设施致人伤害等官司，使社会各界越来越关注安全管理和化解体育活动风险的法律问题。1999年，中国奥委会诉广东汕头市金味食品工业有限公司侵犯奥林匹克五环标志案审结，中国奥委会终审胜诉成为中国奥委会"第一案"，对依法维护奥林匹克知识产权产生了良好的社会影响。2002年马健状告东方男篮合同违约案，因赞助体育而出现的理科虫草王诉中华鳖精案，邓亚萍诉伟民实业总公司合同违约案，庄毅与辽青俱乐部股权转让纠纷案，以及一些运动员转会劳动合同纠纷案件等，表明市场经济条件下越来越多的体育市场关系必须纳入法制调整轨道。而大量出现的体育人格权纠纷，如陆俊诉《羊城晚报》名誉侵权案、李章洙诉《南方体育》精神损失赔偿案、姚明状告可口可乐公司肖像侵权案、范志毅"赌球"名誉侵权案、王军霞状告烟厂名誉侵权案、刘翔状告媒体广告侵权案，以及盈方公司和中国篮协诉贵人鸟有限公司广告侵权案等，使运动员个人与单项体育协会权利保障问题得到社会更加广泛的关注。湖北章国新体育彩票号球做假案、西安"宝马体育彩票舞弊案"、彩民状告体彩中心索赔案以及一些其他体育彩票案件，通过对犯罪人的制裁或对彩民民事权益的维护，对稳定体育彩票市场秩序起到了重要的保护作用。还有一些体育活动中出现的诈骗、赌博等刑事犯罪案件、对体育活动或竞赛中出现的人身伤害赔偿责任的司法追究等，充分体现了国家司法力量为建立正常体育秩序所发挥的不可替代的重大作用。

四、体育法制宣传与研究持续开展

30 年来，在我国体育法制建设的不断加强与发展中，作为体育法制建设的重要内容和必要条件，宣传与研究工作也相伴开展并取得显著的成绩，在提高体育领域和全社会的体育法律意识、形成良好的体育法制舆论氛围、提供理论支持和促进体育法制工作科学决策等方面，发挥了重要的作用。

（一）体育法制宣传教育收效明显

随着改革开放后我国体育事业的迅速发展和体育需求的明显增长，对体育发展进行法制保障的呼吁性文章陆续出现于有关报刊。自启动《体育法》起草工作后，我国的体育法制宣传活动也进一步展开。《体育工作情况》等内部刊物和《中国体育报》《新体育》等体育报刊对《体育法》的起草情况以及国外体育法制状况进行了报道，体育法制宣传的力度和规模日益增大。

1995 年《体育法》颁布后，中共中央宣传部、国家体委等 16 个部委立即发出《关于学习宣传和贯彻执行〈体育法〉的联合通知》，中央有关领导和各有关部委与各地代表参加的学习宣传《体育法》动员大会随即召开，全国 20 多个省级地方同时作出了学习宣传《体育法》的安排，《体育法》学习宣传热潮在全国迅速掀起。其后，国家体育总局不断提出加大体育法制宣传的各种要求，将每年的 10 月 1 日确定为"体育法施行纪念日"，在全国体育系统集中进行《体育法》的宣传活动。同时，新闻媒体的宣传在社会公众对《体育法》了解和学习发挥了重要的作用。各类媒体充分发挥各自优势，在对各种体育信息的广泛传播中，包括着大量体育新法规和体育法制工作情况的宣传介绍。特别是很多媒体对加强体育法制和一些体育法制热点问题进行了多视角的报道，一些体育法制问题通过媒体的集中关注而产生了轰动效应，促进了体育法治理念的社会普及，为体育法制形成了良好的舆论支持。国家体育总局（原国家体委）还多次与有关部委、新闻媒体联合举办体育法律知识竞赛活动。1997年9月，国家体委与全国人大教科文卫委员会、国务院法制局、司法部等单位联合举办了《体育法》知识竞赛。2004年，国家体育总局和全国普法办联合举办了"中国体育彩票杯"全国体育法规知识竞赛，通过《法制日报》《中国体育报》和网络进行广泛的宣传，回收参赛答题卡近7万份，产生了很好的宣传效果。2005年《体育法》颁布实施十周年之际，国家体育总局举办了有奖征文等宣传活动，各地也普遍开展了丰富多彩的纪念活动，全国又一次比较集中地掀起了体育法制宣传活动的热潮。

从1991年全国第二个五年普法规划开始，国家体委在全国体育系统开展了普及体育法规知识的活动。1993年，国家体委编写出版了《体育法规知识讲座》和《运动员普法手册》，作为普法教材在全国体育系统使用。在其后分别开展的第三、第四、第五个五年普法规划活动中，国家体育总局（原国家体委）和地方体育行政部门，普遍成立了普法工作领导和办公机构，制定普法规划文件，将体育法律法规作为宣传教育和学习普及的重点内容。在建立领导干部带头学法制度的同时，针对体育工作者的需要和运动员队伍的特点，开展了多样化的普法教育活动。国家体育总局建立了中心组法律学习制度，每年在局机关组织多次法律讲座和法律培训班，将普法考试成绩计入年度任职考核之中，并对各地的体育普法宣传教育进行指导，开展全国性的经验总结与交流。各地体育行政部门在开展体育法律法规知识普及宣传教育中，还普遍将本地的体育法规规章列入内容，开展了具有地方特色的普法宣传教育活动。1995年以来，国家体育总局（原国家体委）又组织编写了《〈中华人民共和国体育法〉释义》《〈中华人民共和国体育法〉学习辅导材料》《体育法规知识读本》《运动员法律手册》以及新颁布的几个体育行政法规释义，作为体育普法读物在全国体育系统组织学习。体育普法宣传教育活动的开展，有力地促进了体育法治理念在体育系统与全社会的树立和体育队伍法律素养的提高。

在迎接和筹办北京奥运会进行的各种奥林匹克宣传教育中，也同时包括着各种法律知识的介绍，并将法治奥运作为奥运宣传的重要内容。2003年，北京市体育局在全市开展了"迎奥运体育法律法规宣传周"活动。从2005年起，北京市连续用了3年时间，采取了一系列新颖独特的普法形式，先后编印了《北京奥运市民法律知识手册》和《奥运志愿者法律知识培训手册》，制作《奥运法制宣传挂图》，张贴各种奥运法制宣传画，在电视媒体播放奥运法制宣传片，组建奥运法制宣传小分队，举办奥运法治论坛和讲座，进行奥运法律知识巡展和文艺节目演出，并充分利用各种流动载体和交通干线设施，开展了各种奥运法制的主题宣传活动。2006年，北京市更加系统地制定并实施了《北京奥运法制宣传计划》；2007年北京奥运会倒计时一周年，又将法制宣传掀起一个新的高潮。中宣部、国家体育总局等五部门联合发出《关于加强奥运法制宣传的通知》，决定在全国开展为期一年的奥运法制宣传，并启动了以"人文奥运，法治同行"为主题的"奥运法制宣传万里行"活动。同时，司法部、国家体育总局等联合举办的"百家网站奥运相关法律法规知识竞赛"活动也一并展开，进一步营造了奥运法制的宣传效应，使奥运法治理念日益深入人心。

（二）体育法学研究日益广泛深入

在我国体育法制建设的实践进程中，体育法学理论和学术研究的需求与作用也日益显现。在改革开放带来思想解放和学术繁荣的背景下，体育法学与其他一些新兴体育学科得以诞生。1984年以来，一批体育院校学者开始发表体育法方面的论文，并组织开展了相应的学术研讨与交流活动。1987年，几位早期体育法学研究者集体完成了《体育法学概论》的编写。同时，体育法学进入中国体育科学学会的组织体系，开展了以制定《体育法》为重点内容的课题研究，社会影响逐步扩大，全国性学术活动相继展开。

《体育法》的颁布实施，同样对我国的体育法学研究形成了有力的推动。特别是随着社会主义市场经济发展，与体育利益相关的矛盾日渐突出，体育领域民主与维权意识不断提高，一些体育热点法律问题受到更广泛的社会关注，对体育法学不断提出许多新的要求，也调动了更多的社会力量积极参与体育法学研究。国家体育总局（原国家体委）积极扶持体育法学的发展，在对体育法制建设的工作部署中对体育法学研究提出了明确的要求，并通过科研资助保证一定数量的体育法学课题立项。其他有关国家机关和社会各个方面也对体育法学研究给予了热情的关注和支持，不断为体育法学的繁荣发展搭建新的平台。1996年，体育学被列入国家社会科学一级学科，体育法学成为其下设的独立二级学科。体育法规被教育部确定为体育专业的正式课程，进入体育人才的培养体系。在国家哲学社会科学基金项目和司法部、教育部等科研立项中，也资助了多项有关体育法学的课题。多年来，体育法学的学科地位不断提升，体育法学研究的规模和声势逐步扩大。在过去主要以体育部门、体育院校和体育学者为主的基础上，越来越多的法学院校、法学刊物、法律实务机构、法学与法律工作者也积极参与投入体育法学研究。在过去多在体育报刊上发表体育法学文章的同时，一些综合性报刊和法学报刊也越来越多地刊载体育法学的内容。

从 1997 年起，我国开始在硕士研究生中设立体育法学专业方向，已陆续有 10 余所高等院校正式培养体育法学方面的硕士和博士研究生，还有很多相关专业的硕士或博士论文完成了体育法学方面的论题。目前，我国已有近 10 所体育院校、政法院校和综合大学建立了体育法学的研究机构，正在形成一支比较稳定的高水平研究队伍。2005 年，中国法学会体育法学研究会成立，体育法学研究力量得到了进一步整合，并与日本、韩国体育法学研究组织共同发起成立了亚洲体育法学会。2007 年，山东省法学会成立了我国第一个地方性体育法学的研究组织。

我国体育法学研究不断发展，取得了可喜的成绩并形成了突出的特色。体育法学研究成果数量日益增多，逐年上升，目前已累计发表各种论文 1000 多篇，出版各种体育法学方面的教材、专著、译著近 20 部，完成各种以体育法学为选题的国家级项目 10 余项、省部级项目 60 多项，并获得了各种科研奖励。近年来，体育法学学术活动连年举行，除了各种综合性体育学术会议中包括体育法学的专题外，先后在湖南长沙、华侨大学、中国政法大学、天津体育学院、武汉大学、西安体育学院、山东大学等召开了各种专题的全国性和国际性体育法学学术会议。我国体育法学研究内容日趋丰富，所涉范围和角度越来越宽，紧贴时代发展脉搏，密切关注体育改革与发展的现实，研究质量和水平逐步提高，出现了颇有学术深度或直接为体育法制决策服务的研究成果，产生了良好的社会效益。

30 年来，在中国特色体育事业和社会主义法制建设的伟大实践中，在依法治国方略和现代法治理念的引领下，我国体育改革与发展全面纳入法制轨道，逐步形成了依法治体的工作局面，保障和推动着我国体育事业的全面协调可持续发展，为我国体育事业及其法制建设的进一步发展奠定了坚实基础。

第八章

开创国际交流与合作新局面

- 重返奥运，率先实现『一国两制』的构想
- 积极参与国际体育活动
- 举办大型国际体育赛事
- 国家（地区）间体育交往活动频繁
- 参与国际体育组织管理
- 积极开展国际体育援助

一个国家对国际体育的参与程度，在国际体育中发挥作用的大小，是以该国的整体实力为依托的，是与其经济发展、政治稳定和文化积累密切相关的。30年来，在党的领导下，我国坚持改革开放，成功地实现了从半封闭状态到全方位开放的伟大历史转折，走出了一条在一个十几亿人口的发展中大国摆脱贫困、加快实现现代化的中国式道路，取得了举世瞩目的伟大成就。国家整体实力的增强，社会软硬件基础的改善，为中国体育大踏步地走向世界创造了前所未有的条件。改革开放的30年，是中国体育界思想大解放、精神大振奋、成绩大突破的30年，也是中国体育以空前规模，全方位同世界体育进行接触、交流和融合的30年。

30年来，中国以竞技体育为先导，与世界各国和各国际体育组织密切联系，在群众体育、伤残人体育、体育科学研究、体育教育、大众传播媒介、民族传统体育等体育诸领域全面展开了国际交流与合作并取得巨大成就。体育像一条金色的纽带，把中国人民和世界上不同地区、不同肤色、不同文化的人民紧紧联系在一起。在新时期，国际交流与合作已经成为我国体育事业不可缺少的组成部分，发挥着越来越重要的作用。

一、重返奥运，率先实现"一国两制"的构想

新中国成立后，体育事业作为国家建设事业的组成部分，步入新的发展阶段。积极参与国际体育活动、开展与世界各国和地区之间的体育交往，成为当时中国体育发展的一个活跃领域。然而，在当时的世界政治形势影响下，某些国际体育组织中出现了极少数人企图制造"两个中国"的局面，为维护国家主权，中国体育组织进行了严正斗争，并在1958年后的一段时期内，不得不同国际奥委会及其他多个国际体育组织中断了联系。自此，中国体育对外交往之路被迫部分中断，占世界人口总数1/4的中国，长期缺席奥运会、亚运会等重要国际体育活动，这不仅影响了中国体育的发展，也严重地阻碍了国际体育的发展。

为寻求中国问题的合理解决，中国体育界进行了长期的努力，国际体坛特别是国际奥委会中的一些友好人士也给予了真诚的帮助。国际奥委会主席基拉宁在1979年3月的国际奥委会执委会上指出，在国际奥委会的档案中，查不到任何有关讨论承认台湾"奥委会"的会议记录。

正是在这一时期，我国的国际国内形势发生了一系列重要变化：中美建立外交关系，实现了关系正常化；党的十一届三中全会召开，决定把党和国家的

工作重点转移到社会主义现代化建设上来。与此同时，海峡两岸的中国人、港澳同胞以及海外华人共同期盼着祖国的统一和强盛。在这样的历史条件下，中国政府出于对整个国家民族利益与前途的考虑，本着尊重历史、尊重现实、实事求是、照顾各方利益的原则，提出了"和平统一、一国两制"的方针。1979年元旦，全国人大常委会委员长叶剑英发表了《告台湾同胞书》，提出了尊重台湾的现状，实现和平统一祖国的大政方针，并首次提出了大陆与台湾实现"三通"（通航、通商、通邮），在科学文化方面进行交流和观摩。接着邓小平在1979年初访问美国的一次讲话中又提出，我们不再用"解放台湾"这个提法了，只要台湾回归祖国，我们将尊重那里的现实和制度。这是邓小平对"一国两制"构想的第一次公开表述。

"一国两制"构想的提出，为体育界寻找一种既坚持原则又从实际出发，并能为各方所接受的解决中国在国际奥委会合法权利的方案，提供了基本思路和理论依据。在1979年3月召开的国际奥委会执委会，以及4月召开的第81次全会上，中国奥委会代表阐述了关于解决国际奥委会中国合法权利的新建议，即在坚持一个中国的前提下，允许台湾作为中国的一个地区，在改名、改旗、改徽之后，留在国际体育组织中。1979年10月25日，国际奥委会执委会在日本名古屋通过决议，恢复中华人民共和国在国际奥委会的合法权利，并决定台湾以中国台北奥委会名义参加国际奥委会。1979年11月26日，国际奥委会正式宣布：经过国际奥委会全体委员的通讯表决，以62票赞成、17票反对、2票弃权的结果，批准了国际奥委会执委会在日本名古屋会议上通过的关于中国代表权问题的决议。名古屋会议的主要内容是：根据一个中国的原则，确认代表全中国奥林匹克运动的是中华人民共和国奥委会，其正式名称为中国奥林匹克委员会（Chinese Olympic Committee），会址北京，使用中华人民共和国的国旗和国歌。台湾地区的奥委会，正式名称为中国台北奥林匹克委员会（Chinese Taipei Olympic Committee），会址台北，不得使用原来的旗、歌和徽记，其新的会旗、会歌和会徽，均须经国际奥委会执委会的批准。这就是人们后来所说的"奥运模式"。这样，我国在国际奥林匹克委员会中的合法权利最终得到恢复，中国与奥林匹克大家庭的联系得以正常化。

1982年，为恢复中国合法权利作出杰出贡献的国际奥委会名誉主席基拉宁和主席萨马兰奇先后来华访问，邓小平同志在会见他们时，对他们为恢复中国奥委会在国际奥委会中的合法权利所作的努力，给予高度评价。国家主席李先念在1983年会见萨马兰奇时，也向他表示了感谢，并指出："体育运动是促进各国人民之间友谊的桥梁。"正是通过这座友谊之桥，中国人民与世界人民增进了相互间的了解，加强了相互间的友谊，促进了中国体育事业的发展，并对世界体育作出了积极的贡献。中国目前已是奥林匹克运动的重要成员，在当代世界体育事业中发挥着日益重要的作用。

"奥运模式"是邓小平"一国两制"创造性构想在体育领域中的一次成功实践。"奥运模式"的创立，为恢复我国在国际体育组织中的合法权利提供了范例，其他国际体育组织也遵循此方式，解决海峡两岸参加国际体育活动的问题。中国在国际奥委会合法权利的解决，开创了中国参加国际体育的新局面，成为中国体育全面走向世界的新起点。在其后的 29 年中，在宏大的国际舞台上，中国与各个国际、国家和地区的体育组织密切合作，与各国运动员、教练员、体育科学工作者、体育教育工作者和体育管理工作者一道，大力推进了国际体育的发展，加快了当代体育朝着"建设一个更加和平而美好的世界"的方向前进的步伐。

二、积极参与国际体育活动

改革开放和现代化建设，极大地促进了我国物质文明和精神文明的建设，为我国体育的腾飞提供了坚实的基础，使中国体育以全新的姿态走上国际舞台成为可能。中国体育工作者紧紧把握住了这一难得的历史机遇，积极行动起来，奋发努力，在短短的 30 年内，使中国体育全面走上国际舞台。

竞技体育是一个充满独特魅力的体育领域，它汇集了世界体育精英，荟萃了各民族文化，深受各国人民喜爱。正是这些特点，决定了竞技体育在我国体育国际交流与合作中的排头兵地位。伴随着中国在国际奥委会合法权利的恢复，我国开始大规模组团（队）参加大型国际赛事。

1980 年，第 22 届奥运会在苏联莫斯科举行。因苏联入侵阿富汗，违背了奥林匹克宗旨，已于 1979 年恢复了在国际奥委会合法席位的中国和其他一些国家一道进行了抗议和抵制，未派出运动员参加 1980 年莫斯科奥运会。同年，第 13 届冬季奥运会在美国普莱西德湖举行，中国组团参赛，完成了自 1952 年赫尔辛基奥运会以来在奥林匹克大家庭的首次亮相。

1984 年第 23 届奥运会在美国洛杉矶举行，中国派出了由 353 人组成的代表团参加。这是新中国第一次全面正式参加夏季奥运会，举世瞩目。回顾中国组团参加 1984 年洛杉矶奥运会的经历，充满曲折。此前，因苏联入侵阿富汗，美国曾抵制 1980 年莫斯科奥运会。1984 年第 23 届奥运会在美国洛杉矶举办，苏联决定还以颜色，就在这届奥运会即将召开前，苏联宣布，出于安全原因考虑将不派代表团参加洛杉矶奥运会，同时声称已经同另外 100 余个国家达成了协议，不派代表团出席。时任国际奥委会主席的萨马兰奇多方游说，但终究未能改变苏联等国的决定，国际奥委会将面临连续两届奥运会遭受大规模抵制的处境。在此背景下，中国排除种种干扰，决定组团参加洛杉矶奥运会。1984 年 7 月 28 日，当中国代表团步入开幕式会场时受到了热烈欢迎，9 万多名观众起立欢呼。中国运动员在随后的比赛中表现出了良好的道德风貌和顽强的拼搏精神，取得 15 枚金牌、8 枚银牌和 9 枚铜牌的优异成绩，金牌总数名列第四，极大地振奋了中国人民及海外华人，提高了中国体育的国际地位。

从 1980 年至今，中国已参加了 7 届夏季奥运会、8 届冬季奥运会，共获得夏奥会金牌 167 枚、银牌 133 枚、铜牌 119 枚。在 2008 年第 29 届北京奥运会上，中国以 51 枚金牌的成绩第一次排名金牌榜首位。

在竞技体育取得辉煌成就的同时，体育对外交流领域同样成果丰硕。通过组团参加奥运会这一全球最高水平、最具影响的大型体育赛事，在中国推广和普及奥运会竞技项目；引进了世界其他国家体育发展的先进经验；开始了中西体育文化深层次的交流和融合。通过组团参加奥运会，中国体育健儿在与世界顶级选手的同场竞技中提高了技艺，积累了经验，加深了对国际比赛特点的认识，从而增强了中国竞技体育的实力；在获得丰硕运动成绩的同时，中国体育健儿表现出的顽强品格，展示了中华民族的精神风采，加强了中华民族与世界人民之间的友谊。

亚洲运动会是国际奥委会承认的在亚洲地区举行的规模最大的洲际运动会。1982 年第 9 届亚运会在印度新德里举行，这也是中国改革开放后组团参加的第一届亚运会。在这届亚运会上，中国的成绩首次超过在此前历届亚运会上位居榜首的日本。自 1982 年印度新德里第 9 届亚运会起，到 2006 年多哈第 15 届亚运会，中国连续参加了 7 届亚运会，7 次位列金牌榜第一，始终保持亚洲领先位置。通过组团参加亚运会，积极推进了我国与亚洲各国的相互了解，增强了与亚洲及周边国家的体育友好关系，宣传了我国体育事业大发展的形势，展示了中华民族的精神风貌。

除奥运会和亚运会这样的大型综合体育赛事外，30 年来，我国参加了大量国际单项体育比赛，在这些比赛中，中国体育健儿表现出色。改革开放以来我国运动员共获得世界冠军 2272 个，占新中国成立以来总数的 99%，创、超世界纪录 1011 次，占新中国成立以来总数的 85%。中国运动员在国际体坛的出色表现，激发了全国人民积极投身社会主义现代化建设的热情。

30 年来，伴随着我国改革开放的不断深入和国家经济的快速发展，伴随着我国竞技体育、职业体育的不断成熟，"引进外援""聘请外教"逐渐成为我国竞技体育领域的"热门名词"，它也成为我国体育界与国际体坛交往的重要方式之一。

"外援"进入中国体育界，首先由中国体育市场化改革的突破口——足球职业联赛开始。1993年，上海申花足球俱乐部在引进外援方面首开先河，引入了俄罗斯外援莎沙和瓦洛佳，揭开了中国职业足球俱乐部引进外援的序幕。根据中国足协1994—2003年甲级足球俱乐部外籍球员引进的有关资料统计，10年间，我国共引进897名外籍球员，42.4%来自欧洲；33.3%来自南美洲；非洲、亚洲和大洋洲籍的球员分别占14.3%、8.8%和1.3%。

在篮球职业联赛中，引进外援同样成为各职业俱乐部普遍采用的方式。中国男子篮球职业联赛（CBA）中的首位外援引进，是由1995—1996赛季刚刚升入甲A的浙江队完成的，他们当时引进了年仅21岁的乌兹别克斯坦球员米哈依萨文科夫加盟，成为第一支拥有外援的职业篮球俱乐部。

今天，"外援"已经成为活跃在我国职业体育赛事领域的重要力量，从足球、篮球、排球等世界广泛开展的集体项目，到乒乓球、围棋等我国传统优势项目，在全国性职业联赛中均能看见外籍运动员的身影。

纵观世界体坛发达国家的职业联赛，均有外籍运动员活跃的身影，这与当今世界各国经济和文化的广泛交流的时代潮流是一致的。从国际体育交流与合作角度看，引进外国的优秀运动员加盟本国职业体育联赛，是中国体育走向世界与国际体坛接轨的需要，是国际体坛发展的趋势；从中国体育自我发展的角度看，引入高水平外籍运动员，也是我国职业体育发展的重要举措，它推动了我国体育职业化进程，引入了新的理念、技术和战术，提高了比赛水平和观赏价值，吸引了数以千万计的球迷和观众，促进了我国职业体育市场的发展，有效地满足了广大人民群众日益增长的观赏需要。

改革开放以来，在"引进外援"的同时，聘请外籍教练也越来越成为我国竞技体育领域的"通用做法"。2004年雅典奥运会中国体育代表团中，共有外教7人，涉及曲棍球、皮划艇、手球等6个大项；2008北京奥运会中国代表团的263名教练员中，有外籍教练38人，分别来自德国等16个国家，涉及棒球、曲棍球等17个大项，聘请外籍教练的项目超过中国参加北京奥运会28个大项的一半。执教中国2008奥运军团的外籍教练大部分来自欧洲，最典型的如篮球和足球等球类项目，都由欧洲教练执掌。击剑、摔跤、赛艇、皮划艇等我国较弱的项目，在欧洲教练的指导下，近几年水平有了较大增长，许多项目在北京奥运会上摘金夺银。2008年10月6日，中国奥委会在北京人民大会堂举行了 2008 年北京奥运会表彰大会，所有外籍教练荣获 "2008 年北京奥运会特别贡献奖"，显示了中国对外籍教练工作成绩的认可与尊重。

表 8–1　近两届奥运会中国奥运代表团聘请外籍教练情况统计表

代表团名称	聘请外教项目数	代表团聘请外教人数	代表团教练总人数	外籍教练占教练总数百分比(%)
2004 年雅典奥运会代表团	6	7	117	5.13
2008 年北京奥运会代表团	17	38	263	14.45

　　除国家队之外，在国内职业体育俱乐部、省市运动队，也常能见到外籍教练的身影。来到中国执教的绝大多数外教都具有较高的水平，他们带来了新的理念、思路和方法，提高了这些运动项目的竞技水平。为提升训练水平，争取更好的比赛成绩，毫无疑问是聘请外籍教练的直接动因，但从中外体育交流与合作视角看，聘请外籍教练更是中国以开放的心态寻求体育文化交流的一种方式，是促进中国与世界先进体育国家交流合作的快捷路径之一，推动了中国竞技体育及世界竞技体育的发展。

　　改革开放以来，伴随着中国竞技体育实力的不断增强，中国也开始了自己的体育人才海外输出之旅。总体来看，中国竞技体育人才的海外输出主要有以下三种路径。

　　第一，代表其他国家参加比赛。2008 年 2 月 29 日，国际乒联理事会会议以绝对多数票赞成通过了限制"海外兵团"的提案，这使"海外兵团"这个一度淡出国人视线的体坛现象再次引起了人们的关注。20 世纪 80 年代，在当时的出国大潮中，一批中国选手通过留学、被俱乐部聘用等形式走出国门，到 80 年代末 90 年代初，在海外谋生的运动员、教练员已经逐渐形成规模。1993 年 5 月，在瑞典哥德堡第 42 届世乒赛上，邓亚萍和乔红分别输给代表新加坡和德国参赛的井浚泓和施捷，国人由此意识到"海外兵团"的存在和威胁，"海外兵团"也由此叫响，并发展成为对改变国籍、代表其他国家参加比赛的中国运动员的"统称"。"海外兵团"一般都是我国优势项目的优秀选手，并主要集中在乒乓球、体操、跳水、排球等项目中。资料显示，仅乒乓球一项，1990 年在国外的运动员和教练员就达到 300 多人。以刚刚结束的北京奥运会乒乓球项目为例，本届奥运会乒乓球比赛共有 77 名男女参赛者，其中原籍中国的球员就占了一半，而且在女单 16 强赛中，除了 3 名中国运动员外，有 10 人来自中国，只有 3 人是地道外国人。改变国籍，代表其他国家参加比赛成为我国优势体育项目竞技体育人才输出的最直接路径。从国际体育交流与合作视角审视，"海外兵团"现象具有独特的意义。在中国优势运动项目之中，当人才过剩时，外流是一种必然的选择。高水平竞技体育人才的自由流动，也体现了我国社会的改革开放。

第二，执教其他国家队伍。伴随着体育发展的全球一体化趋势，教练员的国际流动也愈发频繁。越来越多的中国教练走出国门，远赴海外执教。华裔海外教练先驱者之一是中国跳水队首任总教练梁伯熙。他1986年移民加拿大，3年后任加拿大国家跳水队总教练。自那以后，中国教练，尤其是一些优势项目的教练，足迹遍及五大洲。2008年8月15日，北京奥运会女子排球预赛A组（第23场）在首都体育馆举行，与同日进行的其他比赛相比，这场小组赛异乎寻常地受到了人们的关注——交战的双方是中国女排和美国女排，而美国队的主教练郎平，是前中国女排的象征性人物。最终，美国女排以3∶2战胜中国队，取得本场比赛的胜利。而在此之前7个小时，美国选手肖恩·约翰逊获得本届奥运会体操女子全能项目银牌，她的教练乔良，曾是中国体操队队员。据统计，在北京奥运会上，有近20名来自中国的教练在其他代表团执教。高水平的中国籍教练受聘担任外国国家队的教练，已经成为体操、乒乓球、羽毛球、女排、跳水等中国传统优势项目发展中的一道亮丽的"风景线"。正是因为这些海外军团的存在，才使中国体育在分享世界体育经验的同时，也使全世界分享了中国的经验。

第三，登陆国外职业联赛。随着中国国内职业联赛水平的提高，中国运动员也开始登陆国外高水平的职业联赛。以我国篮球运动员进入世界最高水平篮球职业联赛——美国职业篮球联赛（NBA）为例。1987年中国球员宋涛被亚特兰大老鹰队选中，但最终因伤未能成行；1999年王治郅被达拉斯小牛队选中，成为第一位在NBA打球的中国球员；2002年巴特尔加盟掘金队，成为中国第二位登陆NBA的球员；2002年姚明被休斯敦火箭队选中；2007年易建联被密尔沃基雄鹿队选中；2007年孙悦被洛杉矶湖人队选中，成为第一位被NBA选中的中国后卫球员。

在进军NBA的中国球员中，姚明无疑是其中的佼佼者。虽然姚明具有天赋和选秀状元身份，但姚明在NBA的开始并不顺利。几个赛季下来，凭借天分和汗水，姚明以其赛场的实力、敬业精神、赛场外的智慧，获得巨大声誉。姚明的影响力已经超越了体育，在一定程度上成为中国形象的代言人，让美国公众对中国有了更多的认识。就篮球运动而言，姚明出色的比赛表现，也让NBA认识到，中国球员并非只是在开拓市场方面能给他们带来好处，在赛场上，他们同样有令人称道的杰出能力。

中国竞技体育人才的海外输出是历史发展的必然，自由流动的高水平竞技体育人才集中体现了中国优势运动项目在国际体育界的重要地位，这也反映了改革开放带给中国人民的开放心态，他们在给其他国家和地区带去中国优势项目技术的同时，亦把中国的优秀文化、中国人民的友好情谊、中国经济发展的重大成就，传播到异国他乡，起到了沟通中外友谊的友好使者的作用。体育无国界，这在竞技体育人才的输出中得到了最好的体现。

从 20 世纪 60 年代中后期开始，一个群众性的健身、娱乐体育热潮在世界范围内兴起，目前已有 89 个国家将群众体育列为自己的发展目标。改革开放 30 年来，在我国群众体育发展过程中，通过派团考察其他国家群众体育的状况、向国外同行介绍我们的经验、虚心学习别国的长处等方式，积极开展与世界各国、各组织的交往，成果斐然。

残疾人体育是国际社会相互交流的一项重要内容。我国目前共有残疾人 8300 万。党和政府对残疾人体育十分关心，在残疾人比较集中的地方，大都开展了以健身为主要目的的残疾人体育活动。为了适应国内外伤残人体育迅速发展的新形势，1983 年 10 月，"中国残疾人体育协会"在北京成立，随后全国有 27 个省（区、市）相继成立了残疾人体育协会。1985 年又成立了"中国智残人体育协会"和"中国聋人体育协会"。在国内残疾人体育逐渐规范化、制度化的同时，我国开始积极参与国际残疾人体育的各种活动。自 1984 年以来，"中国残疾人体育协会"已相继加入了"国际伤残人体育组织"（ISOD）、"国际残疾人奥林匹克委员会"（IDOC）、"国际瘫痪人体育组织"（CP–ISRA）、"国际盲人体育协会"（IBSA）、"国际轮椅协会"（ISMGF）、"远东及南太平洋地区伤残人运动会联合会"（FESPIC）等国际残疾人体育组织。"中国聋人体育协会"也加入了"国际聋人体育联合会"（CISS），"中国智残人体育协会"加入了"国际特殊奥林匹克运动会组织"（SOI）。我国还与一些国家和地区的残疾人协会建立了联系。

1984 年以来，我国已参加了 7 届夏季残疾人奥运会，并取得了优异成绩。至 2008 年北京第 13 届夏季残奥会，中国代表团共获得金牌 232 枚、银牌 188 枚和铜牌 137 枚，在 2004 年雅典第 12 届夏季残奥会上，中国残奥代表团首次登上了金牌榜第一的位置，实现了历史性突破。在刚刚结束的 2008 年北京第 13 届夏季残奥会上，中国代表团共有 332 名运动员参加了全部 20 个大项的比赛，获得 89 枚金牌、70 枚银牌、52 枚铜牌的历史最好成绩，奖牌总数达到 211 枚，蝉联金牌榜和奖牌榜第一。

中国于 1984 年加入"远南"运动会联合会，已参加了第 3 至到 8 届共 6 届"远南"运动会。第 4 届"远南"运动会于 1986 年在印尼举办，我国派出了 23 名运动会参加比赛，共获得金牌 64 枚、银牌 21 枚、铜牌 3 枚，列金牌榜首位，第一次确立了我国残疾人体育在远东地区的领先地位。第 6 届"远南"运动会于 1994 年 9 月 4—10 日在北京举行。这是我国首次举办国际残疾人运动会。本届运动会历时 7 天，共设 14 个比赛大项、554 个小项，42 个国家和地区的残疾人体育代表团 1927 人、5 个国家的观察团 64 人、境外贵宾 96 人出席了运动会。中国残疾人体育代表团由 423 名运动员组成，以 298 枚金牌、238 枚银牌、148 枚铜牌，51 人次超过 36 项世界纪录的优异成绩，取得了金牌和奖牌总数第一。

中国还组团参加了 1987 年美国印地安纳第 7 届、1991 年美国明尼苏达第 8 届、1995 年美国康涅狄格第 9 届、1999 年美国北卡罗来纳第 10 届、2003 年爱尔兰都柏林第 11 届和 2007 年上海第 12 届共 6 届夏季特奥会；参加了 1993 年奥地利萨尔茨堡第 5 届、1997 年加拿大多伦多第 6 届、2001 年美国阿拉斯加第 7 届、2005 日本长野第 8 届共 4 届世界冬季特奥运动会。特别值的一提的是，2007 年第 12 届特奥会在中国上海举办，在 10 天的比赛中，来自世界 160 多个国家和地区的 1 万多名特奥运动员、教练员参与了篮球、马术、体操、田径、足球等 25 个项目的比赛。

三、举办大型国际体育赛事

改革开放以来，政治稳定，经济繁荣，人民生活水平不断提高，体育事业取得了巨大的成就，极大地提高了我国在国际上的地位，为我国成功举办大型国际体育赛事创造了条件。

1990 年第 11 届亚洲运动会在北京举行，这是新中国成立以来第一次举办大型综合性国际运动会。来自亚奥理事会成员 37 个国家和地区的体育代表团共 6578 人参加了这届亚运会。代表团数和运动员数都超过了前 10 届。中国派出 636 名运动员参加了全部 27 个项目和 2 个表演项目的比赛。时隔 12 年后，中国台北作为中国一个地区的代表队重返亚运大家庭。

两个特殊的社会历史背景使得举办这届亚运会具有深远的意义。其一，亚运会召开的时机是在我国改革开放 10 年之后，我国已经实现了第一步战略目标，取得举世瞩目的成就，也是在向第二个战略目标迈进的历史时刻。其二，我国经历了 1989 年春夏之交的政治风波，西方一些国家正在对我国进行所谓的"制裁"，我国在改革开放的过程中遇到了暂时的困难。在这样一种特殊的历史条件下，如何利用亚运会的契机，对内增强民族凝聚力，鼓舞我国人民克服困难，鼓足现代化建设的干劲，对外打破封锁和"制裁"，加强同世界各国人民的团结，创造有利于我国现代化建设的国际环境，是北京亚运会组织者面临的新课题。这使得中国首次举办的这届亚运会更加不同寻常。事实证明，经过精心准备、精心组织北京亚运会获得了极大的成功，不仅增强了我国与亚洲各国的友谊，为我国对外交往作出积极贡献，同时为中国走向世界发挥了里程碑的作用。

1993 年 5 月，上海举办了首届东亚运动会，来自东亚地区 8 个代表团的 1200 多名运动员会聚黄浦江畔，以他们矫健的身姿，开创了一个新的东亚人民的体育盛会。这届运动会也对社会主义市场经济条件下举办大型国际体育运动会的新模式，做了一次有益的探索，取得了宝贵的经验。举办东亚运动会，国家没有拨一分钱，全部经费靠集资解决，运动会组委会殚精竭虑，运筹帷幄，依靠中国人民的爱国热情和市场机制带来的种种活力，圆满地完成了任务。当来自中国、日本、蒙古、朝鲜、韩国、香港、澳门、中国台北、关岛 9 个国家和地区的体育代表团和国际奥委会主席萨马兰奇等贵宾到达上海时，他们看到的是一个繁花似锦、一切就绪的上海。东亚运动会是在最短的时间，推出的高质量大型综合性国际运动会，充分显示出我国承办大型国际赛事的能力。

第 21 届世界大学生运动会于 2001 年 8 月 22 日—9 月 1 日在北京举行，这是中国首次举办全球性大型综合运动会。169 个国家和地区的 6800 名运动员、教练员和官员参加了运动会，创造了新纪录。这是北京为举办 2008 年奥运会而进行的一次预演，运动会办得圆满成功，赢得了国际体育界的高度赞誉。法新社报道说，北京大运会"开幕前就打破所有纪录"。专程来华采访大运会的英国《每日电讯报》专栏作家贝克尔评价说："Great（伟大），就像你们的长城和故宫一样。"这是中国北京在申奥成功后首次接受世界体坛的检阅。尽管缺少经验，但北京用诚心、决心、信心，用不懈的努力，履行了把北京大运会办成"大运会史上最出色的一届"的承诺。举办国际综合性运动会，是一项庞大繁杂的系统工程，是对东道主基础设施、技术能力、管理素质、人文观念和综合协调能力的全面考验。北京人民万众一心，向世界交上了一份合格的答卷。

由于北京出色的组织工作，国际大体联决定，从本届大运会开始，为成功举办大运会的东道主国家领导人及作出突出贡献的组委会领导人颁发荣誉勋章。这也是历史上的第一次。

　　第 6 届亚洲冬季运动会于 2007 年 1 月 28 日—2 月 4 日在中国吉林省长春市成功举办，注册总人数达 3071 人，来自 26 个国家和地区的 802 名运动员参加了冰上和雪上项目的比赛。在短道速滑、速度滑冰两个项目上共有 5 个队 36 人 66 次超 12 项亚洲纪录，从而成为亚洲冬季运动史上成绩最好、规模最大、参加国家和地区最广、参赛运动员和观众人数最多的一届冰雪体育盛会。亚奥理事会对这届亚冬会给予高度评价，认为长春亚冬会为亚洲冬季运动创造了一个新纪录。

　　近年来，在中国举办的国际赛事愈加频繁，如 2004 年开始每年举办的中国网球公开赛、上海网球大师杯、F1 上海站比赛，以及 2007 年 9 月在上海等城市举办的女足世界杯。并已成功申办了广州第 16 届亚运会、天津第 6 届东亚运动会、深圳第 26 届大运会、哈尔滨第 24 届冬季大运会等综合性国际体育赛事。目前，每年在华举办国际体育活动 140 多起，为体育事业的可持续发展创造了新的发展机遇。

　　我国领导人和体育工作者在国际体育和奥林匹克运动中作出了突出贡献，得到了国际体育界的高度赞扬。为了表彰我国在发展体育事业、促进国际交流与合作，提高国际体育运动水平，以及传播奥林匹克精神等方面作出的积极贡献，国际奥委会于 1986 年给全国人大常委会前委员长万里颁发了金质勋章，万里从而成为国际上第 15 位这一殊荣的获得者。随着中国对国际体育的贡献日益增多，其后有越来越多的中国人获得各国际体育组织颁发的各种奖励。

四、国家（地区）间体育交往活动频繁

　　自 1979 年中国恢复在国际奥委会的合法席位起，我国开始了全面走向世界体育舞台的征程，30 年来成果丰硕。截至 2007 年，中国已经是 100 多个国际体育组织和 90 多个亚洲体育组织的成员，与世界上 150 多个国家（含 4 个未建交的民间体育组织）有着双边体育交流与合作，与近 100 个国家和地区的政府体育机构或奥委会签署了双边体育合作协议或合作备忘。以政府援建体育场馆、赠送体育器材、派遣教练员和接待体育团队来华训练或培训等多种方式向亚洲、非洲、拉美、大洋洲、东欧等 70 多个发展中国家提供了援助。政府和民间体育组织间的交流与密切合作带来了中国与外国体育交往活动的空前繁荣，其最直接的体现是 30 年来中国与国外体育交往活动人（次）数的大幅攀升。

据统计，在 20 世纪 50 年代至 70 年代的 20 余年间，国外来访的体育团体总次数为 1623 次，累计人数为 22069 人次，我国派出体育团体总次数为 1352 次，累计人数为 23720 人。

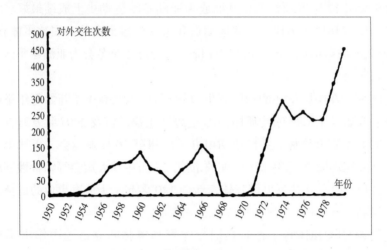

图 8-1　20 世纪 50—70 年代中国体育对外交往次数的发展态势图

改革开放为中外体育交往活动注入了新的活力，仅 1980—1984 年，中国每年参加国际体育活动的次数就达 500 余起，7000 多人次，比 70 年代每年平均增长 1 倍。特别需要指出的是，在近 30 年里，随着我国改革开放的不断深入，我国与世界体育交往的频繁度不断提升。在改革开放初期的 1980 年，有 142 个（次）体育团体共计 2554 人（次）来华访问交流，我国共派出 226 个（次）体育团体共计 3302 人（次）出访；2000 年，计有 1000 个（次）体育团体共计 20320 人（次）来华访问交流，我国共派出 3880 个（次）体育团体共计 22789 人（次）赴外交流。

表 8-2　1980—2005 年我国与外国体育活动交往情况统计表

项　目		时间（年）					
		1980	1985	1990	1995	2000	2005
来中国的体育团体	次数	142	466	364	1929	1000	—
	人数	2554	3537	3171	38700	20320	—
中国派出的体育团体	次数	226	476	607	2787	3880	3028
	人数	3302	5381	5227	18033	22789	18759

30 年来，中国的国际体育交往不仅在数量上长期维持较高水平，同时还表现出与国际体育组织交往的范围不断扩大、层次不断提高等特点，如在 2002 年至 2007 年的 5 年间，国家体育总局参与了与法国、意大利、俄罗斯、韩国、日本、东盟等国家和地区共同举办的文化年、国家年、友好合作年活动，并配合"上海合作组织"，积极参与了"中俄人文合作委员会体育分委会""国际太平洋体育论坛""中国意大利委员会""中国–西班牙论坛""中英关系协调小组""中阿（拉伯）合作论坛"等政府间跨地区、跨行业、跨部门的协调机制和民间友好机构的相关活动。这些活动拓展了我国国际体育交往活动的范围，充分发挥了体育的桥梁作用，为配合国家总体外交，促进我国与有关国家和地区的友好关系，发挥了积极作用。

空前繁荣的体育对外交往活动有效促进了中国体育与世界体育的紧密联系，增进了中外体育界的相互了解，拓展了中外体育合作交流的渠道，使中国体育融入世界体育，成为世界体育的重要组成部分。同时，也表明了国际社会对改革开放以来中国体育发展的认同。

1979 年中国奥委会在国际奥委会的合法权利恢复以后，从 1980 年开始，海峡两岸的运动员逐步恢复了中断长达 30 年之久的体育交往，共同参加在第三地举办的世界性和亚洲地区的比赛。1984 年第 23 届奥运会在洛杉矶举行，在这届大陆代表团与中国台北代表团首次共同参加的夏季奥运会上，两岸代表团多方接触，携手共进，共庆中华民族所取得的胜利。期间，在台湾第一次出现了大陆运动员的电视镜头，充分体现了体育在促进祖国统一问题上所起的作用。

1989 年 4 月，中国奥委会和中国台北奥委会代表海峡两岸的奥委会就台湾地区体育团队及组织来大陆参加比赛、会议等活动的中文译名问题签订了协议，使台湾地区许多体育队伍得以顺利到大陆参赛，并为台湾运动员来北京参加亚运会铺平了道路。1990 年，中国台北奥委会首次派出大型体育代表团参加在北京举行的第 11 届亚运会，海峡两岸的运动员第一次在祖国的土地上同场参加国际综合性比赛。

"奥运模式"的实施为两岸体育交流的平稳发展提供了坚实保障，两岸奥委会在两岸体育交流中继续发挥着主渠道作用。中国奥委会和中国台北奥委会轮流举办两岸体育交流座谈会，总结并规划两岸间的体育交流活动，保证了两岸体育交流健康有序的发展。

20 世纪 90 年代以来，伴随着两岸交往与合作的日趋深入，两岸体育交往在民间发展很快。

1993 年 5 月 5 日下午 1:30，由来自台湾的吴锦雄和 5 位祖国大陆的登山队员组成的海峡两岸登山队登顶小组登上了珠穆朗玛峰。5 月 22 日，时任全国政协副主席的王兆国在人民大会堂会见携手登上珠峰的海峡两岸登山队全体队员及其有关人员时，高度赞扬两岸登山健儿克服困难、通力合作，共同征服了世界最高峰。他说："这次登顶成功的意义远远超出了体育的范畴。"

台湾地区运动员、运动队来大陆训练、参赛越来越多，许多来自台湾的稚龄少年在大陆业余体校和俱乐部接受专业训练，他们与大陆的孩子同吃、同住、同练习。诸如此类的民间体育交往正在成为两岸竞技体育交往的常态模式，其中较有影响力的有 2001 年台湾篮球联赛冠军新浪队参加大陆 CBA 联赛；2002 年，曾率领台湾国泰女篮队连续 10 年获得本土冠军的著名女子篮球运动员钱薇娟加盟北京首钢队等，这类民间体育交往行为所带给海峡两岸体育交流的经验迄今为人称道。在北京获得 2008 年第 29 届奥运会举办权后，海峡两岸紧紧抓住北京筹备、举办奥运会的契机，发挥体育优势，开展了广泛的民间联谊活动。组织了诸如优秀花样滑冰、武术等运动员赴台表演等活动，在台引起巨大轰动。近 5 年来，祖国大陆在运动医学、体育科研、反兴奋剂、体育院校、运动场馆，以及教练员等方面与台进行了广泛的交流与合作。大陆赴台进行体育交流共 300 多批，3000 多人次。为了促进台湾一些运动项目的发展，应台方邀请，大陆先后派出 20 多个运动项目的 100 余名教练员、专家赴台执教、讲学，受到台方的好评。自台来大陆进行体育交流者达 6000 多人次。

刚刚结束的北京奥运会，将两岸体育交往推向新的高潮。中国台北体育代表团共参加了本届奥运会 15 个项目的比赛，并最终获得 4 枚铜牌。奥运会期间，中国台北运动员受到观众的热烈欢迎；岛内媒体派出记者一百多人来京进行奥运会报道，岛内民众时刻关注奥运赛场尤其是中国台北选手赛况；中国台北奥委会副主席、中国台北代表团总领队蔡赐爵认为，"北京奥运会最大的贡献是让两岸在竞技场上拉近距离，进而让两岸新生代从交流中感受'不可离、不可弃'的真实情感"。

1997 年香港回归祖国，1999 年澳门回归祖国。按照"一国两制、高度自治"的基本方针和《基本法》的有关规定，国家体育总局和中国奥委会分别与港、澳的相关部门签署了体育交流协议，开展了多种形式的交流活动。安排和接待了香港和澳门体育界人士观摩第 10 届全国运动会、第 3 届全国体育大会，以及香港体育界人士观摩第 6 届全国城市运动会等。通过这些活动，增强了港澳民众，特别是青年一代对祖国的认同感和荣誉感。

　　合作举办世界及地区级大型赛事，成为祖国与香港地区体育交流的外推性力量。2008年第29届奥运会在北京举行，香港作为协办城市，举办了本届奥运会的马术比赛。2009年香港将举办东亚运动会。2004年3月，中国奥委会与中国香港体育协会暨奥林匹克委员会签署协议，根据协议规定，双方在北京2008年奥运会和香港2009年东亚运动会筹备工作方面进行合作。"在竞赛组织工作、参赛运动队伍的准备等方面相互提供支持与协助；两会体育领导人将就国际体育事务中共同关心的问题举行不定期会晤，协调立场、加强合作，交换意见和信息；双方鼓励和积极推动两地各体育单项协会之间的交流，在运动员的交流，体育专业人员、教练员、裁判员、运动员的培养、训练、比赛等方面加强合作，促进两地体育运动水平的提高；双方将在运动医学领域和兴奋剂检测方面进行交流与合作，互派专家和科研人员进行访问和学术交流，在专家的培训、兴奋剂的检测等方面进行交流与合作。"近年来，以合作举办国际性大型赛事为先导，开展在竞技体育、体育科技、体育产业等多方位的全面深入的交流与合作已经成为祖国大陆与香港、澳门两地区交流合作的主要路径。

　　在最近几届奥运会上，中国体育健儿表现出色，接连获得金牌榜排名的历史性突破，这也为内地与香港、澳门两地区间的交流提供了新的元素。2004雅典奥运会结束后不久，50位奥运金牌运动员与教练员旋风式访问香港和澳门，与两地市民共庆胜利，受到热烈欢迎；2008年8月29日，在北京奥运会结束5天后，由包括全部63名金牌选手组成的奥运金牌运动员代表团抵港，开展为期3天的"奥运精英汇香江"访问，行程包括以往最受香港市民欢迎的奥运冠军项目示范表演和大汇演。8月31日晚，结束了在香港为期3天的"奥运精英汇香江"访问后，代表团一行90多人经海路抵达澳门，开始对澳门进行为期3天的访问和公开表演。代表团所到之处均受到热烈欢迎，香港、澳门市民以极大的热情迎接金牌健儿，祝贺他们取得的优异成绩。

　　综合看来，通过国家（地区）间频繁的体育交往活动，积极推进了我国与美国、欧盟及其他体育发达国家的相互合作，进一步深化了与亚洲及周边国家的体育友好关系，巩固了与非洲、拉美、东欧和前苏联加盟共和国的传统友谊，促进了我国与各友好国家体育界领导人之间的相互了解和友谊，宣传了我国体育事业发展以及我国组织筹备北京奥运会等情况，并利用这些机会，阐明了我国政府关于中国和平发展、建立和谐世界的主张，以及我们在台湾问题、反兴奋剂问题等重大问题上的原则立场。

五、参与国际体育组织管理

30 年来，国际政治、经济区域化和集团化的趋势在体育领域也有明显反映。很多大洲性、区域性的合作组织应运而生，地区性运动会越来越多，规模也越来越大，反映出各大洲和各地区要求加强体育交流与合作，寻求共同发展的愿望不断增强。在此背景下，亚奥理事会、非洲奥协、欧洲奥委会、美洲国际体育组织、大洋洲奥协等洲际性体育组织的作用和影响日益增大。同时，跨洲和地区性合作组织以及区域运动会如雨后春笋般兴起。以亚洲及周边地区为例，除亚运会外，近年来陆续出现了环太平洋运动会、东亚运动会、中亚运动会、西亚运动会以及相应的地区性合作组织，东南亚运动会和南亚运动会也在不断吸收成员国。此外，印度、澳大利亚等国正发起举办印度洋运动会，并酝酿成立常设性组织。这些运动会和组织有的是以民族或宗教为背景成立的，如泛阿拉伯运动会、伊斯兰国家女子团结运动会；有的是以传统政治影响为背景，如英联邦运动会、法语国家运动会；有的则是以相同的地理特点为背景，如欧洲小国运动会、太平洋岛国运动会；但更多的是以地域为基础，以加强本地区合作和友好为目的成立的，如海湾运动会、全非运动会、泛美运动会、地中海运动会等。这些多边的国际、洲际和区域性体育组织以及运动会，不仅增进了世界体育运动水平的提高，而且加深了国际和地区间的友谊与合作。

国际体育的快速发展使国际体育组织的重要性不断提高。一个国家在国际体育组织中发挥作用的大小，既与该国经济实力、体育发展水平有关，同时也将直接影响到一个国家体育事业发展速度和全面走向世界的进程。随着我国体育和社会经济的发展，我国越来越深入地参与到国际体育组织管理中。

1973 年亚奥理事会恢复我国的合法席位后，我国先后在 9 个国际体育组织和 8 个亚洲体育组织中获得或恢复了合法权利。80 年代，随着我国重返奥林匹克大家庭，我国开始全面登上国际体育舞台。我国与国际体育组织的关系进入了一个崭新的阶段，开始全面参与国际体育组织管理事务。30 年来，我国在国际体育组织任职数逐年增多，影响力日益增加。

1979 年 8 月和 10 月，国际业余自行车联合会和国际足球联合会先后恢复中国合法席位。至 1984 年，中国已加入国际性体育组织 52 个，并在其中的 15 个组织中担任领导职务；亚洲体育组织 28 个，并在其中的 20 个组织中担任领导职务。至 1989 年，中国已加入 74 个国际体育组织和 38 个亚洲体育组织 。至 2001 年，我国在国际体育组织中担任 105 个职务，在亚洲及地区性体育组织中担任 141 个职务。

自 2002 年以来，我国在国际体育组织中的任职数获得了进一步提高，在国际组织本级机构中任职的人数由 2002 年的 56 人升至 2007 年的 86 人，在国际组织下属委员会中任职的人数由 2002 年的 88 人上升至 2007 年的 126 人。

表 8-3　2002—2007 年我国在国际及亚洲体育组织中任职情况统计

序 号	年 份	国 际		亚 洲		合 计
		本 级	分 支	本 级	分 支	
1	2002	56	88	89	1	309
2	2003	57	98	93	2	334
3	2004	60	99	97	3	341
4	2005	63	104	102	4	354
5	2006	74	110	100	83	367
6	2007	86	126	102	83	397

在任职人数不断增加的同时，我国在国际体育组织中担任重要职务的数量也逐渐增长，担任国际体育组织中重要岗位的中国人在不断增加。目前，在 28 个奥运项目中，已有一半以上的国际单项体育联合会中有中国人担任执委以上职务；中国人在国际奥委会及其项目委员会、运动员委员会、群体委员会、国际关系委员会、医务委员会、法律委员会、妇女与体育委员会，以及亚洲、远东、泛太平洋等体育组织中担任主席、副主席、执委、理事、秘书长及相关的名誉等职务（含兼职），卓有成效地发挥了应有的作用，维护了我方利益，推动和促进了我国体育事业更快、更好发展。

加入国际体育组织并在其中担任职务、特别是要职，对于扩大我国的影响、维护我合法权益起着十分重要的作用。不仅彰显了我国强大的综合国力和积极参与国际事务的能力，而且拓展了我国在国际体育领域的地位和作用，扩大了我国在国际体育活动中的发言权和影响力。我国在国际体育舞台的信誉和威望越来越高，影响和作用越来越大。

六、积极开展国际体育援助

中国是一个人口众多的发展中国家，以占全世界 7% 的耕地，负担着占全世界 22% 的人口的生存与发展的重任，经济还不发达。但是，历史上曾饱经忧患的中国人民，深刻地理解贫穷国家人民的困难和需要，克服种种困难，给其他发展中国家以力所能及的最大支持。

从 20 世纪 50 年代开始，在半个世纪的时间里，中国政府为 161 个国家和区域组织提供援助，帮助受援国建成了 2000 多个公益性和生产性的基础设施项目，同时也提供了可观的物资和现汇援助，其中为 50 多个发展中国家援建了 70 多个体育场馆设施，这些场馆设施主要分布在非洲、亚洲和拉美等地区，最多的是非洲。70 多个项目包括体育场、体育馆以及游泳跳水馆（场）、射击馆和板球场及配套的运动员公寓等附属设施，同时我们适时对这些体育设施进行维修扩建，并提供长期技术合作、外派教练、体育器材设备和人力资源培训的援助。

我国政府援建的体育设施虽然都建在第三世界发展中国家，但绝大多数设施是按照国际体育比赛标准建设完成的。几十年来，我援外体育工作者刻苦钻研、努力学习，积累了丰富的体育设施建设经验，为保障我国援外体育设施符合国际标准发挥了不可替代的重要作用。我国的很多援建项目成为受援国当地的标志性建筑。受援国家虽然有些地方经济很落后，但这些国家的人民都非常喜欢体育运动，我国援建的体育设施为受援国提高体育运动水平，以及提供活动集会场所发挥了重要作用，受到了受援国政府和人民高度的赞扬和热烈的欢迎，同时很多设施都曾多次成功举办了洲际或地区性体育赛事。

我国援建的体育设施多在非洲，正如有的非洲朋友所说的"中国给非洲戴上了一条金色的项链，给非洲增添了新的光彩"。前国际奥委会主席萨马兰奇赞扬道："中国在世界体育中起着重要作用，中国是第三世界的榜样。我去过非洲，参观了许多非洲国家。在那里，我看到了许多中国援建的体育设施。国际奥委会一致认为，应当感谢中国政府，表彰中国的高尚行为。"我国援建工程技术人员怀着真诚帮助第三世界国家人民发展体育运动的强烈愿望，发扬国际主义精神，想受援国家之所想，急受援国家之所急，他们根据各个国家的具体条件，精心设计、精心施工，一丝不苟，克服种种困难，艰苦奋斗，努力工作。由我国工程技术人员援建的体育设施，新颖美观、质量高，深受第三世界国家的欢迎，得到受援国家政府和人民的高度评价，如塞拉利昂总统史蒂文斯称赞我国为该国援建的体育场质量是"非洲第一流水平"。1980 年在叙利亚首都大马士革竣工的援建体育馆，巧妙地将中国建筑风格与阿拉伯特点融为一体，被阿萨德总统称为"叙中人民友谊象征的纽带"。我国在摩洛哥首都建筑的拉巴特综合体育中心，有可容纳 6 万名观众的体育场、8000 名观众的体育馆和附属的训练练习场等设施，为摩洛哥于 1983 年 9 月举办第 9 届地中海运动会创造了良好的条件。摩洛哥首相称赞这个体育中心"是个非常杰出的成就，是中摩友谊的结晶，南南合作的方向，是我们的骄傲，也是你们的骄傲"。在我国援建摩洛哥的体育场举行第一场足球比赛时，一百多面中国国旗和摩洛哥国旗在高大的建筑物上迎风飘扬，当中国工程技术人员进场时，全场观众起立，报以长时间的热烈鼓掌，表达对中国政府和人民的敬意和感谢。

2007 年 1 月 30 日，国家主席胡锦涛对非洲八国进行国事访问时，曾视察我国在喀麦隆援建的雅温得综合体育馆施工现场，胡主席嘱咐援建人员："体育馆工程是喀麦隆人民企盼已久的公共设施，也是标志着中喀友谊的一个象征性工程。希望大家不负祖国人民的重托，精心施工，把体育馆工程建成一个优质工程，更好地为喀麦隆人民服务，为中喀友谊的发展作出新的贡献！"该体育馆集篮球、排球、手球、羽毛球、击剑、体操、拳击为一体，能满足国际比赛的要求，非赛时还可作为体育训练及健身场地，也可举行大型群众集会、文艺演出等活动。喀麦隆全国上下对该项目寄予了很大期望，当地媒体和居民还将这个体育馆称为"中国体育馆"，体育馆竣工后将缓解当地体育设施匮乏的现状。

1986 年 4 月，时任国际奥委会主席的萨马兰奇先生专程来华，将国际奥委会的最高荣誉奖——奥林匹克杯授予了中国奥委会，以表彰我国政府对第三世界国家体育建设作出的贡献。他当时说道："中国建设的最好的体育场不在中国，而在非洲。"我国历代领导人都非常重视此项工作，周恩来总理亲自拟定了我国《对外援助八项原则》，确定了对外援助工作的指导方针。

为配合我国援外体育项目任务的实施，保证其符合体育竞赛和训练的专业要求，1991 年建立了中国体育国际经济技术合作公司，该公司曾被外经贸部领导誉为"援外体育设施国家队"。

我国体育专家外派工作始于 20 世纪 50 年代。1957 年在周恩来总理的批示下，我国向越南派出第一支援外体育教练员队伍。其后 50 年里，应世界各国的邀请，我国共向世界上 123 个国家和地区派遣了 36 个体育项目的 2547 名体育教练人员，其中包括乒乓球、体操、跳水、羽毛球等优势项目。仅乒乓球项目，我国共向 80 多个国家和地区派出了约 600 人次的援外教练员。已故国际乒联主席荻村先生在一次国际乒联大会上高度赞扬了中国向世界 80 多个国家派出了 500 多名乒乓球教练员，帮助世界各国开展乒乓球运动，为世界乒乓球运动的发展作出了贡献。中国援外专家在国际交流与合作中发挥了多种作用。

首先，他们是民间友好使者，广播友谊。援外教练员被誉为民间外交大使，享有专家待遇，他们工作性质的优势与精湛的技艺、良好的作风，往往在很短的时间内就能使所训练的受援国运动员的运动成绩明显提高，并因此深得受援国同行及运动员的敬佩和爱戴，朋友越交越多，友谊与日俱增。非洲历来是我们重点工作的地区之一。早在 1962 年我们就向与我国第一个建交的非洲国家——加纳派出了援外教练组。至今共向非洲 39 个国家派出了 18 个项目 576 名教练员，其中在 20 世纪 80 年代我国曾向埃及、尼日利亚一次派出了多达 30 多人的教练组，援助的国家中包括当初没有与我国建交的塞内加尔、乍得、上沃尔特（现为布基纳法索）等国家。从 1962 年至今，我国向非洲派遣援助教练员的工作从未中断过，埃及、阿尔及利亚、南非、博茨瓦纳、埃塞俄比亚、马达加斯加、毛里求斯、塞舌尔等国现仍有我们的援外教练组，他们在继续发挥着"民间大使"的作用。

我国援外教练的优良表现，在受援国深入人心。在北也门戒严期间，我国教练员在戒严地区畅行无阻，也方根本不检查中国人的证件，值勤的哨兵称："中国人的面孔就是通行证"，给予了中国人充分的信任。2004 年 12 月，印度尼西亚附近海域发生了强烈地震及海啸，泰国也是重灾区。我国援泰教练员白建平和任春生看到泰国电视台播放的受灾场面，决定利用假期去做义工，并被安排到一家军用机场帮助搬运救灾物资。中国教练员的举动感动了泰国朋友，现场的广播里反复播放道："我们受灾了，有中国朋友来帮助我们，中国和泰国是兄弟。"中央电视台驻泰国记者对此事进行了专访，并在《焦点访谈》节目作了详尽报道。

其次，他们发挥着独特的外交作用。台湾为了拓展其在国际上的空间，通过"金钱外交"的方式，与非洲、拉美和大洋洲的一些小国家建立了所谓的"邦交关系"。为了扩大我国在这些地区和国家的影响，配合国家的整体外交政策，我国援外教练员，在我驻外使领馆的领导下有理有利有节地开展对台工作，与当地人民交朋友，增进友谊，宣传中国的对外政策，展示中国教练员的精神风貌，取得了良好的成效。特别是我援外教练带领受援国运动队在国际及地区比赛中取得优异成绩，在国际体育界得到了广泛好评，引起当地和国际媒体的关注及报道，起到了很好的宣传作用。一些台湾的所谓"邦交"国家与台湾断交，与中国建立外交关系，一些同我国尚未建交的国家也开始同我国发展改善关系，援外教练都发挥了独特又显而易见的作用，如派往瓦努阿图的乒乓球教练员刘民忠，由于其训练的队员在 2004 年南太平洋运动会上突破性地夺得了瓦国乒乓球史上的第一枚金牌，瓦国政府专门致电祝贺，并受到总统的亲切接见。瓦国媒体均以《中国教练创造了瓦努阿图乒乓球历史》为题予以大量报道。2004年12月9日，即台瓦"建交"案破产的前一天，瓦国新闻媒体几乎以整版甚至两版的篇幅详细报道了中国政府对瓦国乒乓球项目的多年援助和中国教练为瓦国乒乓球事业作出的贡献，这对促使台瓦"建交"案宣告终止，起到了不可低估的作用。

　　非洲是我国体育人才和体育场馆援助的主要地区，援助的时间也较长。在长期交往中结交了一大批"穷朋友"，尤其在由于路途遥远、我国体育队伍访问非洲不多的情况下，援外教练成为维系与非洲体育界联系的重要途径。我国2008年奥运申办成功，与国际奥委会中为数不少的非洲委员投票支持分不开，可以说支援从来是相互的，援外教练工作的意义也正体现于此。

　　最后，他们促进了受援国体育的发展。中国派出的大多是优势项目如乒乓球、体操、跳水、羽毛球的优秀教练。他们良好的专业素质常使受援国的体育水平迅速提高，如中国羽毛球教练方凯翔率领马来西亚羽毛球队战胜世界头号羽毛球大国印度尼西亚队，夺得1988年汤姆斯杯赛亚军，在马来西亚引起了轰动。体操教练苏师尧在科威特辛勤耕耘十载，和科威特运动员同甘共苦，其所带队员在1983年第2届阿拉伯体操锦标赛上夺得团体冠军和男子项目的7枚金牌。为此，科威特埃米尔接见了体操队全体成员。科威特体操协会秘书长更是称赞"苏教练是科威特体操的开拓者，是科威特体操之父"。体操教练黄健90年代中赴约旦执教，聘期从1年延长到6年，帮助约旦体操从无到有建立起来，被约旦同行称为约旦"体操之父"。第一位到泰国执教的中国跳水教练姚木荣，自1989年赴泰工作开始，在泰国整整工作了14个年头，使泰国的跳水运动取得优异成绩。泰国游泳协会秘书长曾在给中国游泳协会的信函中写道："姚木荣先生是泰国最受欢迎、最成功的跳水教练。"巴基斯坦的女子运动项目基础薄弱，前后三次赴巴基斯坦援外的田径教练陈梅玲，同其他8名教练一起克服困难，从选材、基础训练、组织比赛开始起步，仅用了短短几个月的时间，就帮助巴女子4×100米项目的运动员在第4届南亚运动会上夺得铜牌，开创了巴基斯坦女子田径运动的新纪元。自2003年开始，我国向墨西哥派出了包括跳水、游泳、体操、羽毛球、乒乓球等13个项目的36名优秀教练员组成的教练团。仅用两年时间，他们训练的运动员在泛美运动会、墨西哥全国运动会和奥运会选拔赛等大型运动会上就获得246枚金牌、154枚银牌、109枚铜牌。

　　外援专家多曾在经济落后、生活艰苦地区长期工作，他们不仅远离祖国，还在疾病流行、社会治安动荡甚至战乱的环境下工作。有些援外的老专家，长期工作生活在条件恶劣的环境中，身体受到伤害，过早去世；有的同志病逝在援外的岗位上，长眠于受援国的土地上。中国的专家、教练在异国他乡，言传身教、辛勤工作，带着中华民族特有的热情和谦逊，深受援助国体育界及人民的尊敬和爱戴。

当前，在内构和谐社会、外促和谐世界的新的历史条件下，我国援外教练工作坚持服从国家需要，继续发扬国际主义援助精神，根据中央"睦邻、安邻、富邻"的政策和"多给予、少索取""突出重点，量力而行"的原则，积极开展与亚洲、非洲及拉美地区国家的体育交流和合作，做好重点国家和地区的体育援助工作，继续帮助亚非拉第三世界国家提高体育竞技水平。

为了加强援外教练工作，国家体委于 1987 年成立了专门机构——援外教练办公室，负责援外教练的选拔、培训、派遣和管理工作，1998 年在此基础上成立了国家体委人力资源开发中心（后更名为国家体育总局人力资源开发中心），培养、选送了大批优秀教练员。

20 世纪 80 年代以来，吸引外部人才来华的工作也成为我国对外人才交流的重要内容，国外一些优秀教练员开始越来越多地到我国来执教，如在我国的足球、艺术体操、拳击、摔跤、柔道等项目中，就有来自德国、保加利亚、古巴、朝鲜、日本等国的教练。这些教练员带来了国外的训练思想和训练方法，对我国体育的发展有着重要的借鉴作用。

体育运动是世界各国人民共有的物质财富和精神财富，体育运动作为一种文化媒介，具有极大的兼容性。在当今各个领域全球化的年代，在变得越来越小的地球上，体育运动的组织者和参与者强烈意识到"全球村"这个概念。体育运动是对外开放的一个窗口，但这个窗口是双向的，既有外对内的影响，也有内向外的影响。

对外体育交往，大大促进了我国体育的发展，使我国体育从改革开放前的封闭落后状态，融入世界体育的潮流。以奥林匹克运动为代表的国际体育为中国体育的发展提供了丰富的思想材料和实践范例，为中国体育事业的发展提供思路与模式。改革开放的 30 年是中国体育现代化进程最为迅速的 30 年。以国际体育为参考系，从世界上不同国家和民族的体育经验中汲取营养，使我国建立起了具有鲜明中国特色的体育发展模式。

中国是世界上最大的发展中国家，有着悠久的历史传统。30 年来中国对国际体育的广泛参与，特别是 20 世纪后期以来，随着中国国力的日趋强盛，对外体育交往日趋频繁，对世界体育格局产生的积极影响也日益明显。中国体育的对外交往正在为构建一个和谐的国际体育新格局发挥作用。

第九章

成功举办 2008 年
北京奥运会和残奥会

● 两次申奥　百年梦圆

● 精心设计　精心筹办

● 成功举办　世界瞩目

● 全面促进　遗产丰富

一、两次申奥　百年梦圆

20 世纪初，随着奥运会逐渐为国人所知，人们开始提出三个问题：中国何时才能派一位获胜的选手参加奥运会？中国的体育队伍何时能够在奥运会上获胜？中国何时才能举办奥运会？这三个问题反映着那个时代国民通过体育运动兴邦强国的强烈愿望。但是，旧中国的国际地位、国家状况等制约着中国人民的奥运梦想，中国不具备举办奥运会的条件。改革开放以后，我国经济社会发展不断取得新的进步，中华民族的自信心、自豪感和凝聚力进一步增强，体育事业全面融入国际体育大家庭，得到了快速发展和壮大，从而为我国举办大规模的国际综合运动会打下了坚实的基础。

1990 年，中国成功举办了第 11 届亚运会。举办大型国际运动会的成功，使得中国人民举办奥运的愿望更加强烈。亚运会闭幕式上，群众自发打出了"亚运成功，众盼奥运"的横幅。许多港、澳、台同胞和海外侨胞，也热切希望我国申办奥运会，为中华民族争光。在进行了多方面的研究和充分酝酿后，经国务院批准，北京市决定申办 2000 年奥运会。"开放的中国盼奥运"这一口号表达了中国人民对奥运会的期盼。遗憾的是，1993 年 9 月 23 日在蒙特卡洛举行的国际奥委会第 101 次全会上，北京以两票之差未能获得 2000 年第 27 届夏季奥运会的举办权。尽管首次申奥失利，但是，这次申奥极大地推动了两个文明建设，振奋了民族精神，增强了民族凝聚力，不仅宣传了中国悠久的历史和灿烂的文化，也向世界展示了我国改革开放以来的巨大成就。

首次申奥失利以后，中国认真总结经验，苦练内功，以更加积极主动的态度参与国际体育事务，先后举办了多项大型国际体育赛事，如 1993 年在上海举办的首届东亚运动会、2001 年由北京举办的第 21 届世界大学生运动会等。这些国际高水平综合赛事使中国积累了更多的经验，也使世界更了解中国。1999 年 4 月 6 日，北京市和中国奥委会向国际奥委会正式递交了北京市承办 2008 年夏季奥运会的申请书，至此，北京又一次站在了申办奥运会的起跑线上。

1999 年 9 月 6 日，经中共中央、国务院批准，"北京 2008 年奥运会申办委员会"（简称"北京奥申委"）宣布成立。北京奥申委由北京市政府、国家体育总局、中央和国务院有关部门负责人，奥林匹克事务专家，优秀运动员代表，教育界、科技界、文化界人士，企业家和社会其他知名人士，76 人组成。

北京奥申委成立以后，按照"吃透规则，把准尺度，争取主动，扎实推进"的工作思路，立即开始了扎实有效的工作。2000 年 2 月 1 日，北京奥申委通过表决确定了申奥口号——"新北京，新奥运"。在这次会议上还确定了会徽。会徽是运用奥运五环色组成五角星，相互环扣，同时它又是中国传统民间工艺品"中国结"的象征，象征世界五大洲的团结、协作、交流、发展、携手共创新世纪。2000 年 6 月 20 日，北京奥申委在瑞士洛桑向国际奥委会递交申请报告，回答了国际奥委会向申请城市提出的 22 个问题，陈述了关于北京筹办 2008 年奥运会的计划和构想。

2000 年 9 月 9 日，国家主席江泽民致信国际奥委会主席萨马兰奇，表示完全支持北京申办 2008 年奥运会。信中说："我和我的同事们完全支持北京申办。如能在具有悠久文明并且迅速发展的北京举办 2008 年（夏季）奥运会，无论对奥林匹克运动还是对中国乃至世界都具有积极意义。我深信北京市在中国政府和全国人民的支持下，将做出非凡的努力，一定能办成一届高水平的奥运会。"2001 年 2 月，盖洛普（中国）咨询有限公司进行的调查结果显示，94.9%的北京市民支持北京申奥。同时，94%的北京市民希望成为志愿者为奥运会服务。

2001 年 1 月 17 日，北京奥申委代表团将《申办报告》交到国际奥委会总部，该报告分为三卷，英、法两种文字，共 596 页，20 多万字，全面展示了北京举办奥运会的条件与能力。同年 2 月，国际奥委会评估团一行 17 名成员先后对中国北京、日本大阪、加拿大多伦多、法国巴黎和土耳其伊斯坦布尔进行了考察。考察结束后，国际奥委会认为北京申办奥运会得到了政府和市民的大力支持，北京奥申委的工作积极有效，提出了非常好的比赛规划以及场馆建设方案。国际奥委会还认为，如果这届奥运会在北京举办，"将为中国和世界体育留下一份独一无二的遗产"。

2001 年 7 月 13 日，全世界的目光聚焦莫斯科，在国际奥委会第 112 次全会上，经过两轮投票，北京以较大优势战胜日本大阪、法国巴黎、加拿大多伦多和土耳其伊斯坦布尔，获得了 2008 年第 29 届夏季奥运会举办权。当喜讯传回北京，群众自发涌上街头，40 万人在天安门广场彻夜狂欢，欢庆申奥成功这一令人振奋的历史性时刻。党和国家领导人出席了在世纪坛为北京市申奥成功举行的盛大的庆祝仪式，与参加庆祝活动的各界群众共同高唱《歌唱祖国》。港、澳、台同胞和海外华人、华侨也为之欢欣鼓舞，自发举办了各种庆祝活动，尽情抒发爱国之情。

表 9-1　2008 年夏季奥运会申办城市表决结果

	第 1 轮	第 2 轮
投票人数	102	105
北京	44	56（胜出）
多伦多	20	22
伊斯坦布尔	17	9
巴黎	15	18
大阪	6（淘汰）	

二、精心设计　精心筹办

办好北京奥运会和残奥会，是中国人民向国际社会作出的郑重承诺。为了履行这一承诺，我国政府和社会各界以邓小平理论和"三个代表"重要思想为指导，深入贯彻落实科学发展观，坚持正确理念，发挥制度优势，依靠人民群众，加强国际合作，博采众长、精益求精、缜密筹备、精心组织。

（一）"五个结合"的举办战略

2008 年北京奥运会的筹办过程与我国社会转型发展过程相重叠，这使得奥运与中国发展产生了其他举办国少见的互动效应，于是，北京奥运会的组织者适时提出"五个结合"的筹办战略。

第一，把举办奥运会与全国人民的广泛参与结合起来。让全国各地共享奥运机遇，促进各省市共同发展；发挥全国人民的积极性和创造性，共同办好奥运会；积极主动争取国家各部委的帮助，为成功举办奥运会提供支持。

第二，把举办奥运会与推进现代化建设结合起来。坚持"以奥运促发展，以发展助奥运"，按照北京市"十五"计划和"新三步走"发展战略的要求，加快首都现代化建设步伐，为成功举办奥运会创造雄厚的物质条件。在筹办过程中，坚持勤俭节约，注重体育设施的赛后利用，提高投资效益，避免重复建设。

第三，把举办奥运会与扩大开放结合起来。向全国和全世界敞开胸怀，全方位扩大对内对外开放；学习借鉴各种成功经验和做法，按照国际标准和现代尺度的要求开展工作，通过举办奥运会全面提高北京的开放水平，向世界展示我国改革开放的新形象。

第四，把举办奥运会与推进精神文明建设结合起来。全面贯彻落实《公民道德建设实施纲要》，克服社会生活中的不文明行为；提倡文明、健康、科学的生活方式，改善中外语言交流环境，提高市民的科学文化素质和文明程度；提升各窗口行业文明服务的质量和水平，为举办奥运会创造团结、稳定、向上、祥和的文明环境。

第五，把举办奥运会与提高人民生活质量结合起来。坚持"以人为本"，通过举办奥运会，促进经济发展、城市建设和管理，让群众得到更多的实惠，让筹备奥运会的过程成为切实提高人民物质文化生活水平的过程，成为社会进步的动力。

（二）"有特色、高水平"和"两个奥运同样精彩"的举办目标

根据奥运会和残奥会的性质和举办国的特点，北京将"举办一届有特色、高水平的奥运会、残奥会，实现两个奥运同样精彩"确定为具体的操作目标。

"有特色"主要体现在四个方面，即中国风格、人文风采、时代风貌、大众参与。"中国风格"是指，北京奥运会应该是世界了解中国文化历史的窗口，是中国优秀文化的展示，应该有浓厚的中国韵味。"人文风采"是指，北京奥运会强调人文精神，强调人的身心协调，强调奥运会不是单纯的体育比赛，而是体育、文化、艺术的结合，是以体育为载体的文化盛典，而且是多元文化精彩纷呈的盛典。"时代风貌"是指，要体现中国人民和世界人民一起追求和平、发展、进步的愿望。"大众参与"则是强调，北京奥运会是历史上举办国人口最多的一届奥运会，参与人数也应该是最多的，参与范围是最广的，参与方式是很丰富的。

"高水平"主要体现在八个方面：高水平的场馆、体育设施；高水平的开幕式和文化活动；高水平的媒体服务和良好的舆论评价；高水平的安全保卫工作；高水平的志愿者队伍和服务；高水平的交通组织和生活服务；高水平的城市文明形象；高水平的竞赛成绩。

北京奥运会与残奥会是奥运历史上第一次由同一个组委会同时筹备和举办的两个运动会。"两个奥运同样精彩"，是指对奥运会和残奥会思想上同样重视、工作上同样抓紧、作风上同样抓实、措施上同样抓细。

（三）"绿色奥运、科技奥运、人文奥运"的举办理念

北京奥运会提出了"绿色奥运、科技奥运、人文奥运"三大理念，这是贯彻落实科学发展观的具体体现，并取得了一系列显著的成效。

1. 绿色奥运

绿色奥运，"就是要推进生态文明建设，加强生态环境保护，努力使天更蓝、地更绿、水更清，让生态文明观念深入人心，促进人与自然、人与社会和谐"。

但是，北京在实现绿色奥运时面临的困难十分艰巨。2000 年的北京与国际大都市和国内环境保护模范城市相比，其环保工作和环境质量还有很大差距，难以满足人民生活品质迅速提高的要求，也不符合首都应有的国际形象。"2000 年总悬浮颗粒物、可吸入颗粒物、二氧化硫浓度年日均值分别超过国家空气质量二级标准 76.5%、62.0%、18.3%。与 WHO（世界卫生组织）指导值比较，二氧化硫年日均值超出 40%；与欧美国家标准比较，可吸入颗粒物超出约 2 倍。主要与机动车迅速增加有关的二氧化氮、臭氧浓度，也已发展到发达国家大城市的污染程度。"国外部分媒体始终集中火力针对北京奥运会期间的空气质量问题，展现了前所未有的"担心""质疑"甚至是"批评"。

北京奥组委先后编制了《环境总体规划》《奥运工程环保指南》等规范性文件，大力实践"绿色奥运"理念。在筹办的 7 年中北京付出了巨大努力，以防治大气污染和保护饮用水源为重点，通过调整经济结构、增加优质清洁能源、严格污染物排放标准、强化生态保护与建设等措施，最终实现城市环境质量和生态状况的显著改善，"绿色奥运"终获硕果。

7 年前，北京向世界郑重承诺，要在 2008 年实现城市绿化覆盖率达到 40%，郊区、山区林木绿化率达到 70%，全市林木绿化率达到 50%。1998—2008 年，北京市共投入 1400 多亿元用于治理环境污染，实施了 13 个阶段 200 多项措施，重点治理燃煤、机动车、工业和扬尘污染。7 年后的今天，北京用行动兑现了当初的承诺。据统计，目前北京市的林木绿化率已经达到 51.6%，较 2001 年提升了 9.7 个百分点。7 年间，北京城市园林绿地增加 1 万公顷，树木增加了 2271 万株。北京平均每年新增的绿化面积，相当于 35 个占地 680 公顷的奥林匹克森林公园。山区、平原和城市组成的三道绿色生态屏障，让北京市的生态环境有了质的改善。1.26 万公顷的绿化隔离带上，15 个郊野公园为市民提供贴近大自然的休闲空间。长 1000 余公里、绿化面积 2.5 万公顷的绿色通道和农田林网，筑起"五河十路"的生态走廊。外围荒山有 95% 实现了绿化，林木绿化率达到 70.49%。2000 年开始的京津风沙源治理工程，使得北京及周边的内蒙古、山西、河北、天津等地越来越多的沙区和荒山披上了绿装，成片的林木和草场郁郁葱葱，成为京津生态区亮丽的风景线。随着生态环境的改善，北京每年"蓝天"数也从 2001 年的 213 天提升为 246 天，提升幅度达 15.6%。大气环境中二氧化硫、一氧化碳、二氧化氮和可吸入颗粒物的年均浓度分别下降了 60.8%、39.4%、10.8% 和 17.8%。

2008 年 7 月 28 日，国际环保组织"绿色和平"发布《超越北京，超越 2008——北京奥运会环境评估报告》，对 2008 年北京奥运会的环境工作进行独立评估。该报告对北京奥运会筹备中的环境成果表示了肯定。

北京奥运会起到了"绿色示范"的作用。如北京奥运会使用的 37 个比赛场馆、56 个训练场馆、奥运村等 5 个相关设施，在规划、设计、施工、验收、运行等各个环节都贯穿了"绿色奥运"理念，场馆和相关设施严格执行节能环保设计标准，在可再生能源与新能源利用、建筑节能、水资源保护和利用等方面采取了一系列有力措施。建成了国家体育场雨水回收项目、国家体育馆 100 千瓦并网光伏电站项目、奥运村再生水热泵冷热源项目、奥运村太阳能热水项目等一系列"绿色奥运"亮点工程。据统计，北京奥运会实施了 358 个"绿色奥运"项目，包括新能源项目 69 项、建筑节能项目 168 项、水资源项目 121 项。奥运工程共建设了 9 个太阳能的热水系统。4 个项目建设了地源热泵，3 个项目建设了水源热泵，还有两个项目直接利用了地热。在 200 万平方米的奥运工程中，有 26.7% 的面积使用可再生能源等绿色能源。168 个建筑节能项目所节约的能源，相当于每年减少 20 万吨二氧化碳的排放。

国家体育场"鸟巢"被誉为世界上最大的环保体育场。"水立方"的泳池换水全程采用自动控制技术，提高净水系统运行效率，降低净水药剂和电力的消耗，可以节约泳池补水量 50% 以上。北京奥运村建成了 6000 平方米的太阳能光热系统，其工程规模和技术先进程度为历届奥运会之最。奥运村采用目前最为先进环保的生物处理系统，日均处理餐厨垃圾 6 吨，每日外运垃圾 52 吨，垃圾资源化处理率达 93%。热水来自奥运村 6000 平方米的集中式太阳能热水系统，每年可节电 500 多万度。奥运村中还建设了微能耗建筑——位于村内的超级居民服务中心，其能耗的 80% 都来自风能、光能、热能、冷能等可再生资源。8 月 13 日，美国财政部长保尔森为奥运村颁发了"能源与环境设计先锋"金奖，这在奥运会历史上也是首次。奥运村和其他奥运场馆内也大量使用节水设置，建立雨水收集与回用系统，采用节水式免冲洗生态厕所，绿化选用耐旱植物品种。

在实施"绿色奥运"的过程中，最重要的收获是全社会绿色和环保意识的加强。北京奥运是一个宣传环保的平台。北京奥组委环境部协同有关部门组成宣讲团，向北京市和全国各地的人们宣传一些简单易懂的环保知识。截至 2008 年 6 月，宣讲团共宣讲 1027 场，直接受众 34 万人，涉及北京 18 个区县及上海等 15 个省、市、自治区。在奥运的示范效应下，全社会正在形成有利于环境的消费习惯，绿色、环保理念更加深入人心。

2. 科技奥运

2008 年北京奥运会是奥运史上第一次明确地把科技应用作为主题的奥运会。科技奥运，"就是要推进科技进步和创新，既注重将创新科技成果应用于北京奥运会、残奥会各个领域，又通过北京奥运会、残奥会推进各方面自主创新，充分体现现代科技的力量"。

奥运会是一项巨大的系统工程，从奥运场馆的总体规划与建设、城市智能交通管理系统的建立，到奥运会的组织管理、比赛管理等方面，都离不开科技的支持与应用。北京 2008 年奥运会汇聚最新的科技成果，科技渗透到本届奥运会的筹办阶段、组织实施阶段和会后工作的全部过程中，最新科技成果广泛运用于运动会的组织管理、运动场馆、运动设备、生活设施、服务系统、信息系统、传播媒介、保安系统和环境保护工作中。"科技奥运"的理念有利于参加 2008 年北京奥运会的运动员发挥出最好的竞技水平，有利于媒体快捷、准确、生动地将奥运盛况传遍全球，有利于奥运会进行得顺利和圆满，为举办一届成功、出色的奥运会奠定了坚实的基础。

早在 2001 年北京获得奥运会主办权之后，科技部就会同北京市等 13 个部门，联合启动了《奥运科技（2008）行动计划》。此外，根据"科技奥运"的需求，又组织实施了包括北京智能交通规划及实施研究等 10 个重大项目，并启动了"科技奥运专项"以及"支撑绿色科技专项行动"。"科技奥运"的理念在以下方面得到了贯彻实施。

——运动员的训练与比赛

在竞技体育科技攻关方面，"奥运会射击比赛用运动枪、弹研制""数字化三维人体运动的计算机仿真研究"等重点项目已经在国内外体育比赛中发挥了重大作用。如，为了使运动员在确定的地点、确定的时间内发挥出最大的潜能，并将体能和心理调整到最佳状态，发挥出最好水平，中国科学院计算所承担的"数字化三维人体运动的计算机仿真与分析技术"研究取得成果，它以数字化三维人体的计算机仿真技术、人体运动生物力学数据与真实人体运动数据为基础，以三维方式逼真模拟、设计、分析技术动作，具有很强的指导意义，可以帮助教练员更好地编排动作、优选备战方案。中国蹦床队总教练评价说：

"中科院计算技术研究所的'数字化三维人体运动的计算机仿真与分析技术'在训练中起了很大作用。"

在重点运动员技术保障方面，针对国家队备战奥运会的实际需求，保证我国体育健儿在优势和准优势项目上获得尽可能多的金牌，实施了"提高体能类项目优秀运动员竞技能力关键技术的研究""提高集体球类项目竞技运动水平的研究"等项目，解决了体育训练中的一些紧迫性、关键性问题。

——奥运场馆建设的新型技术

北京奥运会的标志性场馆——"鸟巢"和"水立方"都采用了许多世界上独特的建筑设计和建设技术。大跨度钢结构的设计施工以及室内环境的设计是奥运场馆建设中的难题。独特结构形式的国家体育场、国家游泳中心大跨度钢结构技术攻关不断取得突破，高强度钢 Q460E 的研制和规模应用获得成功，既保证了场馆建设的顺利进行，也大大节约了建设成本，钢结构健康监控技术也得到同步发展。"水立方"首创以泡沫结构为基础分割出建筑的整体形状和各个内部空间，实现了从墙壁到天花板的整栋墙体结构连接顺畅自然、严丝合缝，是世界上规模最大、构造最复杂、综合技术最全面的工程，建设中运用聚四氟乙烯（ETFE）立面装配系统。

——奥运会赛场的技术服务

2008 年北京奥运会的赛场借助新材料技术、生物工程技术、信息技术等高新科学，通过计算机、通信、光电、传感等多项技术综合加以应用，为奥运会提供大容量、高速、安全、稳定的信息管理平台，并与新闻信息系统联接，为运动员、奥运会服务人员及公众提供适时、快速、便捷的信息服务，为人们献上更加精彩纷呈的演出。

奥运综合信息服务系统。整合奥运相关的各种信息，利用呼叫中心、互联网、移动通信终端等多种形式为奥林匹克大家庭和公众提供安全、便捷、丰富的多语言信息服务，提升首都信息化服务水平。

交互式数字电视。在奥运村、媒体村、比赛场馆、IOC 饭店以及其他 VIP 驻地提供交互式数字电视，视频点播服务，提供比赛节目回放及不同视角的交互式电视节目。

奥运媒体专用服务平台。在以往的奥运会中，注册媒体通过租用固定的电脑作为终端获取 INFO 系统提供的最新比赛成绩信息。在北京奥运会期间，注册媒体还可通过无线上网方式用自己带的笔记本电脑就可以获得 INFO 内容的信息服务。

竞赛信息中文显示系统。在奥运会历史上第一次在计时记分屏和图像大屏采用中文和中、英文显示系统，为华人占大多数的现场观众提供便利的观赛服务和体育文化展示。

——奥运会相关服务

国防科工委组织军工科研单位研发了具有便携性、良好燃烧性、火焰展示性、操作便捷性、储存安全性、可靠性的火炬，并为解决奥运火炬在珠峰峰顶燃烧等关键问题提供技术支持。

中国气象局编制了 2008 年北京奥运会气象服务行动计划实施方案，为奥运会涉及气象的各项活动提供决策参考。为了能够给奥运圣火珠峰传递提供高质量的气象保障服务，一批具有较高科技含量的装备如单测风仪、自动气象站与全天空可见光成像仪等都投入使用。

3. 人文奥运

人文奥运，"就是要坚持以人为本，提高人民文明素质和健康素质，普及奥林匹克精神，全面开展迎奥运、讲文明、树新风活动，尊重和维护人类文明多样性和发展模式多样化，致力于实现不同文明共同进步"。"人文奥运"是北京奥运会的核心概念，渗透在奥运会筹办和举办的全过程和各个方面。

奥运会筹办以来，奥组委与中央文明办等部门密切配合，通过在全社会广泛深入开展"人文奥运"实践，将广大人民群众对奥林匹克精神的深刻理解与共建共享社会主义和谐社会的自觉追求紧密结合起来，在推动各项筹办工作圆满完成的同时，为推动新时期我国两个文明的建设作出了积极贡献。

（1）教育和文化活动

人文奥运首先体现在奥林匹克教育中。国家教育部和北京奥组委实施了《"北京 2008"中小学生奥林匹克教育计划》，广泛普及奥林匹克知识，开展文明礼仪教育和校园健身运动，使广大学生的思想道德和身体素质得到显著提高，惠及全国 4 亿青少年，特别是 2.3 亿中小学生。这个数字超过以往任何一个举办过奥运会国家的人口。国际奥委会主席罗格说："这个数字是诱人的，这体现了奥林匹克精神的真谛。"国际奥委会官方杂志《奥林匹克回顾》的评价是："这是一个宏大的计划，它使奥林匹克价值观在中国的传播范围超过世界任何地方。"

北京市教委启动了《北京市学校奥林匹克教育行动计划》，通过普及奥林匹克知识、强化奥运礼仪教育、奥林匹克运动进校园、国际交流计划和培训奥林匹克专门人才五项行动计划落实奥林匹克教育。

在全国设立了 500 多所奥林匹克教育示范学校。在北京市 210 所中小学全面开展了"同心结"国际交流活动。

北京高校也广泛开展了人文奥运与文明礼仪教育活动。不少高校还组织大学生宣讲团深入社区及郊区村镇，以演出、讲座、展览及互动交流的方式，将奥运和文明礼仪知识传递给市民。

各种奥林匹克教育活动丰富多彩。按照奥林匹克教育行动计划，在大中小学及幼儿园还开展了以"我心中的奥运"为主题的文学、音乐、美术、摄影、邮品、舞蹈等多种形式的各类活动。作为全国青少年奥林匹克教育计划的组成部分，在奥运会期间开展了"体验北京 分享奥运"大型系列活动，全国各省、直辖市、自治区共计 6000 多名学生来京观看奥运比赛，其中包括品学兼优的贫困学生，以及四川汶川大地震灾区中受灾的孩子。通过该活动进行奥运会和残奥会观赛礼仪教育，展现北京 2008 奥林匹克教育成果。

北京还开展了市民文明教育活动，在全社会广泛开展"迎奥运，讲文明，树新风"及"全民健身与奥运同行"等活动，使北京奥运会成为实施全民教育、促进人的全面发展、改善城市人文环境及社会文明的重要载体，以克服在卫生、交通、饮食和环保等方面存在的不良习惯。塑造了市民讲文明、重礼仪、团结友善、热情好客的良好形象。

北京奥运会和残奥会通过会徽、吉祥物等主要标志和举办奥林匹克文化节等活动，向世界传达了"人文奥运"理念所蕴含的和谐价值观。"同一个世界同一个梦想"主题口号更是集中地表达了全世界在奥林匹克精神的感召下，追求人类美好未来的共同愿望。

北京奥运会还举办了国际奥林匹克青年营，而且第一次将残疾青年列为营员，扩大了青年营的覆盖面。

（2）人文关怀，人性化服务

人文奥运体现出强烈的人文关怀，强调以人为本，以运动员为中心，为运动员及所有奥运会参与者在住宿、餐饮、交通等各个方面提供周到、细致的服务。奥运会和残奥会的住宿接待工作实现了"接待高标准、服务高水平、运行高效率"和"筹备人性化、服务人性化、运行人性化"的目标。奥运村、残奥村运行团队历经 63 天的全天候运行，做到了"安全生产零事故、食品安全零事件、礼宾接待零失误、接待服务零投诉、运行保障零差错"，创造了运动员餐厅单日就餐人数最多、接待各国政要和国际贵宾人数最多、在历届奥运村中最"绿色"、欢迎仪式最完美的四个历史之最。从而为运动员创造了一个理想的生活、训练和比赛环境，使他们能够创造最好的成绩，并充分享受奥运带给他们的激情与欢乐。为新闻记者提供了良好的工作条件，国务院公布施行的

《北京奥运会及其筹备期间外国记者在华采访规定》，为做好媒体服务提供了最为重要的保障。与国际奥委会合作组建了北京奥林匹克转播有限公司（BOB），为奥运电视转播的成功奠定了重要基础。协调中央和北京市相关部门，建立了面向境外记者的"一站式"服务机制。对采访北京残奥会的残疾人媒体记者实行了全程陪同服务。奥组委还同合作伙伴、赞助商协作，为观赛者、旅游者提供便利设施与舒适条件。

人文关怀还突出地体现在残奥会上。中国有 8300 多万残疾人，涉及 2.6 亿家庭人口。通过举办残奥会，对于倡导社会平等与和谐具有重要意义。为了实现"两个奥运同时筹办，同样精彩"，北京奥运场馆的修建和公共交通、商业中心、旅游景区等的改造中充分体现了无障碍的理念。

奥运场馆设计充分体现"人文"关怀，使残疾人与健全人可以坐在一起观看比赛。北京奥运场馆周边和重点商业街区内大中型商场和百货店基本达到了无障碍要求。截至 2008 年 6 月，65 家奥运场馆周边和重点商业街区内大中型商场、超市和城八区达标百货商店进行了系统化无障碍设施改造，基本具备了无障碍坡道、厕所、电梯、标识、通道、低位服务台等设施。此外，为全面筹备北京 2008 年残奥会，创造无障碍购物和消费环境，2004 年开始，北京大中型商场、超市、专卖店、国家级酒家、特色商业街和大型商场停车系统就已经全部按照《北京商业服务业迎奥运三年行动计划》要求，进行了全方位无障碍改造。统计显示，2008 年北京具备基本无障碍设施条件（无障碍坡道、厕所、电梯、标识 4 项内容）的大中型商场和酒家有 235 家，具备无障碍坡道、厕所、电梯、标识、通道、低位服务台、低位收款台、专用停车位 8 项内容的大中型商场有 65 家。

对于北京残奥会的筹办中体现出的人文关怀，国际残奥委会主席克雷文十分赞赏，认为残奥会的组织者高水平地完成了残疾人设施建设，各项工作做得非常出色。

（3）民族文化的传播

2008 年北京奥运会在中国这个东方的大国举行，在"人文奥运"理念的指导下，向全世界展示和推广中国的体育文化，推动中国独具特色的民俗体育、民族体育文化走向世界，这既有助于中国的民族体育文化在全球的广泛传播，又可以进一步丰富世界的体育文化。

对民族传统文化的关注体现在保护文物这样的具体行为中，如在建造国家游泳中心时，为了保护初建于 15 世纪的明代古庙——北顶娘娘庙，"水立方"向北移动了 100 米。同时北京奥运会成为传播中国民族传统文化的重要平台。

北京 26 个奥运文化广场在奥运期间共安排了 419 场文化演出，接待游客 230 万人次，成为中外游客和广大市民参与奥运、享受奥运的场所。

北京奥运会期间还举办了"北京 2008 武术比赛"。这项赛事经国际奥委会批准举办，来自 43 个国家和地区的 128 名运动员参加了套路和散手两个大项、15 个小项的比赛。这项赛事的奖牌设计同样采用"金镶玉"的模式，颁发仪式也与奥运会相同。国际奥委会主席罗格观看了首场赛事并为获胜选手颁奖。通过举办这项赛事，向全世界展示了武术运动的魅力，为在世界更大范围内推广武术作出了重要贡献。

4. 政府主导、社会参与的举办模式

举办奥运会和残奥会是一个综合的社会系统工程，没有任何一个单一的社会子系统可以独自支撑和完成这一重任。于是"政府主导、各方参与"成为北京奥运会和残奥会运作最突出的组织特色。从中央到地方乃至公民个人，全社会参与北京奥运会和残奥会的筹备与举办。在政府各部门之间、民间团体之间、政府与社团之间、组织与个人之间建立起了沟通的意识和合作机制，这为整合社会资源、建立协调机制、促进中国社会的转型起到积极的作用，对建立我国新型的体育运作机制，理顺各方关系也产生了重要的影响。

北京奥运会筹办还涉及国际范围的大合作，奥组委不仅与国际奥委会、各国际体育单项联合会密切合作，而且还聘请希腊、澳大利亚、美国、西班牙、日本等国一大批有经验的专家，协助奥运会筹办工作，这使得"政府主导、各方参与"的举办模式有了更为广阔的运作平台。

三、成功举办　世界瞩目

2008 年 8 月 8—24 日，9 月 6—17 日，在首都北京先后成功地举办了第 29 届夏季奥运会和第 13 届残疾人夏季奥运会。中国政府和人民履行了自己在申办奥运会时给世界的承诺，将一届"有特色、高水平"的奥运会和残奥会呈现给了世界。

国际奥委会主席罗格用"无与伦比"一词对北京奥运会进行了概括性的评价。的确，北京奥运会在许多方面使奥运会的举办达到更高的标准，这主要体现在以下几个方面。

(一) 杰出的运动成绩

奥运会是以竞技运动为主体构成的大型社会文化节事。体育比赛组织的好坏，运动员在奥运赛场中的表现从来就是奥运会的一个最基本的评价标准。罗格在北京奥运会闭幕式上的致辞中这样回顾道："来自 204 个国家和地区奥委会的运动健儿们在光彩夺目的场馆里同场竞技，用他们的精湛技艺获得了我们的赞叹，新的奥运明星诞生了，往日的奥运明星又一次带来惊喜。我们分享他们的欢笑和泪水，我们钦佩他们的才能与风采，我们将长久铭记在此见证的辉煌成就。"

1. 水平高，项目多

北京奥运会上，来自世界各地的体坛精英们挑战自我，奋力拼搏，表现出极高的竞技水平。在 16 天的比赛中，刷新了 38 项世界纪录，而亚特兰大奥运会破世界纪录 24 项，悉尼奥运会 34 项，雅典奥运会 29 项。此外，有 85 项奥运会纪录被刷新。在竞技运动水平已经很高的今天，一届奥运会能以如此规模创造奥运会纪录和世界纪录，实属罕见。有些成绩创造了奥运史上的奇迹。如在"水立方"，21 项游泳世界纪录被刷新。

美国游泳运动员菲尔普斯一人夺得 8 枚金牌，打破了施皮茨于 1972 年创造的 7 金纪录，而且 7 破世界纪录，将自己获得的奥运会金牌数总数增加至 14 枚，成为奥运史上个人夺金牌数最多的传奇人物。

22 岁的牙买加选手博尔特在"鸟巢"中将人类社会的百米跑速度推进到 9 秒 69，继而在 200 米决赛中打破尘封 12 年的世界纪录，最后又带领牙买加队在 4×100 接力中，以 37 秒 10 的成绩再次打破世界纪录，在奥运会上三获金牌。

黑马层出不穷。巴西选手西埃洛在男子 50 米自由泳比赛中夺金，令众多名将无功而返；女子 200 米蛙泳，美国选手索尼神奇超越澳大利亚名将琼斯以破世界纪录的成绩夺得冠军；女子 800 米自由泳纪录于 1989 年创造，是现存"最古老"的游泳世界纪录，在"水立方"，年仅 19 岁的英国小将阿德林顿打破尘封 19 年的这一世界纪录。

温哥华冬奥会组委会主席约翰·弗隆表示，奥运会是否成功，关键要看运动员能否在运动场上发挥出最佳水平，而要达到这一目标，就必须依靠主办者的严密组织。从这个标准来看，"体育是北京奥运会的最大赢家"。

在北京残奥会上，参赛选手同样展现出高超的竞技水平。仅开赛当天，就有 18 项世界纪录被刷新。在 11 天的赛事中，捷报频传，仅在"水立方"进行的 140 个残奥会游泳项目，就有 100 多项世界纪录被改写，使这届残奥会成为刷新纪录最多的残奥会。

2. 参赛人多，覆盖面广

北京奥运会设项之多，参赛人数之众，获得奖牌的国家和地区范围之广，女运动员占参赛运动员的 45%，也创造了奥运史上新的纪录。这届奥运会设 28 个大项、302 个小项，也是奥运会上项目最多的一届。其中第一次亮相奥运赛场的比赛项目有：女子 3000 米障碍、乒乓球男子和女子团体、自行车男子和女子小轮车个人（BMX）、女子花剑和女子佩剑团体、男子和女子 10 公里马拉松游泳（公开水域）。

除文莱外，奥林匹克大家庭成员中的 204 个国家和地区均来到北京，参赛运动员 1.6 万名，超过 1996 年亚特兰大奥运会 1.07 万人的纪录，成为参赛运动员人数最多的一次。女子运动员数量进一步增加，比雅典奥运会多 128 人。

黑山共和国、图瓦卢、马绍尔群岛在北京首次参加奥运会。共有 55 个国家和地区获得金牌，87 个国家和地区获得奖牌，获得奖牌的国家和地区比上届雅典奥运会增加了 12 个，其中 6 个国家或地区的奥委会第一次获得奥运会奖牌，奖牌分布更加广泛。第一次获得奥运奖牌的国家有：多哥（布克佩蒂皮划艇激流回旋铜牌）、塔吉克斯坦（拉苏尔·博基耶夫柔道铜牌）、阿富汗（尼帕伊跆拳道铜牌）、毛里求斯（布鲁诺·朱利拳击铜牌）和苏丹（艾哈迈德男子 800 米银牌）。第一次获得奥运金牌的国家有：巴林（拉希德·拉姆齐男子 1500 米）、蒙古（图布辛巴亚尔男子柔道）、阿塞拜疆（叶尔努尔·马马德利男子柔道）和巴拿马（萨拉迪诺男子跳远）。

不少运动员们为自己的国家争得荣誉后激动万分，多哥的布克佩蒂为该国夺得奥运史上首枚奖牌，并成为奥运会皮划艇激流回旋比赛首位黑人奖牌得主后，兴奋得竟然折断双桨。神枪手宾德拉为印度摘取了个人项目首枚奥运金牌后，举国欢腾，为了这枚金牌印度等待了 88 年。

这届奥运会奥运健儿展现了参与重于比赛的体育精神。不少久经赛场的运动员风采依旧，老当益壮。如 67 岁的日本骑手法华津宽是北京奥运赛场年龄最大的选手。22 岁时，他就参加了 1964 年的东京奥运会，44 年后的今天，在香港马术赛场上，这位老人纵横驰骋，身手依然矫健。昔日为中国夺得奥运击剑冠军的栾菊杰，在 50 岁时代表加拿大重返奥运赛场。41 岁的美国泳坛名将托雷斯在北京奥运会夺得了两枚银牌，她也是唯一参加过 5 届奥运会的游泳选手。她要证明的是"女人到了这个年纪依然可以做她想做的事"。38 岁罗马尼亚的康斯坦丁娜·托梅斯库·迪塔在女子马拉松比赛中令人称奇地一举摘金，并打破奥运会纪录。获胜后，这位老将依然雄心不已，说"奥运会结束后，我还会继续训练参加比赛，直到某一天我真不行了为止"。中国 33 岁的羽毛球选手张宁、33 岁的柔道选手冼东妹也都以自己的战绩向世人宣告，一个优秀运动员的运动寿命远远超出许多人的想象。

北京残奥会设 20 大项、472 小项，是历史上比赛项目最多的一届残奥会，有来自全球 147 个国家和地区的 4000 多名运动员参加，参赛代表团和运动员人数也均为历届之最。

3. 东道国成绩优异

东道国的运动成绩如何，对奥运会的成功举办有重要影响，因为它在相当程度上关系到主办国民众对奥运会关注的程度和参与的激情。北京奥运会上中国运动员取得的优异成绩是举办好这届奥运会的重要促进因素。东道主中国代表团展示高超的竞技水平，取得前所未有的辉煌成绩。从雅典的 32 枚金牌到北京的 51 枚；从雅典的 63 枚奖牌到北京奥运会的 100 枚奖牌（51 金、21 银、28 铜）；从雅典金牌榜的第二跃升到北京奥运会的第一，中国成为百年奥运史上首个荣登金牌榜首位的发展中国家。在奥运会竞技场大胜的同时，中国运动员展现出了良好的精神风貌和体育道德风尚。从 2008 年 7 月 27 日国际奥委会启动北京奥运会赛时兴奋剂检测开始，中国运动员按照国际组织的规定接受了兴奋剂检查，没有出现一例阳性事件，维护了奥林匹克运动和体育的纯洁，维护了国家荣誉。

在北京残奥会上，中国派出有史以来规模最大的由 547 人组成的代表团，其中运动员 332 人，参加全部 20 个大项、295 个小项的比赛。以 89 金 70 银 52 铜，名列金牌榜、奖牌榜榜首。其中，所获金牌大项由雅典残奥会的 9 个增加至 11 个，有 12 枚金牌是中国残奥史上从未获得过的；田径、游泳、乒乓球、举重等项目上继续保持优势，四个大项共获得 73 枚金牌。

在北京奥运会和残奥会上，中国运动员以出色的成绩和良好的道德风范，实现了"为人生添彩、为奥运增辉、为民族争气、为祖国争光"的誓言，向祖国和人民交上了优异答卷！

（二）高昂的奥运精神

在北京奥运会上，各国的体育健儿们表现出良好的精神风尚，彰显了奥林匹克运动追求卓越、相互尊重和团结友谊的精神价值。出现了许多感人的事迹。

由于宗教和习俗的原因，阿富汗妇女在公共场所参加体育比赛面临巨大压力，不仅招来咒骂，甚至有死亡的威胁。但是代表阿富汗参赛的唯一女队员罗比娜坚持来到北京。她说："也许回国后有 100 个人反对我，只有两个人支持我，但我觉得两个人也比 100 个人更重要。"

穿着在旧货市场买的一双旧鞋的伊拉克女青年达娜也引起人们的广泛关注。达娜在 100 米预赛中被淘汰，成绩比小组第一几乎差了整整 1 秒。她说："我今天能够得第几并不重要，我能够代表伊拉克来参加比赛，站在北京奥运会的跑道上，就是胜利。"就在她比赛的当天上午，巴格达又发生一起汽车炸弹袭击事件。达娜说，"回伊拉克后，只要我还活着，我就不会放弃训练与比赛。"这位坚强的伊拉克年轻姑娘，通过北京奥运会，让人们记住了她，也记住了战乱未已的伊拉克。

不向癌症屈服的美国选手埃里克·尚托在北京奥运会留下了自己的英名。今年 6 月他被确诊为睾丸癌后，向所有人隐瞒了这个消息，照常训练，并通过了美国国内的选拔，获得了参加北京奥运会的资格。在知道了他的病情后所有人都非常震惊，随即又非常敬佩尚托的决定。13 日上午，奥运会男子 200 米蛙泳半决赛在"水立方"进行，当尚托出现在赛场上时，他赢得"水立方"近 2 万名观众最热烈的掌声。

在北京奥运会上，有两位既参加奥运会又参加残奥会比赛的运动员引起全世界的关注和敬佩。她们是南非的游泳运动员纳塔莉·杜托伊特和波兰的乒乓球运动员纳塔利娅·帕尔蒂卡。她们身残志坚的表现震撼了所有人的心灵，赢得了所有人的尊敬。

北京奥运会上，各国运动员之间表现出来的友谊同样令人感动，同样震撼人心。当俄罗斯和格鲁吉亚发生冲突，两国之间战火正在燃烧之际，8 月 10 日在女子 10 米气步枪颁奖仪式上的一个场面让人毕生难忘，季军格鲁吉亚运动员妮诺走到亚军俄罗斯运动员帕杰琳娜面前，两人相视一笑，然后拥抱在一起。这一场景向世界表明，尽管有战火冲突，人民之间的团结和友谊是不可战胜的。正如在赛后的新闻发布会上妮诺所言："能一起在体育比赛里同场竞技的运动员都是朋友，体育和政治没有关系。"

奥运会已经成为各国友好和合作的示范，在中国国家队中有近 30 位外籍教练；郎平当教练的美国女子排球队打败中国女排，但依然博得中国观众的热烈掌声；当法国教练培养出的中国剑客"夺"走法国队的金牌，法国人为有这样的教练而骄傲；新加坡体育官员对为他的国家赢得银牌的中国籍乒乓球教练表示感谢。

　　奥林匹克精神也体现在成千上万的观众身上。奥运会上中国观众海纳百川的胸怀和为各国运动员喝彩的热情，给人以深刻印象。《华盛顿邮报》说："无论中国队是输是赢，中国观众都为运动员的表现而热烈欢呼，没有流露出任何狭隘的民族主义情绪。"德国《柏林晨邮报》说："自从各项比赛持续进行、德国运动员也经常登上最高领奖台以来，中国展示出了越来越友好的面孔——也对我们。"开幕式上，很多代表团运动员入场，都得到了 9 万多名观众的鼓掌。曾一度被取消参赛资格的伊拉克队员入场时，欢呼的热烈程度仅次于东道主中国队。面对此情此景，美国《时代》周刊感慨道："奥运会也许是由国家组成的，但奥运精神超越了民族主义。"新加坡《联合早报》一篇文章分析："今年上半年面对西方的批评，中国始终如一的稳重态度也获得国际社会正面回应。作为一个大国，中国表现出了很强的包容心，在风波中没有和对方针锋相对，而是立足在奥运会上呈现一个真实的自己。"

（三）感人的志愿服务

　　北京奥运会、残奥会高度重视志愿者队伍建设，为举办奥运会提供了重要的人才保障。综合运用行政和市场两种手段推进奥运人力资源开发和人才队伍建设，通过社会招聘、从企事业单位抽调等多种形式选拔人才，积极开展了通用、专业、场馆、岗位 4 类培训，建立健全人员考核体系和激励机制、选拔任用机制和工资福利制度，创建了符合筹办实际的人员选拔、培训、管理等工作模式，打造了一支政治坚定、素质优良、业务过硬的筹办工作人员队伍。其中，精心选拔了 8.4 万名奥运会赛会志愿者和 4.5 万名残奥会赛会志愿者，组建了高素质的志愿者队伍。志愿者的出色工作为国家争了光。志愿者们在场馆内外默默无闻地服务，他们以真诚的微笑、优质的服务赢得各界好评。志愿者的微笑成为北京最好的名片。

　　在奥运会开幕式上，联合国秘书长潘基文向北京奥运会组织者致信，对即将服务于第 29 届奥林匹克运动会和残奥会的全体志愿者致以崇高的敬意。认为志愿者在中国的重要作用今年得到了充分体现。他们不但为奥运会筹办付出不懈努力，而且有数百万志愿服务人员在 5 月的汶川地震发生后济困于危难。他还强调，中国志愿者的精彩努力将让全世界见证志愿服务事业的巨大潜力和重要性，也将有助于感召更多人加入到这一光荣的队伍当中。北京志愿者协会同时被授予"联合国卓越志愿服务组织奖"。国际奥委会主席罗格回顾北京奥运会时，特别表达了对志愿者的感谢："我们还要特别感谢成千上万无私奉献的志愿者们，没有他们，这一切都不可能实现。"联合国副秘书长阿齐姆·施泰纳说："在本届奥运会上，无论谁获得的奖牌最多，有一点是毋庸置疑的，那就是志愿者们赢得来京人士的由衷赞赏。"年逾七旬的美国奥委会主席尤伯罗斯在称赞北京奥运会时说："如果让我来颁奖的话，我希望把第一块金牌发给北京的人民，还有为赛会服务的志愿者。"英国前首相布莱尔在同温家宝总理会见时对年轻的奥运志愿者赞不绝口，夸他们热情、能干，令人备感温暖。

女子飞碟多向铜牌获得者、美国选手科丽·科格德尔说："我在北京的每一个日子都过得很愉快，那么多的志愿者冲我们微笑，那么热情的观众给我们鼓劲，我深深地理解了'同一个世界、同一个梦想'的含义。北京所做的一切使我在赛场上发挥了最佳水平，我觉得北京真的很棒！"

（四）一流的运动设施

北京奥运会共使用了 37 个比赛场馆、58 个训练场馆。在 37 个比赛场馆中，有 32 个设在北京，另外 5 个在其他城市。其中，帆船比赛在青岛举行，4 个足球预赛场地分别为上海、天津、沈阳和秦皇岛。在北京的 32 个场馆中，现有 13 个、改建 11 个、专为奥运会兴建 8 个。为了履行自己的义务，中国为这届奥运会打造了一流的体育运动设施，大力开展技术系统建设，技术设备的种类、数量、技术运行中心的规模和运行时间均创造了历届奥运会之最。

在奥运工程中采用的环保项目有 191 项，其中环境与生态保护 77 项，涵盖了噪声控制、园林绿化、环保设施、固体废气物处理等几个方面；水资源利用及中水处理利用 11 项；绿色建材应用 46 项；环保技术及产品应用 57 项。分布在奥林匹克公园区域 91 项，大学区场馆 32 项，外围场馆 68 项。奥运比赛线路场馆规划将环境保护放到首位，奥运会比赛线路和场馆选址符合城市规划的体育和文化设施用地范围，避开了重要水源保护区、涵养区，避开了自然保护区、野生动物保护区等环境敏感区。所有奥运建设项目都经过北京市相关部门组织的严格的环境影响评价，审查批准后才开始投入建设。在奥运工程建设全过程严格落实文物保护，与景观建设结合，对已有文物进行了恢复和创造性的保护利用，特别是奥林匹克公园内文化遗产在奥林匹克公园建设过程中得到了妥善保护。奥林匹克公园建成后，文物周围环境比建设前得到了很大的改善，并融入到公园的整体景观。

奥运会设施建设全部采用符合环境保护和生态保护要求的材料和设备。奥运工程环保指南（包括改扩建及临建工程环保指南）专门编写"绿色建材"专篇，针对奥运工程采用的主要材料及装饰材料制定了环保要求和高于国际标准的奥运标准。奥运场馆严禁使用破坏臭氧层物质的设备，同时各类空调制冷设备与系统的能效指标达到了相应国家能效分级标准中所规定的二级（节能级）标准，优先选用达到一级标准或通过国家环境标志产品认证的企业所生产的空调制冷设备。

其中奥运会主会场的国家体育场"鸟巢"和被许多运动员称为"水魔方"国家游泳中心（"水立方"）集中地反映了这届奥运会运动设施的水准。在北京奥运会上共创造的 38 项世界纪录和 85 项奥运会纪录中，有 24 项世界纪录和 66 项奥运会纪录在"水立方"诞生。"飞人"菲尔普斯也是在"水立方"中狂揽 8 金，创造了一届奥运会个人获得金牌数的新纪录。"水立方"泳池设计乃至整个场馆设计和实施中，自始至终贯彻了"快速泳池"概念。"快速泳池"概念是高技术、新理念在工程实际中的集中应用，体现了绿色、节能环保的准则，同时最大限度地保证了运动员的舒适、健康，并有效帮助运动员发挥出最佳竞技水平。这就要在泳池设计和实施中，在泳池构造、施工精度、泳池水质、温度控制等方面科学采用世界最先进的技术、设备和设计理念。加上整个比赛大厅空气质量优良、自然光线、声音效果、建筑构造和色彩等方面优美和谐，共同营造出舒适、愉悦、令人兴奋的综合室内环境，有利于运动员迅速达到最佳竞技状态。"快速泳池"的设计和实施集中体现了"绿色奥运、科技奥运、人文奥运"的三大理念。

（五）缜密的组织管理

举办奥运会、残奥会的复杂性与中国以前成功举办过的大型活动明显不同。我国坚持发挥举国体制的作用，围绕成功举办北京奥运会、残奥会这个中心任务，中央奥运筹办工作领导小组加强统筹协调，各有关部门加强配合，跨部门协调小组密切协作，各省区市讲大局、讲风格，形成了上下贯通、内外衔接、协调运行的工作格局。北京市周边各省区市为北京奥运会、残奥会安全保卫、空气质量、交通保障等工作提供了全天候、全方位的有力支持。

为了使场馆运行顺畅有效，北京奥组委提出了"以竞赛为中心，以场馆为基础，以属地为保障"的"双进入"场馆运行体制，严格按照中央提出"遵守惯例，标准统一，尊重个性，注重细节"的服务原则来制定赛事服务标准和运行政策及程序。北京奥运会的组织者不断深入分析奥运会这种大型综合国际赛事的特点，认识到奥运会组织运作的基本模式与以往国内大型体育赛事的组织管理方式相比具有以下鲜明特点。

复杂性，场馆运行涉及业务领域众多，各项业务与保障工作相互交错、关联紧密；专业性，场馆运行应遵循奥运会特有的运行操作规范，同时需要与国际奥委会、国际单项体育联合会、媒体、转播机构、各类赞助商等方面密切衔接；规范性，场馆运行应确保不同场馆同类型服务项目的标准一致，工作流程规范；整体性，场馆运行强调统筹整合，不是专项工作简单叠加，空间布置和工作流程要同时满足竞赛、转播、观赛等多方面需求；服务性，竞赛组织按照国际单项体育联合会章程和规则落实，场馆运行团队主要为竞赛组织提供周到细致、标准规范的服务；国际性，场馆服务对象包括来自 204 个国家和地区的运动员、各国媒体、国际单项体育联合会、其他奥林匹克大家庭成员和志愿者等，场馆运行团队要熟悉奥运会运行规则，具备对外交流能力。

在遵循往届惯例基础上，北京奥组委发挥体制优势，提出了适合中国国情的场馆团队组织架构。在奥运会场馆团队的主任层，除以往的场馆主任和竞赛主任外，北京奥运会增设了主管竞赛的常务副主任、服务副主任、场馆设施与环境副主任、媒体副主任、安保副主任、属地关系副主任以及场馆运行秘书长。实践表明，这样的团队架构设置，使得领导层与各业务领域之间呈现出分工明确、配合紧密、衔接顺畅的良好局面，从机制上保证了运行的高效顺畅。

北京奥组委用一整套科学严谨和成熟的场馆运行计划，控制筹办进度，从选择示范场馆、编制示范场馆运行计划，到以此提炼通用标准推广到各场馆团队进行个性化的计划编制，到赛时各场馆每日运行时刻表，以缜密科学的计划保证了运行的高效顺畅。场馆运行的效果表明，计划编制得科学合理、简洁高效。

为了提高团队运行能力和水平，北京奥组委制定了一整套由浅入深的演练计划。从单一业务桌面推演到多业务合成演练，从模拟演练到实战彩排，使场馆硬件设施和管理服务得到了多方面磨合测试，使团队得到了锻炼提高。从 2007 年 7 月以后，37 座场馆共举行了 42 项"好运北京"系列测试赛，赛时指挥、竞赛组织、接待服务、技术系统等各项奥运筹办工作和各场馆设施的运行能力得到了全面检验，为赛时运行顺畅、高效提供了前提和基础。赛时运行管理的决策重心下移，充分发挥团队在场馆运行中的一线主力军作用，90%以上的问题在场馆团队层面得到快速、合理的解决，极大地提高了北京奥运会场馆运行的效率。

同时，围绕赛事运行，组织者细分了场馆内各类客户人群，把参与人员细分为运动员和随队官员、技术官员、奥林匹克大家庭成员、电视转播人员、文字记者和摄影记者、赞助商、观众 7 类客户群，针对各个不同客户群的不同需求，制定有针对性的服务政策、服务标准和服务程序，而"以人为本"则成为贯彻始终的重要原则。安检通行是否顺畅是各类客户群对场馆的"第一印象"。因此，安检口设计是场馆流线详细设计的一个重要环节。本着"以人为本"的原则，北京奥组委根据进出场馆的步行人流规模和需要，确定安全、顺畅、合理的人员流向，对交通场站、入口、通道等硬件设施以及人流疏导等管理措施提出合理化解决方案。

观众是赛场上人数最多的群体，安检入口处，观众服务的志愿者们随即提供"软性"验票，提醒观众检查是否持有正确场次的票，协助安检人员提醒观众做好接受安检的相关准备。进入安检门后，直到看台，都有为观众服务的志愿者们在沿线提供热情周到的服务，并设有统一规范、指示清晰的标识系统帮助引导观众前往各个位置。观众可以通过清晰的标识指引到信息厅查询赛事的相关信息，也可以到餐饮售卖点、特许商品零售点进行消费，需要临时存放婴儿或轮椅的也有专门的寄存处，场馆前院同时设置可供残疾观众使用的临时卫生间。

奥林匹克大家庭成员包括国际奥委会官员、残奥会官员或组委会邀请的客人，接待工作有一定的特殊性。场馆团队工作人员认真分析大家庭成员的活动特点，精心设计了流线及各关键区域的服务标准。大家庭成员下车后，由礼宾志愿者在大家庭成员休息区入口处迎接，并在该区域设置了交通信息咨询台，为需要车辆服务的大家庭成员及时进行安排。

运动员是奥运会的主体，为了便于他们参赛，各个场馆团队结合比赛项目的特点，分析运动员从进入场馆到比赛结束离开场馆的各项管理服务活动，落实各环节的需求。如在运动员活动区域设置信息台，严格控制运动员休息区无关人员的出入，减少对他们不必要的干扰，有的项目还提供了按摩、理疗服务。有残奥项目的场馆，特别考虑到残疾人运动员的需求，体现出高标准的服务水平。

媒体的报道已经成为评判一届奥运会是否成功的重要依据。为了方便媒体的工作，各场馆运行团队根据自身特点和媒体的工作特性作了精心安排。从"干净区"乘坐班车抵达的媒体记者可以直接免检进入场馆，节省了进场时间。根据不同的需求，场馆媒体看台可分为电视转播评论员席、文字记者带桌席、无桌席、摄影记者席位等，媒体记者可通过专用通道进入看台，并在看台上安排媒体工作人员提供服务。混合区设置在以比赛场地为背景的通道上，以便媒体工作人员在第一时间采访到运动员。在这里有来自竞赛、电视转播和新闻运行的工作人员共同管理混合区的秩序。媒体工作间内的服务更是完善，上网、INFO 终端、打印复印资料、寄存物品等服务齐全。成绩公报发送主管办公室，为记者提供包括历史成绩、个人爱好等在内大量的运动员背景信息以及动态的赛事信息。所有的资料都会按照分类分别放在专门的格子中。新闻发布厅管理人员则为新闻发布会的召开做好一切准备。

在北京奥运会上，共有几十个场馆投入比赛，大量运动员、官员和媒体成员穿梭其中，交通组织非常复杂。奥运会和残奥会期间，北京公共交通创造了多项历史之最。完成 4 场开、闭幕式观众的集散，完成运动员和媒体班车的全过程运行；地面公共交通最高峰日突破 1510 万人次，地铁高峰日突破 492 万人次，出租车最高峰日运送 270 万人次，公交地铁运送残障人士约 4 万人次，其中为轮椅乘客服务达到 3 万人次，地铁实现两次 24 小时不停运。国际奥委会奥运会执行主任费利认为，历届奥运会交通都是困扰组织者的最大难题，也是一项艰巨的工作，不过北京奥运会的交通工作"非常顺畅，没有听到任何抱怨"。

这一系列制度、计划与措施保证了奥运会 28 个大项的赛事服务政策明晰、标准统一、程序合理、内容规范，北京奥运会的组织工作做到了让国际社会满意，让各国运动员满意，让人民群众满意。第一周运行结束，国际奥委会就取消了例行的专门应对各种问题的协调会。这包含对北京奥组委的首肯，对中国政府和民众的信任，也是对北京奥运会三大理念清晰呈现的褒扬。北京奥运会出色的组织工作得到国际奥委会的高度评价，国际奥委会奥运会执行主任吉尔伯特·费利连续用了 5 个"满意"，对开幕式、奥运村、场馆、交通、志愿者的表现作出评价，认为"北京奥组委提供了高水准、高质量的条件，工作也非常出色"。

（六）鲜明的中国特色

北京奥运会、残奥会在会徽、口号、吉祥物、火炬、核心图形、体育图标等基础元素以及奖牌、服装、颁奖台等赛事物品设计中，创造了丰富的、极具中国文化特征的景观元素，创新了奥运会景观实施的运行模式，打造了具有深厚中国文化底蕴的北京奥运会、残奥会形象景观。北京奥运会和残奥会的开闭幕式更是以其鲜明的中国特色和美轮美奂的中国文化神韵，令无数观众倾倒。2008 年 8 月 8 日，全国共有 8.42 亿电视观众收看了奥运会开幕式。开幕式在全国的收视率为 40.54%，收视份额为 83.7%，创自中国有收视率调查以来的历史最高纪录。全国有 30 家省级电视台、数百家平面媒体与电视台联合转播了开幕式实况。据 CSM 媒介研究收视数据显示，电视观众被整个奥运会开幕式的精彩所深深吸引，在 4 个多小时的实况直播中，近 10% 的观众全程收看，收看时间超过两小时的观众比例高达 43.6%，充分显示了全民奥运的巨大魅力。调查结果显示，90.3% 的国人对开幕式文艺演出表示满意，认为是中国文化和奥林匹克精神的完美结合。其中 98.5% 的民众感到奥运会开幕式展现了中国历史文化和民族特色。开幕式的最终亮点在李宁点燃圣火的一刹那，结合富有创意的点火形式，吸引了 93.6% 的国人收看。其中，75.3% 的国人感到圣火点燃仪式充分体现了中国特色。有 63.6% 收看和收听了开幕式的国人表示作为中国人感到非常自豪。全球约有 20 亿人观看了北京奥运会开幕式，超过世界人口的 1/3。

北京奥运会和残奥会以其鲜明的中国特色和追求和谐的强烈愿望，向世界表明，中国希望以自己独具特色的民族文化，使人类社会更加绚丽多彩，也更加和平和谐。

（七）成功的商业开发

中国经济社会的蓬勃发展为北京奥运会和残奥会商业开发的成功奠定了雄厚的基础。北京奥运会的组织者按照"公开、公正、透明"的原则，采取公开征集、公开招标等方式，征集了 52 家奥运会赞助企业、35 家残奥会赞助企业。这些企业的加入不仅为北京奥运会、残奥会提供了有力的资金、技术、产品和服务保障，也使这届奥运会在经济上实现盈余。

北京奥运市场开发采取了三级赞助企业的征集形式，即合作伙伴、赞助商、供应商。其中，中国的联想公司首次进入奥林匹克全球合作伙伴行列，与可口可乐、源迅、通用电器、柯达、麦当劳、三星和 VISA 等全球著名企业一起占据奥运赞助的高端位置；中国银行、中国网通、中国石化、中国石油、中国移动、国航、人保财险、国家电网等则与大众汽车、阿迪达斯等企业组成北京 2008 合作伙伴；还有众多中国企业，如海尔、恒源祥、长城葡萄酒加入奥运独家供应商及供应商的队伍。

这些中国企业借奥运登上全球舞台。这有助于它们对内改善产品质量、调整产品结构、提高服务水平、提升员工素质等；对外则以奥运会为助力，开展公益活动，树立企业形象，从而促进了企业的发展。如中国人民保险集团公司作为北京奥运会唯一的国内保险合作伙伴，为奥运会量身定做了具有自主知识产权的五大奥运保险单，提供综合责任险、赛时机动车险、财产险、团体人身意外险和志愿者保险，为约 15 万人、8000 辆车提供保险服务。据世界权威品牌价值评估机构"世界品牌实验室"统计，成为奥运会赞助商以来，伊利集团的品牌价值连续三年大幅增长，由 2005 年的 136.12 亿元升至 2008 年的 210.35 亿元。

（八）周密的安全保障

平安奥运是办一届有特色、高水平奥运会的前提，没有平安奥运，一切无从谈起。在奥运安保工作协调小组统筹领导下，北京奥运会和残奥会始终突出"安全第一、服务奥运"，不断健全组织机构和工作机制，做好设施建设、政策制定、背景审查等专项工作，不断加强国际合作。积极配合国家安保部门开展工作，确保了赛事安全顺利，中外贵宾和各类人员安全，实现了"平安奥运"的目标。奥运会期间未发生任何重大意外，一切都进行得井然有序。奥运安保工作全面而细致，比赛期间没有发生恐怖事件。

奥运会期间，赛时场馆和奥林匹克公园中心区共安检人员 1290 万人次、车辆 39.3 万辆次，查扣禁限带物品 31.3 万件。警方确保了国家体育场等 31 个竞赛场馆、45 个独立训练场馆，以及主新闻中心、媒体村等 15 个非竞赛场馆安全运行。此外，25 家定点医院、117 家签约饭店、12 家非签约饭店和 30 处奥运之家秩序良好。公安部专门印发《公民防范恐怖袭击手册》，提醒公民遇到纵火恐怖袭击时要做到"七不要"，以及普及紧急情况下如何进行自救互救等相关知识，以便将出现突发事件的可能性降至最低。

餐饮方面，奥运村餐饮团队共进货 960 吨，食品原材料抽样快速检测 181 份，合格率达 100%。

"平安奥运"还本着多惠民、少扰民的精神，使各项安保工作周到而细致，防范措施和保护方式体贴入微，彰显人性化。如残奥会安检有多项人性化要求。为了方便残疾人通行，专门增设了残疾人专用无障碍安检通道。志愿者会通过外观辨别被检人是否是残疾人，如果是残疾人，不必经过安检门、不必排队，会有志愿者引导他们到专用安检通道进行检查。每一个安检步骤前均须提前告知残疾人，对有家属陪同的残疾人，安检人员要先询问残疾人，是否同意与陪护人员同时接受安检，若残疾人同意，家属过安检门进行安检；如果不同意，则由家属协助残疾人接受安检后再进行检查，但不将家属带至远离残疾人或是超出残疾人视线范围的地区。检查中，不论是坐轮椅、拄拐，还是戴助听器的残疾人，都不必离开自己的辅助工具就能接受检查。但如需要对残疾人使用的辅助物品进行安检时，安检人员必须搀扶好残疾人，保障他们的安全。残奥会安检对残疾人实行同性、徒手检查。

（九）广泛的国际影响

北京奥运会在 7 年的筹办过程中引来全世界的密切关注。随着筹办和举办过程的展开，北京奥运会和残奥会的主题口号"同一个世界，同一个梦想"，引起世界各国人民的强烈共鸣。以"和谐之旅"和"超越、融合、共享"为主题举行的奥运火炬接力，是奥运史上持续时间和运行路线最长、参与人数最多的一次火炬接力，在境外五大洲 19 个城市进行时，受到当地政府和人民积极支持和热情欢迎。北京奥运会围绕着对会徽、主题口号、吉祥物、奖牌、歌曲等标识的设计进行了一系列大规模的征集活动，对国家体育场、水上中心等奥运场馆设计进行广泛招标，并将奥运志愿者的招募扩大到国际范围，这些活动得到国际社会的热烈响应。奥运会和残奥会的开、闭幕式及精彩的体育比赛，更是引起世界各国观众的浓厚兴趣。奥运会期间，主新闻中心和国际广播中心共接待境内外媒体工作者 2.4 万多名，召开新闻发布会 229 场，邀请 86 位外国主流媒体负责人参加开、闭幕式，50 多个发展中国家的记者和新闻官员来华采访。

奥运会结束时，国际奥委会公布的数据显示，这届奥运会传播的多项指标刷新历史纪录。最广泛的奥运报道广播覆盖区域，45 亿不同肤色、不同语言、不同国家和地区的观众共同分享北京奥运会的快乐；奥运史上最大的全球数字化覆盖，美国与中国都创造新的收视纪录，与奥运有关的网站创造了最大的浏览量；直播时间最长，5400 小时的电视直播时间比雅典奥运会多出了 2000 小时；记者最多，参与采访的中外媒体记者近 4 万人。国际奥委会网站（olympic.org）在北京奥运会举办的 8 月 8—24 日期间，访客达到创纪录的 570 万次，而 4 年前的雅典奥运会期间只有 270 万人次，增加了一倍。浏览网页也达到创纪录的 2550 万个页面。访问最多的前五名是美国、英国、澳大利亚、加拿大和法国。亚洲、非洲和中东地区有 165 万人浏览了 IOC 的视频频道。

北京奥运会的开幕式吸引了全世界的目光，世界上主要电视信号覆盖区域观众纪录有了新的突破。在中国收视率达到了 80%，而美国及欧洲的信号覆盖国家也达到了 50%。

国际奥委会对北京奥运会的评价很高，在闭幕式上，国际奥委会主席罗格宣布："这是一届真正的无与伦比的奥运会！"罗格对各国记者说，北京奥运会留下的最重要的一笔无形遗产，就是让中国和世界更多相互了解……这将带来一个长远的积极影响。北京残奥会也得到了国外媒体的一致赞扬。认为像奥运会一样，北京残奥会以其漂亮时尚的奥运场馆、严密的组织、比赛场内爆满的观众赢得了赞赏。并认为，北京残奥会将极大地推动中国残疾人事业的发展。

（十）出色的举办水平

北京奥运会在场馆建设、赛会组织、志愿者计划、观众服务、安全保障、奥林匹克教育、商业开发、新媒体运用、文化活动、青年营、残奥会等诸多方面都在前几届奥运会的基础有所发展。奥运村、残奥村、各签约饭店服务"零投诉"创造了奥运史上的新纪录。赛时交通做到了没有因交通问题延误一场比赛，没有一起客户投诉，成为奥运史上最成功的交通组织。餐饮服务实现了供应零中断、运行零投诉、安全零事故。医疗工作做到了治疗无差错、抢救无延误、人员无死亡。抵离服务创造了奥运史上接待人数最多、抵离信息最准确的纪录。以"青年创造未来"为主题的青年营，首次实现奥林匹克大家庭在青年营的大团圆，被国际奥委会誉为最完美的一届青年营。

北京将奥运会的举办推进到一个新的运作水平。英国首相布朗在同胡锦涛主席会见时表示，中国提高了举办奥运会的水平，英国作为下届奥运会的东道主希望借鉴中国的成功经验。

对北京残奥会，国际社会也同样给予高度评价。国际残奥委会主席克雷文在残奥会闭幕式的讲话中表示，北京残奥会是一届伟大的盛会，开幕式美轮美奂，体育场馆完美无暇，运动竞技表演令人叹为观止，残奥村条件之优越史无前例，高清电视转播令人称奇，志愿者们出类拔萃，千千万万的残奥体育迷在中国和世界各地涌现，这是有史以来最伟大的一届残奥会。

四、全面促进 遗产丰富

（一）在世界上人口最多的国家普及奥林匹克精神

奥林匹克运动的宗旨是："通过没有任何歧视、具有奥林匹克精神——以友谊、团结和公平的精神相互了解——的体育活动来教育青年，从而为建立一个和平的更美好的世界作出贡献。"国际奥委会在《奥林匹克宪章》中重点强调了这一思想："奥林匹克主义是增强体质、意志和精神，并使之全面均衡的发展的一种生活哲学。奥林匹克主义把体育运动与文化和教育相融合，谋求创造一种以奋斗为乐、发挥良好榜样的教育作用并尊重基本公德原则为基础的生活方式。"因此，奥林匹克教育是奥林匹克运动的核心价值。

国际奥委会要求奥运会承办城市和国家应该积极宣传和推广奥林匹克教育活动。北京奥运会在总结了以往历届奥运会的奥林匹克教育的经验基础上，根据中国的实际情况，制定并实施的北京奥林匹克教育实践活动及相应的奥林匹克教育研究活动，形成了独具东方文化特色，内容、形式、结构十分完整的北京奥林匹克教育模式。这将成为2008年北京奥运会和残奥会留下的一份重要遗产。

（二）促进中国体育的全面发展

1. 促进体育观念的更新

——促进体育价值观念的更新。"以人为本"的观念。奥运会思想体系具有强烈的"以人为本"的色彩，这为中国体育系统提供了丰富的思想给养和实践范例，为中国体育事业的发展提供思路与模式；和谐发展的观念。奥运和谐观念体现为体育发展模式的和谐，就是要坚持以人为本，坚持全面、协调、可持续的发展观，实现体育系统内子系统的协调发展，实现区域体育的协调发展，统筹体育与政治、经济、文化环境的和谐发展；可持续发展的观念。20世纪后期以来，举办奥运会给举办国留下什么遗产，越来越成为国际奥委会考虑的重点问题，这实际上是要求举办国从可持续发展的角度来对待奥运会。

——深化对体育功能的认识。奥运会是充分开发体育各种功能的盛会。在奥运会中，体育的这些功能不仅自身有机地结合在一起，更重要的是对体育这些功能的开发及运用也是整合在一起的。因此，筹办奥运会的过程在一定意义上也是全社会学习、研究和应用体育功能的过程。北京奥运会和残奥会是在中国具体国情下举办的，深化了我们对中国体育功能的理性认识。

——丰富对体育文化的认识。在2003—2008年期间，北京每年都举办"北京2008"奥林匹克文化节。与此同时，围绕着奥运会火炬、奥运会会徽、吉祥物、奥运会歌曲的征集等展开的相关文化活动穿插于筹办过程的始终。这些活动，拓展了我们对体育文化及其功能的认识。这对振兴中国的体育事业和推动中国体育文化发展具有重要意义。

2. 对我国体育实践的影响

就竞技运动而言，我国运动员在北京奥运会上取得的优异成绩有力地推动奥运项目的进一步普及与提高，拓宽了我国优势项目的覆盖面，进一步整合了我国以奥运会为导向的竞技运动体系。北京奥运会证明了我国体育举国体制的独特优势，同时促使我们不断完善举国体制，以增加其凝聚力、动员力和协调力。

北京奥运会使我国广大运动员、教练员和科研人员，进一步认识到训练的科学性和针对性的重要意义，顺应竞技运动的发展潮流和趋势，不断更新观念，研究和实践新的训练方法和手段，探索、总结项目的发展规律。

北京奥运会还极大地激发了我国运动员为国争光、无私奉献的爱国情怀和尊重裁判、尊重对手、尊重观众、文明参赛、公平竞争的体育道德。"人文奥运"提出以运动员为中心的观念，使运动员权益得到更加广泛的关注，并相继出台了解决运动员的教育、培养及社会保障等问题的一系列措施。

3. 对学校体育的影响

就学校体育而言，北京奥运会和残奥会有力地推动了我国学校体育的发展。首先，由奥组委和我国教育部门在全国广泛开展的奥林匹克教育为我国学校体育改革与发展的理念、内容、方法等注入新的活力，丰富了学校体育的理念，促使学校体育在传授体育知识技能、锻炼学生身体的同时，关注学生的心理素质和社会适应能力，促进学生的全面发展。

4. 对群众体育的影响

就群众体育而言，奥林匹克运动强调以体育运动促进人的和谐发展，强调重在参与，强调通过体育运动构建健康的生活方式。北京奥运会和残奥会的筹办和举办过程，也是在 13 亿中国人口中大规模地普及这些奥林匹克理念的过程。体育部门及时提出了"全民健身与奥运同行"的主题口号，将奥运会与群众结合起来，这对更新群众体育的观念，激发人们参与体育的动机，促使社会各界加大对全民健身的设施、群体组织及活动的投入，产生极为重要的影响。

5. 残疾人体育的发展

北京残奥会对我国群众体育，特别是残疾人体育产生了重要促进的作用。残疾人运动员顽强拼搏的行为和不畏艰难、乐观进取的精神，不仅引起了全社会对这一群体的生存与发展状态进一步的关注，而且也为动员更多残疾人和其他社会弱势群体平等地参与体育、参与社会生活提供了榜样。

6. 对体育产业的影响

就体育产业而言，北京奥运会和残奥会对健身娱乐业、竞赛表演业、体育中介业、体育彩票业及其关联产业，如体育旅游、体育传媒的发展均产生了积极影响，为中国体育产业如李宁、安踏等国内体育用品公司创立世界知名品牌提供了契机，对中国体育企业的运作理念、结构和机制具有启迪、示范和指导作用。

（三）中国体育与国际全面接轨

奥运会和残奥会是国际化、规范化程度最高的重大体育赛事。举办奥运会和残奥会，就要遵守国际奥委会的规定，与国际体育界充分交流，与诸多国际单项体育组织、各个国家或地区奥委会密切协作。因此，筹办和举办奥运会、残奥会的过程也是与国际体育全面接轨的过程。

经过本届奥运会、残奥会的洗礼，我国对国际体育运行规律的认识进一步深化，为我国体育对外交流营造了良好的外部环境，增强了我国举办大型体育赛事的能力，我国举办国际大型赛事的机会大为增加。

北京奥运会和残奥会的筹办，还为我国培养了一支具有国际化水准的体育骨干队伍。中国奥委会选派了竞赛工作人员，通过参与国内赛事、分批组织出境考察、积累比赛经验、提高外语水平等手段提高其能力与水平。与此同时，还采取了公开招聘、国外培训与国内培训相结合的方式，发现和培养体育竞赛的专门人才。特别值得一提的是，在北京奥运会竞赛组织工作中开创了由举办国专业人员担任所有比赛大项竞赛主任的先例，这不仅使我国体育高级管理人才在奥运会和残奥会复杂工作环境中得到极大的锻炼和提高，而且使这支队伍深入到国际体育运作核心层次，使他们成为通外语、精业务、能力强、了解国际体育运作规律的国际化体育人才。

（四）促进和谐社会的构建

奥林匹克运动主张人自身的身心和谐、人与社会的和谐、人与自然的和谐，因此举办奥运会与中国社会的现实需要高度一致。另外，国际奥委会强调奥运会对举办国的影响应当是综合的、可持续的，因此十分关注奥运会对社会的整体影响。2008 年北京奥运会是第一个根据国际奥委会的要求，从可持续发展的角度关注奥运会对经济、社会和环境三个维度综合影响的奥运会。中国设立专门的课题组，通过 150 多项指标对奥运会的影响进行全方位的检验，包括体育发展程度、经济实力、科技水平、市政建设、管理能力、环境保护等各个方面，这有助于提高奥运会的整体综合效益。

北京奥运会和残奥会对我国和谐社会的促进作用，还表现在增强民族的认同感和凝聚力方面。我国正处于社会大变革的历史阶段，北京奥运会和残奥会对促进由 56 个兄弟民族组成的中华民族的文化认同有着特殊重要的意义，有力地激发了人们的爱国热情及和谐互助的社会风气，从而增强了社会凝聚力，促进了国家的稳定。

北京奥运会和残奥会，还极大地增强了两岸三地和世界各地炎黄子孙的民族自豪感和对祖国的热爱。北京奥运会筹备期间 100 多个国家和地区的 35 万多名香港同胞、澳门同胞、台湾同胞和海外华侨华人为建设"水立方"踊跃捐资。在北京奥运会火炬境外接力传递活动中，广大的海外华侨华人也为活动的顺利进行作出了重要贡献。

奥运会和残奥会的作用还体现在改善社会风气和提高公民的人文素养方面。为更好地弘扬人文奥运理念，中央文明办等单位积极倡导推动全民文明礼仪，深入开展"迎奥运、讲文明、树新风"活动，讲文明、重礼仪逐渐成为越来越多人的自觉习惯。良好的社会人文环境是每一个公民对国家的热爱和高度责任感的集体显现，并使中国的精神文明建设迈入一个崭新的阶段。

（五）促进和平发展的国际环境

北京奥运会和残奥会使中国获得了一次在更大范围、更广阔领域提升国际地位和声望的难得的历史机遇，使国际社会较为全面地认识到中国政治、经济、文化、科技、教育、环境等各个方面的真实状况。八十多个国家的国家元首、政府首脑和王室代表出席了北京奥运会的开幕式，六十多个国家的国家元首、政府首脑和王室代表出席了闭幕式。在北京奥运会这个大舞台上，东、西方之间进行了一次认真、友好而平等的对话，让世界感受到中国对国际社会的诚信态度和责任感，认识到中国是爱好和平、可信赖的朋友。

当奥运圣火在"鸟巢"缓缓熄灭，中国兑现了对国际社会的郑重承诺，认真履行了国际义务，举办了一届有特色、高水平的奥运会，为推动中国和世界体育运动的发展提供了新的动力，为增进中国与世界各国人民的友谊搭建了新的桥梁，为扩大中国与世界各国的交流与合作开辟了更加广阔的前景。正如胡锦涛总书记指出的："北京奥运会的成功，是中国人民和世界各国人民共同努力的结果。荣誉属于国际奥林匹克大家庭，属于在比赛场上奋勇争先的运动员，属于来自世界各地的志愿者，属于以各种方式参与北京奥运会的五大洲朋友。"

被喻为"改革开放成年礼"的北京奥运会，成为中国迈向现代化新征程的又一个新起点。经历奥运洗礼的中国人，将以更加自信、开放的姿态，为全面建设小康社会、实现民族伟大复兴而努力奋斗。正如北京奥运会开幕式上展现中华民族五千年灿烂文明的"中国长卷"那样，中华民族有灿烂的过去，有辉煌的今天，也必定有光明的未来。

第十章

在继承与创新中开创未来

- 抓住机遇　迎接挑战
- 科学把握未来体育发展的走向

斗转星移，春来秋去，转眼间30年过去了。经过改革开放30年的洗礼，中华民族大踏步地赶上了世界潮流，社会主义中国巍然屹立在世界的东方。国运盛，体育兴。从改革开放初期的百废待兴，到笑傲世界体坛，承办奥运，中国体育的飞速发展见证了共和国繁荣富强的历程，见证了改革开放给中国社会带来的翻天覆地的变化。广大体育工作者与全国人民一道，以一往无前的进取精神和波澜壮阔的创新实践，坚定不移地推进体育改革开放和现代化建设，中国体育的面貌发生了历史性变化。

改革开放30年来，体育系统以马列主义、毛泽东思想、邓小平理论和"三个代表"重要思想为指引，以科学发展观为统领，在党和政府的正确领导下，开创了中国特色社会主义体育事业的新局面，开拓了体育飞速发展的新境界，在我国改革开放的现代化建设中发挥了积极的促进作用，在社会经济发展中产生了显著的综合效应。

群众体育蓬勃发展，全民健身计划顺利实施，体育场地设施增长明显，经常参加体育活动的人数逐年增多，体育在增强人民体质和满足群众文化娱乐需求方面发挥着日显突出的作用。中华体育健儿30年的辉煌成绩，北京奥运会的成功举办，极大地提高了国家声誉和威望，增强了党和国家的凝聚力，激发了民族自尊心、自信心和爱国热情，为国争光的体育健儿成为激励人们拼搏进取的榜样和建设现代化国家的楷模。体育界创造性地提出了"奥运模式"，成为贯彻改革开放、"一国两制"方针的典范，在维护国家统一、促进社会稳定和民族团结过程中发挥了积极作用。作为惠及全民的体育产业，从无到有，发展迅速，扩大了消费领域，改善了消费结构，促进了国民经济的增长。奥运会等大型体育赛事作为强劲的经济社会发展动力，提升了主办城市的现代化水平，促进了文化、传媒、旅游、商贸、建筑、交通、能源等相关产业的跨越式发展。

30年体育战线所取得的伟大成就充分证明，改革开放是决定中国当代命运的伟大抉择，是发展中国特色社会主义、实现中华民族伟大复兴的必由之路。体育战线取得一切成绩和进步的根本原因，归结起来就是：坚定不移地贯彻执行了改革开放的思想路线，开辟了中国特色社会主义体育的发展道路，初步形成了建设中国特色社会主义体育的思想体系。中国过去30年体育事业的快速发展，靠的是改革开放，中国未来体育的发展，也必须靠改革开放。

在我们迎来改革开放30年、承前启后的重要历史时刻，我们要不负众望，不辱使命，开拓进取，力争在新的更高的历史起点上实现中国体育的新发展、新进步，努力为党、为祖国赢得更大荣誉，为人民群众的健康幸福、为建设中国特色社会主义作出新贡献！

一、抓住机遇　迎接挑战

(一) 体育发展面临难得的历史机遇

历史的车轮已经驶入改革开放的新时期，崭新的时代为我们展示了一个广阔的舞台，体育事业面临着难得的历史发展机遇。

改革开放 30 年，我国经济社会稳步发展，国力持续增强，1979—2007 年中国国内生产总值年实际增长 9.8%，中国经济总量占世界经济的份额已由 1978 年的 1.8%上升到 2007 年的 6%，达到 32081 亿元，居世界第 4 位。人均国民总收入达到 2360 美元。按世界银行的划分标准，我国已由低收入国家跃升到中等偏下收入的国家行列。国家经济的繁荣和人民生活水平的提高，为体育事业的发展奠定了坚实的基础，提供了更加广阔的发展空间，创造了更加有利的发展环境。

作为改革的攻坚阶段和关键时期，党和国家提出的全面建设小康社会、科学发展观、构建和谐社会等关系经济社会发展全局的重大战略方针和一系列战略部署，为体育的改革发展指明了方向，进一步明确了发展的指导思想和基本原则，在未来推进行政体制改革、完善基本经济制度、建设现代市场体系和提高对外开放水平的进程中，体育的发展将更加主动、更为自觉，效益将更加突出。

作为全面建设小康社会的总体目标之一，提高全民族的健康素质，构建全民健身体系已经纳入国家的发展规划。将体育的目标列入国家总体发展目标，列入社会发展的整体目标，这充分体现了党和国家对体育工作的重视，也进一步明确了未来体育工作的任务和方向。

经过全社会的大力支持、全国人民的共同努力和体育工作者的辛勤工作，城乡群众性体育活动广泛开展，参加体育活动的人数逐年增多。2004 年统计，7~70 岁人群中经常参加体育活动的人数占该年龄段总人数的 37.1%。预计 2010 年我国经常参加体育锻炼人口将达到 40%。国民健康素质日益提高，具有中国特色的全民健身体系正在形成，全国人均体育场地面积达 1.03 平方米以上,近 45 万名具有技术等级称号的社会体育指导员活跃在全国城乡社区，群众体育事业取得的成就为我国体育未来持续快速健康的发展奠定了基础。

承办北京奥运会、残奥会所取得的巨大成功，中华体育健儿所取得的辉煌业绩，极大地增强了中华民族的自信心和自豪感，对我国政治、经济、社会、文化、教育、体育的发展产生了多元的影响，体育在经济社会的发展中发挥了巨大的综合效应。地位显著增强，人民群众对体育的关注程度和支持力度大大提高。

承办 2008 年北京奥运会，全面促进了我国竞技体育总体实力和运动成绩的提升，金牌总数首次名列第一，并在游泳、击剑、射箭、赛艇、蹦床、帆板等项目上实现了重大突破，我国竞技体育水平达到了前所未有的新境界。承办最大规模和最高层次的综合体育赛事，全面促进了我国体育竞赛组织管理水平的提高，各种比赛和训练场馆设施及相关保障供给达到世界先进水平。频繁的国际比赛和与各界的广泛接触，加快了我国竞技体育的国际化步伐，得到国际的广泛认可和赞誉。

体育与经济的关系越来越密切，相互依存、相互渗透和相互促进的态势日渐明显。在我国国民经济持续稳步发展、城乡居民可支配收入持续增长、产业结构和消费结构不断升级、城镇化水平不断提高的经济社会背景下，人民群众参与体育、享受体育逐渐成为他们的内在需求。在全面建设小康社会的进程中，人民群众对体育健身和休闲娱乐提出了更新、更高的要求，体育在人们的社会生活中扮演着越来越重要的角色。人民群众日益增长的广泛性和多样化的体育需求成为体育事业和体育产业发展的强劲拉动力。群众体育事业和健身体育产业面临着重要的战略机遇期。

当今和平、发展、合作的世界潮流，为国际体育的发展和交流提供了良好的环境。改革开放 30 年来中国体育事业所取得的辉煌成就，赢得了世界的广泛赞誉。特别是奥运会、残奥会、特奥会和大运会、亚运会等大型国际体育赛事的连续成功举办，进一步密切了我国与各国际体育组织的关系，密切了我国与各国体育工作者的关系，使中国体育的国际发展环境进一步改善，国际威望进一步提高，从而为我国体育的进一步开放和国际化发展奠定了广阔的坚实的基础。

改革开放 30 年来，我国全民健身运动的蓬勃发展、竞技体育所取得的辉煌成就和体育产业所取得的明显进步，为未来体育的发展奠定了坚实的基础，提供了广阔的发展平台。我们一定要正确认识和紧紧把握未来体育发展的重要战略机遇期，乘势而上，加快发展，努力实现全面建设小康社会体育发展的战略目标。

（二）全面认识和充分发挥新时期体育的功能

在改革开放新的历史条件下，全面认识、深入挖掘和充分发挥体育的功能和价值，为全面建设小康社会和构建社会主义和谐社会作出贡献，是新时期体育工作的光荣使命。

在人民生活水平不断提高、余暇时间不断增加的未来社会中，体育作为增进人民健康的有效手段，作为最为积极、最为活跃的休闲娱乐活动，其健身和娱乐的本质功能将会进一步得以发挥，发展地位将进一步提高。除体育的这些自然和本质功能之外，体育的社会功能、文化功能、教育功能、经济功能，以及交往功能等派生功能都将随着社会的发展而不断得以强化。体育在未来我国新的改革开放事业中，将会在促进个体身心健康和社会和谐发展两个方面发挥出日益重要的作用。

实践证明，体育是凝聚人心和激励精神的生动教材。作为一种激发精神的载体，竞技体育在振奋民族精神、鼓舞国民士气、增强国家凝聚力方面发挥着巨大的激励作用；广大群众在参加体育活动过程中，有助于形成积极进取、勇往直前的人生态度，培养迎接挑战、不畏艰险的意志品质，激发生生不息的生命动力和蓬勃向上的精神活力，在精神文明建设中发挥更大的作用。

体育是一种生动活泼的社会文化形态。在未来发展中，伴随人民群众体育文化的普及和提高，体育在继承和弘扬民族传统文化、引进和吸收国外有益文化、促进东西方文化交流中将会成为更加积极活跃的因素。在社会主义文化建设的新高潮中，体育以及与体育相关的文化行业，如体育新闻、出版、广播、电视、文学、艺术等将获得快速发展，广大群众对包括观赏高水平体育赛事在内的文化产品提出了更高的要求，体育队伍必须在不断加强思想文化建设和提高运动技术水平的同时，努力为繁荣社会主义文化市场、满足人民群众日益增长的体育文化需求作出更加积极的贡献。

教育是体育的基本功能之一。体育作为教育的基本内容，可促进学生积极参与运动、掌握运动技能、保持身体健康和心理健康，成为适应社会需求的一代新人。在有效增强学生体质、改善民族素质方面，学校体育将日益发挥出基础和长远作用。体育运动的广泛社会教育价值随着体育运动的普及将进一步显现。在确立公平竞争的市场观念过程中，在塑造拼搏进取等优良的民族品格过程中，在民主与法制教育和促进社会和谐发展过程中，体育都将发挥潜移默化的教育教化作用。

伴随经济的发展和社会的进步，终身体育的观念将被越来越多的人们所接受，体育将作为一种健康文明的生活方式，深入社会，深入到每一个家庭。作为生活制度的基本组成部分，体育在满足人民群众日益增长的健身需求、娱乐需求的同时，将有益于改善人们的生存状态、精神面貌和生活质量，在增强人与人之间的认同感、归属感，促进家庭和美、邻里和睦、社风和谐的过程中产生广泛而深入的作用。

增进国民健康，增强民族体质，作为体育的本质功能和基本任务，在全面建设小康社会的进程中将进一步得到强化。在继续建立健全城乡居民健身服务体系，提高服务质量的同时，在提高全民健身体育科学化和现代化水平，提高国民健康素质方面将发挥更加突出的作用。

伴随我国体育产业在优化市场环境，培育市场主体，理顺管理关系，完善市场秩序进程的不断加快，体育健身市场、体育表演市场、体育用品市场、体育彩票市场将进一步发展完善，效益将显著提高。同时可以带动健身服务、旅游餐饮、器材生产、服装鞋帽、交通电信等相关产业的发展，促进社会就业。因而，体育将逐步成为我国经济社会生活中的一个亮点，成为国民经济建设中日显重要的组成部分。与此同时，体育产业的蓬勃兴起也为体育事业的发展注入了新的强大动力，成为满足广大群众不断增长的多元化健身需求的重要途径。

北京奥运会不仅是有史以来规模最大、参加人数最多的奥运赛事，而且是一届"有特色、高水平"的奥林匹克盛会，其成功举办，在世界上受到广泛的赞扬，产生了强烈的反响。北京奥运会、残奥会为国际奥林匹克运动、更为我国留下了宝贵的物质文化遗产。通过对北京奥运会、残奥会遗产的综合研究和全面管理，北京奥运会、残奥会的有形遗产和无形遗产、体育遗产和非体育遗产等等，都将在我国进一步的改革开放事业中产生积极而长远的影响。"绿色奥运、科技奥运、人文奥运"的理念将在我国经济社会发展中持续发挥作用。开发和充分利用北京奥运会、残奥会的物质和精神遗产，使其在继承与弘扬中持续发挥长期效益，是摆在我们面前的重要任务之一。

在和平、发展、合作为主题的国际背景下，伴随我国的进一步改革开放方针的贯彻落实，作为一种重要的国际沟通和交流手段，体育在进一步促进我国与各国人民之间的了解、密切我国与世界各国人民之间的友谊方面，加强我国的国际竞争与合作，树立我国大国的国际形象中将发挥出更加突出的作用。在密切海峡两岸民众往来，促进国家和平统一事业中，在促进国内各民族和睦团结的过程中，体育也将承担更多的责任。

（三）新时期体育发展面临的挑战

改革开放 30 年的辉煌成就，固然为未来体育的发展增添了动力，但是，我们仍然要清醒地认识到，成绩已属于过去，发展任重道远。在今后体育发展的过程中，还会出现许多新的矛盾，面临着许多新的困难，对此，我们需要充分认识，并采取相应的对策，着力加以解决。这样，才会在新形势下兴利除弊，扬长避短，不断取得新的发展。

应当看到，我国正处于并将长期处于社会主义初级阶段，生产力还不够发达，粗放式经济增长方式还没有根本改变，经济结构不够合理，区域经济社会发展不平衡，影响发展的体制和机制问题亟待解决。这些总体性、体制性的问题还不时地制约着体育的发展，体育发展中也明显存在着类似的问题和障碍。

应当承认，我国体育发展的模式虽有改革，但还没有发生根本的转变。体育管理体制与社会主义市场经济体制发展的诸多不相适应之处，在深化改革中进一步凸显。处于深化改革阶段的我国体育管理体制，发展中的多种利益关系更加复杂，各相关主体的地位有待于进一步明确，关系有待于进一步理顺，边界有待进一步厘清。建立国家办与社会办相结合，政府调控和市场调节相结合的管理体制，实现统筹兼顾、协调发展和以法治体、科教兴体的运行机制，任务相当艰巨。

全面建设小康社会过程中，和谐社会的发展、人民经济收入和余暇时间的持续增长，促使群众的体育需求日渐旺盛，需求日趋多样，需求标准不断提高，人民群众日益增长的体育需求与社会体育资源不足、主要竞技项目水平不高的矛盾日显突出。实现全面小康社会提出的惠及十几亿人口的较高水平、较全面和较均衡的体育发展目标，体育事业面临着空前的资源供给、公共服务和社会管理的压力。

我国体育发展很不均衡，城市体育与农村体育之间，东、中、西部区域的体育之间，竞技体育和群众体育之间，夏季项目与冬季项目之间，薄弱项目与优势项目之间发展仍然存在较大的差距。在全面建设小康社会体育需求的不断扩大、需求层次更为多元、利益分配关系更加复杂的情况下，实现体育发展的城乡统筹、区域协调和结构平衡，达到体育资源的合理配置和效益优化，构建科学发展的和谐体育，任重而道远。

在多极化和平发展的国际背景下，重大体育比赛成绩的民族功利性作用更加突出。各国更加重视竞技体育，国际竞争加剧，围绕提高成绩而进行的科技之争、人才之争更加激烈。在承办北京奥运会，我国在主场取得空前优异成绩，成为各国选手竞相超越的目标之后，进一步巩固和提高我国竞技体育水平，特别在一些影响大、基础性项目上取得突破难度更大。

在进一步与国际接轨和适应社会主义市场经济要求之下，在继续坚持和完善举国体制的传统优势、巩固与发展中国特色的竞技体育管理体系的同时，顺应竞技体育主体多元化、利益多元化的趋势，进行多层次和全方位的体制改革与创新，是关系到我国竞技体育能否持续稳定发展的一个重大课题。

处于起步发展阶段的我国体育产业，产业结构不尽合理，产业政策尚不完善，市场管理不够健全，还有很大的发展空间；在理论支持、法律保障、市场开发、品牌建设、人才培养和管理服务等诸多方面还有待研究和提高；面对国外体育资本的扩张，以及国内相关产业的竞争，往往处于被动的局面。

我国体育的国际化水平虽有较快发展，但发展结构不够平衡。除竞技体育外，体育文化、体育科技、体育教育等国际交流规模较小，影响不大；群众体育的国际交往处在起步阶段，参与人数不多，活动范围较小；在国际体育组织的决策机构中，人员比例不高，话语权有限，与我国体育大国应有的国际地位还有一定的距离。

总之，改革开放30年，我国经济社会飞速发展为体育事业的进步搭建了一个广阔的平台，我国体育工作欣欣向荣，蓬勃发展，已经跃上了一个新台阶。尽管前进的道路并不平坦，但是面对新的历史发展机遇期，我们将以更加开放的心态和更加宽广的视野，去迎接新时期体育事业面临的机遇和挑战，从中国经济社会发展的基本状况和需求出发，顺应时代，符合民意，把握规律，筹划未来。

二、科学把握未来体育发展的走向

面向未来，我们又站在了一个新的历史起点上。在全面建设小康社会、构建社会主义和谐社会的新的历史征程中，体育事业要以科学发展观为统领，实施我国体育事业全面协调可持续发展战略。坚持体育事业与经济、社会协调发展，坚持体育与文化、教育等各项事业协调发展，坚持各项体育事业的协调发展。以满足小康社会人民群众日益增长的体育需求为中心，构建较为完善的具有中国特色的全民健身服务体系，全面推进包括农民在内的全民健身活动广泛深入的发展，在促进国民体质健康方面发挥更大的作用。竞技体育在科学发展观的引领下，借助成功举办2008北京奥运会的契机，以提高竞技体育核心竞争力为中心，通过体制改革和结构优化，努力实现后奥运时期竞技体育的全面、可持续发展。体育产业在"全民健身"和"奥运争光"的驱动下，逐步完善发展体系，力求达到质量与效益的统一，努力实现又好又快的发展，在国民经济发展的大格局中形成一个新的经济增长点。

历史是继续前进的基础，也是开创未来的启示。中国体育过去30年的快速发展，靠的是改革开放。中国未来体育的发展，也必须靠改革开放。我们一定要坚定不移地沿着改革开放的伟大道路走下去，继续为提高全民族的健康素质，为全面实现小康社会的发展目标而努力奋斗。

（一）坚定方向，沿着中国特色体育发展道路继续前进

探索中国特色体育发展道路是改革开放 30 年来体育战线所取得的最基本和最重要的成果。巩固和发展这一成果，是未来体育工作的基本任务。世界上没有放之四海而皆准并一成不变的发展道路和发展模式，必须适应国内外形势的新变化、顺应人民群众健康生活的新期待，结合自身实际和条件变化不断探索和完善适合本国情况的发展道路和发展模式，以真正做到体育与时代发展同步伐、与人民群众共命运。

在进一步改革开放的新时期，我们要继续坚持和发展中国特色社会主义的体育发展道路，在中国共产党领导下，立足基本国情，以满足人民群众日益增长的体育需求为中心，把提高全民族的健康素质作为根本目标，继续坚持解放思想，坚持改革开放，进一步巩固和完善社会主义体育的管理体制和运行机制，为全面建设小康社会和构建社会主义和谐社会服务，为中华民族的伟大复兴作出贡献。

实践永无止境，创新永无止境。我们要长期坚持和不断发展中国特色社会主义体育道路和理论体系，坚持解放思想，实事求是，与时俱进，勇于创新，使中国特色社会主义体育道路越走越宽广。

中国特色的社会主义体育最本质的特征是为最广大群众的健康服务。我们要依据新时期群众体育的新变化、新特点和新需求，大力提高公共体育产品的供给能力和体育服务的水平，不断满足人民群众健身、健美、休闲、娱乐等体育文化需求，着力发展农村、不发达区域和弱势群体的文化体育活动，努力构建具有中国特色的全民健身体系，让老百姓分享体育发展的成果和利益。要以时代和发展的眼光看待竞技体育，坚持和完善"举国体制"，不断提高竞技体育的核心竞争力和总体实力，为祖国争取更大的荣耀。要以人民群众的需求为中心，大力发展体育产业，积极培育体育市场，在努力为广大城乡居民提供方便、实用的体育产品的同时，努力提高服务质量，开发新产品、新项目、新服务，以满足小康社会人民群众不断增长的多样化、层次化的体育需求，促进体育市场的繁荣和发展。

（二）深化改革，建立健全与经济社会发展相适应的体育管理体制

改革创新是经济社会发展的永恒动力，体育事业发展的活力也在于改革创新。改革——发展——再改革——再发展螺旋式上升，这既是人类社会发展的普遍规律，更是制度转型国家争取经济社会协调发展的必由之路。中国体育要发展，就要适应社会主义市场经济不断发展的新形势，适应全面建设小康社会的新要求和各族人民过上更好生活的新期待，以改革创新精神不断创新体育发展体制，拓宽体育发展渠道，增强体育发展活力，夯实体育发展基础。我们要始终坚持与时俱进，开拓创新，提高创新意识和创新能力，不断深化体育管理体制改革，以改革促发展，使体育达到更高层次的全面、协调和可持续发展。

我们要立足体育，服务全局，确立体育发展与经济社会发展相适应，服务于党和国家的中心任务的基本原则。要树立以人为本，促进人的全面发展，促进经济发展和社会文明进步的基本方针。

要不断建立健全与社会主义市场经济体制相适应、更加开放、更具活力的体育体制和运行机制，要加强和改进对体育工作的领导，强化政府发展体育事业、提供基本体育公共服务的责任，更好地满足人民群众多方面体育需求。体育行政部门要把工作重点转移到贯彻国家体育方针、研究体育事业发展规划、制定体育行业政策、加强管理和提供服务上来。强化体育行政部门的宏观调控、社会行政和行业管理职能，逐步实现政事分开、政企分开、管办分离，努力建立办事高效、运转协调、行为规范的体育行政管理体制。

我们要进一步充分调动社会办体育的积极性，坚持国家办和社会办相结合。要进一步明确国家体育行政部门、体育总会和中国奥委会的职能，强化政府在发展体育事业中的基本责任，强化政府的政策规划和公共服务职能，将事务性工作逐步交由社会组织、事业单位和中介机构办理。

调整充实各级体育总会和中国奥委会的职能，使其在组织、沟通和协调体育事务中发挥更大的作用。进一步推进体育组织和单项体育协会的实体化进程，在进一步完善我国运动项目管理体制和运行机制的基础上，逐步建立具有中国特色的体育协会制。

逐步理顺各级体育组织机构的关系，加快训练体制、竞赛体制等方面的配套改革。区别不同情况，扩大协会自主权，使协会逐步成为自主决策、自主管理、自我约束、自负盈亏的社团法人。政府和体育行政主管部门，通过法律规定对各协会进行管理，行使建议权、指导权、监督权和审计权。扩大单项体育协会业务管理的自主权，健全自律机制，逐步形成中国特色的体育社团管理体

制和运行机制。面向社会，开拓市场，进一步健全职业体育管理体制，完善职业联赛和俱乐部管理的规章制度，促使其获得健康高效的发展。

加快体育立法步伐，把体育事业纳入法制轨道。要加强体育法律和行政法规等高层次体育立法，加强体育配套立法，抓紧体育健身、运动竞赛、体育市场和体育纠纷等领域的法规建设，逐步建立起与体育改革和发展相适应的法律法规体系。

要积极探索新时期群众体育、竞技体育、体育产业等各项体育工作的特点和规律，努力实现观念创新、理论创新、科技创新和制度创新，加快体育发展由粗放型向集约型转变，体育管理由经验型向科学型的转化。

要进一步加强与文化、教育、卫生等相关系统部门的联系，努力构建宏观协调的体育发展战略体系，构建贯穿东西、遍布城乡的全民健身服务体系。要继续坚持和不断完善竞技体育的举国体制，促进中国竞技体育实现质的跨越，并以此促进体育事业的全面进步。在社会主义初级阶段我国体育事业的发展过程中，既要充分发挥举国体制的优势，同时，还要进行体制和机制创新，在社会主义市场经济条件下，努力使其融入新的观念、新的内容和新的机制，使其更好地将国家目标、社会需求和大众意志结合起来，使资源的配置与效益的优化统一起来，使竞技体育、全民健身与体育产业的发展协调起来。

要以体育服务业为重点，努力构建与大众消费相适应的多种所有制并存、各种社会力量广泛参与、结构合理、规范发展的体育产业体系。坚持社会效益与经济效益相统一的原则，不断完善体育产业政策，积极培育体育市场，强调服务职能，规范市场秩序。充分调动社会各界兴办体育事业的积极性，不断积累和增加全社会的体育资源。

（三）以人为本，不断发展和完善体育的公共服务体系

全心全意为人民服务是党的根本宗旨，党的一切奋斗和工作都是为了造福人民。必须坚持以人为本，要始终把实现好、维护好、发展好最广大人民的根本利益作为党和国家一切工作的出发点和落脚点。体育工作当然也不例外。

全面建设小康社会的奋斗目标，就包括全民族的思想道德素质、科学文化素质和健康素质的明显提高，党的十六大对此作了明确而系统的论述。体育工作要始终坚持以满足广大人民群众日益增长的体育文化需求为出发点，把增强人民体质、提高全民族整体素质作为根本目标。这是我国体育社会主义性质的集中体现，是体育工作实践"三个代表"重要思想的集中体现，是贯彻落实"以人为本"的科学发展观的集中体现，也是保证体育事业健康、快速发展的

基本保证。

　　进一步发展和完善体育的公共服务体系，是以人为本，满足人民群众日益增长的健身需求的基础性工作。

　　群众体育具有明显的公益性，本质上属于一种社会福利。发展非营利性公益事业，解决群众体育需求与资源供给不足的矛盾，政府要担负起主要责任。我们要善于吸收和应用福利事业和公共产品管理的先进经验，扩大资源供给渠道，要将群众体育纳入国民经济和社会发展规划，纳入全面建设小康社会的发展指标体系，纳入精神文明和文化建设规划，纳入城乡建设和土地利用总体规划之中。在体制和机制两方面，巩固、发展和完善体育的公共服务体系。要切实改变群众体育投入比例不高的状况，逐步缓解群众体育健身需求旺盛与资源严重紧缺的矛盾。充分发挥政府在规划、投入、建设和监管方面的作用，逐步形成群众体育稳定的资金筹措机制。要在国家社会福利支出中增列群众体育开支，对建设群众体育设施实行公共福利事业的倾斜政策，使其更多地获得社会、企业和个人的经济投入。要改革和完善体育事业经费支出结构，较大幅度地增加群众体育开支的比例，并使群众体育的事业费增长幅度不低于体育事业费的增长幅度。

　　要以更多更好地提供公共体育设施服务为重点，改善全民健身的基础条件。要努力增加公共体育场馆的投资规模，并改革体育基本建设的投资结构和重点，将主要建设大型、比赛和观赏功能为主的体育设施，转变到小型、分散和健身功能为主的公共体育场所上来，明确提出全面建设小康社会体育基本建设的重点是建设经济、实用的居民健身场所。要扩大体育场馆设施建设的资金来源渠道，制定和进一步完善土地、税收等优惠政策，大力提倡和积极鼓励企业、个人捐赠建设公益性体育场馆。要提高体育彩票公益金的使用效益，继续推行"全民健身工程"，大面积建设全民健身路径；继续大力推行"农民体育健身工程"，逐步实现所有行政村都有基础体育健身场所的目标；继续实行"雪炭工程"，为中西部和经济欠发达地区建设中小型体育场馆，让全体人民都能分享改革发展的成果。

　　挖掘和充分利用现有体育设施，实现资源共享，是缓解群众体育场馆设施严重不足的有效途径。各级各类学校分布相对均衡，是群众身边可利用的体育资源。各国有厂矿企业和事业单位的体育场馆设施尚有较大的利用潜力，要通过国家立法，在保证运营成本的前提下，打破部门所有的屏障，向公众开放，使国有体育场馆设施充分发挥公共体育服务功能。要强化现有公共体育设施的公众服务功能，大力提高使用效率，以满足人民群众的体育健身和文化娱乐需求。鼓励体育部门要对现有比赛场馆进行必要的功能扩大和改造，使之不仅是大众观看比赛的场所，更能为居民参与健身娱乐提供便利。

要进一步延伸、发展和健全全民健身的组织体系。由职业和兼职的社会体育指导员组成的健身辅导网络系统和国民体质监测系统要向基层延伸，发展到社区、俱乐部和各锻炼网点，使之更加方便群众。要改善服务条件，强化服务意识，提高服务水平，促进全民健身科学化水平的不断提高。

（四）统筹兼顾，促进体育事业全面、协调、可持续发展

统筹兼顾，是落实科学发展观的具体体现，也是促进体育事业全面、协调和可持续发展的必然要求。

统筹兼顾，首先要使体育发展与经济社会发展相适应，为我国的现代化建设服务。体育是全面建设小康社会和构建和谐社会的有机组成部分。坚持体育的科学发展，首先要在体育工作中树立"大体育观"，跳出体育看体育，立足全局抓体育，围绕中心干体育。坚持体育与经济社会发展协调促进，坚持立足体育，服务全局，服务于党和国家的中心任务，促进经济发展和社会的文明进步，为实现国家现代化建设的阶段性目标服务。

其次，要正确认识和妥善处理中国特色社会主义体育事业中的重大关系。既要总揽全局、统筹规划，又要抓住牵动全局的主要工作、事关体育发展的突出问题，着力推进、重点突破。要按照"统筹兼顾、协调发展"的要求，妥善处理好各类体育的关系。

要坚持群众体育与竞技体育相互促进、协调发展的方针，进一步推动我国由体育大国向体育强国迈进。

体育是人民的福利，也是人民的权利。开展群众体育活动，提高全民健康素质是体育工作的根本任务。我们要坚持以增强人民体质、提高全民族身体素质和生活质量为目标，高度重视并充分发挥体育在促进人的全面发展、促进经济社会发展中的重要作用。奥运会、残奥会等国际比赛中我国体育健儿所取得的优异成绩，为国家赢得了荣誉，振奋了民族精神、激发了爱国热情，促进了群众体育的开展，在新的历史条件下，特别是北京奥运会、残奥会成功举办之后，应当要发扬以顽强拼搏、为国争光为核心的中华体育精神，探索当代体育发展规律、提高科学训练水平，在坚持我国竞技体育举国体制、保持我国竞技体育特点和优势的同时，积极挖掘潜力、优化结构、提高效益，推动竞技体育内部各门类均衡发展，不断增强我国竞技体育的综合实力和国际竞争力。要重视竞技体育人才培养和队伍建设，特别是要加强竞技体育后备人才培养工作。

要关心运动员的长远利益和全面发展，高度重视并切实加强运动员社会保障工作。要发挥竞技体育振奋民族精神、增强民族凝聚力、促进国际交流的重要作用，充分发挥竞技体育的社会功能。

要重视协调城市与农村以及不同区域之间的体育发展，努力构建和谐的体育发展格局。统筹城乡体育发展，是全面建设小康社会体育工作的重要任务之一。以农民问题为核心的"三农"问题，成为全面建设小康社会的核心和难点。体育发展亦是如此，实现全面建设小康社会全民健身计划的发展目标，关键也在农村，也在农民，农村体育不发展，农民没有机会参加体育活动，中国的社会体育永远不能现代化，也永远不能达到真正意义上的"全民健身"。因此，重视和加强农村体育是全面建设小康社会体育工作的重点之一。

与此同时，我们还应当看到，尽管与农村相比，我国城市群众体育较有优势，但是与全面建设小康社会市民不断增长和多样化的健身需求相比，资源供应不足等矛盾也相当突出。因此，对城乡群众体育既要有重点，有倾斜，又要统筹兼顾，全面发展。

统筹区域体育发展，要继续发挥各个地区的优势和积极性，将体育工作与西部大开发、振兴东北老工业基地和促进中部崛起结合起来，寻求动力，加速发展。要鼓励东部地区体育工作率先发展，更好地发挥带头和示范作用，以形成东中西互动、优势互补、相互促进、共同发展的体育新格局。

第三，要重视体育项目发展结构的优化与和谐。通过政策引导和资源调整，促进夏季运动项目和冬季运动项目的协调发展，奥运项目和非奥运项目的协调发展，优势项目、潜优势项目和落后项目的协调发展，现代新兴体育项目和民族民间传统体育项目的协调发展，努力构建更为均衡、更为全面和更高水平的体育发展体系，以创造百花齐放、和谐发展的新局面。

此外，在社会转型的背景下，利益调整相当频繁，体育工作要善于统筹国家和地方关系，统筹个人利益和集体利益、局部利益和整体利益、当前利益和长远利益的关系，充分调动和发挥各方面积极性。要统筹国内体育发展与国际体育竞争两个大局，重视处理重点与一般、目标与路径、规模与效益等各种关系，努力实现新时期体育工作的良性循环和可持续发展。

（五）改革创新，不断满足小康社会人民群众体育发展的新需求

我们要从整体和长远上把握全面建设小康社会体育发展的新趋势，敏锐地认识和把握新时期人民群众体育的新需求，这样，才能及时准确地提出新方针和采取新举措。

首先，人民群众体育需求的总量将会有一个大的增加。改革开放以来，我国城乡居民的恩格尔系数不断下降，与此相对应的人民精神文化需求日趋旺盛，体育文化需求明显增长，长期落后的农村体育也将进入一个快速增长期。因此，体育发展责任更加重大，任务更加繁重，全民健身运动大有可为。

其次，人民群众对全民健身和体育服务的质量将提出更高的要求。体育在项目内容、活动组织、场地设施和科技保障等方面，要及时提供优良产品和优质服务，这样才能满足人民群众日益增长的体育需求，才能满足人的全面发展和社会进步的需要。

第三，人民群众的体育消费将进一步多样化和市场化。伴随人民群众生产和生活方式的多样化，体育需求的独立性、选择性、多变性和多样性明显增强，不同年龄、不同性别和不同个体的体育需求的差异性也日渐明显，因此，对发展社会主义先进体育文化提出了更高要求，体育供给应当更加丰富多彩，体育市场应当更加繁荣兴旺。

第四，人民群众体育休闲化的发展特征更为明显。群众体育休闲化，是社会发展和生活质量提高的标志。我国居民全年法定假日平均超过工作生活总量的 30%，并有可能进一步增加。这一丰富的"可自由支配的时间"使得全面建设小康社会逐步进入"普遍有闲的社会"。社会学研究表明，在人均收入超过 1000 美元并向 3000 美元迈进之时，在恩格尔系数低于 45%并向 40%以下发展时，必然会产生休闲娱乐的需求。娱乐是体育的魅力之一，健康是体育的基本价值取向，因此在这个进程中，在体育中寻求休闲，在快乐中追求健康，将成为全面建设小康社会群众体育发展的主要特征之一。

第五，人民群众体育健身的科学化需求更为迫切。科学化是群众体育发展到一定规模和一定层次的必然要求，是建设更为均衡、更为全面和更高水平小康体育的基本要求。在总体小康的基础上，人们必然要从享受锻炼过程逐步提升到既要享受锻炼过程，又要追求锻炼效果的方向发展；必然要从仅凭自我感觉来掌握运动负荷向依靠科学指导和医务监督的方向转变，更多的居民会依据运动处方锻炼；体育锻炼场所开始由简易、粗放、替代地点向标准、集约、正规的场所转移。

第六，伴随我国国家实力的增强和国际地位的提高，人民群众对"奥运争光"的热情将持续保持在较高的水平上。竞技体育在树立和强化当代中国形象，传递当代中国的发展信息方面将继续发挥显著作用。与此同时，人民群众对于竞技体育的发展也将提出更高的要求，对国际性强、竞争激烈的体育项目，如足球、篮球、田径、游泳等，则有更高的期盼。

适应新时期体育发展的新需求，一方面需要我们要大力发展体育事业，改革体制，转换机制，增强活力，改善结构，在体育观念、发展思路、法规政策、服务内容和措施上进行创新。要着眼于满足人民群众体育需求，加强城乡体育健身场地和设施建设，健全群众体育组织，完善全民健身体系，为人民提供更多更好的体育公共服务，让人民分享体育发展成果、享受体育带来的健康和快乐，形成健康文明的生活方式。竞技体育要优化发展结构，提高训练质量，努力在基础性的重要项目上有重大突破。并大力提高职业体育的水平，努力为人民群众提供喜闻乐见的体育文化产品，不断满足人民群众日益增长的业余文化需求。另一方面，要在社会主义市场经济条件下，积极引导更多社会力量兴办体育，大力发展体育产业，引导开发体育市场，通过丰富的市场供应和优质的体育服务来促进体育产业和体育事业协调发展，以满足小康社会人民群众多样化、层次化的体育需求。

（六）扩大开放，为促进世界体育的和谐发展作出更大贡献

改革开放30年的实践告诉我们，中国体育发展的进步离不开世界，世界体育的繁荣也离不开中国。在世界多极化不可逆转、经济全球化深入发展的大势之下，中国体育的发展更要密切同世界体育的联系，努力为世界体育的和谐发展作出更大的贡献。

在和平、友谊、进步的原则基础上，我们将进一步扩大同所有国家发展体育交往，在加强东西方文化交流的基础上，要注意学习和借鉴体育发达国家体育经营和管理的经验。要继续加强同广大发展中国家的团结合作，深化传统友谊，扩大务实合作，在教练援外、人才培养和场馆建设等方面提供力所能及的援助。我们将继续扩大和加强民间体育组织、体育团体的对外交往，加强大众体育的国际交流，增进中国人民和各国人民的相互了解、友谊。

我们要继续加强与国际体育组织的合作，积极参加各国际体育组织，在竞技体育、群众体育、学校体育、体育科学、体育传媒等领域，广泛参与国际体育的组织和协调工作，参与多边体育事务，承担相应国际义务，发挥建设性作用，维护发展中国家的正当要求和共同利益，推动国际体育秩序朝着更加公正合理的方向发展。

随着北京奥运会、残奥会的成功举办和中国体育实力的迅速提高，越来越多的目光投向中国，关注中国，因而中国在国际体育组织的作用，在处理国际体育事务的重要性也日渐上升，中国体育将以前所未有的自信和开放心态融入世界，并且用实际行动树立起一个负责任的体育大国形象，为人类的和平和世

界体育的发展发挥更加积极的作用。

回首改革开放30年我国体育发展的辉煌历程，我们感到无比骄傲和自豪，展望新时期我国体育发展的宏伟目标，我们充满信心和力量。在2008年9月29日召开的北京奥运会、残奥会总结表彰大会上，胡锦涛总书记对体育工作发表重要指示。胡锦涛总书记指出，体育是社会发展和人类文明进步的重要标志，是综合国力和社会文明程度的重要体现。我们要坚持以增强人民体质、提高全民族身体素质和生活质量为目标，高度重视并充分发挥体育在促进人的全面发展、促进经济社会发展中的重要作用，实现竞技体育和群众体育协调发展，进一步推动我国由体育大国向体育强国迈进。胡锦涛总书记的重要指示为体育事业的发展指明了方向和道路，是指导新时期体育工作的重要纲领。广大体育工作者将紧密团结在以胡锦涛同志为总书记的党中央周围，以党的十七大精神为指引，全面落实科学发展观，进一步解放思想，实事求是，与时俱进，开拓创新，在新的历史起点上实现中国体育的新发展、新进步，为党、为祖国、为人民赢得更大荣誉，为建设中国特色社会主义作出新的更大的贡献！

参 考 文 献

［1］国家统计局. 中国统计年鉴. 北京：中国统计出版社，1996—2007.

［2］中华人民共和国民政部. 中国民政统计年鉴. 北京：中国统计出版社，2007.

［3］国家体育总局政策法规司. 中国体育：迈向"十一五". 北京：人民体育出版社，2007.

［4］国家体育总局政策法规司. 毛泽东 邓小平 江泽民 论体育. 北京：人民体育出版社，1998.

［5］当代中国体育编委会. 当代中国体育. 北京：中国社会科学出版社，1984.

［6］国家体育总局. 体育事业"十一五"发展规划. 北京：人民体育出版社，2006.

［7］编写组. 以科学发展观统领经济社会发展全局. 北京：人民日报出版社，2005.

［8］第 5 届全国少数民族传统体育运动会组委会宣传部. 盛世盛会——中华人民共和国第 5 届少数民族传统体育运动会. 昆明：云南民族出版社，1996.

［9］中国体育博物馆，国家体委文史工作委员会. 中华民族传统体育志. 南宁：广西民族出版社，1990.

［10］中国残疾人体育协会. 中国残疾人体育发展概览. 北京：华夏出版社，2006.

［11］中国残奥委员会. 残奥运动在中国. 北京：华夏出版社，2008.

［12］第 8 届全国少数民族传统体育运动会组委会，中国民族报社，国家体育总局报业总社. 2007 广州 中华人民共和国第 8 届全国少数民族传统体育运动会会刊. 中国民族报，2008（1）.

［13］国务院研究室科教文卫司，国家体委政策法规司. 体育经济政策研究. 北京：人民体育出版社，1997.

［14］财政部. 中国彩票年鉴 2002. 北京：中国财政经济出版社，2003.

[15] 财政部. 中国彩票年鉴2007. 北京：中国财政经济出版社，2008.

[16] 国家体委.关于体育学院的任务、系科设置、专业设置和修业年限的意见. 体育运动文件选编（1949—1981）. 北京：人民体育出版社，1982.

[17] 中宣部教育局. 铸就辉煌. 北京：学习出版社，2004.

[18] 国家体育总局（国家体委）. 中国体育年鉴. 1978—2006.

[19] 国家体育总局体育经济司（国家体委计划财务司）. 体育事业统计年鉴. 1995—2007.

[20] 第四次全国体育场地普查办公室. 第四次全国体育场地普查资料（上、下册）. 1997.

[21] 国家体育总局体育经济司. 第五次全国体育场地普查数据汇编. 2006.

[22] 国家体育总局群众体育司社会体育处. 国家体育总局援建全民健身工程汇总. 1997—2006.

[23] 国家体育总局（国家体委）群众体育司. 全民健身计划资料汇编（一）.

[24] 国家体育总局（国家体委）群众体育司. 全民健身计划文集. 1995—2007.

[25] 国家体育总局（国家体委）. 体育工作情况. 1978—2003.

[26] 国家体委政策研究室. 体育运动文件选编. 1949—1981，1982—1986.

[27] 国家体育总局（国家体委）. 中华人民共和国体育法规汇编. 1949—2006.

[28] 国家体育总局（国家体委）群众体育司. 群体工作简报. 1985—2005.

[29] 国家体育总局（国家体委）群众体育司. 全民健身工作情况. 1994—1999.

[30] 国家体育总局（国家体委）. 全国群众体育工作（群众体育处处长）会议资料. 1995—2008.

[31] 国家体育总局. 中国全民健身发展十年（1995—2005）. 2006.

[32] 国家体委文史工作委员会，全国体总文史资料编审委员会. 中国体育改革十五年. 1984.

[33] 中国农民体育协会. 中国农民体育协会大事记（1984—2003）. 2004.

[34] 中国农民体育协会. 中国农民体育协会成立二十周年（1986—2006）. 2006.

[35] 中华人民共和国第6届少数民族传统体育运动会组委会. 中华人民共和国第6届少数民族传统体育运动会　相聚北京拉萨. 1999.

[36] 中华人民共和国第 7 届少数民族传统体育运动会组委会. 相聚在宁夏. 2003.

[37] 中国人民解放军总政治部宣传部. 强身健体为打赢——中国人民解放军十年来群众体育工作掠影（1995—2005）. 2006.

[38] 解放军体育学院. 军队群众体育现状调查及发展的综合研究. 国家哲学社会科学规划项目课题研究总报告. 1999.

[39] 北京体育产业统计报告. 2000.

[40] 浙江体育产业调查研究报告. 2003.

[41] 安徽省体育产业发展情况调查. 2002.

[42] 2007 全国体育产业工作会议报告.

[43] 浙江省体育局，统计局企业调查队. 浙江省体育用品业发展战略研究报告. 2003.

[44] 中国互联网信息中心. 第 21 次中国互联网发展统计报告. 2008.

[45] 国家体育总局竞技体育司. 我国竞技体育人才培养模式情况汇报. 2008.

附录:

改革开放 30 年中国体育大事记

1978 年

1 月 22—30 日 全国体育工作会议在北京举行,是新中国成立以来国家体委召开的代表性最广、规模最大的一次工作会。会议讨论制定了体育事业发展规划和一些政策性的重大举措。

3 月 5 日 第五届全国人民代表大会第一次会议任命王猛为国家体委主任。

4 月 14 日 教育部、国家体委、卫生部联合下发《关于加强学校体育、卫生工作的通知》。

5 月 29 日 国家体委下发《关于加强体育科学技术工作的意见》。

6 月 26 日—7 月 8 日 国家体委在湖南衡阳召开城市体育工作会议,提出加强城市体育工作的意见。

7 月 11 日 国家体委发出关于试行《运动员技术等级制度(草案)》的通知。

10 月 25 日—11 月 8 日 国家体委在山东烟台召开全国业余训练和推行《国家体育锻炼标准》工作会议。

11 月 25 日—12 月 1 日 国家体委在湖北黄陂召开全国县的体育工作调查会,着重研究在新形势下如何做好县的体育工作。

12 月 9—20 日 第 8 届亚运会在泰国曼谷举行,中国队获得 56 枚金牌、60 枚银牌、51 枚铜牌。

1979 年

2 月 12 日—28 日 全国体育工作会议在北京召开,研究体育战线如何转移工作重点,讨论修改体育事业发展规划。

5 月 7—15 日 全国体育科学技术工作会议在北京召开。

5 月 15—22 日 国家体委、教育部、卫生部、共青团中央在江苏扬州联合召开全国学校体育工作经验交流会。

8 月 29 日—9 月 15 日 中国体育代表团参加在墨西哥举行的第 10 届世界

大学生运动会。

9月15—30日　第4届全国运动会在北京举行。

10月5日　国家体委、教育部联合发出《高等学校体育工作暂行规定（试行草案）》和《中、小学体育工作暂行规定（试行草案）》。

10月25日　国际奥委会执委会在日本名古屋通过决议，恢复中国在国际奥委会的合法席位。会议确认中国奥委会为中国全国性奥委会；设在台北的奥委会将作为中国的一个地方机构留在国际奥委会内，但不得使用它目前所使用的歌和旗。

11月26日　国际奥委会副主席穆罕默德·姆扎里在洛桑宣布，国际奥委会经过全体委员的通讯表决，批准了执委会10月在日本名古屋作出的关于中国代表权的决议。

12月28日　中央人民广播电台、中央电视台、《中国青年报》《体育报》首次联合评选出本年度全国十佳运动员。他们是：陈肖霞、陈伟强、葛新爱、吴数德、容志行、聂卫平、栾菊杰、邹振先、宋晓波、吴忻水。

1980 年

1月7—23日　全国体育工作会议在北京召开。

2月12—24日　第13届冬奥会在美国普莱西德湖举行，中国运动员首次参加。

4月24日　中国奥委会在北京举行全体会议决定，只要苏联当局不从阿富汗全面撤军，中国奥委会将不派运动员参加在莫斯科举行的第22届奥运会。

6月16—19日　国家体委在北京召开体育理论专题座谈会，就体育科学概念，归属何种科学，社会主义社会中体育的特点等问题，从理论上展开讨论。

12月15—22日　中国体育科学学会成立大会暨1980年全国体育科学学术报告会在北京举行。

1981 年

1月23日　全国总工会、国家体委联合下发《基层厂矿、企业、事业、机关体育协会章程（试行）》。

2月21日—3月4日　国家体委在北京召开省、市、自治区体委主任会议，提出体育要在调整中前进，要使体育在建设社会主义精神文明中发挥更大作用。

2月24日—3月4日　世界冬季大学生运动会在西班牙举行，中国代表团（滑冰、滑雪队）首次参赛。

3月23日 国际奥委会宣布，台湾奥委会同意改为"中国台北奥林匹克委员会"，并改变原来使用的旗和徽。

7月19—30日 第11届世界大学生运动会在罗马尼亚布加勒斯特举行，中国队获10枚金牌、6枚银牌、5枚铜牌。

8月8日 国务院办公厅下发关于重申1954年政务院《关于在政府机关中开展工间操和其他体育运动的通知》。

9月10日 第五届全国人民代表大会常务委员会第20次会议任命李梦华为国家体委主任，免去王猛国家体委主任的职务。

9月20—28日 全国少数民族体育工作座谈会在北京召开，这是新中国成立以来第一次着重研究少数民族体育工作的会议。

10月1—2日 国际奥委会在联邦德国举行第84次会议决定，从1988年夏季奥运会开始，网球和乒乓球列为比赛项目；中国奥委会副秘书长何振梁当选国际奥委会委员，后他又于1985年东柏林第90次国际奥委会代表大会上当选执委，1989年波多黎各圣胡安第95次国际奥委会大会上当选副主席。

11月7—16日 中国女排在日本第3届世界杯女子排球赛中获得冠军，后又于1982年第9届世界女子排球锦标赛、1984年第23届奥运会、1985年第4届世界杯女子排球赛、1986年第10届世界女子排球锦标赛连续获得冠军，创下"五连冠"的佳绩。

11月25日 国务院学位委员会下发《关于下达首批博士和硕士学位授予单位的通知》，批准北京体育学院、上海体育学院、国家体委体育科学研究所为首批硕士学位授予单位。

12月10—15日 国家体委在广西玉林召开全国农村体育工作座谈会。

12月15—22日 中国体育科学学会体育理论学会1981年年会暨体质研究会成立大会在成都召开。

1982 年

6月21—30日 国家体委在北京召开各省、市、自治区体委主任汇报会议，强调体育队伍不仅要攀登技术高峰，而且要加强精神文明的建设。

7月12日 国务院批准新《国家体育锻炼标准》。8月27日国家体委颁布施行。

7月24日—8月2日 体育科学理论专题学术讨论会在烟台召开，就体育的概念，体育科学的本质、属性和体育科学体系问题进行讨论。

8月10—20日 第1届全国大学生运动会在北京举行。

9月1—8日　全国少数民族传统体育运动会在呼和浩特举行。

11月10—16日　国家体委、文化部、共青团中央在福建龙海联合召开全国农村体育工作会议。1983年2月3日国务院批转该会会议纪要，要求各级人民政府加强领导，从实际出发，采取措施，积极地、逐步地把农村文化体育活动开展起来。

11月19日—12月4日　第9届亚运会在印度新德里举行，中国队获61枚金牌、51枚银牌、41枚铜牌。

12月4日　中华人民共和国第五届全国人民代表大会第5次会议通过《中华人民共和国宪法》，以宪法形式明确了国家发展体育事业的责任。

1983年

2月17—27日　第11届世界冬季大学生运动会在保加利亚索非亚举行，中国运动员获得双人滑第3名。

2月23日—3月4日　全国体育工作会议在北京召开，讨论了本世纪的奋斗目标："普及城乡体育运动，达到世界第一流的运动技术水平，建设现代化的体育设施，拥有一支又红又专的体育队伍，成为世界体育强国"，提出体育改革的若干建议。

3月12—23日　第5届全国冬季运动会在黑龙江哈尔滨举行。

5月15日　国家体委下达《关于进一步加强学校体育工作的意见》。

7月1—11日　第12届世界大学生运动会在加拿大埃德蒙顿举行，中国队获5枚金牌、3枚银牌、4枚铜牌。

9月16日　国际奥委会主席萨马兰奇代表国际奥委会授予荣高棠奥林匹克银质勋章，这是中国人第一次获此殊荣。

9月18日—10月1日　第5届全国运动会在上海举行。

10月20—21日　全国伤残人体育工作者和运动员代表会议在天津召开，正式成立中国伤残人体育协会。

10月28日　国务院发出通知，批转国家体委《关于进一步开创体育新局面的请示》。

12月20日　国家体委、民政部等9个单位联合发出《关于积极地、有计划地开展伤残人体育活动的通知》。

1984年

1月4—11日　国家体委在北京召开省、自治区、直辖市体委主任汇报会。

2月8—19日　第14届冬奥会在南斯拉夫萨拉热窝举行，海峡两岸中国选手第一次同时参加冬奥会。

3月30日　国家体委决定成立体育发展战略研究委员会，国家体委主任李梦华任委员会主任。

5月16日　国际羽毛球联合会在吉隆坡举行第46届年度代表大会，中国吕圣荣当选国际羽联副主席。

7月28日—8月12日　第23届奥运会在美国洛杉矶举行，中国队获15枚金牌、8枚银牌、9枚铜牌。许海峰为中国赢得第一枚奥运金牌。

8月21—31日　国家体委在北京召开全国体育发展战略、体育改革会议，就本世纪末使我国成为世界体育强国问题进行探讨和预测。

9月28—30日　第3届亚奥理事会代表大会在韩国汉城举行，中国北京获得1990年第11届亚洲运动会举办权。

10月5日　中国共产党中央委员会发出《关于进一步发展体育运动的通知》。

10月6—14日　首届全国伤残人运动会在合肥举行。

11月22—28日　全国体育科技工作会议在昆明召开，研究科研体制改革等问题。

12月10—16日　全国竞赛工作会议在郑州举行，国家体委提出，竞赛要制度化、社会化、多样化。

12月20日　国家体委发出《关于加强县体育工作的意见》的通知。决定从1985年起，在全国范围内开展创体育先进县活动。

1985 年

2月16—24日　第12届世界冬季大学生运动会在意大利贝卢诺举行，中国队获1枚金牌、2枚铜牌。

3月4—7日　首届全国体育新闻学术讨论会在福州举行，期间成立中国体育新闻学会。

3月25日　经国务院批准，第11届亚运会组委会正式成立。

4月2—11日　全国体委主任会议在北京举行，深入研究体育改革问题。

5月30—31日　国家体委在北京召开全国体委主任紧急会议，针对在体育比赛中发生的一些问题，要求各级体委狠抓赛场秩序和比赛作风。

7月9日　国家体委批准授予乒乓球、羽毛球、田径、举重4个项目的42名运动员国际运动健将称号。这是我国第一批国际级运动健将。

7月28日　国家体委颁发《国家体委体育科学技术进步奖励条例》。

7月31日—8月5日　全国体育哲学、体育社会学学术讨论会在福建永安举行。会议就体育哲学、经济学、管理学、社会学、法学、伦理学、美学、比较学8门学科进行理论研究。

8月13—19日　全国体育发展战略讨论会在青海西宁举行，就体育发展战略的指导思想，本世纪内把中国建成世界体育强国等进行可行性研究。

8月24日—9月4日　第13届世界大学生运动会在日本神户举行，中国队获6枚金牌、7枚银牌、6枚铜牌。

10月6—18日　第1届全国青少年运动会在郑州举行。

11月17—23日　全国群体处长座谈会在昆明举行，强调在进一步推进体育社会化的同时，要突出学校体育这个战略重点。

11月18—28日　全国首次体育科学技术进步奖评审会议在北京举行。

11月20—21日　从1984年10月6日开始的中日围棋擂台赛，于1985年11月20日在北京结束，中国队以8比7获胜。

1986年

2月10—12日　国际奥委会在洛桑举行执委会会议，决定授予万里副总理金质"奥林匹克勋章"，黄中银质"奥林匹克勋章"，中国奥委会"奥林匹克奖杯"。

2月24日—3月1日　全国武术训练工作座谈会在北京举行，会议认为，武术必须向科学化、规范化方向迈进，不断提高技术水平，要努力成为世界武术运动的范例。

3月1—8日　第1届亚洲冬季运动会在日本札幌举行，中国队获4枚金牌、5枚银牌、12枚铜牌。

3月6—15日　全国体委主任会议在北京举行，做出关于体制改革的重要决定。

3月15—16日　全国体总常委会、中国奥委会执委会在北京举行联席会议，选举李梦华为全国体总主席和中国奥委会主席。

4月15日　国家体委下发《关于体育体制改革的决定》（草案）。

4月15日　国家体委下发《关于加速培养高水平运动后备人才的指示》。

7月5—20日　第1届友好运动会在苏联举行，中国队获4枚银牌、5枚铜牌。

7月22—28日　国家体委在大连造船厂召开建国以来第一次企业办高水平运动队座谈会。

8月3—9日　第2届全国大学生运动会在大连举行。

8月10—17日　第3届全国少数民族传统体育运动会在乌鲁木齐举行。

8月20—23日　全国首届民族传统体育学术研讨会在新疆乌鲁木齐召开。

9月20—28日　第23届世界运动医学会议在澳大利亚举行，中国体育科学学会副理事长曲绵域当选国际运动医学联合会副主席。

9月20日—10月5日　第10届亚运会在汉城举行，中国队获94枚金牌、82枚银牌、46枚铜牌。

11月3—9日　全国体育科技体制改革经验交流会在成都举行。

1987 年

1月8—17日　全国体委主任会议在北京召开，就如何进一步促进体育体制改革、加强体育战线精神文明建设和做好1987年全国体育工作进行部署。

2月21—28日　第13届世界冬季大学生运动会在捷克斯洛伐克举行，中国选手获双人滑第4名。

2月23日　国家体委颁发《国家体委关于社会各行业与体委系统合办体育竞赛的管理办法》。

2月24日　国家体委发出关于加强体育理论建设的决定。

3月10—17日　第6届全国冬季运动会在吉林市举行。

3月27—29日　第1届中国特殊奥运会在深圳举行。

4月17—21日　全国农村体育工作会议在北京召开。

5月29日　首都经济学团体联合会和国家体委联合举办中国体育战略发展研讨会。会上专家们强调，中国要建立自己的体育经济学。

6月4日　联和国教科文组织总部在巴黎举行仪式，授予90岁高龄的中国上海体院教授张汇兰以"联合国教科文组织体育教育和运动荣誉奖"。

7月8—19日　第14届世界大学生运动会在南斯拉夫萨格勒布举行，中国队获11枚金牌、9枚银牌、12枚铜牌。

7月29日—8月4日　国家体委在北京召开首届体育人才交流及教练员队伍建设会议。国家体委负责人明确提出人才交流的指导思想是：从全局出发，突出奥运会战略，为国家多出人才、快出人才、出好人才服务。

7月31日—8月8日　中国智残体育代表团参加在美国印第安纳州举行的第7届夏季国际特殊奥运会，获18枚金牌、20枚银牌、13枚铜牌。这是中国首次派队参加特殊奥运会。

8月22—28日　全国体育发展战略讨论会在北京密云召开。会议制定以青少年为重点的全民健身战略与以奥运会为最高层次的竞技战略在实践中协调发展的方针。

10月15—19日　全国青年体育理论工作者座谈会在武汉体院召开，就体育改革、体育社会化、体育商品化及体育理论队伍的建设等问题进行探讨。

10月26日　中国足球队在东京举行的第24届奥运会足球预赛的最后一场比赛中，以2比0战胜日本队。首次获得参加奥运会资格。

11月12日　《中华人民共和国体育法》《体育组织法》起草领导小组和起草小组成立，组长由张彩珍担任。

11月20日—12月5日　第6届全国运动会在广州举行。

12月2日　国家体委在广州召开各省、区、市体委主任座谈会，强调从我国社会主义初级阶段的基本国情出发，研究和解决有计划的商品经济条件下体育发展的新问题。

1988 年

2月13—28日　第15届冬奥会在加拿大卡尔加里举行，中国选手李琰获得表演项目短跑道速滑女子1000米金牌、500米和1500米铜牌。

5月18—24日　全国体委主任座谈会在北京召开，交流各地自六运会后深化体育改革情况和经验；讨论、确定第7届全运会的方案。

6月26—29日　第1届世界反对在竞技中使用兴奋剂的常设会议在加拿大召开。中国代表杨天乐出席会议，表明了中国奥委会在世界反兴奋剂这一重大问题上的态度。中国成为制定第一个《国际反兴奋剂宪章》的成员国。

8月10日　国家机构编制委员会正式批准国家体育运动委员会"三定"方案。同意国家体委设立14个业务司(室)，机关定编470人。

8月22—24日　全国学校体育卫生工作会议在南京召开，国家教委、国家体委、卫生部的负责人在会上就学校体育卫生工作的深化改革发表意见。

8月25—31日　第3届全国大学生运动会在南京五台山举行。

9月17日—10月2日　第24届奥运会在韩国汉城举行，中国队获5枚金牌、11枚银牌、12枚铜牌。

10月9—16日　首届全国农民运动会在北京举行。

10月15—24日　第8届伤残人奥运会在韩国汉城举行，中国队获17枚金牌、17枚银牌、10枚铜牌。

10月23日—11月2日　首届城市运动会在济南举行。

12月29日　国家主席杨尚昆任命伍绍祖为国家体委主任，免去李梦华的国家体委主任职务。

1989 年

3 月 2—12 日　第 14 届世界冬季大学生运动会在保加利亚索非亚举行，中国队获 5 枚金牌、2 枚银牌、6 枚铜牌。

3 月 27—31 日　全国群众体育发展战略研讨会在长沙举行。

4 月 15—20 日　全国体委主任会议在北京召开。

7 月 25—29 日　国家体委在山西太原召开体育社会化研讨会。

8 月 22—30 日　第 15 届世界大学生运动会在联邦德国杜伊斯堡举行，中国队获 4 枚金牌、2 枚银牌、5 枚铜牌。

10 月 14—19 日　国家体委在湖南大庸召开各国体育改革与发展学术研讨会。会议主要内容是对近年来世界各国在体育改革与发展方面出现的新动向进行分析，探索世界体育发展的新特点和新趋势，为深化体育改革献计献策。

11 月 27—30 日　全国体育科技工作会议在山东泰安举行，讨论《1991 年到 2000 年我国体育科学技术发展规划（草案）》《国家体委关于深化体育科技体制改革的意见（草案）》。

1990 年

2 月 21 日　江泽民总书记为体育工作题词"发展体育、振兴中华"。

2 月 28 日—3 月 3 日　全国体育发展战略讨论会暨第 2 届中国体育发展战略研究会全体委员会会议在洛阳召开。

3 月 5 日　国家体委下发《国家体委关于深化体育科技体制改革的意见》和《1991—2000 年体育科学技术发展规划》的通知。

3 月 9—14 日　第 2 届亚洲冬季运动会在日本札幌举行，中国队获 9 枚金牌、9 枚银牌、8 枚铜牌。

3 月 12 日　国家教委、国家体委联合签发并公布《学校体育工作条例》。

7 月 20 日—8 月 5 日　第 2 届友好运动会在美国西雅图举行，中国队获得 6 枚金牌、7 枚银牌、3 枚铜牌。

9 月 22 日—10 月 7 日　第 11 届亚运会在北京举行，中国队获 183 枚金牌、107 枚银牌、51 枚铜牌。

10 月 3 日　国际武术联合会成立大会在北京举行，会议选举李梦华为国际武联主席。

12 月 15—18 日　中国体育科学学会第 3 次全国代表大会在天津举行，伍绍祖当选理事长。

1991 年

2 月 2—9 日　第 7 届全国冬季运动会在黑龙江哈尔滨举行。

2 月 26 日　中国奥委会全体会议在北京举行，决定中国向国际奥委会申请在北京举办 2000 年第 27 届奥运会。

3 月 2—7 日　第 15 届世界冬季大学生运动会在日本札幌举行，中国队获 2 枚金牌、1 枚银牌、3 枚铜牌。

3 月 18 日　国务院批准成立北京 2000 年第 27 届奥运会申办委员会。4 月 1 日正式成立。

5 月 20—25 日　全国体育工作会议在北京召开，讨论了《中国体育发展与改革纲要》《体育事业十年改革规划和"八五"计划》《中华人民共和国体育法》三个草案。

7 月 14—25 日　第 16 届世界大学生运动会在英国谢菲尔德举行，中国队获 20 枚金牌、17 枚银牌、13 枚铜牌。

8 月 15—16 日　中国人民解放军体育指导委员会在京委员在北京召开会议，确定新时期军队体育工作的指导思想。

9 月 14—16 日　国家体委、国家教委在山西临汾联合召开全国农村学校体育工作座谈会。

9 月 20—28 日　第 2 届全国城市运动会在河北唐山举行。

9 月 26 日—10 月 29 日　世界女子国际象棋冠军赛决赛在菲律宾马尼拉举行，中国选手谢军获得冠军，打破了苏联女棋手垄断 41 年的局面。

11 月 10—17 日　第 4 届全国少数民族运动会在广西南宁举行。

12 月 8—12 日　全国优秀运动队思想政治工作会议在郑州召开。期间成立全国体育系统政治思想工作研究会，刘吉任会长。

12 月 13—16 日　体育社团地位及作用研讨会在山东淄博召开，这是国家体委首次召开的有关体育社团问题的研讨会。

1992 年

2 月 8—23 日　第 16 届冬奥会在法国阿尔贝维尔举行，中国队获 3 枚银牌。

3 月 18—23 日　第 3 届全国残疾人运动会在广州举行。

3 月 27 日　国家体委下发《关于加强和改进体育宣传工作的意见》。

5 月 13 日　国家体委下发体育事业十年规划和"八五"计划。

5月30日　中央军委主席江泽民签发中央军委命令，授予速度滑冰运动员叶乔波"体坛尖兵"称号。

6月22—27日　全国足球工作会议在北京召开，讨论中国足球工作报告及中国足协与地方足协实体化方案等问题。

7月1—5日　国家体委在宁波召开"奥林匹克运动与中国体育"战略研讨会。

7月8日　中国奥委会反兴奋剂委员会在北京成立，国家体委副主任袁伟民任主任。

7月24日—8月9日　第25届奥运会在西班牙巴塞罗那举行，中国队获16枚金牌、22枚银牌、16枚铜牌。

9月3—14日　第9届残疾人奥运会在西班牙巴塞罗那举行，中国队获11枚金牌、7枚银牌、7枚铜牌。

9月29日—10月4日　第4届全国大学生运动会在武汉举行。

10月10—18日　第2届全国农民运动会在湖北孝感举行。

12月8—11日　第4届全国体育科学大会在山东潍坊召开。

1993 年

2月5—14日　第16届世界冬季大学生运动会在波兰举行，中国队获6枚金牌、2枚银牌、4枚铜牌。

4月15—19日　全国体委主任会议在北京召开，商讨体育改革大计。

5月9—18日　第1届东亚运动会在上海举行，中国队获105枚金牌、74枚银牌、34枚铜牌。

5月24日　国家体委下发《关于深化体育改革的意见》。

5月25—30日　第3届苏迪曼杯世界羽毛球混合团体赛在英国伯明翰举行，中国队获第3名。期间，召开国际羽毛球联合会理事会会议，吕圣荣当选国际羽联主席。

6月15—20日　全国体育产业工作会议在江苏南京召开。

7月8—18日　第17届世界大学生运动会在美国布法罗市举行，中国队获17枚金牌、6枚银牌、5枚铜牌。

7月22日—8月1日　第4届世界运动会在海牙举行，中国队获5枚金牌、1枚银牌、1枚铜牌。

8月15—24日　第7届全国运动会四川赛区比赛在成都举行。

9月4—15日　第7届全国运动会在北京召开。

9月23日　国际奥委会101次全体会议在摩纳哥蒙特卡洛举行，决定澳大利亚悉尼为2000年夏季奥运会主办城市。北京以2票之差未获主办权。

10月8日　中国体育用品联合会在西安成立，国家体委副主任袁伟民当选主席。

10月10—14日　首届中国体育用品博览会在西安举行。

10月14—18日　全国足球工作会议在大连举行。

12月4日　国家体委下发《社会体育指导员技术等级制度》。

1994 年

2月1日　第14届杰西·欧文斯国际奖颁奖仪式在美国纽约举行，中国女子田径运动员王军霞获此殊荣。她是亚洲第一位获得此奖者。

2月12—27日　第17届冬奥会在挪威利勒哈默尔举行，中国队获1枚银牌、2枚铜牌。

3月16日　国务院办公厅印发"国家体育运动委员会职能配置、内设机构和人员编制方案。"

3月21日　全国体育彩票工作会议在北京召开。

3月24—26日　全国体育宣传思想工作会议在秦皇岛召开。

4月5日　中国反兴奋剂大会在北京召开。

4月6—8日　全国体委主任会议在北京召开。

4月10—12日　全国体育院校工作会议在北京召开，研究讨论当前高等教育与体育院校教育改革等问题。

5月19日　首批中国体育彩票在四川发行。

6月19—20日　国际龙舟联合会第3次会员大会在香港举行，国家体委副主任刘吉当选联合会主席。

7月23日—8月7日　第3届友好运动会在俄罗斯圣彼得堡举行，中国队获12枚金牌、9枚银牌、6枚铜牌。

8月2—5日　全国体育单项协会实体化改革研讨会在吉林四平召开。

9月14—16日　全国青少年足球工作会议在北京召开。会上，中国足球协会要求国内各职业、半职业足球俱乐部必须建立自己的后备梯队。

10月2—16日　第12届亚运会在日本举行，中国队获126枚金牌、83枚银牌、57枚铜牌。

11月6—9日　全国体育发展战略讨论会在湖南长沙召开。

11月13—16日　全国少数民族传统体育发展研讨会在云南昆明举行。

12 月 7—10 日　全国体育科技工作会议在山东淄博召开，研究体育科技体制改革与发展等问题。

12 月 22—25 日　全国业余训练工作座谈会在广西南宁召开，研究修订《中国少年体育训练联合会章程》和《2000 年后备人才工程实施方法》。

1995 年

1 月 15—25 日　第 8 届全国冬季运动会在吉林举行。

2 月 18—25 日　第 17 届世界冬季大学生运动会在西班牙哈卡举行，中国队获 3 枚金牌、4 枚银牌、3 枚铜牌。

3 月 1 日　中国反兴奋剂大会在北京召开，讨论《禁止在体育运动中使用兴奋剂的暂行规定》。

3 月 1—4 日　全国体委主任会议在北京召开，主题是体育经济问题。

3 月 9 日　中华全国体育基金会在北京成立。

3 月 9—13 日　世界花样滑冰锦标赛在英国伯明翰举行，中国选手陈露获得女子单人滑冠军，这是中国首次获得花样滑冰世界冠军。

6 月 16 日　国家体委下发《体育产业发展纲要》。

6 月 20 日　《全民健身计划纲要》正式颁布实施。

7 月 6 日　国家体委下发《奥运争光计划纲要》。

国家体委下发《关于进一步深化体育科技体制改革的意见》。

8 月 23 日—9 月 3 日　第 18 届世界大学生运动会在日本福冈举行，中国队获 13 枚金牌、10 枚银牌、16 枚铜牌。

8 月 29 日　第八届全国人民代表大会常务委员会第 15 次会议全票通过《中华人民共和国体育法》。国家主席江泽民签发命令，《中华人民共和国体育法》自 1995 年 10 月 1 日实行。

8 月 31 日　第 4 届世界妇女大会非政府组织论坛"妇女与体育"专题研讨会在北京召开。

9 月 6—16 日　第 1 届世界军人运动会在罗马举行，中国队获 13 枚金牌、21 枚银牌、15 枚铜牌。

9 月 9—21 日　中国体育俱乐部现状与未来理论研讨会在北京召开。

9 月 12—15 日　中国体育科学学会第四次代表大会在西安召开，国家体委副主任袁伟民当选第四届理事长。

10 月 22—30 日　第 3 届全国城市运动会在南京举行。

11 月 3—5 日　全国体育科技体制改革工作座谈会在湖南召开，讨论、修改《关于全国贯彻科教兴国，加速体育科技进步的意见》（讨论稿）。

11月5—12日　第5届全国少数民族运动会在云南昆明举行。

1996 年

1月21—26日　以"科技兴体"为主题的全国体委主任会议在北京召开。期间，国务院总理李鹏、副总理邹家华、国务委员李铁映接见与会全体代表。

1月27—31日　全国体育院校工作会议在沈阳体院召开，研究体育院校办学管理体制改革和招生制度的改革。

2月4—11日　第3届亚洲冬季运动会在哈尔滨举行，中国队获15枚金牌、7枚银牌、15枚铜牌。

4月23—25日　建国后第一次全国体育法制工作会议在辽宁大连召开。

4月30日　第3届全国工人运动会在北京举行。

5月10—15日　第4届全国残疾人运动会在大连举行。

7月1日　国家体委下发《关于进一步加强体育经营活动管理的通知》，明确纳入体育市场管理范畴的体育运动项目。

7月19日—8月4日　第26届奥运会在美国亚特兰大举行，中国队获16枚金牌、22枚银牌、12枚铜牌。

8月5日　中共中央宣传部、国家体委、卫生部、民政部、公安部、国家中医药管理局、国家工商行政管理局联合下发《关于加强社会气功管理的通知》。

8月16—25日　第10届残疾人奥运会在美国亚特兰大举行，中国队获16枚金牌、13枚银牌、10枚铜牌。

8月28日—9月4日　第5届全国大学生运动会在西安举行。

9月6日　国家体委发布《全国运动员交流暂行规定》。

9月18日　经全国哲学社会科学规划领导小组批准，体育学被正式纳入由国家统一规划、管理的哲学社会科学学科领域，列为国家一级学科。

10月12—19日　第3届全国农民运动会在上海举行。

10月18—22日　全国优秀运动队职业教育研讨会在天津召开，探讨在市场经济条件下优秀运动队发展职业教育良性循环的运行机制。

11月4—7日　中国体育发展战略研究会在北京怀柔召开全国体委系统领导干部论文报告会暨2010年体育改革与发展战略讨论会。

11月25日　国务院办公厅转发《国家体委关于深化改革加快发展县级体育事业的意见》。

1997 年

1 月 13—15 日　全国体委主任会议在北京怀柔召开，主题为加强体育法制建设。

1 月 24 日—2 月 2 日　第 18 届世界冬季大学生运动会在韩国举行，中国队获 7 枚金牌、4 枚银牌、7 枚铜牌。

3 月 24—28 日　全国社会科学规划工作会议在北京召开。首次在学科规划评审组中设立体育学学科组。

4 月 1—3 日　全国体育科技工作研讨会在四川召开，研讨体育科技体制改革。

4 月 2 日　国家体委、国家教委、民政部、建设部、文化部联合签发《关于加强城市社区体育工作的意见》。这是开展社区体育工作的第一个法规性文件。

5 月 10—19 日　第 2 届东亚运动会在韩国釜山举行，中国队获 16 枚金牌、7 枚银牌、4 枚铜牌。

5 月 14 日　国家成年人体质监测中心挂牌仪式在国家体委科研所举行，标志着我国第一个成年人体质监测网络的正式启动。

6 月 2 日　国家体委颁发第一个体育社会科学研究五年规划《国家体委体育社会科学研究"九五"规划》。

7 月 11 日　第 4 次全国体育场地普查结果公布：至 1995 年底全国每万人拥有体育场地 5 个，人均体育场地面积 0.65 平方米。

8 月 8—17 日　第 5 届世界运动会在芬兰拉赫蒂市举行，中国获 19 枚金牌、12 枚银牌、7 枚铜牌。

8 月 16 日　中共中央总书记、国家主席江泽民为体育工作题词："全民健身，利国利民，功在当代，利在千秋。"

8 月 19—31 日　第 19 届世界大学生运动会在意大利西西里岛举行，中国队获 10 枚金牌、9 枚银牌、7 枚铜牌。

10 月 12—24 日　第 8 届全国运动会在上海举行。

11 月 18—20 日　第 5 届全国体育科学大会在北京召开。

11 月 25—27 日　全国体育经济工作会议在广西桂林召开。

1998 年

1 月 5—6 日　体育市场开发与传播战略研讨会在北京举行，探讨中国体育产业的概念和内涵、中国体育市场的培育和开拓、全民健身的产业化问题、新闻媒介在体育产业中的作用等专题。

1月12—16日　全国体委主任会议在北京举行。

2月7—22日　第18届冬奥会在日本长野举行，中国队获6枚银牌、2枚铜牌。

2月27日　国家体委宣布所有奥运会项目的国家队1400名运动员试行伤残保险。

3月22日　国务院决定国家体委改组为国家体育总局（与中华全国体育总会是一个机构两块牌子），列入国务院直属机构。4月6日国家体育总局挂牌仪式在原国家体委举行。

3月25—27日　全国健身气功管理会议在上海召开。会议决定依法在全国对健身气功进行规范化管理，颁布全国健身气功管理办法和健身气功师技术等级评审办法。

4月25—29日　在1998年全国哲学社会科学规划工作会议上，全国体育科学规划评审小组成立，伍绍祖担任学科组组长。这是我国科研史上第一个专门负责全国体育社会科学研究国家级项目的规划和管理的最高权威机构。

7月18日—8月2日　第4届友好运动会在美国纽约举行，7月21日中国体操运动员桑兰在比赛中受重伤，由此运动员伤残问题引起各方关注。

8月7日　历时一年半的《中国社会体育现状调查》由国家体育总局公布结果。这项由北京体育大学等21个单位进行的科研课题是我国体育系统迄今为止首次全国性社会调查。

8月20日　国家体育总局自行车摩托击剑运动管理中心发出《关于在1998年全国场地自行车锦标赛中试行血液检查的通知》。这是中国体育界第一次试行血液检查。

9月26日　在全国体育竞赛公开招标大会新闻发布会上，国家体育总局推出一项重大举措：面向社会、基层，开放体育竞赛招标市场。

9月28日　中保人寿保险有限公司与中华全国体育基金会在北京人民大会堂签订国家队运动员伤残保险协议。

11月26—30日　全国体育发展战略研讨会在广州解放军体院召开，围绕2010年中国体育发展战略问题和关系体育改革全局的重大问题进行研讨和交流。

12月6—20日　第13届亚运会在泰国曼谷举行，中国队获129枚金牌、78枚银牌、67枚铜牌。

1999 年

1 月 4—6 日　全国体育工作会议在北京召开，讨论《2000—2010 年中国体育改革和发展纲要（征求意见稿）》。

1 月 10 日　第 9 届全国冬运会在吉林长春举行。

1 月 23—30 日　第 19 届世界冬季大学生运动会在斯洛伐克举行，中国队获 3 枚金牌、5 枚银牌、6 枚铜牌。

1 月 30 日—2 月 6 日　第 4 届亚洲冬季运动会在韩国江原市举行，中国队获 15 枚金牌、10 枚银牌、10 枚铜牌。

5 月 28—30 日　全国体育市场管理工作会议在青海西宁召开。会议总结和回顾改革开放以来我国体育市场的发展，探讨如何进一步做好体育市场的培育和管理工作。

6 月 28 日　国家体育总局下发《关于加快体育俱乐部发展和加强体育俱乐部管理的意见》。

7 月 3—13 日　第 20 届世界大学生运动会在西班牙帕尔玛举行，中国队获 9 枚金牌。

8 月 6—18 日　第 2 届世界军人运动会在克罗地亚萨格勒布举行，中国队获 30 枚金牌、21 枚银牌、16 枚铜牌。

8 月 18—23 日　第 6 届全国少数民族传统体育运动会在拉萨分赛场举行。

9 月 11—19 日　第 4 届全国城市运动会在西安举行。

9 月 24—30 日　第 6 届全国少数民族传统体育运动会在北京举行（主赛场）。

2000 年

1 月 9—11 日　2000 年全国体育工作会议在北京召开，主要议题是提高国民素质和积极引导体育消费。

3 月 6 日　国际奥委会第 2 届世界女子体育运动大会在法国巴黎国际会议中心举行，中国国家女子足球队荣获国际奥委会 2000 年"妇女与体育"奖杯。

3 月 29—31 日　国家体育总局召开国家青少年体育俱乐部试点工作会议，决定在拿出 1999 年体育彩票公益金 400 万元的基础上追加 2000 万元，创建青少年体育俱乐部。

4 月 18 日　中共中央、国务院对国家体育总局领导班子做出调整，袁伟民任国家体育总局局长、党组副书记；李志坚任国家体育总局党组书记、副局长。

5月6—14日　第5届全国残疾人运动会在上海举行。

5月19日　全国体育工作会议在北京召开，就当前体育工作的几个重要议题向与会者作通报。

5月28日—6月6日　首届全国体育大会在浙江宁波举行。

6月20日　国际武术联合会第12次执委会在吉隆坡召开，中华全国体育总会主席李志坚当选国际武联主席。

7月13日　国家国民体质监测中心在北京举行挂牌仪式，标志着我国国民体质监测网络正式启动。

9月3—11日　第6届全国大学生运动会在四川成都举行。

9月13日　国际奥委会第111次全会在悉尼举行，中国奥委会副主席、国家体育总局副局长于再清当选国际奥委会委员，后于2004年8月雅典国际奥委会第116次全会当选执委。

9月15日—10月1日　第27届奥运会在澳大利亚悉尼举行，中国队获28枚金牌、16枚银牌、15枚铜牌。

10月18—29日　第11届残疾人奥运会在澳大利亚悉尼举行，中国队获34枚金牌、22枚银牌、16枚铜牌。

10月29日—11月4日　第4届全国农民运动会在四川绵阳举行。

11月10日　全国群众体育工作会议在长沙举行。

12月2—5日　第6届全国体育科学大会暨中国体育科学学会第5次全国会员代表大会在武汉体院举行。

12月8—10日　全国体育科技工作研讨会在桂林举行，研究制定2001年—2010年体育科技工作发展规划。

12月15日　国家体育总局发布《2001—2010年体育改革与发展纲要》。

2001 年

2月5—7日　全国体育局长会议在北京举行，国务院副总理李岚清出席闭幕式并发表重要讲话。

2月7—17日　第20届世界冬季大学生运动会在波兰举行，中国队获3枚银牌、5枚铜牌。

2月27日　国家体育总局下发《关于停止全国群众体育先进奖、进步奖评选活动的通知》。

3月28日　中国奥委会商用徽记正式启用。

5月19—27日　第3届东亚运动会在日本大阪举行，中国队获85枚金牌、48枚银牌、58枚铜牌。

7月13日　国际奥委会第112次全体会议在莫斯科举行，中国北京获得2008年奥林匹克运动会举办权。

8月3日　国际龙舟联合会第8届代表大会在美国费城举行，国家体育总局副局长张发强当选联合会主席。

8月17—26日　第6届世界运动会在日本秋田市举行，中国队获2枚金牌、6枚银牌、5枚铜牌。

8月22日—9月1日　第21届世界大学生运动会在北京举行，中国队获54枚金牌、25枚银牌、24枚铜牌。

8月29日—9月9日　第5届友好运动会在澳大利亚布里斯班举行，中国队获12枚金牌（另外1枚游泳金牌计入世界明星队）、8枚银牌、1枚铜牌。

10月7日　中国足球队在第17届世界杯预选赛亚洲区决赛阶段比赛中，提前两轮取得参加第17届世界杯决赛的资格，实现"冲出亚洲，走向世界"的宿愿。

10月8日　劳动和社会保障部颁布《社会体育指导员国家职业标准》。

10月30日　国际武术联合会会第13次执委会会议在亚美尼亚埃里温举行，中华全国体育总会主席李志坚当选主席。

11月11—25日　第9届全运会在广州举行。

11月28日—12月3日　第1届世界女子拳击锦标赛在美国斯克兰顿举行，中国运动员张毛毛获57公斤级金牌。

12月13日　第29届奥林匹克运动会组织委员会在北京正式成立，刘淇任主席。

12月23—28日　2000年国民体质监测工作总结暨体质研究与健康促进论文报告会在云南昆明举行。这是新世纪我国召开规模最大、水平最高的一次国民体质论文报告会。

2002 年

1月30日　中共中央总书记、国家主席、中央军委主席江泽民到北京市考察工作时指出，要围绕筹办2008年奥运会，大力实施"绿色奥运、科技奥运、人文奥运"。

2月4日　朱镕基总理签署国务院345号令，自4月1日起施行国务院第54次常务会议审议并通过的《奥林匹克标志保护条例》。

2月8—24日　第19届冬奥会在美国盐湖城举行，中国队获2枚金牌、2枚银牌、4枚铜牌，杨扬为中国夺得第一枚冬奥会金牌。

5月15日　中华全国总工会授予国家体育总局训练局"全国五一劳动奖状"，这是体育界首次获此殊荣。

5月23—24日　主题为"体育发展与人类进步"的"首届世界体育论坛"在北京举行。这是迄今为止在中国举办的规格最高、规模最大、影响力最强的国际体育文化和体育经济交流的盛会。

5月25日—6月3日　第2届全国体育大会在四川绵阳举行。

6月27日　中国篮球运动员姚明被美国休斯顿火箭队封为2002年"选秀状元"，成为NBA历史上第一个以"选秀状元"身份加盟的外国选手。

7月22日　中共中央、国务院下发《中共中央　国务院关于进一步加强和改进新时期体育工作的意见》。

8月17—24日　世界击剑锦标赛在里斯本举行。谭雪获得女子佩剑冠军，为中国夺得第一个击剑世锦赛冠军。

8月17—31日　2002年世界青年台球（斯诺克）锦标赛在里加举行。中国选手丁俊晖取胜，成为第一个获得世界顶级台球赛事冠军的中国选手。

8月22—24日　新中国成立以来第一次由国务院召开的全国体育工作会议在北京举行，国务院副总理李岚清到会并作重要讲话。

8月23日　中共中央总书记、国家主席、中央军委主席江泽民接见全国体育工作会议代表并发表重要讲话。

8月24日—9月1日　第10届女子曲棍球世界冠军杯赛在澳门举行。中国队获得冠军，成为中国球类集体项目中继中国女排之后的第2支世界冠军队。

9月25—30日　世界场地自行车锦标赛在丹麦哥本哈根举行。中国选手李娜获女子凯林赛冠军，实现中国自行车运动世锦赛金牌零的突破。

9月29日—10月14日　第14届亚运会在韩国釜山举行，中国队获150枚金牌、84枚银牌、74枚铜牌。

10月1日　"华北制药"2002中日友好卓奥友峰女子联合登山队成功登上海拔8201米的世界第六高峰卓奥友峰，这是世界上首次由女子组队登上海拔8000米以上高峰。

10月20—26日　国际毽球联合会第三届执委会会议在德国哈根举行，中国毽球协会主席王钧当选国际毽联主席。

2003 年

1月5—18日　第10届全国冬季运动会在哈尔滨举行。

1月13日　国家体育总局办公厅颁布《健身气功活动站、点管理办法》。

1月16—26日　第21届世界冬季大学生运动会在意大利塔尔维希奥举行，中国队获6枚金牌。

1月29日　首批国家队老运动员、老教练员关怀基金颁发仪式在北京举行。

1月31日　利用国家体育总局体育彩票公益金兴建的第一个大型专项健身工程龙潭湖攀岩场落成并对外开放。

2月1—8日　第5届亚洲冬季运动会在日本青森举行，中国队获9枚金牌、11枚银牌、13枚铜牌。

3月3—5日　世界反兴奋剂大会在丹麦哥本哈根举行，国家体育总局副局长于再清代表中国政府在《世界反兴奋剂条例》和《哥本哈根反兴奋剂宣言》上签字。

3月5日　国务院总理朱镕基在第十届全国人民代表大会第一次会议上作政府工作报告中强调指出，要大力开展群众健身活动，不断提高竞技体育水平。

3月25—27日　全国竞技体育工作会议在武汉召开，讨论《2008年奥运争光行动计划项目实施方案》《全国运动员注册与交流管理办法》等文件。

4月28日　国家体育总局赴墨西哥教练团启程，这是我国首次成建制地向国外派遣援外教练。

5月11日　国家体育总局、卫生部、财政部、农业部、国家民委、全国总工会、共青团中央、全国妇联联合下发通知，在全国范围内施行《普通人群体育锻炼标准》。

6月11日　第29届奥运会组委会帆船委员会经北京奥组委批准在青岛成立。

6月18日　国务院颁布《公共文化体育设施条例》。

7月2—4日　国际奥委会第115次全会在捷克布拉格举行，决定将2008年奥运会举办日期改在8月8日至24日。

7月7—9日　2003年全国体育局长会议在河北香河举行，国务委员陈至立出席会议并作重要指示。

8月3日　北京2008年奥运会会徽——"中国印·舞动的北京"发布仪式在天坛祈年殿举行。

8月8日　国务院总理温家宝在视察北京城市建设工作听取奥运场馆建设重点工程汇报后强调，要贯彻勤俭办奥运的方针，充分利用现有的设施，统筹考虑社会效益和经济效益。所有的大型场馆建设项目都要公开招标，听取专家和群众的意见。

8月21—31日 第22届世界大学生运动会在韩国大邱举行，中国队获41枚金牌、27枚银牌、13枚铜牌。

9月6—13日 第7届全国少数民族传统体育运动会在宁夏银川举行。

9月16—24日 第6届全国残疾人运动会在江苏南京举行。

10月11日 国家体育总局颁布《国民体质测定标准》。

10月18—27日 第5届全国城市运动会在湖南举行。

11月3—7日 国际武术联合会代表大会在澳门召开，中国奥委会副主席于再清当选主席。

11月22—25日 首批国家级体育传统项目学校命名表彰大会在天津召开。

12月4—11日 第3届世界军人运动会在意大利卡塔尼亚举行，中国队获31枚金牌、16枚银牌、13枚铜牌。

2004 年

2月3日 国务院总理温家宝签署第398号国务院令，颁布《反兴奋剂条例》。

2月26日 "优秀运动员奖学金、助学金"首次颁发仪式在北京举行。

2月26—27日 全国体育局长会议在北京召开，国务委员陈至立到会并作重要讲话。

3月5日 国务院总理温家宝在十届全国人大二次会议上作政府工作报告时说，"广泛开展全民健身运动，努力提高竞技体育水平。继续做好2008年北京奥运会和2010年上海世界博览会的准备工作"。

3月18日 首届"中国十佳劳伦斯冠军奖评选"揭晓，郭晶晶、王楠、罗雪娟、杨扬、张怡宁、刘翔、申雪/赵宏博、李小鹏、姚明、赵蕊蕊当选。

3月18日 中国职工文化体育协会第一次全国会员代表大会在天津举行。大会通过协会章程，选举产生协会首届理事会。

3月26日 联想集团成为第六期国际奥委会全球合作伙伴，这是奥运历史上中国企业首次获此资格。

4月1日 中国残疾人体育协会、中国聋人体育协会和中国弱智人体育协会在北京召开第三届全国代表大会，分别更名为中国残奥委会、中国聋奥委会、中国特奥委会。

7月1日 亚奥理事会第23届全体会议在多哈举行，广州获得2010年亚运会举办权。

8月14—29日 第28届奥运会在希腊雅典举行，中国队获32枚金牌、

17 枚银牌、14 枚铜牌，首次列金牌榜第 2 位。

8 月 28 日—9 月 6 日　第 7 届全国大学生运动会在上海举行。

9 月 2 日　中共中央总书记、国家主席胡锦涛等党和国家领导人在人民大会堂接见第 28 届奥运会中国体育代表团全体成员。

9 月 17—28 日　第 12 届残疾人奥运会在希腊雅典举行，中国队获 63 枚金牌、46 枚银牌、32 枚铜牌。

10 月 18—24 日　第 5 届全国农民运动会在江西宜春举行。

10 月 20 日　国家体育总局下发《关于进一步繁荣发展体育社会科学的意见》。

10 月 23 日　中国体育科学学会第 6 届全国会员代表大会在北京召开，新成立体育产业、体育新闻、体育管理三个分会。

10 月 25—27 日　第 7 届全国体育科学大会在北京举行。

10 月 30 日—11 月 7 日　首届世界著名在华企业健身大赛在上海举行。

12 月 2—3 日　2004 年中国体育发展战略研讨会在上海举行，会议探讨新时期中国群众体育发展等问题。

12 月 9 日　中共中央决定刘鹏任国家体育总局局长、党组副书记，免去袁伟民国家体育总局局长、党组副书记职务。

2005 年

1 月 5—16 日　第 20 届聋人奥运会在澳大利亚墨尔本举行。中国队获 5 枚金牌、8 枚银牌、4 枚铜牌。期间，召开第 39 届世界聋体联全会，中国聋奥会执行主席杨洋当选执委会执委，这是中国聋人首次担任该组织要职；同时，中国广州获 2007 年第 2 届世界聋人篮球锦标赛承办权。

1 月 10 日　国际大学生体育联合会在奥地利因斯布鲁克举行会议，决定由中国哈尔滨承办 2009 年世界冬季大学生运动会。

1 月 12—22 日　第 22 届世界冬季大学生运动会在奥地利因斯布鲁克举行，中国队获 3 枚金牌、6 枚银牌、8 枚铜牌。

2 月 2 日　国家体育总局召开第五次全国体育场地普查通报会。截至 2003 年 12 月 31 日，全国共有各类体育场地 850080 个，其中标准体育场地 547178 个，非标准体育场地 302902 个。以 2003 年底全国总人口 129227 万人（不含港、澳、台地区）计算，平均每万人拥有体育场地 6.58 个，人均体育场地面积 1.03 平方米，人均投入体育场地建设资金为 148.15 元。

2 月 3—4 日　主题为树立和落实科学发展观的全国体育局长会议在北京

召开。

3月15—21日 中国选手李妮娜在芬兰世界自由式滑雪锦标赛女子空中技巧项目中获冠军，成为中国第一个在该项赛事中夺金选手。

3月27日—4月3日 世界职业台球（斯诺克）巡回赛中国公开赛在北京举行，丁俊晖为中国首获世界级斯诺克赛事冠军。

4月 国务院学位委员会第21次全体会议一致通过并批准自2005年起在我国建立体育硕士专业学位。

5月10—15日 第9届苏迪曼杯世界羽毛球混合团体赛在北京举行。中国队获得冠军，成为第一支同时拥有世界羽毛球三大团体赛事冠军杯的队伍。

5月19日 国际奥委会决定，将2004年国际奥委会"体育与公平竞争"奖杯授予中国男子花剑队。

6月21—22日 2005年全国体育发展战略研讨会暨中国群众体育高层论坛在上海举行，国家体育总局局长刘鹏当选第五届中国体育发展战略研究会会长。

6月26日 北京2008年奥运会主题口号：同一个世界 同一个梦想(One world One dream)发布仪式在北京举行。

7月14—24日 第7届世界运动会在德国杜伊斯堡举行，中国队获4枚金牌、5枚银牌、3枚铜牌。

7月20日 中国法学会体育法学研究会在北京成立，国家体育总局副局长段世杰当选研究会会长。

8月2—14日 世界女子保龄球锦标赛在丹麦举行，中国选手杨穗玲获得精英赛冠军，成为中国保龄球历史上第一位世界冠军。

8月4—9日 世界现代五项锦标赛在波兰华沙举行。中国选手钱震华获得男子个人冠军，成为中国获该项赛事个人冠军第一人。

8月11—21日 第23届世界大学生运动会在土耳其伊兹米尔举行，首次由教育部负责组团参赛的中国队获21枚金牌、16枚银牌、12枚铜牌。

8月29—30日 纪念《中华人民共和国体育法》颁布实施十周年暨全国体育法制工作会议在兰州举行。

9月16—19日 中国队获得荷兰世界蹦床锦标赛男、女蹦床团体，男子单跳团体、个人4枚金牌。这是亚洲选手第一次夺得该赛事团体世界冠军。

10月12日 中共中央总书记、国家主席、中央军委主席胡锦涛在南京会见参加全国群众体育先进集体和个人表彰会、全国体育系统先进表彰会的代表，并发表重要讲话。

10 月 12—23 日　第 10 届全国运动会在南京举行。

10 月 22—27 日　首届全国航空运动会在江苏南通举行。

10 月 29 日—11 月 6 日　第 4 届东亚运动会在中国澳门举行，国务院副总理吴仪出席并宣布开幕。中国队获 127 枚金牌、63 枚银牌、33 枚铜牌。

11 月 3—6 日　亚洲体育法学会成立大会暨研讨会在韩国召开，国家体育总局副局长、中国法学会体育法学研究会会长段世杰当选副会长。

11 月 12—19 日　第 1 届亚洲室内运动会在泰国曼谷举行，中国队获 24 枚金牌、18 枚银牌、13 枚铜牌。

11 月 13—20 日　第 13 届世界拳击锦标赛在四川绵阳举行，邹市明在 48 公斤级比赛中，为中国夺得首个世界拳击冠军。

11 月 18—19 日　国际残疾人奥林匹克委员会大会在北京召开，中国残联主席、北京奥组委执行主席邓朴方被授予"国际残奥委会勋章"，成为首位荣获此勋章的中国人。

12 月 9—14 日　第 8 届世界武术锦标赛在越南河内举行。期间，举行国际武术联合会第八次代表大会，国际武联主席于再清在致辞中谈到，武术将出现在北京奥运会上，其全称是"北京 2008 奥运会武术比赛"，既不是奥运会正式比赛项目，也不是表演项目。

12 月 10 日　第 4 届国际毽球联合会执委会暨代表大会在广州花都举行，中国毽球协会主席晓敏当选主席。

2006 年

1 月 19—20 日　2006 年全国体育局长会议在北京举行。

1 月 27 日　郑洁/晏紫获得澳大利亚网球公开赛女子双打冠军，为中国网球赢得第一个大满贯冠军。

2 月 10—26 日　第 20 届冬奥会在意大利都灵举行。中国队获 2 枚金牌、4 枚银牌、5 枚铜牌。韩晓鹏获男子自由式滑雪空中技巧冠军，实现中国男子项目和中国雪上项目在冬奥会上的突破。

3 月 11—19 日　第 9 届冬季残疾人奥运会在意大利都灵举行。

3 月 14 日　北京国体世纪体育用品质量认证中心在北京举行揭牌仪式，该中心（NSCC）是第一个经国家认可委正式认可的体育产品质量认证机构。

4 月 23—24 日　2006 世界体育用品联合会年会暨中国国际体育用品产业论坛在北京举行，这是该年会首次在欧美以外国家举行。

5 月 10—20 日　第 4 届世界帆船运动会在奥地利举行，陈秋滨为中国首获女子帆板金牌，实现中国在该运动会上金牌"零"的突破。

5月20—30日　第3届全国体育大会在苏州举行。

6月9—24日　第8届世界桥牌锦标赛在意大利维罗纳举行。中国选手福中/赵杰获得公开双人赛冠军，这是中国桥牌史上首个世界冠军。

6月26日—7月10日　温布尔登网球公开赛在伦敦全英俱乐部举行，中国女双选手郑洁/晏紫为中国夺得温网历史上首个冠军。

7月12日　中国选手刘翔在瑞士洛桑举行的田径超级大奖赛上以12秒88打破男子110米栏世界纪录。

7月25日　国家体育总局颁布《体育事业"十一五"规划》。

8月5日　中国选手徐莉佳在美国加利福尼亚举行的激光雷迪尔级帆船世锦赛中获得冠军，这是中国开展帆船运动26年第一个世界冠军。

8月7日　北京奥组委发布北京奥运会体育图标——共包括35个运动项目标志。

9月25日—10月1日　第27届世界摔跤锦标赛在广州举行，李岩岩获古典式摔跤66公斤级金牌，实现中国男子古典式摔跤金牌零的突破。

10月31日　国家体育总局与教育部联合下发《关于进一步推动体育职业教育改革与发展的意见》。

11月20—21日　全国优秀运动员保障暨体育行业职业技能鉴定工作会议在上海召开。这是中国体育界首次以"运动员保障"为主题召开的全国性会议。

11月　国家体育总局召开全国企业办运动队联合会大会。

12月1—15日　第15届亚运会在卡塔尔多哈举行，中国队获165枚金牌、88枚银牌、63枚铜牌。

12月8日　国际龙狮运动联合会会员代表大会在印尼召开，国家体育总局副局长胡家燕当选联合会主席。

12月　教育部和国家体育总局联合发出《关于进一步加强学校体育工作，切实提高学生健康素质的意见》。

12月23日　全国学校体育工作会议在北京召开，国务委员陈至立出席会议并宣布全国亿万学生阳光体育运动全面启动。

2007 年

1月17—27日　第23届世界冬季大学生运动会在意大利都灵举行，中国队获3枚金牌、6枚银牌、6枚铜牌。17日，国际大学生体育联合会投票确定中国深圳获得 2011 年第 26 届世界大学生夏季运动会举办权。

1 月 18—19 日　全国体育局长会议在北京举行，国务委员陈至立出席会议并讲话。

1 月 28 日—2 月 3 日　第 6 届亚洲冬季运动会在吉林长春举行，中国队获 19 枚金牌、19 枚银牌、23 枚铜牌。

2 月 1—10 日　第 16 届冬季聋奥会在美国盐湖城举行，中国首次参加。中国男子冰壶队获得铜牌。期间，在国际聋人体育联合会第 40 届代表大会上，中国聋人乒乓球运动员史册荣获"2005 年度最佳女运动员"奖。她是中国唯一获此殊荣的聋人运动员。

2 月 28 日　体育行业职业技能鉴定专家指导委员会在北京成立。

3 月 1 日　全国省会城市首部综合性地方体育法规《成都市体育条例》正式实施。

3 月 27 日　全国体育彩票工作会议在北京召开，讨论《2007—2009 年体育彩票发展实施纲要》。

4 月 22 日　中国女选手周春秀获得伦敦马拉松赛冠军，成为首位夺得该项赛事冠军的中国选手。

4 月 23 日　中共中央政治局召开会议研究加强青少年体育工作和网络文化建设工作，中共中央总书记胡锦涛主持会议。

4 月 24—27 日　首次在中国举办的国际体育大会——第 5 届国际体育大会在北京召开，国务院总理温家宝出席开幕式并发表重要讲话。

4 月 26 日　北京 2008 年第 29 届奥运会火炬接力传递计划路线及火炬造型在北京中华世纪坛发布。

4 月 26 日　北京奥组委和国际奥委会联合宣布联想集团成为北京 2008 年奥运会火炬接力全球合作伙伴。其设计的北京奥运会火炬"祥云"方案中选，成为第一家获此殊荣的中国企业。

5 月 7 日　中共中央、国务院下发《关于加强青少年体育　增强青少年体质的意见》。

5 月 12—20 日　第 7 届全国残疾人运动会在云南举行。

7 月 12 日　当地时间 9 时 20 分（北京时间 12 时 20 分）中国西藏攀登世界 14 座（海拔）8000 米以上高峰探险队次仁多吉、边巴扎西和洛则 3 名登山运动员成功登上世界第十一高峰——海拔 8068 米的迦舒布鲁姆 I 峰，同时"中国西藏攀登世界 14 座海拔 8000 米以上高峰探险队"成为世界上首支集体登完 14 座高峰的登山队。

7月16—26日　第8届全国大学生运动会在广州举行。

8月8—18日　第24届世界大学生运动会在泰国曼谷举行，中国队获33枚金牌、30枚银牌、27枚铜牌。

8月11—12日　全国体育产业工作会议在上海召开，国家体育总局局长刘鹏要求充分认识体育不仅要为国争光、为民服务，还要为国增利。

8月28日—9月8日　2007年中国水上运动会在山东日照举行，这是中国水上运动史上第一次综合性运动会。

9月12日　2007年全国优秀运动员保障暨体育行业特有工种职业技能鉴定工作会议在长沙召开。

10月2日—11日　首次在发展中国家、在亚洲举办的夏季特奥会，2007年世界夏季特殊奥林匹克运动会在上海举行。

10月15—21日　第4届世界军人运动会在印度海德拉巴举行，中国队获38枚金牌、22枚银牌、13枚铜牌。

10月19—21日　2007首届"中国杯"帆船赛在深圳举行，这是中国首个自主自创的大型高端帆船赛事。

10月24日　第8届全国体育科学大会在北京体育大学召开，主题是体育科技与和谐社会。

10月25日—11月3日　第6届全国城市运动会在武汉举行。

10月26日—11月3日　第2届亚洲室内运动会在澳门举行，中国队获52枚金牌、26枚银牌、24枚铜牌。

10月31日　第62届联合国大会一致通过由中国提出、186个会员国联署的《奥林匹克休战决议》。

11月10—11日　首次由中国法学会体育法学研究会举办的亚洲体育法国际研讨会暨中国法学会体育法学研究会年会在中国政法大学举行。

11月10—18日　第8届全国少数民族传统体育运动会在广州举行。

5月10日　中国反兴奋剂中心经国务院批准成立，11月12日在北京举行揭牌仪式。

12月18日　中国中央电视台在北京正式与国际奥委会签约，宣布CCTV的新媒体平台CCTV.com成为北京奥运会官方互联网/手机转播机构。在此前历届奥运会中，国际奥委会从未向互联网/手机开放视频转播权益，此次签约将成为奥运历史上划时代的一笔。

12月26—27日　2007年全国体育发展战略研讨会暨首届中国体育产业高层论坛在北京大学举行。

2008 年

1 月 18—28 日　第 11 届全国冬季运动会在黑龙江举行。

3 月 24 日　第 29 届北京夏季奥运会圣火在希腊古奥林匹亚遗址点燃。

5 月 8 日　9 时 17 分，人类首次将象征"和平、友谊、进步"的奥运火炬在世界最高峰珠穆朗玛峰峰顶点燃。

7 月　我国体育行业首个具有约束力的国家统计标准《体育及相关产业分类（试行）》颁布。

8 月 1—4 日　首次由国际体育科学与教育理事会、国际运动医学联合会、国际奥委会和国际残奥委会四个国际组织携手共同举办的 2008 奥林匹克科学大会在广州举行。

8 月 5—7 日　国际奥委会第 120 次全会在北京举行。国家体育总局副局长于再清当选国际奥委会副主席，成为继何振梁后第二位担任这一职务的中国人。

8 月 8—24 日　第 29 届奥林匹克运动会在北京举行，中国队获得 51 枚金牌、21 枚银牌、28 枚铜牌，第一次名列奥运会金牌榜首位。

8 月 25 日　国际奥委会在北京饭店举行授奖仪式，北京奥组委主席刘淇获得奥林匹克金质勋章；副主席刘延东、陈至立，执行主席刘鹏、邓朴方等 14 人获得奥林匹克银质勋章，授予北京市奥林匹克奖杯。

跋

2008年是改革开放30周年，也是举世瞩目的北京奥运年。30年来，作为国家改革开放伟大事业的一部分，中国体育一步一个脚印地走过了不平凡的道路，取得了辉煌成绩。在这承前启后的关键历史节点，对30年来我国体育发展与改革的历程进行系统性回顾和研究，对有中国特色的体育发展道路进行理论概括和总结意义重大，十分必要。为此，国家体育总局决定编撰《改革开放30年的中国体育》这部著作，并将其作为迎接和纪念改革开放30周年活动的一项重要内容。

为做好这项重要工作，政策法规司从2008年年初开始，先后组织三次有关专家、学者和总局各司局相关人员参加的研讨会，并征求田麦久、吴寿章、王鼎华、谢琼桓、郭敏、李敦厚等老同志的意见，确定了这部著作的中心思想、主要内容以及框架布局。经过几个月的紧张劳动，各位撰稿人完成了初稿和第二稿，统稿人对全书进行了最后的整理和修改。

这部书的撰稿人均为我国体育哲学社会科学领域的知名学者和专家，分别是郝勤（第一章，第五章三），董新光（第二章），周登嵩（第二章学校体育内容），裴立新（第三章一、二），高雪峰（第三章三、第六章三），鲍明晓（第四章），王凯珍（第三章反兴奋剂内容，第五章一、第六章二），虞重干（第五章二），张林（第六章一），于善旭（第七章），任海（第八章、第九章），田雨普（第十章）。郝勤、田雨普、任海承担了后期的修改和统稿任务。体育文化发展中心刘戈承担了大事记的编辑工作。

北京体育大学、成都体育学院、南京师范大学、苏州大学、上海体育学院、武汉体育学院、广州体育学院、天津体育学院、首都体育学院、国家体育总局科研所、国家体育总局体育文化发展中心、中国体育报业总社等单位也对本书的编写和出版工作给予了大力支持。

国家体育总局对本书编写工作高度重视，把这本书的出版作为2008年的一项重点工作。各司局都给予大力支持，对相关内容提出了重要的意见和建议。各司局还专门确定了与编写组的联系人，他们是唐军（办公厅）、何红宇（群体司）、郝强（竞体司）、徐文强（经济司）、叶海（人事司）、吴宝林（外联司)、王新宅（科教司）、曹康（宣传司）、张伯友（机关党委）、樊战备（监察局）、卫虹霞（政法司）、来民（政法司），各位联络员尽心尽责，积极参与相关工作，在意见汇总、资料搜集等方面作出了积极贡献。

这项工作任务重、时间短。在半年多的时间里，完成这部内容丰富、能够全面反映改革开放 30 年中国体育事业发展成就和经验的书稿，各位撰稿人和参与者都付出了大量的心血和劳动。但作为一部集体著作，缺陷在所难免，欢迎大家提出批评和建议。

《改革开放 30 年的中国体育》编委会
2008 年 10 月

图书在版编目（CIP）数据

改革开放 30 年的中国体育：新闻出版总署纪念改
革开放30周年百种重点图书 / 国家体育总局编.
–北京：人民体育出版社，2008
ISBN 978-7-5009-3557-5

Ⅰ.改⋯　Ⅱ.国⋯　Ⅲ.体育事业–成就–中国
Ⅳ.G812

中国版本图书馆 CIP 数据核字（2008）第 179922 号

*

人民体育出版社出版发行
北京中科印刷有限公司印刷
新 华 书 店 经 销

*

787×1092　16 开本　27 印张　600 千字　彩插 16 页
2008 年 12 月第 1 版　　2008 年 12 月第 1 次印刷
印数：1–5,000 册

*

ISBN 978-7-5009-3557-5
定价：80.00 元

社址：北京市崇文区体育馆路 8 号（天坛公园东门）
电话：67151482（发行部）　　　邮编：100061
传真：67151483　　　　　　　　邮购：67143708
（购买本社图书，如遇有缺损页可与发行部联系）